KB230585

PENGANTAR GLOSSARY
BAHASA INDONESIA–KOREA
BAHASA KOREA–INDONESIA

인도네시아어–한국어
한국어–인도네시아어
입문소사전

아울리아 주내디 편저

외국어도서전문
1945
문예림

PENGANTAR GLOSSARY
BAHASA INDONESIA−KOREA

인도네시아어−한국어
입문소사전

아울리아 주내디 편저

외국어도서전문
1945
문예림

머리말

　한국과 인도네시아가 1988년 안영호 수교를 한 이후 한국과 인도네시아어 간의 교류가 지속적으로 활발해져 가면서, 인도네시아어를 배우려는 한국인 또한 그 숫자가 날로 늘어가고 있습니다. 이 간단한 단어장을 통하여 인도네시아어를 배우자 하는 사람들이 인도네시아어를 공부하는 데에 조금이라도 도움이 될 겁니다. 본 단어장의 편찬을 위해 다음과 같은 사전들이 참고로 사용하였습니다.

Echols John dan Shadily H. "Kamus Inggris-Indonesia, Kamus Indonesia-Inggris" (Jakarta, Gramedia, 1988)

안영호 "현대 인도네시아–한국어 사전"(서울, 외국어 대학 출판부, 1988)

안영호 "표준 인도네시아 회화(서울, 명지 출판사, 1990)

안영호 "기초 인도네시아어"(서울, 삼지 출판사, 1994)

안영호 "꿩먹고 알먹는 인도네시아어 첫걸음"(서울, 문예림 출판사, 2011)

Laszlo Wagner "Indonesian" (Australia, Lonely Planet, 5th Ed, 2006)

Totok Suhardiyanto "Jalan Bahasa Jilid 1"(Jakarta,
    Wedatama Widya Sastra, 2nd Ed, 2007)
최신영 "입에서 인도네시아어"(서울, 문예림 출판사,
    2009)
임영호 "인도네시아어-한국어 사전 Kamus Bahasa
    Indonesia-Korea Standar"(서울, 문예림 출판사,
    2011)

끝으로 이 단어장 작업을 해 주시느라 수고해 주신
모든 분들과 여러 번에 걸쳐 제안을 해 주신 최병옥과
최은석, 초기 표제어 타이핑 작업을 도와주었던 김남
권, Astrid Marieska, Edvan Muslim 노고에 감사를
드립니다. 또한, 본 단어장이 빛을 보게 해주신 문혜
림의 서덕일 사장님과 신흥미디어 편집을 도와주신
윤종목 사장님 및 편집위원들께 감사를 드립니다.

2013년 10월
아울리아 주내디

차례

차례

초보자를 위한
인도네시아어 – 한국어
단어장

A	아	H	하	O	오	V	훼
B	베	I	이	P	페	W	웨
C	쩨	J	제	Q	키	X	엑스
D	데	K	까	R	에르	Y	예
E	에	L	엘	S	에스	Z	젵
F	에프	M	엠	T	떼		
G	게	N	엔	U	우		

I. 모음의 발음

a: '아' 로 발음 된다

apa ⟨a-pa⟩ (아빠); aku ⟨a-ku⟩ (아꾸);
tua ⟨tu-a⟩ (뚜-아)

i: '이' 로 발음 된다

itu ⟨i-tu⟩ (이-뚜); ikan ⟨i-kan⟩ (이-깐)

e: 단어에 따라 발음은 '으' 이나 '어' 또한 '에'. 발음은 '으' 와 '어' 의 중간 소리를 낸다. 그러나 중

간소릴를 재기가 쉽지 않아서 이 사전은 '으'로 선택된다.

Bedah 〈be-dah〉 (브-닿); begitu 〈be-gi-tu〉 (브-기-뚜); teduh 〈te-duh〉 (뜨-뚷)

또한 다른 발음은 '에'

Meja 〈me-ja〉 (메-자); enak 〈e-nak〉 (에-낙)

u: '우'로 발음된다

Udang 〈u-dang〉 (우-당); sudah 〈su-dah〉 (수-닿)

O: '오'로 발음된다

Obat 〈o-bat〉 (오-밧); roti 〈ro-ti〉 (로-띠)

Ⅱ. 자음의 발음

B: 'ㅂ'으로 된다

Bau 〈ba-u〉 (바-우); bosan 〈bo-san〉 (보-산)

N: 'ㄴ'으로 된다

Nama 〈na-ma〉 (나-마); nikah 〈ni-kah〉 (니-깡)

C: 'ㅉ'으로 된다

Coba 〈co-ba〉 (쪼-바); cara 〈ca-ra〉 (짜-라)

P: ‘ㅃ’이나 ‘ㅍ’으로 된다

인도네시아는 지역에 따라 엑센트가 차이가 있습니다.

D: ‘ㄷ’으로 된다

Dikau 〈di-ka-u〉 (디-까우); Dengan 〈deng-an〉 (등-안)

Q: ‘ㅋ’으로 된다

Quran 〈Qu-ran〉 (꾸-란)

F: ‘ㅍ’으로 된다

Faham 〈fa-ham〉 (파-함); film (필음)

R: ‘ㄹ’으로 된다

Rajin 〈ra-jin〉 (라-진); ribut 〈ri-but〉 (리-붓)

G: ‘ㄱ’으로 된다

Gigi 〈gi-gi〉 (기-기); gelisah 〈ge-li-sah〉 (겔-리-샇)

S: ‘ㅅ’으로 된다

Santai 〈san-ta-i〉 (산-따-이); supir 〈su-pir〉 (수-피ㄹ)

H: ‘ㅎ’으로 된다

Himbau 〈him-ba-u〉 (힘-바-우); hutan 〈hu-tan〉 (후-딴)

T: ‘ㄸ’으로 된다

Teman 〈te-man〉 (떼-만); titip 〈ti-tip〉 (띠-띺)

J: 'ㅈ'으로 된다

Jelita 〈jelita〉 (젤-리-따); juta 〈ju-ta〉 (주-따)

V: 'ㅂ'으로 된다

Vokal 〈vo-kal〉 (보-깔)

K: 'ㄲ'으로 된다

Kamus 〈ka-mus〉 (까무ㅅ); kuku 〈ku-ku〉 (꾸-꾸)

W: '와'으로 된다

Wanita 〈wa-ni-ta〉 (와-니-따);
wisata 〈wi-sa-ta〉 (외-사-따)

L: 'ㄹ'으로 된다

Lama 〈la-ma〉 (라-마); lima 〈li-ma〉 (리-마)

Y: '이'으로 된다

Yoyo 〈yo-yo〉 (요요); ya (야)

M: 'ㅁ'으로 된다

Minum 〈mi-num〉 (미-눔); makan 〈ma-kan〉 (마-깐)

Z: 'ㅈ'으로 된다

Zebra 〈ze-bra〉 (제-브라)

Bandara Udara _ 공항

Bandara udara	공항	
반다라 우다라	gong hang	

Bandara udara 　공항
반다라 우다라　gong hang

Pilot 　파이럿
빠리롯　pha i leot

Pesawat Terbang 　비행기
쁘사왓 뜨ㄹ방　bi haeng gi

Paspor 　여권
빠스포ㄹ　yeo gwon

Pramugari 　승무원
쁘라무가리　seung mu won

Tujuan 　목적지
뚜주안　mok jeok ji

Penerbangan Internasional 　국제선
쁘느ㄹ방안 인뜨ㄹ나시오날　gug je seon

Penerbangan domestik 　국내선
쁘느ㄹ방안 도메스떽　gug nae son

Tiket Pesawat Terbang 　항공권
띠껫 쁘사왓 뜨ㄹ방　hang gong gwon

Prosedur naik pesawat 　수속하다
쁘로세두ㄹ 나익 쁘사왓　su sok ha da

Naik Pesawat / Boarding 　탑승하다
나익 쁘사왓 / 보ㄹ딩　thab seung ha da

Berangkat 브랑깟	출발하다 chul bal ha da	**Bagasi** 바가시	수하물 su ha mul
Tiba / Sampai 뜨바 / 삼빠이	도착하다 do chak ha da	**Melapor** 믈라뽀ㄹ	신고하다 sin go ha da
Tempat duduk 뜸빳 두둑	좌석 chwa seok		

Taksi _ 택시 

Taksi	택시	Jalan terus	직진
탁시	thaek si	잘란 뜨루ㅅ	jik jin
Supir	기사	Belok kiri	좌회전
수삐ㄹ	gi sa	벨록 끼리	cwa hwe jeon
Macet	막히다	Belok kanan	우회전
마쯧	mak hi da	블록 까난	u hwe jeon
Argo	아르고	Putar balik	유턴
아ㄹ고	a reu go	뿌따ㄹ 발릭	yu theon
Ongkos	비용	Lalu lintas	교통
옹꼬ㅅ	bi yong	랄루 린따ㅅ	gyo thong

Jalan penyeberangan
잘란 쁜예브랑안
횡단보도
hweng dan bo do

Jembatan penyeberangan
즘바딴 쁜예브랑안
육교
yuk gyo

Cepat-cepat
쯔빳 쯔빳
빨리해 주실래요
bbal li hae ju sil lae yo

Hati-hati 조심해 주실래요
하띠 하띠
      jo sim hae ju sil le yo

Arah 방향
아라ㅎ
bang hyang

Kendaraan Umum _ 대중교통

Supir	운전기사	**Asuransi**	보험
수삐ㄹ	un jeon gi sa	아수란시	bo heom
Pengendara	운전자 ; 기사	**Pajak**	세금
뼁은다라	un jeon ja; gi sa	빠작	se geum
Helm	헬멧	**Polisi**	경찰관
헬음	hel met	뽈리시	gyeong chal gwan

Kendaraan umum
끈다라안 우뭄
대중교통
dae jung gyo thong

Angkutan umum
앙꾸딴 우뭄
대중교통
dae jung gyo thong

Tarif
따맆
비율에 따라 적용되는 요금
bi yul e ta ra jeok yong dwe neun yo geum

Rambu-rambu lalu lintas
람부 람부 랄루 린따ㅅ
교통 표지판
gyo thong pyo ji phan

Peraturan
쁘라뚜란
규정 / 원칙
gyu jeong / won chik

Denda　　　　벌금 ; 과태료
든다
　beol geum; gwa thae ryo

Trotoar　　　　　　　　도로의 인도 ; 보도
뜨로또아ㄹ　　　　　　　do ro eui in do; bo do

Pemakai jalan　　　　　길을 사용하는 사람들
쁘마까이 잘란　　gil eul sa yong ha neun sa ram deul

Melanggar　　　　(법률, 규칙을) 어기다 ; 위배하다
믈랑가ㄹ
　　(beob ryul, gyu chik eul) eo go da; wi bae ha da

Bank _ 은행

Bank   은행
방   eun haeng

Pegawai Bank   은행원
쁘가와이 방   eung haeng won

Nasabah   고객
나사바ㅎ   go gaek

Buku Tabungan   통장
부꾸 따붕안   thong jang

Rekening   계좌
르끄닝   gye jwa

Menyetor Uang   입금하다
믄으또르 우앙   ib geum ha da

Mengambil uang 출금하다
믕암빌 우앙   chul geum ha da

Transfer Uang   송금하다
뜨란ㅅ프ㄹ 우앙
             song geum ha da

Valuta Asing   외환
발루따 아싱   hwe hwan

ATM   자동입출금기
아떼엠
      ja dong ib chul geum gi

Kartu kredit   신용카드
까ㄹ뚜 끄레딧 sin yong kha teu

Menukarkan Uang   환전하다
므누까ㄹ깐 우앙   hwan jeon ha da

Nilai tukar / nilai kurs   환율
닐라이 뚜까ㄹ / 닐라이 꾸ㄹㅅ   hwan yul

No pin　　비밀 번호
노므르 삔　　bu mil beon ho

Komisi　　수수료
꼬미시　　su su ryo

Kartu identitas　　신분증
까ㄹ뚜 이덴띠따ㅅ　sin bun jeung

Jumlah total　　총액
줌라ㅎ 또따ㄹ　chung aek

Pecahan　　조작, 부분, 파편
쁘짜한
　　jo jak, bu bun, pha phyeon

Slip　　전표
슬맆　　jeon phyo

Uang minimal　최소량 비용
우앙 미니말
　　chwe so ryang bi yong

23

Restoran _ 식당

Restoran	레스토랑	**Bungkus**	싸다
레ㅅ또란	re seu tho rang	붕꾸ㅅ	ssa da
Rumah makan	식당	**Waralaba**	독점 판매권
루마ㅎ 마깐	sik tang	와랄라바	dok jeom phan mae gwon
Pesan	주문	**Cita rasa**	맛 ; 취향
쁘산	ju mun	찌따 라사	mat; chui hyang
Ganti	바꾸다	**Saus sambal**	매운 양념류
잔띠	ba ggu da	사우ㅅ 삼발	mae un yang nyeom ryu
Pengunjung	고객님	**Mangkok**	그릇
뿡운중	go gaek nim	망꼭	ge reut
Pelayan	웨이터	**Jeruk nipis**	라임
쁠라얀	we i theo	즈룩 나삐ㅅ	ra im
Tukang masak	요리사	**Wastafel**	싱크대
뚜깡 마삭	yo ri sa	와ㅅ따뻴	sing khew dae
Kasir	출납원	**Kamar kecil**	화장실
까시ㄹ	chul nab won	까마ㄹ 끄찔	hwa jang sil
Bumbu masak	양념	**Pengunjung**	방문객
붐부 마삭	yang nyeom	뿡운중	bang mun gae

Hotel/Villa _ 호텔/빌라

Hotel	호텔	**Memesan**	예약하다
호텔	ho thel	므므산	ye yak ha da
Check out	체크어웃	**Morning call**	모닝콜
첵 아웃	che kheu eo ut	모닝콜	mo ning khol
Tarif sewa kamar	수박비	**Laundry**	세탁하다
따릾 세와 까마ㄹ	su bak bi	라운드리	se thak ha da
Kamar	방	**Lift**	엘리베이터
까마ㄹ	bang	리프트	el li be i theo
Restoran	식당 / 레스토랑	**AC**	에어컨
레ㅅ또란	sik dang / re seu tho rang	아쩨	e eo kheon
Barang berharga	귀증품	**Tip**	팁
바랑 브ㄹ하ㄹ가	gwi jeung pum	띱	thip

Mendaftar masuk (check-in) 체크인
믄닾따ㄹ 마숙 (첵인) che kheu in

Resepsionis / front desk 프런트
르셒시오니ㅅ / 프론뜨 데ㅅㄲ pheu reon theu

Agama _ 종교

Agama 아가마	종교 Jong gyo	**Doa** 도아	기도 ; 빌기 gi do; bil gi

Agama
아가마
종교
Jong gyo

Kepercayaan 신념 ; 확신
끄쁘ㄹ짜야안
sin nyeom; hwak sik

Percaya 믿다 ; 신뢰하다
쁘ㄹ짜야
mid ta; sin lwe ha da

Doa 기도 ; 빌기
도아
gi do; bil gi

Berdoa 기도하다
브ㄹ도아
gi do ha da

Sholat 무슬림의 기도
솔랏
mu seul lim eui gi do

Ibadah 신의 계명을 이행하는 / 따르는 행위
이바다ㅎ
sin eui gye myeong eul i haeng ha neun /
ta reu neun haeng wi

Beribadah 계율대로 행동하다
브ㄹ이바다ㅎ
gye yul dae ro haeng dong ha da

Solat magrib 마그립 시간 기도 ;
솔랏 마그립
(회교도의) 해지는 무렵의 기도 ; 일몰기도
ma geu rib si gan gi do; (hwe gyo do eui)
hae ji neun mu ryeob eui gi do; il mul gi do

Yesus 예수님 ; 예수 그리스도
예수ㅅ
ye su nim; ye su geu ri seu to

| **Puasa** 뿌아사 | 금식을 하다
geum sik eul ha da | **Alkitab** 알끼땁 | 성경
seong gyeong |

Puasa 뿌아사	금식을 하다 geum sik eul ha da
Salib 살립	십자가 ; 열심자 표시 sib ja ga; yeol sim ja phyo si
Hari raya 하리 라야	명철 ; 경축일 myeong cheol; gyeong chuk il

Alkitab 알끼땁	성경 seong gyeong
Mesjid 메ㅅ짓	이슬람의 사원 i seul lam eui sa won
Gereja 그레자	교회 gyo hwe

Klenteng
끌른뗑
신전 ; 인도네시아 불교인들의 사원
sin jeon; in do ne si a bul gyo in deul eui sa won

Alquran
알 쿠ㄹ안
코오란 ; 이슬람의 성전 / 경전
kho o ran; i seu lam eui seong jeon / gyeong jeon

Candi
짠디
힌두교 혹은 불교 사원
hin du gyo hok eun bul gyo sa won

Dosa
도사
(종교, 도덕상의) 죄 ; 죄악
(jong gyo, do deok sang eui) chwe; chwe ak

Pasar _ 시장

Pasar 빠사ㄹ	시장 Si jang	**Pelanggan** 쁠랑간	고객 go gaek
Penjual 쁜주알	판매자 phan mae ja	**Murah** 무라ㅎ	싼 ssan
Pedagang 쁘다강	상인 sang in	**Mahal** 마할	비싼 bi ssan
Pembeli 쁨벨리	구매자 gu mae ja	**Eceran<-an>** 에쩨란 〈안〉	소매 so mae
Kulakan 꿀라깐	판매 phan mae	**Setengah baya** 스뜽아ㅎ 바야	중년 jung nyeon
Laris 라리ㅅ	많이 팔다 manh i phal da	**Langganan** 랑가난	고객 ; 단골손님 go gaek; dan gol son nim

Makanan ringan
마까난 링안

간단한 식사 ; 간식
gan dan han sik sa gan sik

Jajanan pasar
자자난 빠사ㄹ

시장 길거리 음식
si jang gil geo ri eum sik

Santan 산딴	야자유 ya ja yu	**Bahan pangan** 바한 빵안	음식 ; 음식물 eum sik; eum sik mul
Ditaburi 디따부리	뿌리다 bbu ri da	**Jajanan** 자자난	군것질 류 ; 스낵 gun geot jil ryu; seu naek
Parutan 빠루딴	야자가루 ya ja ga ru		
Kebutuhan pokok 끄부뚜한 뽀꼭		기본수요 gi bun su yo	

Hewan/Hutan _ 동물/숲

Hewan 해완	동물 dong mul
Hutan 후딴	숲 Sub
Menjelajahi 믄즐라자히	탐험하다 tham heom ha da
jelajah 젤라자ㅎ	탐험하다 ; 답사하다 tham heom ha da; dab sa ha da
Hutan belantara 후딴 블란따라	정글 jeong geul
Memotret 므모뜨렛	사진 찍다 sa jin jjik da
Binatang buas 브나땅 부아ㅅ	사나운 동물 sa na un dong mul
Binatang langka 비나땅 랑까	희귀한 동물 hwe gwi han dong mul

Potret; Foto 뽀뜨렛; 뽀또	사진 ; 상, 그림 sa jin; sang, geu rim
Mempelajari 믐쁠라자리	공부하다 gong bu ha da
Pelajar 쁠라자ㄹ	학생 hak saeng
Satwa 삿와	동물 dong mul
Terancam 뜨란짬	위험당하다 wi hyeom dang ha da
Punah 뿌나ㅎ	단절된 dan jeol dwen

Perubahan	변화	**Daerah**	지역
쁘루바한	byeon hwa	다에라ㅎ	ji yeok
Perburuan liar	사냥감	**Kepulauan**	군도 ; 도서
쁘ㄹ부루안 리아ㄹ	sa nyang gam	끄뿔라우안	gun do; do seo
Liar	야생	**Penjuru**	모서리
리아ㄹ	ya saeng	쁜주루	mo seo ri
Luas	넓은	**Spesies**	종
루아ㅅ	neolb eun	스페시에ㅅ	jong

Perluasan daerah   넓힘 ; 확장

쁘ㄹ루아산 다에라ㅎ   neolb him; hwak jang

Kerja _ 일

Jam kerja	업무시간	**Gaji / Upah**	봉급
잠 끄ㄹ자	eom mu si gan	가지 / 우빵	bong geub
Lembur	잔업	**Gaji**	월급
름부ㄹ	jann eob	가지	Wol geub

Jam masuk kerja
잠 마숙 끄ㄹ자
출근 시간
chul geun si gan

Jam pulang kerja
잠 뿔랑 끄ㄹ자
퇴근 시간
thwe geun si gan

Waktu istirahat
왁뚜 이ㅅ띠라핫
휴식 시간
hyu sik si gan

Waktu makan siang
왁뚜 마깐 시앙
점심 시간
jeom sim si gan

Cuti
쭈띠
공식적인 휴가를 떠나다
gong sik jeok in hyu ga reul to na da

Pelecehan seksual di tempat kerja 직장 내의 성희롱
쁠레쩨한 섹수알 디 뜸빳 끄ㄹ자
jik jang nae eui seong hwe rong

Rapat	회의	**Hari libur**	휴가
라빳	hwe eui	하리 리부ㄹ	hyu ga
Perhotelan	환대	**Petugas**	업무 수행자 ; 직원
쁘ㄹ호뗄란	hwan dae	쁘뚜가ㅅ	eob mu su haeng ja; jik won
Pabrik	공장	**Profesi**	직업 분야
빠브릭	gong jang	프로페시	jik eob bun ya

Bidang　　　분야 ; 여러 갈래로 나누어진 범위나 부분
비당
bun ya; yeo reo gal lae ro na nu eo jin beom wi na bu bun

Deskripsi pekerjaan　　　　　　직업 설명
드수끄맆시 쁘끄ㄹ자안　　　　jik eob seol myeong

Uang lembur　　　　　　초과 근무 수당
우앙 름부ㄹ　　　　cho gwa geun mu su dang

Waktu luang　　　　　여가시간 ; 자유시간
왁뚜 루앙　　　　yeo ga si gan; ja yu si gan

Rumah Sakit _ 병원

Rumah sakit 루마ㅎ 사낏	병원 Byeong won		**Pil** 삘	환약 hwan yak
Racik 라찍	혼합하다 hon hab ha da		**Kapsul** 깦술	캡슐 khaeb syul
Obat 오밧	약 yak		**Tablet** 따블렛	알약 al yak
Sirup 스룹	물약 ; 시럽 mul yak; si reob		**3x sehari** 띠가 깔리 스하리	하루에 3번씩 ha ru e se(3) beon ssik

Ruang Tunggu
루앙 뚱구

대기실, 대합실
dae gi sil, dae hab sil

Resep
르셒

약 처방 ; 약 처방전
yak jeo bang; yak jeo bang jeon

Kasir
까시ㄹ

(은행, 상점, 호텔 등의) 출납원
(eun haeng, sang jeom, ho thel deung eui) chul nab won

Dokter THT
독뜨ㄹ 떼 하 떼

이비인후과 의사
i bi in hu gwa eui sa

Dokter anak	소아과 의사
독뜨ㄹ 아낙	so a gwa eui sa

Bius	마취약
비우ㅅ	ma chwi yak

Dokter mata	안과의사
독뜨ㄹ 마따	an gwa eui sa

Cek Darah	혈액검사
쩩 다라ㅎ	hyeol aek geom sa

Larangan	금지령
라랑안	geum ji ryeong

Rutin	일상의 관정 / 일의
루띤	il sang eui gwa jeong / il eui

Periksa	(건강) 검진하다
쁘릭사	(geon gang) geom jin ha da

Penyakit ginjal	신장병
쁜야낏 긴잘	sin jang byeong

Dokter kandungan 산부인과 의사
독뜨ㄹ 깐둥안 san bu in gwa eui sa

Dokter kulit 피부과 전문의사
독뜨ㄹ 꿀릿 phi bu gwa jeon mun eui sa

Dokter penyakit kelamin 성병의사
독뜨ㄹ 픈야낏 끌라민 seong byeong eui sa

Unit Gawat Darurat (병원) 응급실
유닛 가왓 다루랏 (byeong won) eung geub sil

Infus 혈관을 통한 약물 주입
인푸ㅅ hyeol gwann eul thong han yak mul ju ib

Suntik 주사하다 ; 주사를 놓았다
순떡 ju sa ha da; ju sa reul noh at da

| **Salep** | 연고 | **Begadang** | 밤새우다 |
| 살릎 | yeon go | 브가당 | bam sae u da |

| **Rekan** | 동료 ; 직장동료 | **Jago** | 아주 잘한다 ; 전문가 |
| 르깐 | dong ryo;
jik jang dong ryo | 자고 | a ju jal han da;
jeon mun ga |

| **Lembur** | 야근 |
| 름부ㄹ | ya geun |

Ambil darah

암빌 다라ㅎ   hyeol aek saem pheul eul chae chwe ha da

혈액샘플을 채취하다

Cuci darah

쭈찌 다라ㅎ

(특히 신장병 환자의) 투석

(theuk hi sin jang byeong hwan ja eui) thu seok

Darah rendah / tinggi

다라ㅎ 른다ㅎ / 띵이

저혈압 / 고혈압

je hyeol ab / go hyeol ab

Kencing manis / diabetes

끈찡 마니ㅅ / 디아베떼스

당뇨

dang nyo

Tuntutan kerja

뚠뜻딴 끄ㄹ자

요구 시 작업

yo gu si jak eob

Minum-minum

미눔-미눔

술(한 잔) ; 술을 마시다

sul(han jan); sul eul ma si da

Sekolah _ 학교

Sekolah	학교	**IPA**	자연과학
스꼴라ㅎ	hak gyo	이빠	ja yeon gwa hak
Kantin	학교의 매점	**IPS**	기술과학
깐띤	hak gyo eui mae jeom	이뻬에ㅅ	gi sul gwa hak
Ruang kelas	교실	**Bahasa**	언어
루앙 끌라ㅅ	gyo sil	바하사	eon o
Wali Kelas	담임교사	**Dokumen**	서류 ; 문서
왈리 끌라ㅅ	dam im gyo sa	더꾸멘	seo ryu; mun seo
Rapot	성적표	**Jenius**	천재
라뺏	seong jeok phyo	즈니우ㅅ	cheon jae

Ruang Seni 예술을 배우고 사용되는 방
루앙 스니   ye sul eul bae u go sa yong dwe neun bang

Ruang musik 악기를 배우고 사용되는 방
루앙 무식   ak gil reul bae u go sa yong dwe neun bang

Rapotan 학교에 성적표를 받다
라뽀딴   hak gyo e seong jeok phyo reul bad da

Uang sekolah	학비	Semester	학기
우앙 스꼴라ㅎ	hak bi	스메ㅅ뜨ㄹ	gak ki

Matematika	수학	Juara	최고 우등생
마뜨마띠까	su hak	주아라	cwe go u deung saeng

Universitas	대학교	Beasiswa	장학금
우니프ㄹ시따ㅅ	dae hak gyo	베아시ㅅ와	jang hak geum

Pariwisata — 휴양지, 리조트 ; 관광
빠리위사따 — hyu yang ji, ri jo theu; gwan gwang

Taman Kanak-kanan (TK) — 유치원
따만 까낙-까낙 (떼까) — yu chi won

Sekolah Dasar (SD) — 초등학교
스꼴라ㅎ 다사ㄹ — cho deung hak gyo

Sekolah Menengah Pertama (SMP) — 중학교
스꼴라ㅎ 므능아ㅎ 쁘ㄹ따마 (에ㅅ엠뻬) — jung hak gyo

Sekolah Menengah Atas (SMA) — 고등학교
스꼴라ㅎ 므능아ㅎ 아따ㅅ(에ㅅ엠 아) — go deung hak gyo

Belanja _ 쇼핑

Toko 또꼬	상점 ; 가게 sang jeom; ga ge	**Diskon** 디ㅅ껀	할인 hal lin
Supermarket 수쁘ㄹ마ㄹ껫	슈퍼마켓 syu pheo ma khet	**Ukuran** 우꾸란	치수 chi su
Grosir 그로시ㄹ	도매상 do mae sang	**Ukur** 우꾸ㄹ	치수 ; 계량 ; 측량 chi su; gye ryang; cheuk ryang

Mal
멀

백화점 ; 보행자 전용 상점가 ; 쇼핑센터
baek hwa jeom; bo haeng ja
jeon yong sang jeom ga; syo phing sen theo

Pertokoan
쁘ㄹ또꼬안

가게들의 밀집된 곳 ; 상가
ga ge deul eui mil jib dwen got; sang ga

Grosiran
그러시란

도매상으로 파는 가게
do mae sang eu ro pha neun ga ge

Cuci Gudang
쭈찌 구당

클리어런스 세일 ; 염가 처분 판매
geul li eo reon seu se il;
yeom ga cheo bun phan mae

Tawar 따와ㄹ ga gyeok eul kkakk ta	가격을 깎다		**Kecil** 끄찔	작다 jak ta
Harga pas 하ㄹ가 빠ㅅ	정거 jeong geo		**Kebesaran** 끄브사란	너무 크다 neo mu kheu da
Tukar 뚜까ㄹ	바꾸다 ; 교환하다 ba ku da; gyo hwan ha da		**Besar** 브사ㄹ	크다 ; 작지 않다 kheu da; jak ji anh da
Kupon 꾸폰	쿠폰 khu phon		**Tempat Ganti** 뜸빳 간띠	갱의실 gaeng eui sil
Kekecilan 끄끄찔란	너무 작다 neo mu jak da			

Pas (Cocok)
빠ㅅ (쩌쩍) 적합하다 ; 알맞다
jeok khab ha da; al maj da

Pantai _ 바다

Berjemur 햇볕을 쬐다	**Pesisir pantai** 해변
브ㄹ즈무ㄹ	쁘시시ㄹ 빤따이　hae byeon
haet byeol eul jjwe da	
	Indah 아름다운
Terbakar 화재가, 타고 있는	인다ㅎ　a reum da un
뜨ㄹ바까ㄹ	
hwa jae ga, tha go it neun	**Elok** 아름다운
	엘록　a reum da un
Oles −에 바르다	
올레ㅅ　-e ba reu da	**Pakaian renang** 수영복
	빠까이안 르낭　su yeong bok
Tersengat 찔리다, 쏘이다	
뜨ㄹ승앗　jjil li da, sso i da	**Kacamata renang** 물안경
	까짜마따 르낭　mul an gyeong
Jalan-jalan 산책하다	
잘란-잘란　san chaek ha da	**Handuk** 수건
	한둑　su geon
Sewa 임대	
세와　im dae	**Air asin** 바다 물
	아일 아신　ba da mul

Sun Lotion 자외선 방지 크림
산 로시은　ja we seon bang ji kheu rim

Salon Rambut _ 미용실

Salon 방 ; 실	**Kependekan** 약어 ; 축어
살론　　　　bang; sil	끄뻰데깐　yak keo; chuk keo
Potong 자르다	**Kupon** 쿠폰
뻐떵　　　　ja reu da	꾸뽄　　　　khu phon
Keriting 고수머리의	**Spray** 헤어 스프라이
끄리띵　　　go su meo ri eui	슢라이　　　he o seu peu ra i
Warnai −에 색을 칠하다	**Sutra** 실크
와ㄹ나이-e saek eul chil ha da	숫라　　　　sil kheu
Cuci rambut 머리를 빨다	**Manfaat** 유용 ; 효용
쭈찌 람붓　meo ri reul pal da	만파앗　yu yong; hyo yong
Blow 드리아	**Bahan.** 물질 ; 재료
블로　　　　deu ri a	바한　　　mul jil; jae ryo
Pengering Rambut 드라이어	**Lidah buaya** 알로에
끄링깐　　　deu ra i eo	리다ㅎ 부아야　　al lo e

Keramas　　샴푸로 머리를 감다
끄라마ㅅ　syam phu ro meo ri reul gam da

Khasiat　　　　　특효 ; 특성
카시앗　　theuk hyo; theu seong

Tubuh _ 몸

alis mata	눈썹	**janggut**	턱수염
알리ㅅ마따	nun ssoeb	장굿	ttoek su yoem
kelopak mata	눈꺼풀	**lengan**	팔
끌로팍 마따	nun kkeo phul	릉안	phal
pipi	뺨	**ketiak**	겨드랑이
피피	pam	끄띠악	kyoe deu ran gi
bibir	입술	**jari tangan**	손가락
비비ㄹ	ib sul	자리 땅안	son ga rak
gusi	잇몸	**kuku**	손/발톱
구시	it mul	꾸꾸	son/bal tob
kerongkongan	목구멍	**jari telunjuk**	집게손가락
끄렁꽁안	mok gu meong	자리 뜰룬죽	jib ke son ga rak
leher	목	**jari malang**	중지
레헤ㄹ	mok	자리 말랑	jung ji
pergelangan tangan			손목
쁘ㄹ글랑안 땅안			son mok

Indonesian	Korean	Romanization
jari kelingking	새끼손가락	
자리 끌링낑		sae kki son ka rak
dada	가슴	
다다		ga seum
perut	배(복부)	
쁘룻		bae (bok bu)
pinggang	허리	
삥강		heo ri
lutut	무릎	
루뚯		mu reub
tumit	발뒷꿈치	
뚜밋		bal dit kkum chi
kemaluan	음부	
끄말루안		Eum bu
zakar	남자 성기	
자까ㄹ		nam ja seong gi
usus	장, 내장	
우수ㅅ		jang, nae jang
jerawat	여드름	
즈라왓		yeo deu reum
darah	피	
다라ㅎ		phi

Indonesian	Korean	Romanization
arteri	동맥	
아ㄹ뜨리		dong maek
jantung	심장	
잔뚱		sim jang
jari manis	무명지	
자리 마니ㅅ		mu myeong ji
jari kaki	발가락	
자리 까끼		bal ga rak
buah dada	유방	
부아ㅎ 다다		yu bang
punggung	등, 척추	
뿡궁		deung, jeol chu
pinggul	엉덩이	
삥굴		ong dong i
kaki	다리	
까끼		da ri
pergelangan kaki	발목	
쁘ㄹ글랑안 까끼		bal mok
dubur	항문	
두부ㄹ		hang mun
buah zakar	불알	
부아ㅎ 자까ㄹ		bul al

kulit	피부	**pusar**	배꼽
꿀릿	phi bu	뿌사ㄹ	bea kkob
bintik-bintik hitam	주근깨	**otot**	근육
빈띡-빈띡 히땀	ju geun kkae	어떳	geun yuk
tulang	뼈	**empedu**	쓸개
뚤랑	pyeo	음쁘두	sseul gae
hati	간	**perut**	배, 위장
하띠	gan	쁘룻	bae, wi jang
paru-paru	허파	**usus buntu**	맹장
빠루-빠루	ho pha	우수ㅅ 분뚜	maeng jang
ginjal	신장		
긴잘	sin jang		

Rumah _ 집

Indonesia	한국어		Indonesia	한국어
Rumah 루마ㅎ	집 jib		**pintu** 삔뚜	문 mun
gedung 그둥	건물 geong mul		**dinding** 딘딩	벽 byeok
pintu gerbang 삔뚜 그ㄹ방	대문, 정문 dae mun, jang mun		**kamar** 까마ㄹ	방 bang
jendela 즌델라	창문 jang mun		**kamar tidur** 까마ㄹ 띠두ㄹ	침실 chim sil
langit-langit kamar 랑잇-랑잇 까마ㄹ	천장 jeon jang		**kamar mandi** 까마ㄹ 만디	욕실 yok sil
lantai 란따이	마루 ma ru		**kamar kerja** 까마ㄹ 끄ㄹ자	서재 seo jae
kamar tamu 까마ㄹ 따무	거실 go sil		**tempat tidur** 뜸빳 띠두ㄹ	침대 chim dae
kamar makan 까마ㄹ 마깐	식당 sik dang		**kursi** 꾸ㄹ시	의자 ui ja
apartemen 아빠ㄹ뜨멘	아파트 a pha theu		**lemari pakaian** 르마리 빠까이안	옷장 ot jang

Indonesia	한국어
lemari es 르마리 에ㅅ	냉장고 naeng jang go
dapur 다뿌ㄹ	부엌 bu ok
perkakas 쁘ㄹ까까ㅅ	가구 ga gu
permadani 쁘ㄹ마다니	융단, 카펫 yong dan, kha phet
kamar kecil 까마ㄹ 끄찔	화장실 hwa jang sil
selimut 슬리뭇	담요 dam yo
meja 메자	책상 chek sang
lemari buku 르마리	책장 check jang
mesin cuci 므신 쭈찌	세탁기 set tak ki
lampu 람뿌	전등 jeon deung
perkakas dapur 쁘ㄹ까까ㅅ 다푸ㄹ	주방기구 ju bang gi gu
piring 삐링	접시 jeob si
pisau 삐사우	칼 khal
garpu 가ㄹ뿌	포크 pho kheu
cawan 짜완	잔 jan
halaman 할라만	뜰 ddeul
sofa 소파	소파 so pha
sendok 센덕	숟가락 sud ka rak
sumpit 숨삣	젓가락 cheot ka rak
cangkir 짱끼ㄹ	잔 jan
kebun 끄분	정원 jeong won
atap 아땁	지붕 jibung

Waktu _ 시간

waktu 왁뚜	시간 si gan	**bulan depan** 불란드빤	내 달 nae dal
pagi 빠기	아침, 오전 a chim, o jeon	**tahun ini** 따훈 이니	금년 geum nyeon
sore 소레	오후, 이른 저녁 o hu, I reun jeo nyeok	**siang** 시앙	낮, 주간 nat, ju gan
hari ini 하리 이니	오늘 o neul	**malam** 말람	밤, 저녁 bam, jo nyeok
kemarin 꼬마린	어제 o je	**besok** 베석	내일 nae il
kemarin dulu 꼬마린 둘루	그저께 geu jeo kke	**lusa** 루사	모레 mo rae
minggu ini 밍구 이니	금주 geum ju	**tiga hari lalu** 띠가 하리 랄루	그끄저께 geu kkeu jeo kke
minggu lalu 밍구 랄루	지난주 ji nan ju	**minggu depan** 밍구 드빤	다음주 da eum ju

bulan ini 불란 드빤	이번달 I beon dal	**tahun lalu** 따훈랄루	작년 jang nyeon
bulan lalu 불란 랄루	지난 달 ji nan dal	**tahun kabisat** 따훈 까비삿	윤년 yun nyeon
tahun depan 따훈드빤	내년 nae nyeon		

Kelezatan _ 맛

kelezatan	맛	**manis**	단
끌르자딴	mat	마니ㅅ	dan
pahit	쓴	**asam**	신
빠힛	sseun	아삼	sin
asin	짠	**segar**	신선한
아신	jjan	스가ㄹ	sin seon han
tawar	싱거운	**gurih**	고소한
따와ㄹ	sing geo un	구리ㅎ	go so han
enak	맛있는		
에낙	mat I neun		

Perasaan _ 감각

perasaan 쁘라사안	감각 gam gak	sentosa 슨또사	평화로운 phyeong hwa ro un
sakit 사낏	아픈 a pheun	sejahtera 스자ㅎ떼라	평온한 phyeong on han
capai / lelah 짜빠이 / 를라ㅎ	지친, 피곤한 ji chin, phi gon han	dingin 딩인	추운 chu un
kantuk 깐뚝	졸린 jul rin	sedih 스디ㅎ	슬픈 seul pheun
pening 쁘닝	어지러운 o ji ro un	sehat 세핫	건강한 geon gang han
takut 따꿋	겁나는, 무서운 gom ba neun, mu seo un	letih / penat 레띠ㅎ / 쁘낫	피곤한 phi gon han
gembira 금비라	기쁜 gi peun	pusing 뿌싱	현기증 나는 hyeon gi jeung na neun

heran
헤란   놀라운, 당황하는
nol la un, dang hwang ha neun

| bingung | 당황하는 |
| 빙웅   dang hwang ha neun |

| khawatir | 걱정되는 |
| 카와띠ㄹgeok jeong dwe neun |

| kaget / kejut | 깜짝 놀라는 |
| 까겟 / 께줏 |
| kkam cak nol la neun |

| girang | 기쁜, 즐거운 |
| 기랑   gi ppeun, jeul geo un |

| senang | 즐거운 |
| 스낭   jeul geo un |

| puas | 만족한 |
| 뿌아ㅅ   man jok han |

| bebas | 자유로운 |
| 베바ㅅ   jay u ro un |

| panas | 더운 |
| 빠나ㅅ   do un |

| bahagia | 행복한 |
| 바하기아   haeng bok han |

| aman | 안전한 / 평화로운 |
| 아만   an jeon han / phyeong hwa ro un |

Olahraga _ 운동

olahraga	운동 / 스포츠	bola volley	배구
올라ㅎ라가		볼라 폴리	bae gu
	un dong / seu pho che		
		hoki	하키
sepak bola	축구	허끼	ha ki
세빡 볼라	chu ku		
		taekwondo	태권도
sepak takraw	세빡 따끄로	떽원도	tae kwon do
세빡 딱라우	se pak ta ke ro		
		menembak	사격
bulu tangkis	배드민턴	므넴박	sa gyeok
불루 땅끼ㅅ	bae deu min teon		
		boling	볼링
bola basket	농구	볼링	bol ling
볼라 바ㅅ껫	nong gu		
		angkat besi	역도
tenis	테니스	앙깟 브시	yeok do
떼니ㅅ	te ni seu		
		baseball	야구
mendaki gunung	등산	베이스볼	ya gu
멘다끼 구눙	deung san		
		panahan	양궁
tenis meja	탁구	빠나한	yang gung
떼니ㅅ 메자	tak ku		

| gulat | 레슬링 | anggar | 펜싱 |
| 굴랏 | re seul ling | 앙가ㄹ | phen sing |

| lompat tinggi | 높이뛰기 | senam | 체조 |
| 롬빳 띵기 | nop i twi gi | 스남 | che jo |

| memancing | 낚시 | ski | 스키 |
| 메만찡 | nak si | 스끼 | se ki |

| atletik | 육상 | tinju | 권투 |
| 앗렛떡 | yuk sang | 띤주 | kweon tu |

| bola tangan | 핸드볼 | lempar martill | 투포환 |
| 볼라 땅안 | haen deu bol | 렘빠ㄹ 마ㄹ띨 | thu pho hwan |

| pelempar bola | 크리켓트 | menunggang kuda | 승마 |
| 뻴렘빠ㄹ 볼라 | keu ri khet theu | 므눙강 꾸다 | seung ma |

| renang | 수영 | berburu | 사냥 |
| 르낭 | su yeong | 브ㄹ부루 | sa nyang |

| judo | 유도 | | |
| 주도 | yu do | | |

Keluarga _ 가족

Keluarga	가족	**Ibu tiri**	계모
끌루아ㄹ가	Ga jok	이부 띠리	Gye mo
Suami	남편	**Bapak tiri**	계부
수아미	Nam pyeon	바빡 띠리	Gye bu
Adik	동생	**Anak perempuan**	딸
아딕	Dong saeng	아낙 쁘름뿌안	ttal
Ayah mertua	시아버지	**Anak bungsu**	막내
아야ㅎ 므ㄹ뚜아	si a boe ji	아낙 붕수	Mak nae
Ibu mertua	시어머니	**Cucu**	손자
이부 므ㄹ뚜아	Si o moe ni	쭈쭈	Son ja
Istri	아내	**Anak**	자녀
이ㅅ뜨리	A nae	아낙	Ja nyo

Kakak (perempuan)
까깍 (쁘름뿌안)
누나, 언니
Nu na, on ni

Anak cucu / keturunan
아낙 쭈쭈 / 끄뚜루난
자손
Ja son

| Paman, om | 삼촌 |
| 빠만, 옴 | Sam cheon |

| Nenek | 할머니 |
| 네넥 | Hal mo ni |

| Sepupu | 사촌 |
| 스뿌뿌 | Sa cheon |

| Kakek | 할아버지 |
| 까껙 | Hal a boe ji |

| Keponakan | 조카 |
| 끄뽀나깐 | Jo ka |

| Anak sulung | 장남 |
| 아낙술룽 | Jang nan |

| Cicit | 증손자 |
| 찌 | Jeung son ja |

Bibi, tante	숙모, 숙부 삼촌
비비, 딴뜨	
	Suk mo, suk bus am chon

| Anak kandung | 친자식 |
| 아낙 깐둥 | Chin ja sik |

| Mertua | 시부모 |
| 므ㄹ뚜아 | Si bu mo |

| Sanak saudara | 친척 |
| 사낙 사우다라 | Chin cheok |

| Anak laki-laki | 아들 |
| 아낙 라까-라끼 | A del |

| Moyang (perempuan) | 증조모 |
| 모양 (쁘름뿌안) | Jeung jo mo |

| Moyang (laki-laki) | 증조부 |
| 모양 (라끼-라끼) | Jeung jo bu |

| Abang, kakak (laki-laki) | 형 |
| 아방, 까깍 (라끼-라끼) | hyeong |

| Nenek moyang, leluhur | 조상 |
| 네넥 모양, 를루후ㄹ | Jo sang |

Ayah 아야ㅎ	아버지 A boe ji	**Anak tiri** 아낙 띠리	의부 자식 Uei bu ja sik
Ibu angkat 이부 앙깟	양모 Yang mo	**Orang tua** 오랑 뚜아	부모 Bu mo
Bapak angkat 바빡 앙깟	양부 Yang bu	**Suami istri** 수아미 이스뜨리	부부 Bu bu
Kedua orangtua 끄두아 오랑 뚜아	양친 Yang chin	**Saudara tiri** 사우다라 띠리	의부 형제 Uei bu hyeong je
Ibu 이부	어머니 Oe moe ni	**Saudara** 사우다라	형제 Hyeong je
Adik (perempuan) 아딕 (쁘름뿌안)	여동생 Yoe dong saeng	**Saudara kandung** 사우다라 깐둥	친형 Chin hyeong

Anak angkat perempuan
아낙 앙깟 쁘름뿌안
양녀
Yang nyo

Anak pungut / angkat
아낙 뿡웃 / 앙깟
양자
Yang ja

Mengendarai & Lalu lintas
운전 및 교통

Jalan tol 잘란 떨	고속도로 Go sok do rok	**Mempercepat** 음뻬ㄹ쯔빳	가속하다 Ga sok ha da
Peta jalan 뻬따 잘란	도로지도 Do ro ji do	**Memperlambat** 음뻬ㄹ람밧	감속하다 Gam sok ha da

Mengendarai & lalu lintas
메엔다라이 단 랄루 린따
운전 및 교통
Un jeon mit kyo tong

Peraturan lalu lintas
쁘라뚜란 랄루 린따스
교통규칙
Kyo thong gyu chik

Kecelakaan lalu lintas
끄쩰라까안 랄루 린따ㅅ
교통사고
Kyo thong sa go

Lampu pengatur lalu lintas
람뿌 뻥아뚜ㄹ 랄루린따ㅅ
교통신호등
Kyo thong sin ho deung

Pelanggaran lalu lintas
쁠랑가란 랄루 린따ㅅ
교통위반
Kyo thong uei ban

Tanda-tanda lalu lintas
딴다-딴다 랄루 린따ㅅ
교통표지반
Gyo thong phyo ji ban

Solar	경유	**Tempat parkir**	주차장
솔라ㄹ	Gyong yu	뜸빳 빠ㄹ끼ㄹ	Ju cha jang
Jalan lurus	직진하다	**Pompa bensin**	주유소
잘란 루루ㅅ	Jik jin ha da	뻠빠 벤신	Ju yu so
Garasi	차고	**Kir mobil**	차량검사
가라시	Ja go	끼ㄹ 모빌	Cha ryang geom. sa
Menyentuh	접촉하다	**Ditabrak**	충돌되다
므녠뚱	Jeob ceuk ha da	디땁락	Cheung deul dwi da
Knek	조수	**Menabrak**	충돌하다
그넥	Jo su	므나브락	Cheung deul ha da
Isi bensin	주유하다	**Truk**	트럭
이시 벤신	Ju yu ha da	뜨룩	Theu reok

Tukang becak 베짝운전수
뚜깡 베짝 Be cak un jeon su

(STNK) surat tanda nomor kendaraan 차량번호증
(엣 떼 엔 까) 수랏 딴다 노머ㄹ 끈다라안 Jar yang beon ho jeung

Ganti / oper persneling 변속하다
간띠 / 오쁘ㄹ 쁘ㄹ스넬링 Byeon sok ha da

Merem, injak rem 브레이크 밟다
므렘, 인작 렘 Be re ik ke bolb ta

| Mobil pemadam | 소방차 | Penumpang | 승객 |
| 모빌 쁘마담 | Soe bang cha | 쁘눔빵 | Seung gaek |

| Asuransi | 보험 | Bis kota | 시내버스 |
| 아수란시 | Bo heom | 비ㅅ 꼬따 | Si nae boe se |

| Selip | 미끄러지다 | Bensin | 휘발유 |
| 슬맆 | Mi ke ro ji da | 벤신 | Hui bal yu |

Pemutaran balik	반대회전	Isi bensin	휘발유 넣다
쁘무따란 발릭		이시 벤신	Hui bal yu noh da
	Beon dae hui jeon	Lampu sinyal	신호등
Bis, bus	버스	람뿌 시냘	Sin ho dong
비ㅅ, 부ㅅ	Beos se		

| Menghidupkan mesin | | 시동 걸다 |
| 응히둪깐 므신 | | Si dong gol da |

| Mematikan mesin | | 시동 끄다 |
| 므마띠깐 므신 | | Si dong ke da |

| (SIM) surat izin mengemudi | | 운전면허증 |
| (심) 수랏 이진 믕에무디 | | Un jeon myeon heo jeung |

| Membelok ke kanan | | 우희전하다 |
| 믐벨록 끄 까난 | | U huei jeon ha da |

| Menyetir mobil | | 운전하다 |
| 믄녜띠ㄹ 모빌 | | Un jeon ha da |

Sepeda motor	오토바이	**Taksi**	택시
스쁘다 모또ㄹ	O tho ba i	딱시	Thaek si
Sepeda	자전거		
스뻬다	Ja jeon geo		

Pengemudi mobil; sopir
뻥으무디 모빌; 소뻬ㄹ

운전사
Un jeon sa

Dilarang berbelok ke kanan
딜라랑 블벨록 끄 까난

우희전금지
U huei jeon geum ji

Mobil, kendaraan
모빌; 오또, 끈다라안

자동차 (4륜)
Ja dong cha (sa ryun)

Berjalan di sebelah kiri
브ㄹ잘란 디 스블라ㅎ끼리

좌측통행
Jwa jeuk tong haeng

Membelok ke kiri
믐벨럭 끄 끼리

좌희전하다
Jwa huei jeon ha da

Mengundurkan
믕운두ㄹ깐

후진하다
Hu jin ha da

Awas _ 주의 표시

Awas 주의 표시	**Dilarang merokok** 금연
아와ㅅ Hu ui phyo si	딜라랑 므로꼭 geum yeon
Pintu darurat 비상구	**Perbaikan jalan** 도로공사중
삔뚜 다루랏 Bi sang gu	쁘ㄹ바이깐 잘란 Do ro gong sa jeung
Jalan buntu 막힌길	
잘란 분뚜 Mak kin gil	

Jalan pelan-pelan
잘란 쁠란-쁠란
서행하시오
seo haeng ha si o

Jangan berhenti disini
장안 브ㄹ헨띠 다시니
멈추지 마시오
Meom chu ji ma si o

Dilarang berputar balik
딜라랑 브ㄹ뿌따ㄹ 발릭
반대방향 회전금지
Ban dae bang hyang hwi jeon geum ji

Awas ! ada mobil
아와ㅅ! 아다 모빌
자동차 주의
Ja dong cha ju uei

Sedang diperbaiki
스당 디 쁘르바이끼
수선중
Su seon jung

Satu arah	일방통행
사뚜 아라ㅎ	
	Il bang thong haeng

Berhenti	정지
브ㄹ흔띠	Jeong ji

Hati-hati	조심
하띠-하띠	Jo sim

Dilarang parkir	주차금지
딜라랑 빠ㄹ끼ㄹ	Ju cha geum ji

Jalan lurus	직진하시오
잘란 루루ㅅ	Jik jin ha si o

Parkir	주차
빠ㄹ끼ㄹ	Ju cha

Dilarang masuk	출입금지
딜라랑 마숙	Chul ib geum ji

Tertutup	통행금지
뜨ㄹ뚜뚭	tong haeng geum ji

40km batas kecepatan — 40 제한속도
음빳 뿔루ㅎ 낄로메뜨ㄹ 바따ㅅ 끄쯔빠딴 — Sa sib je hansok do

Dilarang mendahului — 추월금지
딜라랑 믄다훌루이 — Chu wol geum ji

Berjalan di sebelah kiri — 좌측통행
브ㄹ잘란 디 스블라ㅎ끼리 — Jwa cheuk thong haeng

Menyeberang di sini — 횡단하시오
믄예브랑 디 시니 — Hwing dan ha si o

Wisata _ 관광

paspor 빠ㅅ뽀ㄹ	여권 yo gwon	hotel 허뗄	호텔 ho thel
bandar udara 반다ㄹ 우다라	공항 gong hang	bagasi 바가시	짐 jim
formulir 포ㄹ물리ㄹ	(신고서)양식 (sin go seo) yang sik	loket karcis 로껫 까ㄹ찌ㅅ	매표소 mae phyo so
visa 비사	비자 bi ja	tugu 뚜구	기념비 gi nyeom bi
kantor imigrasi 깐떠ㄹ이미그라시	이민국 I min guk	kebun binatang 끄분 비나땅	동물원 dong mul won
kantor turis 깐떠ㄹ 뚜리ㅅ	여행사 yeo haeng sa	pusat pertokoan 뿌삿 쁘ㄹ또꼬안	쇼핑센터 syo phing sen theo

wisata / pelancongan
위사따
관광
gwan gwang

peta pelancongan
뻬따 쁠란쫑안
관광지도
gwan gwang ji do

bank	은행	**loket karcis**	매표소
방	eun haeng	로껫 가ㄹ찌ㅅ	mae phyo so
museum	박물관	**pemesanan tempat**	예약
무스움	bak mul gwan	쁘므사난 뜸빳	ye yak
bioskop	영화관		
비어ㅅ껍	yeong hwa gwan		

Kata Kerja _ 동사

Kata Kerja 까따 끄ㄹ자	주요 동사 Ju yo dong sa	**Mendidih** 믄디디ㅎ	끓다 Kkeulb da
Menjahit 믄자힛	깁다 Gib ta	**Mendidihkan** 믄디디ㅎ깐	끓이다 Kkeulb bi da
Memetik 므므떡	꺾다(꽃을) Kkyok ta (kot mul)	**Berjalan** 브ㄹ잘란	걷다(걸어가다) Got ta (gol lo ga da)
Melukis 믈루끼ㅅ	그리다 Ge ri da	**Memeluk** 므믈룩	껴안다 Kkyeo an da
Mengajar 믕아자ㄹ	가르치다 Ga re chi da	**Bermimpi** 브ㄹ밈삐	꿈꾸다 Kkum kku da

Membongkok / membungkuk 　구부리다(굽히다)
믐벙꺽 / 믐붕꾹　　　　Gu bu rid a (gub pi da)

Merangkak, merayap 　기다(기어가다)
므랑깍　　　　Gi da (gi o ga da)

Mengurus, memelihara 　가꾸다
믕우루ㅅ,므믈리하라　　　Ga ku da

Mencium — 냄새 맡다
믄찌움 — Name sae mat ta

Mendorong — 밀다
믄도롱 — Mil da

Jatuh — 넘어지다
자뚜ㅎ — Nom mo ji da

Lapar — 배고프다
라빠ㄹ — Bae go pheu da

Bernyanyi — 노래하다
브ㄹ바하야 — No rae ha da

Meniup — 불다
므니웊 — But ta

Terbang — 날다
뜨ㄹ방 — Nal da

Belajar — 배우다
블라자ㄹ — Bae u da

Makan — 먹다
마깐 — Mok ta

Menembak — 쏘다
므넴박 — Sso da

Berlutut — 무릎을 꿇다
브ㄹ루뜻 — Mu reupp eul kkulb ta

Menulis — 쓰다(적다)
므눌리ㅅ — Sse da (jok da)

Mengikat — 묶다
믕이깟 — Mok ta

Melihat — 보다
믈리핫 — Bo da

Bertepuk tangan — 박수 치다
브ㄹ뜨뿍 — Pak su chi da

Menyapu — 비질하다
므냐뿌 — Bi jil ha da

Tersenyum — 미소 짓다
뜨ㄹ센윰 — Mi so jit ta

Menyisir — 빗질하다
믄예시ㄹ — Bit jil ha da

Mematahkan — 부수다(쪼개다)
므마따ㅎ깐 — Bu ju da (jjo hae da)

| Memikirkan | 생강하다 |
| 므미끼ㄹ깐 | Saeng gang ha da |

| Tenggelam | 빠지다 (물에) |
| 뜽글람 | pa ji da (bul e) |

| Mencium | 뽀뽀하다 |
| 믄찌움 | Po po ha da |

| Menangis | 울다 |
| 므낭이ㅅ | Ul da |

| Tertawa | 웃다 |
| 뜨ㄹ따와 | Ut ta |

| Menggunting | 자르다 |
| 믕군띵 | Ja re da |

| Mencat | 칠하다 |
| 믄짯 | Chil ha da |

| Mengetik | 타자 치다 |
| 믕으띡 | Tha ja chi da |

| Mencuri | 훔치다 |
| 믄쭈리 | Hum chi da |

| Melambai | 흔들다(손을) |
| 믈람바이 | Heun deul da (son eul) |

| Mengocok | 흔들다(병을) |
| 믕오쩍 | Heun deul da (byong eul) |

| Menjilat | 핥다 |
| 믄질랏 | Halt ta |

| Berlayar | 항해하다 |
| 브ㄹ라야ㄹ | Hang hae ha da |

| Menyapa | 인사하다 |
| 므냐빠 | In sa ha da |

| Bekerja | 일하다 |
| 브끄ㄹ자 | Il ha da |

| Melahirkan | 낳다(아기를) |
| 믈라히ㄹ깐 | Nah ta (a gi reul) |

| Menyelam | 다이빙하다 |
| 므녤람 | Dai bing ha da |

| Bergoyang, mengayun | 흔들리다 |
| 고양, 믕아윤 | Heun deul li da |

Meletakkan 믈르딱깐	놓다(두다)	Noh ta (du da)
Berbaring 브르바링	눕다	Nub ta
Menyeterika 믄예트리까	다림질하다	Da rim jil ha da
Menutup 므누뚭	닫다	Dat da
Tertutup 뜨르뚜뚭	닫히다	Da chi da
Berputar 브르뿌따ㄹ	돌다(회전하다)	But ta (hwi jeon ha da)
(ber)lari (브ㄹ)라리	달리다	Dal li da
Mendengar 믄등알	듣다	Deut ta

Memukul 므무따ㄹ	때리다	Thae ri da
Memutar 므무따ㄹ	돌리다	Dol li da
Menyetujui 므녜뚜주이	동의하다	Dong uei ha da
Menarik 므나릭	당기다	Dang gi da
Melempar 믈렘빠ㄹ	던지다	Don ji da
Menyusul 므뉴술	뒤쫓다	Dwi jot ta
Menunggang 므눙강	말 타다	Mal tha da
Sakit 사낏	아프다	A pheu da

Menjinjing 믄진징
운반하다(손으로)
Un ban ha da (son eu ro)

Mengemudi, menyupir, menyetir 믕에무디
운전하다
Un jeon ha da

Indonesia	한국어	Indonesia	한국어
Berbicara 브ㄹ비짜라	말하다 Mal ha da	**Mencintai** 믄찐따이	사랑하다 Sa rang ha da
Berenang 브레낭	수영하다 Su yeong ha da	**Berdiri** 브ㄹ디리	서다 Seo da
Menanam 므나남	심다 Sim da	**Mencuci** 믄쭈찌	씻다 Ssit ta
Berkelahi 브르껠라히	싸우다 Ssa u da	**Mencicipi** 믄찌찌삐	맛보다 Mat bo da
Duduk 두둑	앉다 An ta	**Membenci** 믐븐찌	미워하다 Mi wo ha da
Membuka 믐부까	열다 Yeol da	**Menjadi gila** 믄자디 길라	미치다 Mi chi da
Melompat 믈롬빳	뛰어넘다 Twi o nom da	**Tidur** 띠두ㄹ	잠하다 Jam ha da
Minum 미눔	마시다 Ma si da	**Menangkap** 므낭깦	잡다(붙잡다) Jab da (but jam da)
Menyentuh 믄옌뚜ㅎ	만지다 Man ji da	**Suka** 수까	좋아하다 Jo a ha da

Naik, memanjat, mendaki 나익, 므만잣, 믄다끼	오르다 O re da

Memberi	주다	**Enak**	편하다
믐브리	Ju da	에낙	Phejeon ha da
Memegang	잡다(쥐다)	**Menari**	춤추다
므므강	Jam da (jwi da)	메나리	Chun chu da
Mengaduk	젓다	**Memotong**	자르다
믕아둑	Jot ta	므모똥	Ja re da
Membunuh	죽이다	**Membaca**	읽다
믐부누ㅎ	Juk ki da	믐바짜	Ilk ta
Mengoyak; sobek	찢다	**Melalui**	지나가다
믕오약; 소벡	Jjit ta	믈랄루이	Ji na ga da
Menggali	파다		
믕갈리	Pha da		

Mati, meninggal dunia   죽다
마띠, 므닝갈 두니아   Juk ta

Menendang; menyepak   차다(발로)
므는당; 므녜빡   Cha da (bal ro)

Mengerutkan dahi   찡그리다
믕에룻깐 다히   Cing geu ri da

Kata Sifat _ 형용사

Kata Sifat 까따 시팟	형용사 hyeong yong sa	**Dalam** 달람	깊은 Gip peun
Tumpul 뚬뿔	무딘 Mu din	**Tertutup** 뜨ㄹ뚜뚭	닫힌 Dad hin
Tajam 따잠	예리한 Ye ri han	**Terbuka** 뜨ㄹ부까	열린 Yeol lin
Besar 브사ㄹ	큰 keun	**Bengkok** 벵꺽	휜 Hwin
Kecil 끄찔	작은 Jak eun	**Lurus** 루루ㅅ	바른 Ba reun
Bersih 베ㄹ시ㅎ	깨끗한 Kkae kket han	**Basah** 바사ㅎ	젖은 Jeo jeun
Kotor 꼬또ㄹ	더러운 Deo reo un	**Panjang** 빤장	긴 gin
Dangkal 당깔	얕은 Al eun	**Pendek** 뻰덱	짧은 Jjalb beun

Sempit	좁은	**Terang**	밝은
씀삣	Job beun	뜨랑	Bal geun
Lebar	넓은	**Gelap**	어두운
레바ㄹ	Nolb beun	글랖	Eo du un
Muda	젊은	**Ringan**	가벼운
무다	Jol meun	링안	Ga byeo un
Tua	늙은	**Berat**	무거운
뚜아	Neul geun	브랏	Mu geo un
Baru	새로운	**Keras**	시끄러운
바루	Sae ro un	끄라ㅅ	Si ke reo un
Lama	오래된	**Lembut**	부드러운
라마	O rae dwin	름붓	Bu de reo un
Longgar	헐거운	**Mampat, penuh**	꽉찬
롱가ㄹ	Heol geo un	맘빳; 쁘누ㅎ	Kkwak chan
Ketat	단단한	**Kosong**	텅빈
끄닷	Dan dan han	꼬송	Theong bin
Tenang	고요한	**Tebal**	두꺼운
뜨낭	Go yo han	뜨발	Du kkeo un
Berombak	물결치는	**Tipis**	얇은
브ㄹ옴박	Mul gyeol chineun	띠삐ㅅ	Yalb beun

Kering	마른	Sulit	어려운
끄링	Ma reun	술릿	Eo ryeo un
Kosong	텅빈	Tinggi	높은
꼬송	Theong bin	띵기	Nop eun
Penuh	꽉찬	Rendah	낮은
쁘누ㅎ	Pak chan	른다ㅎ	Na jeun
Gemuk	뚱뚱한	Panas	뜨거운
그묵	Tung tung han	빠나ㅅ	Te geo un
Kurus	여윈	Dingin	차가운
꾸루ㅅ	Yeo won	딩인	Cha ga un
Cepat	빠른	Empuk	연한(부드러운)
쯔빳	pa reun	음뿍	Yeon ban (bu de reo un)
Lambat	느린	Keras	딱딱한
람밧	Ne rin	끄라ㅅ	Ttak ttak han
Gembira	기쁜	Kasar	거친
금비라	Gi peun	까사ㄹ	Geo chun
Sedih	슬픈	Halus	부드러운
스디ㅎ	Sel pheun	할루ㅅ	Bu de reo un
Mudah	쉬운	Kuat	힘센
무다ㅎ	Swi un	꾸앗	Him sen

Lemah	약한	**Cantik**	예쁜
르마ㅎ	Yak kan	짠떡	Ye pun
Teratur	정돈된	**Jelek**	못생긴
뜨ㄹ아뚜ㄹ	Jeong don dwin	즐렉	Mot saeng gin
Berantakan	난잡한	**Pertama**	첫째
브란따깐	Nan jab han	쁘ㄹ따마	Chot cae
Baik	좋은	**Terakhir**	마지막
바익	Joh eun	뜨ㄹ아키ㄹ	Ma ji mak
Busuk	썩은		
부숙	Sseok eun		

Masak-memasak, Penyedap Rasa
조리 및 조미료

Masak-memasak 마삭-므마삭	조리 Jo ri	**Menumis** 므누미ㅅ	기름에 볶다 Gi reum e bok ta
Mentah 믄따ㅎ	날 것(생) Nal got (saeng)	**Mendidihkan** 믄디디ㅎ깐	끓이다 Kkel hi da
Membakar 음바까ㄹ	굽다(불에-) Gub ta (bul e)	**Membekukan** 음브꾸깐	냉동하다 Naeng dong ha da

Penyedap Rasa / Bumbu Masak
쁘녜닾 라사 / 붐부 마삭
조미료
jo mi ryo

Menyaring; disaring
므냐링; 디사링
거르다
Geo re da

Memanggang
므망강
굽다(오븐에-)
Gub ta (o beun e)

Menyayat, mengiris tipis
므냐얏, 믕이리ㅅ 띠삐ㅅ
얇게 자르다
Yalb ke ja re da

Menyangan
므냥안
볶다(기름 없이)
Bok ta(gi reul ob si)

Menanak nasi	밥짓다
므나낙 나시	Bab jit ta

Mengasamkan	시게하다
믕아삼깐	Si ge ha da

Memasak	익히다
므마삭	Ik ki da

Memotong	자르다
므모똥	Ja re da

Mencincang	짓찧다
믄찐짱	Jit cih da

Mengasinkan	짜게 하다
믕아신깐	Ca ke ha da

Mengukus	찌다
믕우꾸ㅅ	Ci da

Mengasap	훈제하다
믕아샆	Hun je ha da

Menggoreng	튀기다
믕고렝	Thwi gi da

Memasak makanan	은식을 만들다
마삭 므마삭	Eum sikk eul man deul da

Merebus setengah matang	데치다
므르부ㅅ 스뜽아ㅎ 마땅	Te chi da

Penyedap Rasa _ 조미료

Madu 마두	꿀 kket	**Mostar** 모ㅅ따ㄹ	겨자 Gyeo ja
Lemak babi 르막 바비	돼지기름 Dwe ji gi reum	**Mentega** 믄떼가	마가린 Ma ga rin
Tauco 따우쪼	된장 Dwin jang	**mentega** 믄떼가	버터 Bu theo
Kecap asin 께짬 아신	간장 Gan jang	**Susu bubuk** 수수 부북	분유 Bun yu

Penyedap Rasa / bumbu Masak
쁘녜닾 라사 / 붐부 마삭 — 조미료 Jo mi ryo

Cabai / cabe
짜바이 / 짜베, 롬벅 — 고추 Go chu

Bubuk cabai / cabe
부북 짜바이 / 짜베 — 고춧가루 Go chu ga ru

Mayonnaise, saos selada
마요네ㅅ, 사오ㅅ 슬라다 — 마요네즈 Ma yo re je

Jahe 자헤	생강 Saeng gang	**Minyak zaitun** 민약 자이뚠	올리브유 Ol li be yu
Gula 굴라	설탕 Seol thang	**Yogurt** 여굶	요구르트 Yo gu re te
Lada, merica 라다, 므리짜	후추 Hu chu	**Susu** 수수	우유 U yu
Gula batu 굴라 바뚜	설탕(각) Seol thang (gak)	**Selai** 슬라이	잼 jeam
Gula pasir 굴라 빠시ㄹ	설탕 가루 Seol thang ga ru	**Keju** 께주	치즈 Chi je
Garam 가람	소금 So geum	**Krim** 끄림	크림 Kheu rim
Saus 사우ㅅ	소스 So se	**Selai kacang** 슬라이 까짱	피넛 버터 Phi neot beo theo
Cuka 쭈까	식초 Sik cho	**Saus tomat** 사우ㅅ또맛	토마토 케챱 Tho ma tho khe chab
Susu kental manis 수수 끈딸 마니ㅅ	연유 Yeon yu	**Minyak goreng** 민약 고렝	튀김기름 Thwi kim gi reum

Minyak selada (salad)
민약 슬라다 (살랏)

샐러드유
Sael leo de yu

Daging _ 고기

Daging	고기 종류	Daging domba	양고기
다깅	Go gi jong ryu	다깅 돔바	Yang go gi
Daging babi	돼지고기	Hati	간
다깅 바비	Dwe ji go gi	하띠	gan
Burung puyuh	메추리	Iga	간
부룽 뿌유ㅎ	Me chu ri	이가	gan
Telur ayam	계란	Babat	양(내장)
뜰루ㄹ 아얌	Gye ran	바밧	Yang (nae jang)
Daging ayam	닭고기	Usus	곱창
다깅 아얌	Dal go gi	우수ㅅ	Gob jang
Sosis	소시지	Has dalam	안심
소시ㅅ	So si ji	하ㅅ달람	An sim

Telor burung puyuh — 메추리알
뜰루ㄹ 부룽 뿌유ㅎ — Me chu ri al

Daging babi hutan — 멧돼지고기
다깅 바비 후딴 — Met dwe ji go gi

Ham	햄	**Daging kelinci**	토끼고기
헴	haem	다깅 끌린찌	Tho ki go gi
Daging sapi	쇠고기		
다깅 사삐	Swi go gi		

Daging punggung; steak
다깅 뿡궁; 스택
등심
Deung sim

Daging kambing
다깅 깜빙
염소고기
Yeom so go gi

Sayur _ 야채

Sayur-sayuran   야채 종류
사우ㄹ-사유란
Ya chae jong ryu

Kentang   감자
끈땅   Gam ja

Ubi   고구마
우비   Go gu ma

Kacang tanah   땅콩
까짱 따나ㅎ   Tang kong

Terong   가지
떼롱   Ga ji

Bawang putih   마늘
바왕 뿌띠ㅎ   Ma neul

Lobak   무
로박   mu

Kecambah kacang hijau   숙주나물
끄짬바ㅎ 까짱 히자우   Suk ju na mul

Sawi putih   배추
사위 뿌띠ㅎ   Bea chu

Jamur   버섯
자무ㄹ   Beo seot

Kucai   부추
꾸짜이   Bu chu

Daun selada   상추
다운 슬라다   Sang chu

Seledri   셀러리(열대)
슬렏시   Sel reo ri (yol dae)

Bayam   시금치(열대)
바얌   Si geum chi (yeol dae)

Asparagus   아스파라거스
아ㅅ빠라구ㅅ   As se pa rag u se

Kubis, kol	양배추
꾸비ㅅ; 껄	Yang bae ju

Tomat	토마토
또맛	Tho ma tho

Bawang bombai	양파
바왕 봄바이	Yang pha

Labu	호박
라부	Ho bak

Jagung	옥수수
자궁	Ok su su

Wortel	홍당무
워ㄹ뜰	Hong dang mu

Kacang	콩
까짱	khong

Daun bawang	파
다운 바왕	pha

Kacang merah	강낭콩
까짱 메라ㅎ	Gang nang khong

Peterseli	파슬리
뻬떼ㄹ셀리	Pha seul li

Kacang kedelai	메주콩
까짱 끄들레이	Mae ju khong

Paprika	피망
빱쁘리까	Phi mang

Mentimun, ketimun, timun	오이
믄띠문, 끄띠문, 띠문	O i

Kacang polong; kacang kapri	완두콩
까짱 뻴렁; 까짱 깎리	Wan du khong

Tauge, kecambah kedelai	콩나물
따우게, 끄짬바ㅎ 끄들라이	Khong na mul

Rasa _ 맛

Rasa	맛
라사	mat

Berbau	냄새 나다
브ㄹ바우	Nem sea na da

Manis	달다
마니ㅅ	Dal da

Gurih	고소하다
구리ㅎ	Go so ha da

Hangat	따뜻하다
항앗	Ta tet ha da

Panas	뜨겁다
빠나ㅅ	Te geob ta

Tidak enak	맛없다
띠딱 에낙	Mat eob ta

Enak; sedap	맛있다
에낙; 스답	Ma sit ta

Asin	짜다
아신	Ca da

Dingin	차갑다
딩인	Cha gab ta

Asam	시다
아삼	Si da

Pahit	쓰다
빠힛	Se da

Berbau busuk	악취 나는
브ㄹ바우 부숙	Yak chi na neun

Asam manis	새콤달콤하다
아삼 마니ㅅ	Sea khom dal khom ha da

Berlemak; berminyak	느끼하다
브를르막; 브ㄹ민약	Ne ki ha da

Pedas	맵다	Amis	비리다
쁘다ㅅ	Meb ta	아미ㅅ	Bi ri da

Hambar; tawar		밋밋하다
함바ㄹ, 따와ㄹ		Mit mit ha da

Buah _ 과일

Buah-buahan	과일 종류	**Pisang**	바나나
부아ㅎ-부아한	Gwa il jong ryu	삐상	Ba na na
Durian	두리안	**Per**	배
두리안	Du ri an	뻬ㄹ	bae
Strawberi	딸기	**Ceri**	버찌
숫로베리	Ttal gi	쩨리	Bo ci
Kesemek	감	**Persik**	복숭아
끄스믁	gam	쁘ㄹ식	Bok sung a
Kurma	대추야자	**Apel**	사과
꾸ㄹ마	Dae chu ya ja	아쁠	Sa gwa
Limau sitrun	레몬	**Semangka**	수박
리마우 싯트룬	Re mon	스망까	Su bak
Mangga	망고	**Kelapa**	야자
망가	Mang go	끌라빠	Ya ja
Ara	무화관	**Anggur**	포도
아라	Mu hwi gwan	앙구ㄹ	Pho do

Kenari	호두	Nenas	파인애플
끄나리	Ho du	느나ㅅ	Phain ae pheul
Jeruk manis	오렌지	**Papaya**	파파야
즈룩 마니ㅅ	O ren ji	빠빠야	Pha pha ya
Zabib	자두		
자빕	Ja du		

Corak dan Ragi _ 무늬와 색상

Bergambar	무늬 있는	**Bentuk**	모양
브ㄹ감바ㄹ	Mu nui I neun	븐뚝	Mo yang

Corak dan Ragi
쪼락 단 라기
무늬와 색상
Mu nui wa saek sang

Berwarna polos
브ㄹ와ㄹ나 뽈로ㅅ
무늬 없는
Mu nui eob neun

Bahan yang polos
바한 양 뽈로ㅅ
무늬 없는 천
Mu nui ob neun cheon

Disain; design; pola
디사인; 데사인; 뽈라
디자인
Di ja in

Yang bergambar bintik-bintik
양 브ㄹ감바ㄹ 빈띡-빈띡
물방울 무늬의
Kong bang eul mu nui ui

Bunga kecil-kecil
붕아 끄찔-끄찔
작은 무늬의
Jak eun mu nui ui

Yang bergaris-garis
양 브ㄹ가리ㅅ-가리ㅅ
줄 무늬의
Jul mu nui ui

Yang dicap
양 디짭

프린터 무늬의
Pheu rin theo nu nui ui

Yang berkotak-kotak
양 브ㄹ꼬딱-꼬딱

체크 무늬의
Je kheu mu nui ui

Tekstil & Pakaian _ 직물 및 봉제

Lipatan gathers 개더	Benang emas 금사(금실)

Lipatan gathers 개더
리빠딴 같읈   Gae deo

Gabardine 개버딘
가바ㄹ딘   Gae beo din

Kain sutra 견직물
까인 숫뜨라   Gyeon jik mul

Satin 공단
사띤   Gong dan

Menjahit 꿰매다
믄자힛   Kkwe mae da

Benang emas 금사(금실)
브낭 으마ㅅ   Geum sa (geum sil)

Pakaian jadi 기성복
빠까이안 자디   Gi seong bok

Panjang 길이
빤장   Gil li

Nylon 나일론
닐론   Na il lon

Benang lungsin 날실
브낭 룽신   Nal sil

Tekstil dan Penjahitan 직물 및 봉제
떽띨 단 쁜자히딴   Jik mul mit bong je

Mengepas pakaian 가봉하다
믕으빠ㅅ 빠까이안   Ga bong ha da

Menggulung; menyingsing 걷어붙이다
믕굴룽; 믄잉싱   God do but chi da

Singlet	내의	**Benang katun**	목면실
싱렛	Nae ui	브낭 까뚠	Mok myeon sil
Pakaian pesanan	맞춤복	**Sapu tangan**	손수건
빠까이안 쁘사난	Mat chul bok	사뿌 땅안	Son su geon
Bretel	멜빵	**Pakaian renang**	수영복
브레뗄	Mel pang	빠까이안 르낭	Su yeong bok
Kain katun/kapas	면직물	**Kancing jepret**	스냅
까인 까뚠/ 까빠ㅅ		깐찡 즈쁘렛	Se naeb
	Myeon jik mul		
		Baju sweater	스웨터
Kain mori	모리	바주 쉬뜨ㄹ	Se we theo
까인 모리	Mo ri		
		Syal	스카프
Benang wol	모사	샬	Se ka pheu
브낭 월	Mo sa		
		Rok span	스커트
Muslin wol	모슬린	럭 스빤	Seu kheo theu
무ㅅ린 월	Mo seul lin		

Kaus kaki nilon
까어ㅅ 까끼 닐론

나일론 스타킹
Na il ron seu tha khing

Tidak cocok/pas
띠닥 쪼쪽/빠ㅅ

맞지 않다
Mat chi anh ta

Celana panjang dalam
쩰라나 빤장 달람

속바지
Sok ba ji

Baju olahraga 스포츠 셔츠
바주 올라ㅎ라가
Seu pho cheu syeo che

Rok dalam 슬립(여자 속옷)
록 달람 Seul lib (yoja sok ot)

Slit; belah 슬릿
슬릿; 블라ㅎ Seul lit

Menjelujur 시침질을
므젤루주ㄹ So chib jil eul

Pakaian pria 신사복
빠까이안 달람 Sin sa bok

Benang 실
브낭 sil

Kain wol 울
까인 월 ol

Gaun terusan 원피스
가운 뜨루산 One phi seu

Pakaian anak-anak 아동복
빠까이안 아낙-아낙 A dong bok

Pakaian pengantin 웨딩 드레스
빠까이안 뿡안띤 We ding de re seu

Ketinggalan zaman / mode 유행에 뒤진
끄띵갈란 자만 / 모드 Yu haeng e dui jin

Benang perak 은사(은실)
브낭 뻬락 Eun sa (eun sil)

Pakaian malam 이브닝 드레스
빠까이안 말람 I be ning de re seu

Mengenakan; memakai 입다
믕으나깐; 므마까이 Ib ta

Busana; pakaian 부사나; 빠까이안	의복 Eui bok	**Penjahit** 쁜자힛	재봉사 Jae bong sa

Busana; pakaian 의복
부사나; 빠까이안 Eui bok

Penjahit 재봉사
쁜자힛 Jae bong sa

Populer 유행의
뽀뿔레ㄹ Yu haeng ui

Benang jahitan 재봉실
브낭 자힛안 Jae bong sil

Sulaman; bordir 자수
술라만; 보ㄹ디ㄹ Ja su

Menjahit 재봉하다
믄자힛 Jae bong ha da

Pakaian tidur 잠옷
빠까이안 띠두ㄹ Jam ot

Jaket 재킷
자껫 Jae khit

Sarung tangan 장갑
사룽 땅안 Jang kab

Pola; mode 패턴(형)
뽈라; 모드 Phae theon(hyeong)

Materi 재료
마뜨리 Jae ryo

Celana dalam 팬티
쫄라나 달람 Phaen thi

Penjahit 재봉
쁜자힛 Jae bong

Perajutan 편물
쁘라주딴 Phyeon mul

Mencoba memakai 입어 보다
믄쪼바 므마까이 Ib bo bo da

Menyulam; membordir 자수하다
므눌람; 믐보ㄹ디ㄹ Ja su ha da

Cara menjahit / jahitan 재봉기술
자자 믄자힛 / 자힛안 Jae bong gi sul

Jarum rajut	편물 바늘
자룸 라줏 Phyeon mul ba neul	
Pakaian seragam	제복
빠까이안 스라감	Je bok
Jersey	저지
제ㄹ시	Jeo ji
Rompi	조끼
럼삐	Jo ki
Dasi	넥타이
다시	Nek tha i
Denim	데님
데님	De nim

Kancing	단추
깐찡	Dan chu
Tersobek	뜯어 지다
뜨ㄹ소벡	Tteut teo ji da
Merenda	레이스 짜다
므렌다	Re I seu ca da
Lame	라메
라메	Ra me
Renda	레이스
렌다	Re is seu
Linen	리넨
리넨	Li nen

Menambal	조각을 대다
므남발	Jeo gak eul dae da
Penjepit dasi; peniti dasi	넥타이핀
쁜즈벳 다시; 쁘니띠 다시	Nek tha I phin
Lubang kancing	단춧구멍
루방 깐찡	Dan chut gu meong
Bagian belakang baju	뒤판
바기안 블라깡 바주	Dwi phan

Kain rami	마직물	**Beludru; beledu**	빌로드
까인 라미	Ma jik mul	블룻루; 블르두	Bil lo de
Cocok / pas	맞다	**(kain) sarung**	사룽
쪼쪽 / 빠ㅅ	Mat ta	(까인) 사룽	Sa rung
Celana	바지	**Baju**	상의(웃옷)
젤라나	Ba ji	바주	Sang ui(eut ot)
Celana pendek	반바지	**Serge**	샤아지
젤라나 뻰덱	Ban ba ji	세ㄹ게	Sya a ji
Pakaian wanita	여성복	**Serta; serabut**	섬유
빠까이안 와니따	Yeo seong bok	스ㄹ따; 스라붓	Seom yu
Beha	브래지어	**Kemeja**	셔츠
삐하	Be rae ji eo	끄메자	Syeo cheu
Broket	브로켓	**Lengan baju**	소매
쁘로껫	Be ro khet	릉안 바주	So mae
Blus	블라우스	**Manset**	소맷부리
블루ㅅ	Beul le u se	만셋	Do maet bu ri
Jas hujan	비옷	**Saku dalam**	안포켓
자ㅅ 후잔	Bi ot	사꾸 달람	An pho khet

Bagian depan baju	앞판
바기안 드빤 바주	Ap phan

Indonesia	Korea	Romanisasi
Ikat kaus 이깟 까우ㅅ	양말 대님	Yang mal dae nim
Serasi / cocok 스라시 / 쪼쪽	어울리다	Eo ul li da
Kaus kaki 까우 ㅅ까끼	양말	Yang mal
Ritsleting 르ㅅ렛띵	지퍼	Ji pheo
Jin; jeans 진; 진ㅅ	진	jin
Celana jean 쫄라나 진ㅅ	진 바지	Jin ba ji
Rok 럭	치마	Chi ma
Mengukur 믕우꾸ㄹ	치수를 재다	Chi su reul jae da
Baju panas/kardigan 바주 빠나ㅅ/까ㄹ디간	카디건	Kha da geon
Kebaya 끄바야	카바야	Kha ba ya
Korset 꺼ㄹ셋	코르셋	Kho reu set
Mantel ; jas panas 만뜰; 자ㅅ 빠나ㅅ	코트	Kho theu
Mengelem 믕을렘	테두리를 붙이다	The du ri deul but chi da
Tetoron 뜨또란	테토론	Te to ron
Rok dan blus 럭 단 블루ㅅ	투피스	Thu phi seu
Baju kaos 바주 까어ㅅ	티셔츠	Thi syeo cheu
Pakaian kebesaran 빠까이안 끄브사란	예복	Ye bok
Barang tenunan tekstil 바랑 뜨누난 뗏띨	직물	Jik mul

Piyama	파자마	**Pelanel**	플란넬
삐야마	Pha ja ma	쁠라넬	Phel lan nel
Pameran mode	패션 쇼	**Kancing cantel**	혹
빠메란 모드	Phae syeon syo	깐찡 짠뗄	hok
Benang rajutan	편물 실	**Kain sintetis**	화학 섬유
브낭 라주딴	Phyeon mul sil	까인 신떼띠ㅅ	Hwa hak seong yu
Merajut	편물하다	**Serat sintetis**	합성 섬유
믈줏	Phyeon mul ha da	스랏 신떼띠ㅅ	Hab seong seong yu
Poplin	포플린	**Ikat pinggang**	허리띠
뽑프린	Pho pheul lin	이깟 삥강	Heo ri ti
Lebar	폭	**Pelipit**	주름
르바ㄹ	Phok	쁠리삣	Ju reum
Pulover	풀오버	**Pakaian biasa**	평상복
뿔오쁘ㄹ	Phul o beo	빠까이안 비아사	Pyeong sang bok

Perancang / pencipta mode   패션 디자이너
쁘란짱 / 쁜찞따 모드   Phae syeon di ja I neo

Kain / bahan pakaian   포목
까인 / 바한 빠까이안   Pho mok

Saku; kantung   포켓(주머니)
사꾸; 깐뚱   Pho khet (jumoni)

Warna _ 색

Warna 와ㄹ나	색 saek	Warna biru laut 와ㄹ나비루 라웃	바다색 Ba da saek
Warna kuning 와ㄹ나 꾸닝	노란 색 No ran saek	Warna cerah 와ㄹ나 쯔라ㅎ	밝은 색 Bark geun saek
Warna hijau 와ㄹ나 히자우	녹색 Nok saek	Warna coklat 와ㄹ나 쪽랏	밤색 Bam saek
Warna coklat muda 와ㄹ나쪽랏 무다	갈색 Gal saek	Warna merah 와ㄹ나 메라ㅎ	빨간색 Pal gan saek
Warna hitam 와ㄹ나히땀	검은 색 Geom. Eun saek	Warna ungu 와ㄹ나 웅우	자주색 Ja ju saek

Berwarna silau
브ㄹ와ㄹ나실라우
눈부신 색
Nun bu sin saek

Warna kuning agak kelabu
와ㄹ나 꾸닝 아각 끌라부
베이지색
Be I ji saek

Warna jingga tua
와ㄹ나 징가 뚜아
오렌지색
O ren ji saek

Warna tua	진한색
와ㄹ나 뚜아	Jin han saek

Warna kalem	차분한 색
와ㄹ나 깔름	Cha bun han saek

Warna gelap	어두운 색
와ㄹ나스드ㄹ하나	O du un saek

Warna biru	파란 색
와ㄹ나비루	Pha ran saek

Warna muda	엷은 색
와ㄹ나무다	Yolb beun saek

Warna putih	하얀색
와ㄹ나 뿌띠ㅎ	Ha yan saek

Warna sederhana 수수한 색
와ㄹ나 스드ㄹ하나 Su su han saek

Warna biru angkasa / langit 스카이블루색
와ㄹ나 비루 앙까사 / 랑잇 Seu kha I bell u saek

Warna merah jambu / merah muda 핑크색(붕홍)
와ㄹ나 메라ㅎ 잠부 / 메라ㅎ 무다
Phing kheu saek (bung hong)

Warna ria yg menyolok 화려한 색
와ㄹ나 리아 양 믄쩔럭 Hwa ryo han saek

Warna abu-abu / kelabu 회색
와ㄹ나아부-아부 / 끌라부 Hui saek

Binatang _ 동물

Binatang 비나땅	동물 Dong mul	**Landak** 란닥	고슴도치 Go seum do chi
Laba-laba 라바-라바	거미 Geo mi	**Kucing** 꾸찡	고양이 Go yang i
Kura-kura 꾸라-꾸라	거북이 Geo buk ki	**Beruang** 브ㄹ우앙	곰 gom
Ikan paus 이깐 빠우ㅅ	고래 Go rae	**Jerapah** 즈라빠ㅎ	기린 Gi rin
Anjing 안징	개 gae	**Ayam** 아얌	닭 dalk
Katak, kodok 까딱, 꼬독	개구리 Gae gu ri	**Keledai** 끌르다이	당나귀 Dang na gui
Gorila 고릴라	고릴라 Gol lil la	**Babi** 바비	돼지 Dwe ji
Kadal, bengkarung 까달, 붕까룽			도마뱀 Do ma baem

Tikus pondok 따꾸ㅅ 뽄독	두더지 Du deo ji	**Anjing laut** 안징 라웃	바다표범 Ba da phyo beob
Kuda 꾸다	말 mal	**Kelelawar** 끌를라와ㄹ	박쥐 Bak jui
Babi hutan 바비 후딴	멧돼지 Met dwe ji	**Ular** 울라ㄹ	뱀 baem
Gajah 가자ㅎ	코끼리 Kho ki ri	**ular berbisa** 울라ㄹ 브ㄹ비사	독사 dok sa
Badak 바닥	코뿔소 Kho bbul so	**Rusa, kijang** 루사, 끼장	사슴 Sa seub
Kelinci 끌린찌	토끼 Tho ki	**Singa** 싱아	사자 Sa ja
Kerbau 끄ㄹ바우	물소 Mul so	**Sapi** 사삐	소 so
Kalkun 깔꾼	칠면조 Chil myeon jo	**Kalajengking** 깔라증낑	스콜피온 Seu khol phi on
Kuda nil 꾸다닐	하마 Ha ma	**Buaya** 부아야	악어 ak go
Bunglon 붕런	카멜레온 Kha mel le on	**Domba** 돔바	양 yang

Zebra 젭브라	얼룩말 Eol lok mal	**Serigala** 스리갈라	늑대 Neuk dae
Rubah 루바ㅎ	여우 Yeo u	**Tupai, bajing** 뚜빠이, 바징	다람쥐 Da ram jwi
Kambing 깜빙	염소 Yeom so	**Siput** 시뿟	달팽이 Dal phaeng i
Monyet, kera 몬옛, 끄라	원숭이 Won sung i	**Cacing** 짜찡	지렁이 Ji reong i
Tikus 띠꾸ㅅ	쥐 jwi	**Kangguru** 깡구루	캥거루 Khaeng geo ru
Lipan 리빤	지네 Ji ne	**Harimau** 하리마우	호랑이 Ho rang i
Unta 운따	낙타 Nak tha		

Ikan _ 물고기

Ikan 이깐	물고기 Mul go gi	**Sunglir** 숭리ㄹ	방어 Bang eo
Insang 인상	아가미 A ga mi	**Ikan kembung** 이깐 끔붕	고등어 Go deung eo
Sisik 시식	비늘 Bi neul	**Ikan salem** 이깐 살름	연어 Yeon eo
Cakalang 짜깔랑	가다랭이 Ga da raeng i	**Cumi-cumi** 쭈미-쭈미	오징어 O jing o
Ikan layur 이깐 라유ㄹ	갈치 Gal chi	**Ikan haring** 이깐 하링	청어 Cheong eo
Kepiting 끄삐띵	게 ge	**Ubur-ubur** 우부ㄹ-우부ㄹ	해파리 Hae pha ri
Ikan kecil, teri 이깐 끄찔, 뜨리	멸치 Myeol chi	**Ikan todak** 이깐 또닥	황새치 Hwal sae chi
Ikan gurita 이깐 구리따	문어(낙지) Mun edo (nak ji)	**Lemuru** 르무루	정어리 Jeong eo ri
Udang karang 우당 까랑	바닷가재 Ba dat ga jae	**Kerang** 끄랑	조개 Jo gae

Tiram	굴	Ikan hiu	상어
따람	gyul	이깐 히우	Sang eo
Tongkol, tuna	다랑어	Udang	새우
똥꼴, 뚜나	Da rang eo	우당	Sae u
Belut laut	뱀장어		
블룻 라웃	Baem jang eo		
Samge, kakap putih			조기
삼게, 까깎 뿌띠ㅎ			Jo gi

Serangga _ 곤충

| Serangga | 곤충 | Belalang | 메뚜기 |
| 스랑가 | Gon cheung | 블랄랑 | Me ttu gi |

| Lebah madu; tawon | 꿀벌 | Nyamuk | 모기 |
| 르바ㅎ 마두; 따원 | Kkeul beol | 냐묵 | Mo gi |

| Gegat | 나방 | Kumbang | 풍뎅이 |
| 그갓 | Na bang | 꿈방 | Phung deng i |

| Kupu-kupu | 나비 | Belalang daun | 여치 |
| 꾸뿌-꾸뿌 | Na bi | 블랄랑 다운 | Yeo chi |

| Semut | 개미 | Capung | 잠자리 |
| 스뭇 | Gae mi | 짜뿡 | Jam ja ri |

| Cengkerik | 귀뚜라미 | Kecoa | 바퀴벌레 |
| 쫑끄릭 | Gui ttu ra mi | 끄쪼아 | Ba khui beol le |

| Tabuhan | 말벌 | Lalat | 파리 |
| 따부한 | Mal beol | 라랏 | Pha ri |

| Belalang sentadu | | | 사마귀 |
| 블랄랑 슨딴두 | | | Sa ma gwi |

Burung _ 새

Burung (unggas)	새	Burung camar	갈매기
부룽 (웅가ㅅ)	sae	부룽 짜마ㄹ	Gal mae gi

Burung elang	매	Burung merak	공작
부룽 을랑	mae	부룽 므락	Gong jak

Burung puyuh	메추리	Burung rajawali	독수리
부룽 뿌유ㅎ	Me chu ri	부룽 라자왈리	Dok su ri

Burung gagak	까마귀	Burung angsa	백조
부룽 가각	Kka ma kwi	부룽 앙사	Baek jo

Burung kuau	꿩	Burung kolibri	벌새
부룽 꾸아우	kkwong	부룽 꼴립리	Beol sae

Burung cucuk udang 물총새
부룽 쭈쭉 우당　Mul chung sae

Burung dara / merpati 비둘기
부룽 다라 / 므ㄹ빠띠　Bi dul gi

Burung layang-layang 제비
부룽 라양-라양　Je bi

Ayam kalkun 아얌 깔꾼	칠면조 Chil myeon jo	**Parkit** 빠ㄹ낏	잉꼬 Ing kko
Burung hantu 부룽 한뚜	올빼미 Ol bbae mi	**Burung kenari** 부룽 끄나리	카나리아 Kha na ri a
Burung bangau 부룽 방아우	왜가리 We ga ri	**Burung unta** 부룽 운따	타조 Tha jo
Penguin 뻥우인	펭귄 Pheng guin	**Burung kakatua** 부룽 까까뚜아	앵무새 Eang mu sae
Flamingo 플라밍고	홍학 Hong hak	**Bebek** 베벡	오리(거위) O ri(geo wi)

Burung gereja / pipit
부룽 그그자 / 삐벳

참새
Cham sae

Kata _ 단어

Jauh(nya), jarak 자우ㅎ(냐) 자락	거리 Go ri		Luas(nya) 루아ㅅ(냐)	면적 Myeon jeob
Antara(nya), jarak 안따라 (냐) 자락	간격 Gan gyeok		Temperatur, suhu 뜸쁘라뚜ㄹ	온도 On do
Berat(nya) 브랏(냐)	무게, 중량 Mu ge, jung ryang		Meter, m 메뜨ㄹ, 엠	미터 Mi theo
Panjang(nya) 빤장(냐)	길이 Gil i		Kelembaban 끌름바반	습도 Seub do
Dalam(nya) 달람 (냐)	깊이 Gip pi		Tinggi badan 띵기 바단	신장 Sin jang
Tinggi(nya) 띵기 (냐)	높이 Nop pi		Lebar(nya) 르바ㄹ(냐)	폭 Phok
Tebal(nya) 뜨발 (냐)	두께 Du ke		Isi, volume 이시, 폴룸	체적 Che jeok

Kira-kira, sekitar
끼라-끼라, 스끼따ㄹ

대강, 약
Dae hang, yak

Berat badan 브랏 바단	체중 Che jung	**Banyak** 바냑	많은 Man neun
Pasang 빠상	대, 조 Dae, jo	**Sedikit** 스디낏	조금 Jo geum
Lusin 루신	다스 Da se		

Semua, seluruh, segala
스무아, 슬루루ㅎ, 스갈라

전부
Jeon bu

Rumah _ 집

Istilah
전문용어
이ㅅ띨라ㅎ Jeon mun yong eo

Makna
의미 ; 뜻
막나 Eui mi; tteut

Senyaman
~만큼 편하다
스냐만
~man keum phyeon ha da

Ada kalanya
가끔
아다 깔라냐 Ga geum

Nyaman
신선하다 ; 즐겁다
냐만
Sin seon ha da; jeul geob ta

Gemar
좋아하다
그마ㄹ Jo a ha da

Perabotan
기구
쁘라봇안 Gi gu

Piala
우승컵
삐알라 U seung kheob

Rumahku Istanaku'
루마ㅎ꾸 이ㅅ따나꾸
즐거운 우리 집
Jeul geo un u ri jib

Bahwa
바ㅎ와
목적 혹은 보어절을 이끄는 접속사
Mok jeok heul keun bo eo jeol eul
l kke neun jeob seok sa

Mewah
메와ㅎ
사치스럽다 ; 호화스럽다
Sa chi seu reob ta; ho hwa se reob ta

Tempat berteduh
뜸빳 브ㄹ뜨두ㅎ
피하는 곳
Phi ha neun got

| Kamar mandi | 화장실 |
| 까마ㄹ 만디 | Hwa jang sil |

| Tempat tidur | 침대 |
| 뜸빳 띠두ㄹ | Chim dae |

| Lemari pakaian | 옷장 |
| 르마리 바주 | Ot jang |

| Meja belajar | 책상 |
| 메자 블라자ㄹ | Chaek sang |

| Rak buku | 책장 |
| 락 부꾸 | Chaek Sang |

| Cuci pakaian | 빨래하다 |
| 쭈찌 빠까이안 | Pal lae ha da |

| Seterika | 다리미 |
| 스트리까 | Da ri mi |

| Pembantu | 가정부 |
| 쁨반뚜 | Ga jeong bu |

| Ruang tamu | 거실 |
| 루앙 따무 | Geo Sil |

| Prestasi | 달성 ; 성과 |
| 프레ㅅ따시 | Dal Seong, Seong gwa |

| Akuarium | 수족관 |
| 아꾸아리움 | Su jok gwan |

Betah / kerasan   살기 편안하다 ; 아늑하다
브따ㅎ / 끄라산   Sal gi pheyon an ha da, a neuk ha da

Gosok pakaian   다리질을 하다
고석 빠까이안   Da ri jil eul ha da

Halaman depan   앞쪽 집 마당
할라만 드빤   Am jjeok Jib ma dang

Kolam Renang _ 수영장

Topi renang 또삐 르낭	수영모자 Su yeong mo ja	**Menyelam** 믄옐람	잠수하다 Jeob su ha da
Loker 로께ㄹ	로커 Lo keo	**Berenang** 브르낭	수영하다 Su yeong ha da
Ban 반	타이어 Tha I eo	**Terpeleset** 뜨ㄹ뻴레셋	미끄러지다 Mi ke reo ji da
Pelampung 쁠람뿡	구명대 Gu meyong dae		

Pakaian renang / baju renang
빠까이안 르낭 / 바주 르낭

수영복
Su yeong bok

Kacamata renang
까짜마따 르낭

수영 안경
Su yeong an gyeong

Tempat ganti pakaian
뜸빳 간띠 빠까이안

갱의실
Gaeng eui sil

Main _ 놀다

Main 마인	놀다 Nol da	**Sekali lagi** 스깔리 라기	다시 ; 한번 Dasi; han beon
Jujur 주주ㄹ	정직하다 Jeong jik ha da	**Taktik** 딱띡	전략 Jeon ryak
Curang 쭈랑	부정하다 Bu jeong ha da	**Kelompok** 끌롬뽁	무리 Mu ri
Suit 가위-바위-보 같은 게임 수잇 Ga wi-Ba wi-bo		**Daya imajinasi** 다야 이마지나시	상상력 Sang sang ryeok
Tim 띰	팀 Thim	**Budaya** 부다야	문화 Mun Hwa
Bersama-sama 브ㄹ사마-사마	함께 Hom kke	**Menang** 승리하다 ; 이기다 므낭 Seung ri ha da; I gi da	
Berhenti 브ㄹ흔띠	멈추다 Mem chu da	**Kalah** 지다 ; 패배하다 깔라ㅎ Ji da; phae bae ha da	

Sawah _ 논

Kunyit 꾼잇	터메릭 Thae me rik	**Sawah** 사와ㅎ	논 non
Lengkuas 룽꾸아ㅅ	양강근 Yang gang geun	**Tropis** 뜨로삐ㅅ	열대 Yeol tae
Cengkeh 쯩께ㅎ	정향 Jeong hyang	**Menanam** 므나남	─를 심다 -reul sim ta
Rempah 름빠ㅎ	향신료 Hyang sin ryo	**Tanaman** 따나만	나무 Na mu
Hijau 히자우	녹색 Neuk saek	**Hujan** 후잔	비 bi
Luas 루아ㅅ	넓다 Neolb ta	**Sayur** 사유ㄹ	야채 Ya chea
Sempit 슴삣	좁다 Job ta	**Buah** 부아ㅎ	과일 Gwa il
Ladang 라당	경작지 ; 밭 Gyeong jak ji; bat	**Kebun** 그분	농장 ; 농원 Nong jang; nong won

Irigasi 이리가시	관개 Gwan gae	**Biji** 비지	씨 ; 씨앗 Si; si at
Pupuk 뿌뿍	비료 ; 거름 Bi ryo; geo reum		

Kosakata Tambahan 1 _ 추가 단어 1

Warisan 와리산	휴산 Hyu san	**Tembaga** 뜸바가	구리 ; 동 Gu ri; deung

Warisan 휴산
와리산 Hyu san

Tembaga 구리 ; 동
뜸바가 Gu ri; deung

Pengaruh 영향
뽕아루ㅎ Yeong Hyang

Zaman 시대 ; 시기
자만 Si Dae; si gi

Kecenderungan 경향
끄쯘드룽안 Gyeong hyang

Sehari-hari 매일
스하리-하리 Mae il

Pembuatan 제조
쁨부아딴 Je jo

Etnik 인종의 ; 민족 특유의
엣닉
In jong ui; min jok teuk ui

Membuat: 만들다
믐부앗 Man deul da

Asal-asalan 대충 ; 정학하지 않다
아살-아살란 Dae chung; Jeong hak ha hi an ta

Beraneka ragan 여러가지 ; 다양하다
브ㄹ아네까 라감 Yeo reo ga ji; da yang ha da

Pernak-pernik 당양하다 ; 형태가 작은 물건
쁘ㄹ낙 쁘ㄹ닉 Dang yang ha da;
heyong tae ga jak keun mul geon

Terap 적용하다 ; 응용하다
뜨랖 Jeok yong ha da; eung yong ha da

Bulan madu	말월 허니문
불란 마두	Mal wol heo ni mun

Panggung	무대
빵궁	Mu dae

Agung	위대한 ; 고귀한
아궁	Wi dae han; go gwi han

Dewa-dewi	신–여신
데와-데위	Sin-Yeo Sin

Candi	사원
짠디	Sa won

Selendang	스카프 ; 목도리
슬렌당	Seu kha pheu; mok do ri

Jepit rambut	머리 핀
즈뼷 람붓	Meo ro phin

Oleh-oleh	선물 ; 기념품
올레ㅎ-올레ㅎ	Seon mul; gi nyeom phum

Wisatawan	관광객
위사따완	Gwan gwang gaek

Cermin	거울
쯔ㄹ민	Geo eul

Pengantin baru	신혼부부
뼁안띤 바루	Sin hon bu bu

Keramah-tamahan	점잖음 ; 사교적임
끄라마ㅎ-따맗한	Jeom jalb beun; sa gyo jeok in

Wisata	관광하다 ; 여행하다
위사따	Gwan gwang ha da; yeoo haeng ha da

Mencerminkan	반영하다
믄쯔ㄹ민깐	Ban yeong ha da

Serta	함께하다 ; 관여하다
스ㄹ따	Ham kke ha da; gwan yeo ha da

Wisata _ 관광

Pariwisata 관광 빠리위사따　Gwan gwang	**Tarian** 춤 따리안　Chum
Wisatawan 관광객 위사따완　Gwan gwang gaek	**Pertunjukan** 공연 쁘ㄹ뚠주깐　Gong yeon
Elok 아름다운 엘록　A reum da un	**Berbeda** 다르다 브ㄹ베다　Da reu da
Indah 아름다운 인다ㅎ　A reum da un	**Berjalan-jalan** 산책하다 브ㄹ잘란-잘란　San chaek ha da
Pura 힌두교 사원 뿌라　Himdu gyo sa won	**Indah** 아름답다 인다ㅎ　A reum dab ta
Perayaan 축하연 쁘라야안　Chuk ka yeon	**Turis** 관광객 뚜리ㅅ　Gwan gwang gaek

Pemandu wisata 투어 가이드
쁘만두 위사따　Theu eo ga I deu

Unik 유일하다 ; 독특하다
우닉　Yu il ha da; dok theuk ha da

Suku 수꾸	종족 Jong jok	**Devisa** 데비사	외환 Wi han
Khusus 쿠수ㅅ	특별한 Theuk byeol han	**Pendapatan** 쁜다빠딴	수입 ; 소득 Su ib; so deuk

Menakjubkan
므낙줍깐

놀라게 하다 ; 경칸하다
Nol la ge ha da; gyeong khan ha da

Permai
쁘ㄹ마이

훌륭하다 ; 아름답다
Hol ryung ha da; a reum dab ta

Kosakata Tambahan 2 _ 추가 단어 2

Kertas	종이	**Huni**	살고 있다
끄ㄹ따ㅅ	Jong i	후니	Sal gi itta
Karet	고무	**Penduduk**	지민
까렛	Go mu	쁜두둑	Ji min
Minyak	기름	**Masyarakat**	사회
민약	Gi reum	마샤라깟	Sa hwi
Emas	금	**Tetangga**	이웃
으마ㅅ	geum	뜨땅가	I ut
Batubara	석탄	**Pemukiman**	정착시킴
바뚜 바라	Seok tan	쁘무끼만	Jeong chak so kim

Keharmonisan
끄하ㄹ모닛산
조화 ; 화접
Jo hwa; hwa jeob

Gotong royong
고떵 로영
상부상조하다
Sa nu sang jo ha da

Rempah-rempah
름빠ㅎ-름빠ㅎ
여러 종류의 향신료
Yeo reo jong ryu uil hyang sin ryu

| Bambu | 양념 |
| 밤부 | Yang nyeom |

| Kelas sosial | 사회 계급 |
| 끌라ㅅ소시알 | Sa hwi gye geum |

| Bangsawan | 양반 |
| 방사완 | Yang ban |

| Ladang | 분야 ; 밭 |
| 라당 | Bun ya; bat |

| Ternak | 기축 |
| 뜨ㄹ낙 | Gi chuk |

| Kebun | 정원 ; 농원 |
| 끄분 | Jeong won; nong won |

| Diperas | 압착되다 |
| 디쁘라ㅅ | Ab chak dwi da |

| Peras | 암착 |
| 쁘라ㅅ | Am chak |

| Gelisah | 고민 ; 불안하다 |
| 글리사ㅎ | Go min; bul an ha da |

| Stres | 스트레스 |
| 슷레ㅅ | Seu theu re se |

| Obrolan | 이야기 ; 수다 |
| 옵브롤란 | I ya gi; su da |

| Lain | 다른 것 |
| 라인 | Da eun geot |

| Atlit | 선수 |
| 앗트릿 | Seon su |

| Balkoni | 베란다 |
| 발꼬니 | Be ran da |

| Bocor | 새다 |
| 보쪼ㄹ | Sae da |

| Gimana | 어때요 ; 어떻게 |
| 기마나 | Eo ttae yo; eo tteo ke |

| Kegalauan | 소란 ; 복잡한 생각 |
| 끄갈라우안 | So ran; bok jab han saeng gak |

| Galau | 혼동 ; 생각이 복잡하다 |
| 갈라우 | Hon dong; saeng gak I bok jab ha da |

| Pos Kampling | 지구대 ; |
| 뽀ㅅ 깜플링 | Ji gu dae |

| Ungkapan | 표현 |
| 웅까빤 | Phyeo hyeon |

| Mahkota | 왕관 |
| 마ㅎ꼬따 | Wang gwan |

| Faktor | 요인 ; 인자 |
| 팍떠ㄹ | Yo in; in ja |

Utama	가장 좋은 ; 주요한
우따마	
	Ga jang joh eun; ju yo han

| Awet | 오래 견다는 |
| 아웻 | O rae gyeon da neun |

| Budak | 노예 ; 하인 |
| 부닥 | No yae; ha in |

| Pengantin | 신랑 & 신부 |
| 뺑안띤 | Sin rang & sin bu |

Pesta pernikahan	결혼식
뻬ㅅ따 쁘ㄹ니까한	
	Gyeol hon sik

| Tamu | 손님 |
| 따무 | Son nim |

| Hari permikahan | 결혼날 |
| 하리 쁘ㄹ니까한 | Gyeol hon nal |

| Resiko | 리스크 ; 위험 |
| 레시코 | Ri seu kheu; wi heom |

Segi	관점 ; 측면
스기	
	Gwan jeom; cheuk myeon

| Materi | 물질 |
| 마테리 | Mul jil |

| Mental | 정신적인 |
| 멘탈 | Jeong sin jeok in |

| Diseberang | 건너편에 ; 앞쪽에 ; |
| 디스브랑 | Geon no pyeon e; am jok e |

| Akad permikahan | 결혼 약속 ; 약혼 |
| 아깓 쁘ㄹ니까한 | Gyeol hon yak sol; yak hon |

Masa 마사	시기 ; 때 Si gi; ttae	Jas 자ㅅ	정장 Jeong jang
Gejolak 그절락	정열 Jeong yeol	Keren 끄렌	멋진 Mot chin
Semangat 스망앗	패기 Phae gi	Cantik 짠떡	예쁘다 Ye peu da
Kencan 끈짠	데이트 De I theu	Penampilan 쁘남삘란	내보임 ; 선보임 Nae bo im; seon bo im
Terus terang 뜨루ㅅ 뜨랑	솔직히 말하다 Sol jik ki mal ha da	Langsing 랑싱	날씬하다 Nal sin ha da
Cakep 짜끕	멋진, 잘생긴 Meot jin; jal saeng gin	Mempesona 음쁘소나	관심을 끌다 Gwan sim eul keul ta

Latar belakang
라따ㄹ 블라깡 배경 ; 동기
Bae gyeong; dong gi

Cuek
쭈엑 맘대로 하다 ; 멋대로 하다 ; 무시하다 ; 신경 안 쓴다
Mam dae ro ha da; meot dae ro ha da; mu si ha da; sin gyeong an seun da

Memikat
므미깟 마음을 끌다 ; 유혹하다
Ma eum eul kkeut ta; yu hol ha da

Setia	견고하다
스띠아	Gyeon go ha da

Mata duitan	돈을 좋아하요
마따 두잇안	Don eul jo a ha da

Pelit	구두쇠
뻴릿	Gu du swi

Penolong	돕는 사람
쁘놀렁	Dom neun sa ram

Tolong	돕다
똘렁	Don ta

Maaf	용서
마아ㅍ	Yong seo

Rakus	욕심이 많다
라꾸ㅅ	Yok sim I man ta

Egois	이기주의자
에고이ㅅ	I gi ju eui ja

Nilai-nilai	규범 ; 시각
닐라이-닐라이	Gyu beob; si gak

Sempurna	환벽하다
슴뿌ㄹ나	Hwan byeok ha da

Rumit	복잡하다
루밋	Bok jab ha da

Gelap	어둡다
그랖	Eo dub ta

Halus	부드럽다
할루ㅅ	Bu deu reob ta

Menawan	마음에 사로잡다
므나완	Ma eum e sa ro jab ta

Pemaaf	용서해 주는 사람
쁘마아ㅍ	Yong seo hae ju neun sa ram

Oleh karena itu	그렇기 때문에 / 그러한 이유로
올레ㅎ 까르나 이뚜	Ke reoh ji ttae mun e / ke reo han I yu ro

Hormat	존경하다 ; 경의하다
호ㄹ맛	Jon gyeong ha da; gyeong ui ha da

Topik	주제 ; 화제	**Lagu**	노래
또삑	Ju je; hwa je	라구	No rae
Kursus	학원	**Puisi**	시 ; 운문
꾸ㄹ수ㅅ	Hak won	뿌이시	Si; un mun
Menyenangkan	즐거운	**Baru**	새롭다
믄예낭깐	Jeul geo un	바루	Sae rob ta
Jago	전문가 ; 능숙하다	**Tiba**	도착하다 ; 다가오다
자고	Jeon nun ga; neung suk ha da	띠바	Do chak ha da; dag a o da
Tantangan	도전	**Bakat**	타고난 재능 ; 소질
딴땅안	Do jeon	바깟	Tha go nan jae neung; so jil
Alat musik	악기	**Seni**	예술
알랏 무식	Ak ki	스니	Ye sul
Sesama	같은 부류의		
스사마	Gat teun bu ryu wi		

Antusias 열관적이다 ; 정열적이다
안뚜시아ㅅ Yeol gwan jeok I da; jeong yeol jeok ki da

Berpartisipasi 참가하다 ; 참여하다
브ㄹ빠ㄹ띠시빠시 Cham ka ha da; cham yeo ha da

Lancar 원할하다 ; 막힘이 없다
란짜ㄹ Won hal ha da; mak kim mo ob ta

| **Berbakat** | 재능이 있음 |
| 브르바깟 | Jae neung I I seum |

| **Tenang** | 평온한 ; 조용한 |
| 뜨낭 | Pheong on han; jo yong han |

| **Biota laut** | 즉 생물 |
| 비오따 | Jeuk saeng mul |

| **Kabupaten** | 군 |
| 까부빠뗀 | Gun |

| **Panorama** | 보기 |
| 빠노라마 | Bo gi |

| **Kekayaan alam** | 천연 자원 |
| 끄까야안 알람 | Cheon yeon ha won |

| **Ibukota** | 수도인 |
| 이부 꼬따 | Su do in |

| **Menata** | 정리하다 |
| 므나따 | Jeong ri ha da |

| **Pribadi** | 개인인 |
| 프리바디 | Gae in in |

| **Seiring** | 함께하 |
| 스이링 | Ham kke ha |

| **Pengetahuan** | 지식 |
| 뽕으따후안 | Ji sik |

| **Kantong** | 주머니 |
| 깐똥 | Ju meo ni |

| **Panti Asuhan** | 고아원 |
| 빤띠 아수한 | Go a won |

| **Akherat** | 내세 |
| 아키랏 | Nae se |

Tempat Penampungan Binatang 동물 보호소
뜸빳 쁘남뿡안 비나땅
Dong Mul bo ho so

Menakjubkan 놀라게 하다 ; 경칸하다
므낙줍깐
Nol la ke ha da; gyeong khan ha da

Menggiurkan 매료시키다 ; 매혹시키다
믕기우르깐
Mae ryo si khida; me hok si khi da

Menarik 재미있다 ; 흥미롭다	Hari raya	공휴일
므나릭	하리 라야	Gong yu il
Jae mi itta; heung mi rob ta		

Menarik 재미있다 ; 흥미롭다
므나릭
 Jae mi itta; heung mi rob ta

Bokek 돈이 없다
보껙 Don o eob ta

Berbelanja 쇼핑하다
브ㄹ블란자 Syo phing ha da

Menyenangkan 재미 있다
믄예낭깐 Jae mi it ta

Penuh 가득하다
쁘누ㅎ Ga deuk ha da

Hari raya 공휴일
하리 라야 Gong yu il

Pilihan 선택
삘리한 Seon thaek

Nafkah 생계비
낲까ㅎ Saeng gye bi

Gemetaran 떨림
그므따란 Tteol lim

Kenalan 아는 사람 ; 지인
끄날란 A neun sa ram; ji in

Menghabiskan uang 돈을 보냈다
믕하비ㅅ깐 우앙 Don eul bo nae ta

Cuci mata 물건은 사지 않고 구경만 하다
쭈찌 마따 Mul geon eun sa ji an ko gu gyeong man ha da

Antrian 늘어선 줄 / 열 ; 대기열
안뜨리안 Neul eu seon / yeol; dae gi yeol

Hari nasional 건국 기념일 ; 축제일
하리 나시오날 Geon guj gi nyeom il; chuk je il

Soalnya; Persoalannya; Masalahnya ~때문에 ; 그 이유는 …
소알냐; 쁘ㄹ소알란야; 마살랗나 ~ttae mun e; ge I yu neun

A

abjad 철자그룹 ; 알파벳
압잣
  cheol ja geu rub; al pha bet

acar 설탕 식초절임
아짜ㄹ
  seol thang sik cho jeol lim

adegan 장면, 막
아드간 jang myeon, mak

administratif 행정상의
앳미니ㅅ뜨라띺
  haeng jeong sang eui

agak 약간
아각 yak gan

agama 종교
아가마 jong gyo

abadi 영원한 ; 변치 않는
아바디 yeong won han; byeon chi anh neun

absen 결석한 ; 참석하지 않다
압셴 gyeol seok han; cham seok ha ji anh da

acara 회의의 주제 ; 과제 ; 의제
아짜라 hwe eui eui ju je; gwa che; eui je

acuh 관심을 두다 ; 귀를 귀울이다
아쭈ㅎ gwan sim eul du da; gwi reul gwi uell i da

adat istiadat 전통 ; 풍습
아닷 이ㅅ띠아닷 cheon thong; phung seub

| agar | −하기 위하여 |
| 아가ㄹ | -ha gi wi ha yeo |

| agung | 위대한 ; 고귀한 |
| 아궁 | wi dae han; go gwi han |

| ahli | 전문가 ; 숙련가 |
| 아ㅎ리 | jeon mun ga; suk ryeon ga |

| air | 물 ; 즙 ; 액체 |
| 아이ㄹ | mul; jeum; aek che |

| Air mancur | 분수 |
| 아이ㄹ 만쭈ㄹ | bun su |

| Air minum | 마실 물 |
| 아이ㄹ 미눔 | ma sil mul |

| Air terjun | 폭포 |
| 아이ㄹ 뜨ㄹ준 | phok pho |

| ajaib | 이상한 ; 신비한 |
| 아자입 | i sang han; sin bi han |

| agaknya | 생각건대 ; 보이기에 |
| 아각냐 | saeng gak geon dae; bo i gi e |

| ajak- mengajak | 함께 하자고 청하다 |
| 아작-믕아작 | ham kke ha ja go cheong ha da |

| akademi | 학당 ; 전문 학원 |
| 아까드미 | hak dang; jeon mun hak won |

| alamat | 이름 및 주소 |
| 알라맛 | i reum mit ju so |

| alergi | (의학) 알레르기 |
| 알레ㄹ기 | (eui hak) al le reu gi |

| alias | 별명 ; 별칭 |
| 알리아ㅅ | byeol myeon; byeol ching |

| alih ~ generasi | 세대교체 |
| 알리ㅎ-그느라시 | se dae gyo che |

| alumni | (학교) 동창 |
| 알룸니 | (hak gyo) dong chang |

| Al-kitab, Kitab suci | 성경 |
| 알 끼땁 | seong gyeong |

aman 아만	안전한 an jeon han	aneh 아네ㅎ	이상한 ; 신기한 i sang han; sin gi han
amal 아말	행위 ; 실행 haeng wi; sil haeng	anggota 앙고따	회원 ; 일원 hwe won; il won
ambisi 암비시	야망 ; 야심 ya mang; ya sim	antusias 안뚜시아ㅅ	열광적인 yeol gwang jeok in
ambisius 암비시우ㅅ	야망적인 ya mang jeok in	arah 아라ㅎ	방향 ; 진로 bang hyang; jin lo
amplop 암플롭	편지봉투 phyeon ji bong thu	asisten 아시ㅅ뗀	조수 ; 보조가 cho su; bo jo ga
analisis 아날리시ㅅ	분석 ; 분해 bun seok; bun hae	asli 아ㅅ리	순수한 sun su han

alami
알라미

자연적인 ; 자연에 관한
ja yeon jeok in; ja yeon e gwan han

aneka
아네까

다양한 ; 여러 종류의
da yang han; yeo reo chong ryu eui

anggun
앙군

말끔하고 품위 있는
mal kkeum ha go phum wi i neun

arsip
아ㄹ십

기록문 ; 보관문서
gi rok mun; bo gwan mun seo

asosiasi 아소시아시	연합 ; 회 yeon hab; hwe	**asuransi** 아수란시	보험 ; 보험료 bo heom; bo heom ryo
asrama 아ㅅ라마	기숙사 gi suk sa	**awan** 아완	구름 gu reum
ayu 아유		예쁘고 매력있는 ye bbeu go mae ryok i neun	

B

baca, membaca 바짜, 음바짜	읽다 ilg da	**baki** 바끼	쟁반 jae ban
badak 바닥	코뿔소 kho pol so	**bakteri** 박떼리	박테리아 bak the ri a
bagasi 바가시	수하물 su ha mul	**balas dendam** 발라ㅅ 든담	복수 bok su
bahagia 바하기아	행복 haeng bok	**balkon** 발꼰	발코니 bal kho ni
bahasa 바하사	말 ; 언어 mal; eon eo	**bangga** 방가	자랑스러워하다 ja rang seu reo wo ha da
bahaya 바하야	위험 wi hẹom	**bangsa** 방사	민족 min jok
bakat 바깟	징후 ; 징후 jing hu; jing hu	**bangun** 방운	일어서다 ill eo seo da

bangkit
방낏

일어서다 ; 다시 살아나다
ill eo seo da; da si sal la na da

| bank | 은행 | baskom | 세수 대야 |
| 방 | eun haeng | 바ㅅ꼼 | se su dae ya |

| bantal | 베게 | batu bara | 석탄 |
| 반딸 | be ge | 바뚜 바라 | seok than |

| bantalguling | 죽부인 | batuk | 기침 |
| 반딸굴링 | juk bu in | 바뚝 | gi chim |

| bantu | 돕다 | bawah | 밑 ; 아래 |
| 반뚜 | dob ta | 바와ㅎ | mit; a rae |

| banyak | 많은 | bawang | 파, 마늘 류 |
| 바냑 | manh eun | 바왕 | pha, ma neul ryu |

| baris | 줄 | bayar membayar | 지불하다 |
| 바리ㅅ | jul | 바야ㄹ 믐바야ㄹ | ji bul ha da |

banjir
반지ㄹ
넘치다 ; 범람하다
neom chi da; beom ram ha da

basi
바시
부패한 ; 상한 ; 쉰
bu pae han; sang han; swin

bawa; membawa
바와; 믐바와
가져오다
ga jeo o da

buruk
부룩
오래되어 낡거나 삶은 ; 행동이 못된
o rae dwe eo nalg geo na salg eun;
haeng dong i mot dwen

| **beasiswa** | 장학금 |
| 베아시ㅅ와 | jang hak geum |

| **beban** | 짐 |
| 브반 | jim |

| **bebas** | 자유로운 |
| 베바ㅅ | ja yu ro un |

| **bedak** | 분 |
| 브닥 | bun |

| **begini** | 이렇게 |
| 브기니 | i reoh ke |

| **begitu** | 그렇게 |
| 브기뚜 | geu reoh ke |

| **bekas** | 자국 ; 전직 |
| 브까ㅅ | ja gug; jeon jik |

| **belanja** | 지출 비용 |
| 블란자 | ji chul bi yong |

| **belum** | 아직 –하지 않은 |
| 블룸 | a jik-ha ji anh eun |

| **bencana** | 재앙 ; 재난 |
| 븐짜나 | jae ang; jae nan |

| **bendahara** | 경리 |
| 븐다하라 | gyeong ri |

| **bensin** | 가솔린 ; 휘발유 |
| 벤신 | ga sol lin; hwi bal yu |

| **berani** | 용감한 |
| 브라니 | yong gam han |

| **beras** | 쌀 |
| 브라ㅅ | ssal |

| **berat** | 무거운 |
| 브랏 | mu geo un |

| **berisik** | 시끄러운 |
| 브리식 | si kkeu reo un |

| **benci** | 싫어하는 ; 미워하는 |
| 븐찌 | sil leo ha neun; mi wo ha neun |

| **berangkat** | 출발하다 ; 떠나다 |
| 브랑깟 | chul bal ha da; teo na da |

berita	소식 ; 뉴스	**buas**	난폭한 ; 거친
브리따	seo sik; nyu seu	부아ㅅ	nan phok han; geo chin
biaya	비용	**bubuk**	가루
비아야	bi yong	부북	ga ru
biola	바이올린	**bubur**	죽
비올라	ba i ol lin	부부ㄹ	juk
biologi	생물학	**bungkus**	봉지 ; 포장의
비올로기	sae mul hal	붕꾸ㅅ	bong ji; pho jang eui
bonus	보너스	**buruh**	노동자 ; 근로자
보누ㅅ	bo neo seu	부루ㅎ	no dong ja; geun lo ja
bosan	지루한 ; 지겨운	**bus**	버스
보산	ji ru han; ji gyeo un	부ㅅ	beo seu
buai	흔들림	**burung**	새
부아이	heun deul lim	부룽	sae

C

cabang	가지 ; 지점 ; 지사
짜방	ga ji; ji jeom; ji sa

cacat	흠, 상처
짜짯	heum, sang cheo

caci	조롱 ; 비난
짜찌	jo rong; bi nan

cacing	기생충 ; 지렁이
짜찡	gi saeng chung; ji reong i

cahaya	빛 ; 광택
짜하야	bit; gwang thaek

cakar	긴 발톱
짜까ㄹ	gin bal thob

calon	후보
짤론	hu bo

cambang	구레나룻
짬방	gu re na rut

cambuk	채찍
짬복	chae jjik

camil, camilan	간식
짜밀, 짜밀란	gan sik

cabul	점잖지 못한 ; 음란한
짜불	jeom janh ji mot han; eum ran han

cabut mencabut	빼다
짜붓 믄짜붓	pae da

cair	액체의 ; 맑은 ; 싱거운
짜이ㄹ	aek che eui; mulg keun; sing geon un

C

cap 짭	인장 ; 직인 in jang; jik kin	**cat** 짯	칠 ; 도료 chil; do ryo
capek 짜뻭	지친 ; 피곤한 ji chin; phi gon han	**catatan** 짜따딴	기록물 ; 메모 gi rok mul; me mo
cari, mencari 짜리; 믄짜리	찾다 chaj ta	**centong** 쩬똥	국자 gug ja

campur
짬뿌ㄹ   혼합된 ; 섞인 ; 모이다 ; 함께 ; 성교하다
hom hab dwen; seokk kin; mo i da; ham kke;
seong gyo ha da

mengecap
믕으짭   도장 / 인장 / 직인을 찍다
do jang / in jang / jik in eul cik da

capai, mencapai
짜빠이; 믄짜빠이   이르다 ; 도달하다
i reu da; do dal ha da

capai
짜빠이   피곤한
phi gon han

kecapaian (keletihan / kelelahan)   너무 피곤한
끄짜빠이안 (끌르띠한)   neo mu phi gon han

catat, mencatat
짜땃; 믄짜땃   적다 ; 기록하다 ; 필기하다
jeok ta; gi rok ha da; phi gi ha da

cedera
쯔드라   약간의 흠/상처가 있는
yak gan eui heum/ sang cheo ga i neun

cepat	빠른	ceramah	강연 ; 연설
쯔빳	pa reun	쯔라마ㅎ	gan yeon; yeon seol

cegat, mencegat
쯔갓
막아 세우다, 차단하다
mak a se u da, cha dan ha da

cek, mengecek
쩩, 릉으쩩
검토하다 ; 검사하다
geom tho ha da; geom sa ha da

cemberut
쯤베룻
얼굴이 부루퉁한
eol gul i bu ru thung han

cemerlang
쯔므를랑
빛나다 ; 번쩍이다 ; 영특한
bich na da; beon ceok ki da; yeong theuk han

cenderung
쯘드룽
기울다 ; 비스듬한
gi ul da; bi seu deum han

cengeng
쩽엥
잘 우는 ; 울보의
chal u neun; ul bo eui

centil
쯘띨
멋 부리기 좋아하는 ; 애교부리는
meot bu ri gi joh a ha neun; ae gyo bu ri neun

cerah
쯔라ㅎ
밝은 ; (얼굴이) 화사한, 빛나는
balg keun; (eol gull i) hwa sa han, bit na neun

cerewet
쯔르왯
잔소리 많은 ; 말이 많은
jan so ri manh eun; mall i manh eun

| cerita | 이야기 | ciri | 특징 ; 특색 |
| 쯔리따 | i ya gi | 찌리 | theuk jing; theuk saek |

| cermat | 세심한 | cita | 느낌 |
| 쯔ㄹ맛 | se sim han | 찌따 | neu kkim |

| cetak | 인쇄 | colek | 손끝으로 댐 |
| 쩨딱 | in swae | 쫄렉 | son kkeut eu ro daem |

| ceria | 깨끗한 ; 빛나는 |
| 쯔리아 | kkae kkeut han; bit na neun |

| ceroboh | 무례한 ; 부주의한 |
| 쯔로보ㅎ | mu rye han; bu ju eui han |

| cium; berciuman | 키스하다 ; 냄새 맡다 |
| 찌움 | khi seu ha da; naem sae math da |

| mencium | 코로 냄새를 맡다 |
| 믄찌움 | kho ro naem sae reul math da |

| cocok | 일치하는 ; 다르지 않은 ; 알맞은 |
| 쪼쪽 | il chi ha neun; da reu ji anh eun; al maj uen |

| corak | 무늬, 문양 ; 도안 ; 디자인 |
| 쪼락 | mu nuei, mun yang; co an; di ja in |

| cukur, bercukur | 면도하다 |
| 쭈꾸ㄹ/브ㄹ쭈꾸ㄹ | myeon do ha da |

| cuaca | 날씨 | cukup | 충족한 |
| 쭈아짜 | nal ssi | 쭈꿉 | chung cok han |

curi, mencuri
쭈리 ; 믄쭈리

훔치다 ; 도둑질하다
hum chi da; do duk jil ha da

curiga, mencurigai
쭈리가 믄쭈리가이

(불신 혹은 겁먹어) 주의하다
(bul sin hok eun geob meok eo) ju eui ha da

D

daerah 다에라ㅎ	지역 ji yeok	**dahulu** 다훌루	전에 ; 이전에 jeon ne; i jeon ne
daftar 닾따ㄹ	목록 mok rok	**dampak** 담빡	충돌 ; 충격 chung dol; chung gyeok
dagang 다강	무역 ; 거래 mu yeok; geo rae	**dasar** 다사ㄹ	요지 yo ji

damai
다마이
평화 ; 평화로운
phyeong hwa; phyeong hwa ro un

dana
따나
준비금 ; 자금 ; 비용
jun bi geum; ja geum; bi yong

dandan-berdandan
단단 브ㄹ단단
치장하다 ; 단정하다
chi jang ha da; dan jeong ha da

darurat
다루랏
비상사태 ; 위급상태
bi sang sa thae; wi geub sang thae

daster
다ㅅ뜨ㄹ
헐렁하게 만든 가정용
heol ryeong ha ge man deun ga jeong yong ga un

dasi 다시	넥타이 nek tha i	**dedikasi** 데디까시	봉납 ; 봉헌 bong nab; bong heon
data 다따	자료 ; 데이터 ja ryo; de i theo	**denda** 든다	벌금 beol geum
daya 다야	행능력 haeng neung ryeok	**deposito** 데뽀시또	은행 예금 eun haeng ye geum
debat 드밧	논의 ; 토론 non eui; tho ron	**derajat** 드라잣	지위 ji wi
debu 드부	분진 ; 재 가루 bun jin; jae ga run	**derajat** 드라잣	각도 gak do

datar 다따ㄹ

평평한 ; 평탄한 ; 평지의
phyeong phyeong han;
phyeong than han; phyeong ji eui

daya saing 다야 사잉

생존 경쟁력
saeng jon gyeong jae ryeok

daya tahan 다야 따한

저항력 ; 내구력
jeo hang ryeok; nae gu reok

definisi 데피니시

설명 ; 정의
seol myeong; jeong eui

demokrasi 데모끄라시

민주주의 ; 민주주의 제도
min ju ju eui; min ju ju eui je do

derita	고통	diet	다이어트
드리따	go thong	디엣	da i eo theu
desain	디자인	direktur	이사
드사인	di ja in	디렉뚜ㄹ	i sa
detik	초	diskon	할인
드띡	cho	디ㅅ꼰	hall in

deteksi
드떽시
검출 ; 발견 ; 간파
geom chul; bal gyeon; gan pha

detektif
드떽띺
비밀 경찰관 ; 사복 경찰관
bi mil gyeong chal gwan;
sa bok gyeong chal gwan

dewasa
데와사
성인의 ; 어른의
seong in eui; eo reun eui

diam
디암
조용한 ; 말없는 ; 과묵한
cho yong han; mal eobs neun; gwa muk han

didik; mendidik
디딕 ; 믄디딕
교육시키다
gyo yuk si khi da

dinamis
디나미ㅅ
힘 있는 ; 활기찬 ; 힘센
him i neun; hwal gi chan; him sen

dini
디니
새벽녘의 ; 초기의
sae byeok neok eui; cho gi eui

D

doa 도아	기도 gi do	**dosen** 도센	강사 ; 교수 gang sa; gyo su
dokter 독뜨ㄹ	의사 eui sa	**duka** 두까	슬픈 ; 비탄 seul peun; bi than
dokumen 도꾸멘	문서 ; 서류 mun seo; seo ryu	**dunia** 두니아	지구 ji gu
domestik 도메ㅅ떽	국내의 gug nae eui	**dusun** 두순	마을 mau eul
dongeng 동엥	동화 ; 이야기 dong hwa; i ya gi		

diskualifikasi
디ㅅ꾸알리피까시

자격 박탈 ; 실격
ja gyeok bak thal; sil gyeok

dosa
도사

종교 / 도덕상의 죄
jong gyo / do deok sang eui jwe

dugaan
두가안

예상 / 추정 결과
ye sang / chu jeong gyeol gwa

E

Edisi 에디시	판 ; 간행 phan; gan heang	**ekspor** 엣뻐ㄹ	수출 su chul
editor 에디또ㄹ	편집자 phyeon jib ja	**ekspresi** 엣뻬디시	표현 phyo hyeon
efektif 에펙띺	효력이 있는 hyo ryeok i i neun	**elegan** 엘레간	우아한 u a han
efisiensi 에피시엔시	효율 hyo yul	**elektronik** 엘렉뜨로닉	전자제품 jeon ja je phum
egois 에고이ㅅ	이기주의자 i gi ju eui ja	**elite** 엘릿	엘리트 el li theu
ekonomi 에꼬너미	경제 gyeong je	**elpiji** 엘삐지	액화가스 eak hwa ga seu
ekspedisi 엣뻬디시	편지 phyeon ji	**emas** 으마ㅅ	금 geum
eksperimen 엣뻬리멘	실험 ; 시험 sil heom; si heom	**emigrasi** 애미그라시	이주 ; 이민 i ju; i min

emosi	감동	enggan	싫어하다
에모시	gam dong	응간	silhl eo ha da

emosi 에모시 — 감동 gam dong

empuk 음뿍 — 부드러운 bu deu reo un

enak 에낙 — 맛있는 ma si neun

encer 엔쩨ㄹ — 연한 yeon han

enggan 응간 — 싫어하다 silhl eo ha da

etika 에띠까 — 윤리학 ; 도덕론 yun li hak; do deok ron

evaluasi 에발루아시 — 평가 phyeong ka

erat 으랏 — 단단히 조여진 ; 견고한 ; 강한 dan dan hi jo yeo jin; gyeon go han; gang han

etnik 엣닉 — 인종의 ; 민족의 ; 민족 특유의 ; 인종[민족]학(상)의 in jong eui; min jokk eui; min jok theuk yu eui; in jong[min jok]hak(sang) eui

F

fakta 실제 ; 사실
팍따 sil je; sasil

favorit 좋아하는 것
파포릿 jo a ha nen geot

faktor 요인 ; 인자 ; 요소
팍또ㄹ yo in; in ja;yo so

feminisme 여권주의
페미니ㅅ메 yeo gwonjueui

fanatik 맹신적인
파나떡 meang sin jeok in

fiktif 허구적인
픽띺 heogujeok in

fauna 동물계
파우나 dong mulgye

film 필름 ; 영화
필름 phileum; yeonghwa

fasilitas 편의시설 ; 설비
빠실리따ㅅ phyeoneuisiseol; seol bi

fatal 치명적인 ; 숙명의
파딸 chi myeongjeokk in; sukmeongeui

firasat 선견지명 ; 예감 ; 감지
피라삿 seongyeonjimyeong; ye gam; gam ji

fleksibel 구부리기 쉬운 ; 휘기 쉬운
플렉시블 guburigiswi un; hwigiswi un

F

fitnah	중상 ; 비방	formula	수학의 공식
핏나ㅎ	hung sang; bi bang	포ㄹ물라	suhakeuigong sik
fokus	초점 ; 중심	foto	사진
포꾸ㅅ	cjojeom; jungsim	포또	sajin
fondasi	건물기초 ; 토대	frustasi	좌절 ; 차질
폰다시	geonmulgicho; thodae	프루ㅅ뜨라시	jwajeol; cha jil
flora	식물계 ; 식물군
플로라	sikmulgye; sikmul gun
fungsi	직무 ; 직책 ; 직능 ; 기능을 하다
풍시	jik mu; jikchaek; jikneung; gineungeul ha da

G

gadis	소녀 ; 숙녀	**hari gajian**	월급날
가디ㅅ	so nyeo; suk nyeo	하리 가지안	wol geub nal
gairah	열망 ; 의욕	**gambar**	그림
가이라ㅎ	yeol mang; eui yok	감바ㄹ	geu rim
gaji	월급 ; 봉급	**gampang**	쉬원
가지	wol geup; bong geb	감빵	swin won
~ **bulanan**	월급	**ganas**	야성의
불라난	wol geub	가나ㅅ	ya seong eui

gagap, menggagap
가갚; 릉가갚   말을 더듬다
                                            mal eul deo deum da

menggaji
릉가지   −에게 봉급을 주다
                                        -e ge bong geubb eul ju da

saya tidak dapat ~memberi gaji lebih dari itu
                        나는 그 이상의 봉급을 줄 수 없다
사야 띠닥 다빳 ~릉브리 가지 르비ㅎ 다리 이뚜
                        na neun geui sang eui bong geubeul jul su eob ta

ganggu, mengganggu   집적거리다
강구, 릉강구   jib jeok geo ri da

ganti 간띠	대체 dae che	**gatal** 가딸	가려운 garyeo un
garansi 가란시	보증 bo jeung	**gaun** 가운	가운 ga un
garasi 가라시	차고 cha go	**gelap** 글랖	어두운 eo du un
gardu 가ㄹ두	초소 ; 위병소 cho so; wi byeong so	**gelar** 글라ㄹ	학위 ; 타이틀 hak kwi; tha i theul
gasing 가싱	팽이 phaeng i	**gembok** 금복	자물통 ; 자물쇠 ja mul thong; ja mul swe

garuk, bergaruk-garuk
가룩, 브ㄹ가룩-가룩

긁다
geulg ta

gaul, bergaul
가울; 브ㄹ가울

사귀다 ; 교제하다
sa gwi da; gyo je ha da

gelagat
글라갓

징후 ; 조짐 ; 움직임
jing hu; jo jim; um jik im

gemas
그마ㅅ

아주 기분 나쁜 ; 열받다
a ju gi bun na peun; yeol bad da

gemetar
그므따ㄹ

무서워 몸을 부르르 떨다
mu seo wo mom eul bu reu reu teol da

genius	천재적인	giat	열심히
즈니우ㅅ	cheon jae jeok in	기앗	yeol sim hi
geografi	지리(학)	gila	미친
그오그라피	ji ri(hak)	길라	mi chin
gereja	교회	globalisasi	세계화
그레자	gyo hwe	글로발리사시	se gye hwa
gerimis	보슬비 ; 이슬비	golongan	부류 ; 그룹
그리미ㅅ	bo seul bi; i seul bi	골롱안	bu ryu; geu rup

generasi
그느라시
한 시대의 사람들 ; 세대
han si dae eui sa ram deul; se dae

gerombol, bergerombol
그롬볼; 브ㄹ그롬볼
집단을 이루다
jib dann eul i ru da

geser, bergeser
게세ㄹ, 브ㄹ게세ㄹ
문지르다
mun ji reu da

global
글로발
포괄적인 ; 세계적인
pho gwal jeok in; se gye jeokk in

gores
고레ㅅ
줄 ; 낙서줄
jul; nak seo jul

gosip
고싶 nam me dae han gu seol; ham dam; heom dam
남에 대한 구설 ; 함담 ; 험담

gorden 고ㄹ덴	커튼 kheo theun	grup 그룹	단체 ; 집단 dan che; jib dan
grosir 그러시ㄹ	도매상 do mae sang		

bergosip
브ㄹ고싶

험담을 하다 ; 수다를 떨다 ; 한담을 하다
heom damm eul ha da; su da reul teol da;
han damm eul ha da

H

hadiah 하디아ㅎ	선물 seonmul	**halaman** 할라만	페이지 ; 책의쪽 pheiji; cheakeuic cok
hadir 하디ㄹ	참석하다 chamseok ha da	**halangan** 할랑안	장애 ; 걸림돌 jangea; geollimdol
hafal 하팔	암기한 am gihan	**halo (di telepon)** 할로	여보세요 yeo bo se yo
hakim 하낌	판사 phansa	**halus** 할루ㅅ	미세한 ; 부드러운 mi se han; budeu reo un
halaman 할라만	집마당 jib ma dang	**hambatan** 함바딴	억제 ; 더딤 eok je; deo dim

habis
하비ㅅ
다 써 버린 ; 다소비 한
dassobeolin: da so bi han

haji
하지
무슬림의 성지 순례
mu seunlimeuiseongji sun lye

halal
할랄
허락된 ; 용인된 ; 합법적인 ; 합법적으로 허용된
heo lag dwen;yong in dwen;habbeobjeog in;
habbeobjeogeu loheoyongdwen

hamba 노예 ; 종복 ; (나에 대한 스스로 낮춤말) 소인 ; 제가
함바　　No ye; jongbok; (na e daehanseuseuro naj chum mal) so in; je ga

hampir 조금 부족한 ; 거의
함삐ㄹ　　jogeumbujokhan; goeeui

heran (보거나 듣고) 이상하게 느끼는 ; 놀란
헤란　　(bo geo nadeud go) i sang ha ge neukkineun; neollan

hidangan 접대 음식 ; 공연물 ; 상연물
히당안　　jeob dae eum sik; geong yeon mul; sang yeon mul

hidup 살아 있는 ; 거주하다 ; 살아가다 ; 생계를 꾸려
히둡　나가다 ; 유지하다 ; 남아 있다 ; 존재하다 ; 존속하다 ; 지속하다 ; 등불, 전기, 기계 등이 켜져 있다 / 움직이다 ; 언어, 전통 등이 사용되다 / 유지되다 ; 장사가 잘 되다 ; 살아 있는 듯한 ; 진짜처럼 보이다 ; (외침소리) 만세

sal a ineun; geo ju ha da; sal a ga da; saenggye reul kkuryeo naga da; yuji ha da; nam a I da; jonjae ha da; jonsok ha da; jiseok ha da; deungbul; jeongi; gigyedeungIkhyeojyeoI da / um jikI da; eon eo; jeon thong deung Isayong dweda / yujidwe da; jangsag ajaldwe da; sal a Ineundeuthan; jinjjacheoreomboi da; (wichim so ri) man se

| hamil | 임신하다 | harapan | 희망 ; 기대 |
| 하밀 | im sin ha da | 하라빤 | heuimang; gidae |

| hancur | 깨지다 ; 박살나다 | harga | 가격 ; 값 |
| 한쭈ㄹ | kkaeji da; baksalna da | 하ㄹ가 | gagyeok; gabs |

| handuk | 수건 | harmoni | 희망 ; 기대 |
| 한둑 | sugeon | 하ㄹ모니 | heui mang; gi dae |

| hantu | 유령 ; 귀신 | hiasan | 장식품 |
| 한뚜 | yuryeong; gwi sin | 히아산 | jang sik phum |

hilang
힐랑

잃어 버리다 ; 없어지다
ilh eo beo ri da; eobs eo ji da

hutan
후딴

숲 ; 산림 ; 야생
sup; san lim; ya saeng

~ belantara
~ 블란라

정글
Jeong geul

harum
하룸

향기로운 ; 칭송이 자자한 ; 유명한
hyang gi ro un; ching song i ja ja han;
yu myeong han

hasrat
하스랏

열망 ; 간절함 ; 소망
yeolmang; ganceol ham; so mang

perhatian
쁘ㄹ하띠안

관심 ; 흥미 ; 관찰
gwansim; heung mi; gwan chal

hebat 헤밧	대단한 dae dan han	**hitung** 히뚱	셈을 하다 sem meul ha da
helikopter 헬리꼽뜨ㄹ	헬리콥터 hel li khop theo	**hobi** 호비	취미 chwi mi
helm 헲	헬멧 hel met	**hormat** 호ㄹ맛	존경하는 jon gyeong ha neun
hemat 헤맛	세심한 se sim han	**hotel** 호뗄	호텔 ; 여관 ho thael; yeo gwan

hemat
헤맛
돈 쓰는 데 주의하는
donsseuneun de jueui ha neun

henti
흔띠
정지 ; 멈춤 ; 휴지
jeongji; meom chum; hyuji

hipnotis
힢노띠ㅅ
최면 상태의
chewmyeon sang thaeeui

hujan
후잔
비 ; 강우 ; 우천 ; 세례 ; 쏘다짐
bi; gang u; u cheon; se rye; sso da jim

huruf
후룹

문자 ; 글자
mun ja; geul ja

~ kapital
~까삐딸

대문자 ;
Dae mun ja;

~ kecil
~ 끄찔

소문자 ;
~ so mun ja

~ konsonan
~꼰소난

자음 ;
Ja eum;

~ tebal
~뜨발

굵은 글씨 ;
~ gulg eun geul ssi

~ Romawi/ ~ Latin
~로마위 / ~라띤

라틴어 ;
La thin eo

~ vokal
~보깔

모음
Mo eum

iblis
악마
입리ㅅ
ak ma

iklan
광고 ; 선전
이클란
gwang go; seonjeon

ibadat
계율실행 행위 ; 숭배, 찬양행위 ; 예배 ; 종교의식
이바닷
gye yul sil haeng haeng wi; sung bae;
chan yang haeng wi; ye bae; chong gyo eui sik

identifikasi (사람, 물건의) 신원 / 정체의 확인 혹은 인정 ;
이덴띠피까시 (동일하다는) 증명, 확인, 감정 ;
(정신의학) 동일시(화)
(sa ram; mulgeoneui) sin won / jeongcheeuihwak in
hokeunin jeong; (dong il ha da neun) jeungmyeong,
hwag in, gam jeong; (jeong sin euihak) dong
ilsi(hwa)

identitas
정체 ; 신분 ; 신원 ; 본인임 ; 주체성
이덴띠따ㅅ
jeongche; sin bun; sin won;
bon in im; jucheseong

idola
우상 ; 신상 ; 사신상 ; 숭배되는 사람 / 것 ;
이돌라
경애의 대상
u sang; sin sang; sa sin sang sung baedweneunsa ram
/ geot; gyeongaeeuidae sang

| **iklim** | 기후 |
| 익끄림 | gihu |

| **ikut** | 따르다 |
| 이꿋 | ta reu da |

| **imajinasi** | 상상(력) |
| 이마지나시 | sang sang(ryeok) |

| **iman** | 신앙 |
| 이만 | sin ang |

| **imigrasi** | 이주 ; 이민 |
| 이미그라시 | I ju; I min |

| **importir** | 수입업자 |
| 임뻐ㄹ띠ㄹ | suibeobja |

| **industri** | 산업 ; 공업 |
| 인두ㅅ뜨리 | san eob; gong eob |

| **~ berat** | 중공업 |
| ~브랏 | Jung gong eob |

| **~ manufatur** | 제조업 |
| ~마누팍뚜ㄹ | Je joeob |

| **infeksi** | 전염 |
| 인펙시 | jeonyeop |

ikat 이깟
끈 ; 줄 ; 밴드
kkeun; jul; baendeu

~ pinggang ~삥깡
허리를 졸라 매다 ; 절약하다
Heorireuljol la mae da; jeoll yak ha da

imitasi 이미따시
모방 ; 모조 ; 모작
mo bang; mojo; mojak

impor 임뽀ㄹ
수입 ; 외국에서 들여옴
suib; we gug e seodeul yeo um

impresif 임쁘르싶
강한 느낌 / 인상을 주는 ; 감동적인
gang hanneukkim / in sang euljuneun;
gam dong jeokk in

ingatan	기억	inspeksi	감찰
잉앗안	gieok	인ㅅ뻭시	gam chal
ingin	원하다	inspirasi	영감
잉인	won ha da	인ㅅ삐라시	yeong gam
insan	인간	insting	본능의
인산	in gan	인ㅅ띵	bon neungeui

imut-imut
이뭇-이뭇
작고 예쁜, 사랑스런
jak go ye peun, sa rang seureon

indekos
인데꼬ㅅ
하숙하다 ; 기숙하다
ha suk ha da; gisuk ha da

informasi
인포ㄹ마시
정보, 지식의 통지 ; 전달 ; 보도 ; 소식
jeongbo, jisikeui thong ji; jeon dal;
bo do; so sik

ingat
잉앗
기억하다, 잊지 않다 ; 깨닫다(sadar) ;
관심을 갖다 ; 염두에 두다
Gieok ha da, ijjianh da; kkae dad da(sadar)
Gwansimeulgaj da; yeom du e du da

ingin tahu
잉인 따후
호기심
ho gisim

keingintahuan
끄잉인따후안
알고자 하는 상황 혹은 일들 ; 호기심
al go ja ha neunsang hwang
hok keun il deul; ho gisim

instruktur 인ㅅ뜨룩뚜ㄹ	교사(pengajar) gyosa	**irit** 이릿	절약하는 jeol yak ha neun
irama 이라마	음률 ; 리듬 eumryul; li deum	**isolasi** 이솔라시	격리 ; 분리 gyeok li; bun li
iri 이리	질투하다 jilthu ha da	**isu** 이수	돌출 문제 ; 이슈 dolchulmun je; I su

instrumen
 인ㅅ뜨루멘

기구 ; 기계 ; 도구 <br> gig u; gig ye; do gu

inteligen
 인뗄리젠

지적인 ; 총명한 <br> jijeok in; chongmyeonghan

istimewa
 이ㅅ띠메와

특별한(khas; khusus);
 theukbyeolhan

terutama; lebih-lebih
 뜨ㄹ우따마;르비ㅎ-르비ㅎ

특히
 Theuk ki

keistimewaan
 끄이ㅅ띠메와안

특성 ; 특색 <br> theukseong; theuksek

istirahat
 이ㅅ띠라핫

휴식을 취하다 <br> hyusikeulchwi ha da

izin
 이진

허가 ; 승낙 ; 승인 <br> heoga: seungnak; seung in

K

kacamata 까짜마따	안경렌즈 an gyeong len jeu	**kalimat** 깔리맛	문장 mun jang
kacang 까짱	콩 khong	**kalkulasi** 깔꿀라시	지출명세 ji chul myeong se
kalender 깔렌드ㄹ	달력 dal lyeok	**kakulator** 깔꿀라또ㄹ	계산기 gye san gi

kabel
까블
전선 ; 굵은 동선 ; 케이블
jeon seon; geulg eun dong seon; khe i beul

kaca
까짜
유리 ; 거울 ; 모범 ; 본보기
yu ri; geo ul; mo beom; bon bo gi

kafetaria
까페따리아
카페테리아 식당
kha phe the ri a sik dang

kaku
까꾸
딱딱한 ; 뻣뻣한
tak ta khan; ppeot ppeot han

tubuhnya sudah ~
뚜부ㅎ냐 수다ㅎ~
몸이 뻣뻣하다
mom I ppeot ppeot ha da

kalori 깔로리	칼로리 khal lo ri	kancing 깐찡	단추 dan chu
kamar 까마ㄹ	방 ; 실 bang; sil	kandang 깐당	우리 u ri
kampanye 깜빠녜	유세 yu se	kantong 깐똥	주머니 ju meo ni
ampong 깜뿡	시골마을 si gol ma eul	kantor 깐또ㄹ	사무실 sa mu sil
kamus 까무ㅅ	사전 sa jeon	kapasitas 까빠시따ㅅ	용적 yong jeok

kampungan
깜뿡안
촌스런 ; 어색한
chon seu reon; eo saek han

karakter
까락뜨ㄹ
특성 ; 인격
theuk seong; in gyeok

karantina
까란띠나
격리장소 ; 검역소
gyeok li jang so; geom yeok so

karier
까리에ㄹ
경력 ; 이력
gyeong lyeok; I ryeok

bekarier
브ㄹ까리에ㄹ
이력을 쌓다 ; 이력을 위해 일하다
I ryeok eul ssah da;
I ryeok eul wi hae il ha da

karunia 까루니아	은총 ; 보답 eun chong; bo dang	**kawin** 까윈	성교하다 seong gyo ha da
karyawan 까ㄹ야완	직원 jik won	**kedai** 끄다이	구멍가게 gu meong ga ge
kasur 까수ㄹ	매트리스 mae theu ri seu	**kekal** 끄깔	영원한 yeol won han
kata 까따	단어 ; 낱말 dan eo; nath mal	**kelas** 끌라ㅅ	학년(tingkat) ; 교실 hak nyeon; gyo sil

kasar (천, 알갱이 따위의) 결이 굵은 / 큰 ; 행동이 거친
까사ㄹ (cheon, al gaeng I ta wi eui) gyeol I gulfg eun / keun; haeng dong I geo chin

kaya 부유한
까야 buy yu han

memperkaya 더 부유 / 풍요하게 만들다
믐쁘ㄹ까야 deo bu yu / pong yu ha ge man deul da

kecewa 유감스런 ; 실망한(kecil hati; tidak puas)
끄쩨와 yu gam seu reon; sil mang han

mengecewakan 실망시키다
믕에쩨와깐 sil mang si khi da

kecil hati 마음이 여린(tersinggung) ; 실망하다
하띠 끄찔 ma eum I yeo lin; sil mang ha da

| **kemeja** 남자 와이셔츠
끄메자 nam ja wa I sya cheu | **kentut** 방귀
끈뜻 bang gwi |

keliru / salah
끌리루 / 살라ㅎ

틀린 ; 잘못된 ;

theul lin; jal mot dwen

anggapan yang
앙가빤 양

~ 잘못된 생각
jal mot dwen saeng gak

kembali
끔발리

(본래의 장소로) 되돌아 오다 ; 다시 ; 재차 ;
(감사의 말에 대한 대답으로) 천만에요
(bon lae eui jang so ro) dwi dor a o da; Da si;
jae cha; (gam sa eui mal e dae han Dae dab eu ro)
cheon man e yo

mengembalikan
믕음발리깐

되돌려 놓다 ; 돌려주다
dwi doll yeo noh da; doll yeo ju da

kenangan
끄낭안

추억 ; 느낌 ; 기억
chu eok; neu kkim ki eok

kenang-kenangan
끄낭-끄낭암

추억의 기념품 ; 또렷이 남는 추억
혹은 기억 ; 이상
chu eok eui gi nyeom phum; to ryeot si nam
neun chu eok; hokk eun gi eok; i sang

kendala
끈달라 bang hae / bang hae mul; jang ae / jang ae mul

방해 / 방해물 ; 장애 / 장애물

keong	큰 달팽이	**klasifikasi**	분류
께옹	kkeun dal phaeng i	끌라시피까시	bun ryu
kekhasan	특성	**klien**	고객
끄카산	theuk seong	끌리엔	go gae
kiri	왼쪽	**klinik**	건강 진료
끼리	wen jjok	끌리닉	geon jang jin ryo
kirim v, berkirim	보내다	**komedi**	희극 ; 코메디
끼림, 브ㄹ끼림	bo nae da	꼬메디	hwi geun; kho me di

ketua
께뚜아

연장자 ; 의장 ; 회장
yeon jang ja; eui jang; hwe jang

khas, orijinal
카ㅅ, 오리지날

독특한(milik sendiri) ;
dok theuk han(밀릭 슨디리)

특별한(khas; spesial; istimewa)
Theuk byeol han(카ㅅ; 스뻬시알; 이ㅅ띠메와)

khusus
쿠수ㅅ

특별한 ; 특수한
theuk byeol han; theuk su han

kitab
끼땁

경전 ; 서적 ; 책
gyeong jeon; seo jeok; chaek

klasik
끌라식

고품격의 ; 고전의
go phum gyeok eui; go jeon eui

koleksi
꼴렉시

수집 ; 채집 ; 모음
su jib; chae jib; mo eum

komik	만화	koneksi	연결
꼬믹	man hwa	꼬넥시	yeon gyeol

kompetisi	시합	konsumsi	소비
꼼뻬띠시	si hab	껀숨시	so bi

kompetitor	경쟁자	kontak	접촉 ; 내왕
꼼뻬띠떠ㄹ	gyeong jaeng ja	껀딱	jeob chok; nae wang

komputer	컴퓨터	kontaminasi	더러워짐
껌뿌뜨ㄹ	kheom phyu theo	껀따미나시	theo reo wo jim

kondisi	조건 ; 상태	kontes	경기
꼰디시	jo geon; sang thae	껀떼ㅅ	gyeong gi

konsisten 일관된 ; 변치 않는
껀시ㅅ뗀 il gwan dwen; byeon vhi anh neun

konsultan 컨설턴트 ; 자문관 ; 상담사
껀술딴 kheon seol theon theu; ja mun gwan; sang dam sa

kontrol 감독 ; 단속
꼰뜰롤 gam dok; dan sok

mengontrol menkontrol 감독하다
믕언뜨롤; 믕꼰뜨롤 gam dok ha da

terkontrol 통제할 수 있는
뜨ㄹ꼰뜨롤 thong je hal su I neun

kontrak 꼰따락	계약 gye yak	**kredit** 끄르딧	신용 ; 신뢰 sin yong; sin rwe
kotak 꼬딱	상자 sang ja	**krisis** 끄리시ㅅ	위기의 wi gi eui

koordinasi
꼬오ㄹ디나시

동등 ; 대등
dong deung; dae deung

koper
꼬삐ㄹ

여행용 가방
yeo haeng yong ga bang

koreksi
꼬렉시

정정 ; 교정 ; 수정
jeong jeong; gyo jeong; su jeong

kualifikasi
꾸알리피까시

전문가 자격 ; 능력
jeon mun ga ja gyeok; neung ryeok

kuliah
꿀리아ㅎ

대학의 수업 ; 강의
dae hak eui su eob; gang eui

kunci
꾼찌

자물쇠와 자물통의 통칭 ; 문고리 ; 기계작동
스위치 ; 해답서, 자습서 ; 관절 ; 핵심 직위 /
보직 ; 해답 ; 해결의 열쇠 / 실마리
ja mul swe wa ja mul thong eui thong ching;
mun go ri; gi gye jak dong seu wi chi;
hae dab seo, ja seub seo; gwan jeol; haek sim jik wi /
bo jik; hae dab; hae gyeol eui yeol swe / sil ma ri

kuis	퀴즈	kupon	쿠폰
꾸이ㅅ	khwi jeu	꾸쁜	khu phon
kuitansi	영수증	kurir	급송 배달부
꾸이딴시	yeong su jeung	꾸리ㄹ	geub song bae dal bu
kunyah, mengunyah		씹다	
꾸냐ㅎ; 믕운야ㅎ		ssib da	

L

laba-laba 라바-라바	거미 geo mi	**lantai** 란따이	바닥 ba dak
lafal 라팔	발음 bal eum	**level** 레쁠	단계 ; 등급 dan gye; deung geum
lagu 라구	곡 ; 노래 gok; no rae	**liar** 리아ㄹ	야생의 사나운 (buas) ya saeng eui sa na un
lahir 라히ㄹ	태어나다 thae eo na da	**licin** 리찐	미끄러운 mi kkeu reo un
lama 라마	기간이 긴 gi gan I gin	**limau** 리마우	레몬 le mon

lancar
란짜ㄹ
원활한 ; 끊임이 없는
won hwal han; kkeun im I eobs neun

langsing
랑싱
호리호리한 ; 날씬한
ho ri ho ri han; nal ssin han

lipat
리빳
접다 ; 겹 ; 곱 ; 배
jeob da; gyeob; gob; bae

| longgar | 널널한 | lusin | 다스 ; 12개 |
| 롱가ㄹ | neol neol han | 루신 | da seu; yeol thu gae |

lupa 기억을 못하다
루빠 gi eokk eul mot ha da

lokal 넓은 공간 ; 지엽적인
로깔 neolb eun gong gan; ji yeob jeok in

lumayan 적당한 ; 충분한
루마얀 jeok dang han; chung bun han

lurus 반듯한 ; 일직선의
루루ㅅ ban deut han; il jik seon eui

M

maaf 마앞	용서 yong seo
mabuk 마북	술에 취한 sul e chwi han
macam 마짬	종류 jong ryu
mafia 마피아	마피아 ma phi a
mahal 마할	값이 비싼 gabs i bi ssan
main 마인	놀이하다 nol i ha da
majalah 마잘라ㅎ	잡지 jab ji
malas 말라ㅅ	게으른 ge eu reun
malu 말루	부끄러운 bu kkeu reo un
mancung 만쭝	뾰족한 bbyo jok han

macet
미쯧

제 기능을 상실한 잃은
je gi neung eul sang sil han ilh eun

mahasiswi
마하시ㅅ와

여자 대학생
yeo ja dae hak saeng

makmur
막무ㄹ

생산이 많은 ; 주민이 많고 번성한
saeng san i manh eun ;
ju min i manh go beon seong han

kemandirian 끄만디리안	자립 ; 독자성 ja rib; dok ja seong	**mati** 마띠	죽다 juk da
manfaat 만파앗	효용 ; 유용 hyo yong; yu yong	**mebel** 메벨	가구 ga gu
manja 만자	버릇없는 beo reos eobs neun	**medis** 메디ㅅ	의학의 eui hak eui
mantan 만딴	전직 jeon jik	**memori** 메모리	기억 gi eok
mata-mata 마따-마따	간첩 ; 스파이 gan cheob; seu pha i	**menang** 므낭	승리하다 ; 이기다 seung ri ha da; I gi da

mandiri 만디리 — 자립한 ; 독자적인 ja rib han; dok ja jeok kin

manipulasi 마니뿔라시 — 교묘히 다루기 ; 조종 gyo myo hi da ru gi; jo jong

mantap 만땁 — 단호한 ; 결연한 dan ho han; gyeol yeon han

mbak ㅁ박 — 자와 지역에서 나이 든 여성에 대한 호칭 ; 젊은 여성에 대한 호칭 Ja wa ji yeok e seo na i deun yeo seong e dae han ho ching; jeolm eun yeo seong e dae han ho ching

menantu 므난뚜	며느리 myeo neu ri	**mimpi** 밈삐	꿈 kkum
menstruasi 믄ㅅ뜨루아시	월경 wol gyeong	**mobil** 모빌	자동차 ja dong cha
mentega 믄따ㅎ	버터 beo theo	**motif** 모띺	문양 ; 무늬 mung yang; mu neui
migran 미그란	이주자 ; 이민자 i ju ja; i min ja	**motivasi** 모띠파시	자극 ; 유도 ja geuk; yu do

mentah
므따ㅎ

익지 않은 ; 덜 익은
ik ji anh eun; deol ik keun

minyak
민약

기름 ; 지방 ; 유(油)
gi reum; ji bang; yu

~ angin
~ 앙인

두통에 바르는 기름
Du theong e ba reu neun gi reum

~ bumi
~ 부미

석유
Seok kyu

~ mesin
~ 므신

윤활유
Yun hwal yu

~ suci
~ 수찌

성유(聖油)
Seong yu

~ tanah
~ 따나ㅎ

석유
Seok kyu

mual	토할 것 같은	murni	순수한
무알 tho hal geot gatht theun		무ㄹ니	sun su han

mundur 후진하다
문두ㄹ hu jin ha da

mulia 숭고한 ; 고매한 ; 고귀한
물리아 sung go han; go mae han; go gwi han

mulus 깨끗한 ; 뽀얀 ; 원활한
물루ㅅ kkae kkeut han; po yan; won hwal han

M

nafkah	생활비	**naskah**	손으로 쓴글
낲까ㅎ	saeng hwal bi	나ㅅ까ㅎ	son eu ro sseun geul
nama	이름	**natural**	자연의
나마	i reum	나뚜랄	ja yeon heul
nanas	파인애플	**negara**	나라
나나ㅅ	pha in ae pheul	느가라	na ra
nanti	나중	**nekat**	독한
난띠	na jung	네깟	dok han
napas	숨	**neraka**	지옥
나빠ㅅ	sum	느라까	ji ok
nasi	밥	**nilai**	가격
나시	bab	닐라이	ga gyeok
nasihat	충고 ; 권고	**normal**	정상의
나시핫	chung go; gwon go	노ㄹ말	jeong sang eui
nasionalis			민족주의자
나시오날리ㅅ			min jok ju eui ja

| nyamuk | 모기 |
| 냐묵 | mo gi |

| nyaman | 건강한 ; 신선한 |
| 냐만 | geon gang han; sin seong han |

| kenyamanan | 신선함 ; 개운함 ; 즐거움 ; 유쾌함 |
| 끄냐마난 | sin seong ham; gae un ham; jeul geo um; yu khwae ham |

| nyata | 분명한, 명백한, 확실한 ; 증명되다 |
| 냐따 | bun myeong han, myeong baek han; hwak sil han; jeung myeong dwe da |

| nyawa | 생명 ; 목숨 |
| 냐와 | saeng myeong; mok sum |

O

obat 오밧	약 yak	**oleh-oleh** 올레ㅎ-올레ㅎ	선물 seon mul
~ cacing ~ 짜찡	구충제 gu chung je	**ombak** 옴박	파도 pha do
odol 오돌	치약 chi yak	**optimal** 옾띠말	최선의 chew seon eui

obral
오브랄
재고정리 판매하다
jae go jeong ri phan mae ha da

mengobral
믕오브랄
할인 판매하다
hal lin phan mae ha da

obralan
오브랄란
세일 / 대량 판매 상품
se il / dae ryang phan mae sang phum

olahraga
올라ㅎ라가
체육 ; 스포츠 (sport)
che yuk; seu pho cheu

ongkos
옹꼬ㅅ
소비용 ; 요금 ; 소요경비 / 인건비
so bi yong; yo geum;
so yo gyeong bi / in geon bi

optimis	낙천가	**otak**	뇌 ; 두뇌 ; 머리
옾띠미ㅅ	nak cheon ga	오딱	new; du new; meo ri
orang	사람	**otot**	근육
오랑	sa ram	오똣	geun yuk
orang-orangan	허수아비		
오랑-오랑안	heo su a bi		

operasi　수술
오쁘라시　su sul

beroperasi　작업하다
브ㄹ오쁘라시　jakk eob ha da

mengoperasikan　운용하다 ; 경영하다
믕오쁘라시깐　un yong ha da; gyeong yeong ha da

organik　조직적 ; 계통적
오ㄹ가닉　jo jik jeok; gye thong jeok

pabrik 빱릭	공장 gong jang	**pahit** 빠힛	쓴 sseun
pacar 빠짜ㄹ	애인 ae in	**palsu** 빨수	가짜의 ; 위조의 ga jja eui; wi jo eui
padi 빠디	벼 byeo	**panas** 빠나ㅅ	더운 ; 뜨거운 deo un; teu geo un
pagar 빠가ㄹ	울타리 ; 담 ul tha ri; dam	**pemandangan** 쁘만당안	관찰 ; 시력 gwan chal; si ryeok

pandangan
빤당안

응시 ; 견문 ; 지식 ; 의견
eung si; gyeong mun; ji sik; eui gyeon

pangsa
빵사

두리안처럼 씨방에 따른 열매의 분절 ;
부분 ; 몫 ; 총계 ; 손금 ; 돌의 결 / 무늬
du ri an cheo reom ssi bang e ta reun yeol mae eui
bun jeol; bu bun; moks; chong gye; son geum;
dol eui gyeol / mu neui

~ pasar
빠사ㄹ

시장판매 부분 / 몫
si jang pan mae bu bun / mogs

| panggang | 굽다 | paspor | 여권 |
| 빵강 | gub da | 빠ㅅ뻐ㄹ | yeo gwon |

| pantai | 해변 ; 해안 | payung | 우산 |
| 빤따이 | hae byeon; hae an | 빠융 | u san |

| paragraph | 문단 | peduli | 신경쓰다 |
| 빠라그랍 | mun dan | 쁘둘리 | sin gyeong sseu da |

| parkir | 주차하다 | peluang | 기회 ; 호기 |
| 빠ㄹ끼ㄹ | ju cha ha da | 쁠루앙 | gi hwe; ho gi |

pantas
빤따ㅅ
적당한 ; 어울리는
jeok dang han; eo ul li neun

memantaskan
므만따ㅅ깐
치장하다
chi jang ha da

sepantasnya
스빤따ㅅ냐
합당한 ; 적합한 ; 알맞은 ; 당연히
hab dang han; jeok hab han;
al majj eun; dang yeon hi

pariwisata
빠리외사따
관광 (turis; pelancongan)
gwan gwang

pasrah
빠ㅅ라ㅎ
승복하다 ; 복종하다
seung bok ha da; bok jong ha da

patut
빠뜻
합당한 ; 마땅한
hab dang han; ma tang han

penasaran 쁘나사란	초조한 cho jo han	**periode** 쁘리오드	기간 gigan
pepatah 쁘빠따ㅎ	속담 ; 격언 sok dam; gyeokk eon	**pesan** 쁘산	요청 yo cheong

pendeta
쁜데따

목사 ; 힌두교법사 ; (고대문학에서) 수도자
mog sa; hin du gyo beob sa;
(go dae mun hak e seo) su do ja

pengaruh
뼁아루ㅎ

세력 ; 위력
se ryeok; wi ryeok

   berpengaruh
   브ㄹ뼁아루ㅎ

영향이 미치다 ; 영향을 갖다
yeong hyang i mi chi da;
yeong hyang eul gaj da

   mempengaruhi
   믐뼁아루히

–에 영향을 끼치다
-e yeong hyang eul kki chi da

perangai
쁘랑아이

성질 ; 성격 ; 개성
seong jil; seong gyeok; gae seong

percaya
쁘ㄹ짜야

믿다 ; 신뢰하다 ; 확신하다
mit ta; sin lwe ha da; hwak sin ha da

percuma
쁘ㄹ쭈마

쓸모없는 ; 쓸데없는
sseul mo eobs neun; sseul te eobs neun

pijat v, memijat
삐잣, 므미잣

누르다, 압박하다 ; 맛사지하다
no reu da, ab bak ha da; mat sa ji ha da

| **pesona** | 매력 | **poster** | 포스터 |
| 쁘소나 | mae ryeok | 뻐ㅅ뜨ㄹ | pho seu theo |

| **pilot** | 비행사 ; 조종사 | **pramugari** | 여승무원 |
| 삘롯 | bi haeng sa; jo jong sa | 뻐라무가리 | yeo seung mu won |

| **populasi** | 인구 | **prediksi** | 예언 ; 예측 |
| 뻐뿔라시 | in gu | 뻐르딕시 | ye eon; ye cheuk |

| **porsi** | 부분, 몫 | **presiden** | 대통령 |
| 뻐ㄹ시 | bu bun, mogs | 뻐레시덴 | dae thong ryeong |

pinjam v, meminjam 빌리다
뻰잠, 므민잠   bil li da

piring 접시 ; 접시 모양의 물건 ; 구획, 두락
삐링   jeob si; jeob si mo yang eui mul geon; guhwek, du rak

pokok 줄기, 근간 ; 자본 ; 원가 ; 구매가 ; 요인 ; 원인 ; 원칙 ;
뻐꺽 기본 ; 핵심 ; 요점 ; 요지 ; ―에 달려 있는 ; 주요한 ; 중요한
jul gi, geun gan; ja bon;wons ga; gu mae ga;
yo in won in; won chik; gi bon; haeksim; yo jeom;
yo ji; -e dal lyeok I neun; ju yo han; jung yo han

popularitas 대중성 인기
뽀뿔라리따ㅅ   dae jung seong in gi

positif 확신하는 ; 긍정적인
뽀시띺   hwak sin ha neun; geung jeong jeok in

profesional 뻐로뻬시오날	직업상의 jikk eob sang eui	**proyek** 뻐로엑	안(案) ; 계획 an; gye hwek
program 뻐록람	프로그램 pheu ro geu raem	**psikologi** 뻐시꼴로기	심리학 sim li hak
properti 뻐로쁘ㄹ띠	부동산 bu dong san	**puas** 뿌아ㅅ	만족한 man jok han
prospek 뻐로ㅅ뻭	가망 ga mang	**pujian** 뿌지안	칭찬 ching chan
protes 뻐로떼ㅅ	항의 ; 이의 hang eui; I eui	**pusing** 뿌싱	돌다 dol da

prihatin 뻐리하띤

슬프거나 힘든
seul pheu geo na him deun

prioritas 뻐리오리따ㅅ

우선 ; 우선권 ; 보다 중요함 ; 앞섬
u seong; u seon gown;
bo da jung yo ham; ap seom

produktivitas 뻐노둑띠비따ㅅ

생산력 ; 다산성
saeng san ryeok; da san seong

promosi 뻐로모시

승진 ; 진급 ; 획득, 수여 ; 조장 ; 촉진 ;
(상품 등의) 소개
seung jin; jin geub; hwek deuk, su yeo; su yeo;
jo jang; chok jin; (sang pum deung eui) so gae

Q

Quran
쿠ㄹ안

코오란, 이슬람교의 성전
Kko o ran

R

racun 라쭌	독 dok	**ramah tamah** 라마ㅎ 따마ㅎ	아주 좋은 a ju joh eun
rahasia 라하시아	비밀 bi mil	**rejeki** 르즈끼	생계 saeng gye
rajin 라진	부지런한 bu ji reon han	**rekkomendasi** 레꼬멘다시	추천 chu cheon

radio
라디오

방송 ; 라디오 방송
bang seong; la di o bang seong

ramai
라마이

소란한 ; 시끄러운
so ran han; si kkeu reo un

ramuan
라무안

썰어 놓은 약재 성분 ;
sseol eo noh eun yak jae seong bun

realistis
레알리ㅅ띠ㅅ

실제적인 ; 진실의
sil je jeok kin; jin sil eui

remaja
르마자

성인이 되가는
seong in i dwe ga neun

rencana 른짜나	계획 gye hwek		**rindu** 린두	그리워하는 geu ri wo ha neun
representatif 르프레센따띂	대표적인 dae pyo jeok in		**rugi** 루기	손실 son sil
responden 르ㅅ뽄덴	응답자 eung dab ja		**rumor** 루머ㄹ	소문 so mun
rezeki 르즈끼	일용양식 il yong yang sik		**rutin** 루띤	판에 박힌 phan ne bak kin

S

sabar 인내심이 있는 사바ㄹ in naen sim i i neun	**saku** 주머니 사꾸 ju meo ni
sabuk 벨트 사북 bel the	**sampo** 샴푸 삼뽀 syam phu
sadar 의식하다 사다ㄹ eui sik ha da	**sangkar** 새장 상까ㄹ sae jang
saham 몫 사함 mogs	**sawah** 논 사와ㅎ non
saksi 증인 삭시 jeung in	**segar** 가뿐한 스가ㄹ ga pun han
sakti 초능력의 삭띠 cho neung ryeok eui	**selektif** 선택(성)의 슬렉띺 seon thaek(seong) eui

sederhana 순수한 ; 평범한
스드ㄹ하나 sun su han; phyeong beom han

semangat 열정 ; 정열 ; 패기
스망앗 yeol jeong; jeong yeol; phae gi

| sepi | 조용한 |
| 세삐 | jo yong han |

| seremoni | 식 ; 의식 |
| 세레모니 | sik; eui sik |

| serius | 진지한 |
| 스리우ㅅ | jin ji han |

| sertifikat | 증명서 |
| 스ㄹ띠피깟 | jeung myeong seo |

| servis | 서비스 |
| 세ㄹ비ㅅ | seo bi seu |

| sesuai | 알맞은 |
| 스수아이 | al majj eun |

| setan | 악마 |
| 세딴 | ak ma |

| setempel | 도장 |
| 스뗌뻴 | do jang |

| seterika | 다리미 |
| 스트리까 | da ri mi |

| setia | 충실한 |
| 스띠아 | chung sil han |

| sewa | 임대 ; 비용 |
| 세와 | im dae; bi yong |

| siap | 준비되다 |
| 시앞 | jun bi dwe da |

| sibuk | 바쁜 |
| 시북 | ba peun |

| sidang | 회의 |
| 시당 | hwe eui |

| siksa | 형벌 |
| 식사 | hyeong beol |

| simbol | 상징 |
| 심볼 | sang jing |

| sempurna | 완벽한 ; 완전한 |
| 슴뿌ㄹ나 | wan byeok han; wan jeon han |

| sengaja | 일부러 ; 의도적으로 |
| 승아자 | il bu reo; eui do jeokk eu ro |

S

| **sinar** 시나ㄹ | 광선 ; 빛
gwang seon; bich | **spesifikasi** 스쁘시피까시 | 상세
sang se |

sinar
시나ㄹ
광선 ; 빛
gwang seon; bich

spesifikasi
스쁘시피까시
상세
sang se

singkat
싱깟
짧은
jjalbb eun

spontan
ㅅ쁜딴
즉시 ; 즉각
jeuk si; jeuk gak

sinonim
시노님
동의어
dong eui eo

stamina
ㅆ따미나
정력 ; 원기
jeong ryeok; won gi

sistem
시ㅅ뜸
시스템
si seu them

stasiun
ㅅ따시운
역
yeok

solidaritas
솔리다리따ㅅ
견고함
gyeon go ham

stimulus
ㅅ띠물루ㅅ
자극
ja geuk

sombong
솜봉
거만한
geo man han

suara
수아라
음성
eum seong

sosial
소시알
사회의
sa hwe eui

substitusi
숩ㅅ띠뚜시
대리 ; 대용
dae ri; dae yong

spekulasi
ㅅ뻬꿀라시
사색 ; 추측
sa saek; chu cheuk

suka
수까
좋아하는
joh a ha neun

sopan
소빤
공손한 ; 정중한
gong son han; jeong jung han

stabil
ㅅ따빌
안정된, 견고한
an jeong dwen, gyeon go han

sukses	성공하다	syarat	요건 ; 조건
쑥쎄ㅅ	seong gong ha da	샤랏	yo geon; jo geon
swasta	사립의		
솨ㅅ따	sa rib eui		

T

| tabrak | 충돌하다 |
| 따ㅂ락 | chung dol ha da |

| taman | 정원 |
| 따만 | jeong won |

| tahap | 단계 ; 등급 |
| 따핲 | dangye; deung geub |

| tamasya | 여행 ; 소풍 |
| 따마샤 | yeo haeng; so phung |

| taksi | 택시 |
| 딱시 | thaek si |

| tampang | 얼굴형 |
| 땀빵 | eol gul hyeong |

| takut | 무서운 ; 두려운 |
| 따꿋 | mu seo un; du ryeo un |

| tamu | 손님 |
| 따무 | son nim |

| tamak | 탐욕스런 |
| 따막 | tham yok seu reon |

| tangga | 계단 |
| 땅가 | gye dan |

| tabah | 과감한 ; 용감한 |
| 따바ㅎ | gwa gam han; yong gam han |

| tabungan | 저금통(장) ; 저축금 |
| 따붕안 | jeo geum thong(jang); jeo chuk geum |

| tanggapan | (코멘트, 비평 등에 대한) 응답 / 반응 |
| 땅가빤 | (kho men theu, bi phyeong deung e dae han) eung dab / bann eung |

tanggung jawab 땅궁 자왑	책임 chaek im	**tendang** 뜬당	차다 cha da
tegak 뜨각	똑바로 선 tok ba ro seon	**tentara** 뜬따라	군인 gun in
teknisi 떽니시	기술자 gi sul ja	**topu** 떠뿌	속임수 sok im su
teknologi 떽놀로기	과학 / 공업 gwa hak / gong eob	**toleransi** 똘레란시	관용 gwan yong
teladan 뜰라단	모범 mo beom	**tomat** 또맛	토마토 tho ma tho
temperamen 뜸쁘라멘	기질 gi jil	**tukar** 뚜가ㄹ	바꾸다 ba kku da
tenaga 뜨나가	힘 him		

tarif
따맆
비율에 따라 적용되는 요금
bi yul e ta ra jeokk yong dwe neun yo geum

tawar
따와ㄹ
무미건조한 ; 아무 맛이 없는
mu mi geon jo han; a mu mass i eobs neun

U

uang 우앙	돈 don	**udara** 우다라	공기 gong gi
uap 우앞	증기 jeunggi	**ulet** 울릇	강인한 gang in han
ubin 우빈	바닥 돌 badakdol	**umat** 우맛	신자 sin ja
ucap 우짞	단어 daneo	**umpan** 움빤	미끼 ; 유혹물 mi kki; yuhokmul
udang 우당	새우 sae u	**umur** 우무ㄹ	나이 ; 연세 nai; yeon se

ubah, berubah
우바ㅎ, 브ㄹ우바ㅎ
변화되다
byeonhwadwe da

ulang
울랑
반복하다 ; 되풀이하다 ; 돌다
ban bok ha da; dwe phul li ha da;dol da

undur
운두ㄹ
후퇴하다 ; 퇴각하다
huthwe ha da; thwegak ha da

| unggas | 새 ; 조류 |
| 웅가ㅅ | sae; joryu |

| unik | 유일한 ; 독특한 |
| 우닉 | yuilhan; doktheukhan |

| unit | 개체 |
| 우닛 | gaeche |

| untung | 운명 ; 이득 ; 이익 |
| 운뚱 | un myeong; ideuk; iik |

| upah | 지불금 |
| 우빠ㅎ | jibulgeum |

| usaha | 노력 ; 애씀 |
| 우사하 | no ryeok; aesseum |

unggul
웅굴

| usahawan | 기업가 |
| 우사하완 | gieobga |

| usai | 해산되다 |
| 우사이 | hae san dwe da |

| usul | 제안 ; 건의 |
| 우술 | je an; geoneui |

| usul | 조사하다 |
| 우술 | josa ha da |

| utang | 빚 ; 채무 ; 외상 |
| 우땅 | bij; chae mu; we sang |

| utuh | 변함없는 |
| 우뚜ㅎ | byeon ham eobsneun |

최상의 ; 최고의
chew sang eui; chew go eui

U

V

vaksin	백신	**virus**	병독
박신	baek sin	비루ㅅ	byeongdok
vaksinasi	백신접종	**visa**	사증 ; 비자
박시나시	baek sin jeobjong	비사	sajung; bi ja
vas	꽃병	**visi**	상상력
바ㅅ	kkochbyeong	박시	sang sanglyeok
versi	버전 ; 유형	**volume**	용적
베ㄹ시	beojeon; yuhyeong	볼루므	yongjeok
video	영상 ; 비디오		
비디오	yeong sang; bi di o		

variasi   변화 ; 변동
바리아시   byeonhwa; byeon dong

vitamin   비타민 ; 영양소
비따민   bi tha min; yeong yang so

volunter   지원자 ; 독지가 ; 유지
볼룬띠ㄹ   ji won ja; dokjiga; yuji

W

wabah 와바ㅎ	전염 jeonyeom	**waris** 와리ㅅ	유산 상속인 yu san sang sok in
wacana 와짜나	담화 ; 강족 dam hwa; gang jok	**warna** 와ㄹ나	색 saek
wadah 와다ㅎ	식기 ; 주발 ; 그릇 sikgi; jubal; geureut	**wartawan** 와ㄹ따완	기자 ; 언론인 gija; eon ron in
wafat 와팟	서거하다 seo geo ha da	**wastafel** 와ㅅ따플	화장실 hwajangsil
wahana 와하나	탈것 thalgeot	**wilayah** 윌라야ㅎ	지역 jiyeok
warga negara 와ㄹ가 느가라	국민 ; 시민 gug min; si min	**wirausaha** 위라우사하	사업가 saeobga

wajib 와집

의무인 ; 당연히 해야 하는

eui mu in; dang yeon hi haeya ha neun

wawancara 와완짜라

인터뷰 ; 면접

in theobyu; myeonjeob

W

| **wujud** | 모양 ; 형태 |
| 우줏 | mo yang; hyeongthae |

wisatawan
위사따완

여행자 ; 관광객
yeo haengja; gwangwanggaek

wisudawati
위수다와띠

전문학사 혹은 학사(학위)를 받는 여자
jeonmunhaksa hokeun haksa(hakwi) reul
badneun yeo ja

xerosis	피부 건조증	xilofon	실로폰
세로시ㅅ phi bu geon jo jeung		실로폰	sil lo phon

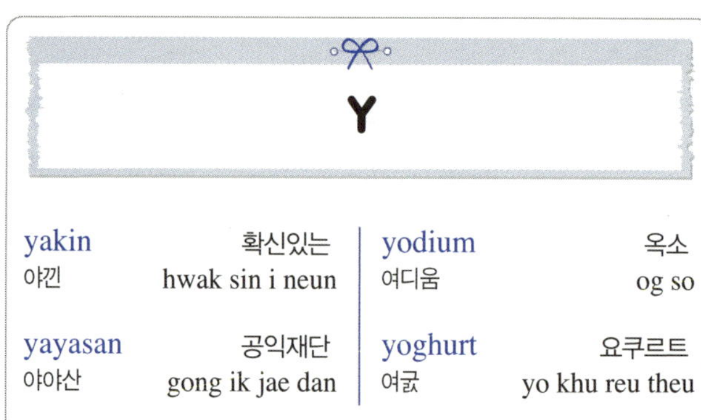

Y

yakin 야낀	확신있는 hwak sin i neun	**yodium** 여디움	옥소 og so
yayasan 야야산	공익재단 gong ik jae dan	**yoghurt** 여귫	요쿠르트 yo khu reu theu

Z

zat 신의 본질 ; 실체 잣　sinn eui bon jil; sil che	**zebra** 얼룩말 젭브라　eol luk mal
zawiat 기도실 ; 예배당 자위앗　gi do sil; ye bae dang	
ziarah 지아라ㅎ	성지순례 ; 참배 seong ji sun rye; cham bae

부 록

Belajar _ 공부하기

Mempelajari kata-kata baru
음뻴라자리 까따-까따 바루
새로운 단어 학습

---

mencari arti kata
믄짜리 아ㄹ띠 까따

단어를 찾는다
dann eo reul / cha neun da

membaca arti kata
믐바짜 아ㄹ띠 까따

뜻을 읽는다
teus eul / ilg neun da

menerjemahkan kata
므느ㄹ즈마ㅎ깐 까따

단어를 번역한다
dan eo reul / beon yeok han da

mengecek pengucapan
믕으쩩 뻥우짜빤

발음을 확인한다
ball eum eul / hwak kin han da

menyalin kata
므냘린 까따

단어를 베껴쓴다
dan eo reul / be kkyeo / sseun da

Menggambar
믕감바ㄹ

그림을 그린다
geu rim eul / geu rin da

mendiskusikan masalah
믄디ㅅ꾸시깐 마살라ㅎ

문제에 대해 토의한다
mun je e dae hae / tho eui / han da

mencari solusi / menjawab pertanyaan
믄짜리 솔루시/ 믄자왑 쁘ㄹ딴야안

해결책 / 답을 함께 생각해 본다

hae gyeol chaek / dab eul ham kke / saeng gak hae / bon da

belajar kelompok
블라자ㄹ 끌롬빽

그룹으로 공부한다

geu rub eu ro / gong bu han da

membantu teman sekelas
음반뚜 뜨만 스끌라ㅅ

반친구를 도와준다

ban chin gu reul / do wa / jun da

memberi pertanyaan
음베리 마뜨리 쁘ㄹ딴야안

질문을한다

jil mun eul / han da

menjawab pertanyaan
믄자왑 쁘ㄹ딴야안

질문에 대답한다

jil mun e / dae dab / han da

melihat buku bersama
믈리핫 부꾸 브ㄹ사마

책을 같이 본다

chek eul / gath chi / bon da

mendiktekan kalimat
믄딕떼깐 깔리맛

문장을 받아쓴다

mun jang eul / bad daa / sseun da

Mengikuti Arah
믕이꾸띠 아라ㅎ

지시 사항 따르기

mengisi bagian yang kosong
믕이시 바기안 양 꼬송

빈 칸을 채우세요

bin khan eul / chae u se yo

pilih jawaban yang benar 　　　맞는 답을 고르세요
므밀리ㄹ 자와반 양 브나ㄹ maj neun dabb eul / go reu se yo

Lingkari jawaban yang benar　답에 동그라미 하세요
믈링까리 자와반 양 브나ㄹdabb e / dong geu ra mi / ha se yo

coret pada kata 　　　　　단어에 줄을 그어 지우세요
쪼렛빠다까따　　　dann eo e / jull eul / geu eo / ji u se yo

Garis bawahi kata 　　　　단어에 밑줄 치세요
가리ㅅ 바와히 까따　　dann eo e / mith jul / chi se yo

mencocokkan item 　　　맞는 항목끼리 짝지우세요
믄쪼쪽깐아이뜸 ma neun hang mok kki / ri jjak ji u se yo

Cek jawaban yang benar pada kotak disamping kata
츽에쩩 자와반 양 브나ㄹ 빠다 꼬딱 디삼삥 까따
　　　　　　　　　정답란을 확인하세요
　　　　　jeong dab rann eul / hwak kin ha se yo

Beri nama pada gambar 　　그림에 이름을 붙이세요
믐브리 나마 빠다 감바ㄹgeu rim e / i reum eul / buth i se yo

Uraikan kata menjadi jawaban yang benar
믕우라이 까따 믄자디 자와반 양 브나ㄹ
　　　　　　단어의 철자 배역을 맞게 고치세요
　dann eo eui cheol ja bae yeok eul / maj ge go chi se yo

Tempatkan kalimat dalam rangka yang benar
므믐빳깐 깔리맛 달람 랑까 양 브나ㄹ　문장을 순서대로 놓으세요
　　　　　mun jang eul / sun seo dae ro / noh eu se yo

Berhasil di Sekolah
학교 생활 잘하기

Cara Berhasil di Sekolah
짜라 브ㄹ하실 디 스꼴라ㅎ

학교생활을 잘하는 방법

menetapkan target 므느땊깐따ㄹ겟	목표를 세운다 mok phyo reul / se un da
berpartisipasi di kelas 브ㄹ빠ㄹ띠시빠시 디 끌라ㅅ	학급활동에 참여한다 hak geub hwal dong e / cham yeo han da
membuat catatan 믐부앗 짜따딴	노트에 필기한다 not te e / phil gi han da
belajar dirumah 블라자ㄹ 디 루마ㅎ	집에서 공부한다 jib e / seo gong bu han da
lulus tes 루루ㅅ 떼ㅅ	시험에 통과한다 si heom e / thong gwa han da

Mengambil Tes
믕암빌 떼스
시험치기

---

buku tes
부꾸 떼ㅅ

시험책자
si heom chaek ja

kertas jawaban
끄ㄹ따ㅅ 자와반

답안지
dab an ji

skor
ㅅ꺼ㄹ

점수
jeom su

nilai
닐라이

성적
seong jeok

merapikan meja belajar
므라삐깐 메자 블라자ㄹ

책상 위를 치운다
chaek sang wi reul / chi un da

bekerja sendiri
브끄ㄹ자 슨디리

혼자서 문제를 푼다
hon ja seo mun je reul / phun da

menjawab
믄자왑

답을 표시한다
dab eul / phyo si han da

memastikan hasil jawaban
므마ㅅ띠깐 하실 자와반

표시한 답을 확인한다
phyo si han dab eul / hwag in han da

menghapus jawaban yang salah 잘못 표시한 것을 지운다
믕하뿌시자와반양살라ㅎ
jal mot phyo si han geoss uel / ji un da

mengkoreksi jawaban 잘못 표시한 것을 고친다
믕오렉시 자와반 jal mot phyo si han geot s eul / go chin da

mengumpulkan kertas ujian 시험지를 제출한다
믕움뿔깐 끄ㄹ따ㅅ 우지안   si heom ji reul / je chul han da

Sehari di Sekolah
스하리 디 스꼴라ㅎ

학교에서의 하루 일과

masuk kelas 교실에 들어가다
마숙 끌라ㅅ
gyo sil e / deur eo ga da

menyalakan lampu 불을 켜다
므날라깐 람뿌
bul eul / khyeo da

berjalan dikelas 교실로 걸어가다
브ㄹ잘란 디 끌라ㅅ
gyo sil lo / geor eo ga da

berlari dikelas 교실로 뛰어가다
브ㄹ라리 디 끌라ㅅ
gyo sil lo / twi eo ga da

mengangkat buku-buku 책을 들다 / 집다
믕앙깟 부꾸-부꾸
chaekk eul deul da / jib ta

membawa buku-buku	책을 나르다
믐바와 부꾸-부꾸	chaekk eul / na reu da
memberikan buku-buku	책을 전달하다
믐브리깐 부꾸-부꾸	chaekk eul / jeon dal ha da
istirahat	휴식을 취하다
이ㅅ띠라핫	hyu sikk eul / chwi ha da
makan	먹다
마깐	meok ta
minum	마시다
미눔	ma si da
membeli makanan ringan	과자를 사다
믐벨리마까난링안	gwa ja reul / sa da
berbincang	대화하다
브ㄹ빈짱	dae hwa ha da
kembali ke kelas	교실로 돌아가다
끔발리 끄 끌라ㅅ	gyo sil lo / dor a ga da
membuang sampah	쓰레기를 버리다
믐부앙 삼빠ㅎ	sseu re gi reul / beo ri da
keluar / meninggalkan kelas	교실에 / 서나가다
끌루아ㄹ/므닝갈깐 끌라ㅅ	gyo sil e seo na ga da

mematikan lampu
므마띠깐 람뿌

불을 끄다
bul eul kkeu da

Percakapan Sehari-hari
쁘ㄹ짜까빤 스하리-하리
일상회화

memulai percakapan
므물라이 쁘ㄹ짜까빤

대화 시작하기
dae hwa / si jak ha gi

Berbasa-basi
브ㄹ바사-바시

간단한 대화 나누기
gan dan han dae hwa / na nu gi

memberi pujian
음브리 뿌지안

상대방을 칭찬하기
sang dae bang eul / ching chan ha gi

menawarkan sesuatu
므나와ㄹ깐 수아뚜

무언가를 제공하기
mu eon ga reul / je gong ha gi

ucapkan terima kasih
우짞깐 뜨리마 까시ㅎ

감사의 뜻을 전하기
gam sa eul teus eul / jeon ha gi

meminta maaf
므민따 마앞

사과하기
sa gwa ha gi

menerima maaf
므느리마 마앞

사과 받아들이
sa gwa bad a / deul li

memberi undangan
믐브리 운당안

상대방 초대하기
sang dae bang / cho dae ha gi

menerima undangan
므느리마 운당안

초대 받아들이기
cho dae / badd a deul li gi

menolak undangan
므놀락 운당안

초대 거절하기
cho dae / geo jeol ha gi

menyetujui sesuatu
므녜뚜주이 스수아뚜

동의하기
dong eui ha gi

tidak menyetujui sesuatu
띠닥므녜뚜주이 스수아뚜

동의 / 하지 않기
dong eui ha ji anh gi

menjelaskan sesuatu
믄즐라ㅅ깐 스수아뚜

무언가를 설명하기
mu eon ga reul / seol myeong ha gi

bertanya ulang untuk memastikan sesuatu
브ㄹ따냐 울랑 운뚝 므마ㅅ띠깐 스수아뚜

제대로 알아 들었는지 확인하기
je dae ro all a deul / eot neun ji hwag kin ha gi

Pengukuran
뼁우꾸란
측정법

membagi 믐바기	나누다 na nu da	**mengukur** 믕우꾸ㄹ	측정하다 cheuk jeong ha da
menghitung 믕히뚱	계산하다 gye san ha da	**mengubah** 믕우바ㅎ	환산하다 hwan san ha da

Fraksi dan Desimal
프락시 단 데시말
분수와 소수

satu buah 사뚜 부아ㅎ	전체 jeon che	**seperempat** 스쁘ㄹ음빳	사분의 일 sa bun eui il
setengah 스뜽아ㅎ	이분의 일 i bun eui il	**seperdelapan** 스쁘ㄹ들라빤	팔분의 일 phal bun eui i
sepertiga 스쁘ㄹ띠가	삼분의 일 sam bun eui il		

Dimensi
디멘시
치수

Tinggi 띵기	높이 Nop phi	**Kedalaman** 끄달라만	깊이 gip phi
Panjang 빤장	길이 gil li	**Lebar** 레바ㄹ	너비 neo bi

Mendeskripsikan Orang
사람 묘사하기

Usia
우시아

나이

Muda
무다
젊은
jeol meun

Tua / lansia
뚜아 / 란시아
노년의
no nyeon eui

Dewasa
데와사
중년의
jung nyeon eui

Tinggi
띵기

신장

Tinggi
띵기
키가 큰
khi ga kheun

pendek
뻰덱
키가 작은
khi ga jagk eun

tinggi rata-rata
띵기 라따-라따
평균 신장
phyeong gyun sin jang

Berat Badan
브랏 바단

몸무게

gendut
근둣

체중이 많이 나가는 / 살찐
che jung i manh i na ga neun / sal jjin

berat rata-rata
브랏 라따-라따

평균 체중
phyeong gyun che jung

kurus
꾸루ㅅ

마른 / 날씬한
ma reun / nal ssin han

Cacat
짜짯

장애

Lumpuh
룸뿌ㅎ

신체 장애가 있는
sin che jang ae ga / i neun

Buta
부따

시각 장애가 있는 / 맹인
si gag jang ae ga it neun / maeng in

Tuli
뚤리

청각 장애가 있는 / 귀가 먼
cheong gag jang ae ga it neun / gwi ga meon

Mendeskripsikan Rambut
스타일 묘사 하기

Rambut pendek 짧은 머리
람붓 뻰덱　　jjalbb eun meo ri

Rambut sedang
람붓 스당
　　어깨에 닿을 정도의 머리
　　　　eo gae e / dah eul /
　　　　jeong do eui meo ri

Rambut panjang　긴머리
람붓 빤장　　　　gin meo ri

Belahan rambut　가르마
블라한 람붓　　　ga reu ma

Kumis　　　　　콧수염
꾸미ㅅ　　　　khot su yeom

Jenggot　　　　　턱수염
젱것　　　　theok su yeom

Jambang　　짧은 구레나룻
잠방　jjalbb eun / gu re na rut

Poni　　　　　　앞 머리
뻐니　　　　　　am meo ri

rambut lurus　　곧은 머리
람붓루루ㅅ　　godd eun meo ri

Rambut bergelombang
람붓 브ㄹ글롬방
　　　　웨이브가 있는 머리
we i beu ga / it neun / meo ri

Rambut keriting　곱슬머리
람붓 끄리띵　　gob seul meo ri

Botak　　　　　　대머리
보딱　　　　　dae meo ri

Penampilan
쁘남삘란

외양

Menarik 매력적인	**Rambut hitam** 검은머리
므나릭 mae ryeok jeog in	람붓 히땀 geom meun / meo ri

Menarik 매력적인
므나릭   mae ryeok jeog in

Rambut hitam 검은머리
람붓 히땀   geom meun / meo ri

Imut 귀여운
이뭇   gwi yeo un

Pirang 금발머리
삐랑   geum bal meo ri

Hamil 임신한
하밀   im sin han

Rambut coklat 갈색머리
람붓 쪽랏   gal saek meo ri

Tahi lalat 점
따히 라랏   jeom

Rol 롤러
럴   reol lo

lubang anting 귀를 뚫은 귀
루방 안띵   gwi reul tolh eun gwi

Gunting 가위
군띵   ga wi

Tato 문신
따또   mun sin

Sisir 빗
시시ㄹ   bit

Uban 백발
우반   baek bal

Sikat 브러쉬
시깟   beu reo swi

Rambut merah 빨강머리
람붓 메라ㅎ   bbal gang meo ri

Pengering rambut
쁘으링 람붓   헤어드라이기
he eo deu ra i gi

Gaya Rambut
가야 람붓
머리손질

Memotong rambut
므모똥 람붓

머리를 자르다
meo ri reul / ja reu da

Mengeriting rambut
믕으리띵 람붓

파마하다
pha ma ha da

Mengatur rambut
믕아뚜ㄹ 람붓

머리를 세팅하다
meo ri reul / se thing ha da

Mengecat rambut
믕으짯 람붓

머리를 염색하다
meo ri reul / yeom saek ha da

부
록

Bangun tidur 잠에서 깨다	**Mandi** 샤워하다
방운 띠두ㄹ jamm e seo kae da	만디 sya wo ha da
Bangun 일어나다	**memakai baju** 옷입다
방운 ill eo na da	므마까이 바주 ot ib da

sarapan 아침식사를 하다
사라빤 a chim sik sa reul / ha da

membuat makan siang 점심을 만들다
믐부앗 마깐 시앙 jeom sim eul / man deul da

mengantar anak ke sekolah
믕안따ㄹ 아낙 끄 스꼴라ㅎ
아이들을 학교에 데려다 주다 / 아이들을 내려주다
a i deul eul/ hak gyo e / de ryeo da ju da /
a i deul eul / nae ryeo ju da

naik bus ke sekolah 버스를 타고 학교에 가다
나익 부ㅅ 끄 스꼴라ㅎ beo seu reul / tha go / hak gyo e ga da

menyetir mobil ke kantor / pergi bekerja
므녜띠ㄹ 모빌 끄 깐떠ㄹ / 쁘ㄹ기 브끄ㄹ자
차로 출근하다 / 출근하다
cha reo chul geun ha da / chul geun ha da

bekerja	일하다	Ber olah raga	운동하다
브끄ㄹ자	il ha da	올라ㅎ라가	un dong ha da
pulang kerja	퇴근하다	istirahat	쉬다
뿔랑 끄ㄹ자	thwe geun ha da	이ㅅ따라핫	swi da

hadir dikelas
하디ㄹ 디 끌라ㅅ

수업에 출석하다
su eobb e / chul seok ha da

pergi ke pasar
쁘ㄹ기 끄 빠사ㄹ

시장을 보러가다
si jang eul / bo reo ga da

menjemput anak disekolah
믄즘쁫 아낙 디스꼴라ㅎ

아이들을 데려오다
a i deul eul / de ryeo o da

membersihkan rumah
믐브ㄹ시ㅎ깐 루마ㅎ

집을 청소하다
jibb eul /cheong so ha da

memasak makan malam
므마삭 마깐 말람

저녁식사를 요리하다
jeo nyeok sik sa reul / yo ri ha da

pulang kerumah/ tiba dirumah
뿔랑 끄 루마ㅎ / 띠바 디루마ㅎ

집에 오다 / 집에 도착하다
jibb e/ o da / jibb e / do chak ha da

makan malam
마깐 말람

저녁을 먹다
jeo nyeokk eul / meok ta

mengerjakan perkerjaan rumah
믕으ㄹ자깐 쁘끄ㄹ자안 루마ㅎ

숙제하다
suk je ha da

부록

| tidur | 자다 |
| 띠두ㄹ | ja da |

| membaca koran | 신문을 읽다 |
| 믐바짜 꼬란 | sin mun eul / ilg da |

| mengecek email | 이메일을 / 확인하다 |
| 믕으쩩 이메일 | i me il eul hwak in ha da |

| menonton televisi | 텔레비전을 보다 |
| 므논똔 뗄레피시 | thel le bi jeon eul / bo da |

| Tidur pulas / nyenyak | 잠자리에 들다 |
| 띠두ㄹ 뿔라ㅅ / 녜냑 | jam ja ri e / deul da |

222

Perjalanan Kehidupan dan Dokumen
인생 경로 및 관련 문서

부록

Lahir   태어나다
라히ㄹ   thae eo na da

lulus sekolah   졸업하다
루루ㅅ 스꼴라ㅎ   joll eob ha da

imigrasi   이주하다
이미그라시   i ju ha da

jatuh cinta   사랑에 빠지다
자뚜ㅎ 찐따 sa rang e / bba ji da

memulai sekolah   학교를 다니기 시작하다
므물라이 스꼴라ㅎ   hak gyo reul / da ni gi / si jak ha da

belajar mengemudi   운전을 배우다
블라자ㄹ 믕으무디   un jeonn eul / bae u da

mendapatkan pekerjaan   직장을 구하다
멘다빳 쁘끄ㄹ자안   jik jang eul / gu ha da

menjadi warga negara   시민이 되다
믄자디 와ㄹ가 느가라   si min ni / dwe da

Perjalanan Kehidupan dan Dokumen

쁘ㄹ잘라난 끄히두빤 단 도꾸맨

인생 경로 및 관련 문서

Akte 악뜨	증서 jeung seo		**membeli rumah** 음블리 루마ㅎ	집을 사다 jibb eul / sa da
Tunangan 뚜낭안	약혼하다 yak hon ga da		**pensiun** 뻰시운	퇴직하다 thwe jik ha da
Menikah 므니까ㅎ	결혼하다 gyeol hon ha da		**sukarelawan** 수까렐라완	자원 봉사하다 ja won bong sa ha da

Masuk kuliah
마숙 꿀리아ㅎ

대학에 들어가다
Dae hakk e / deul eo ga da

Akte menikah
악뜨므니까ㅎ

결혼 증서
gyeol hon jeung seo

mempunyai anak
음뿌냐이 아낙

아기를 낳다
a gi reul / nah da

menjadi kakek-nenek
믄자디 까껙 네넥

조부모가 / 되다
cho bo mo ga dwe da

Berpergian (jalan-jalan)
브ㄹ쁘ㄹ기안 / 브ㄹ외사따 (잘란-잘란)

여행하다
yeo haeng ha da

meninggal dunia   죽다
므닝갈 두니아   jug da

ijasah   졸업증서
이자사ㅎ   jor eob jeung seo

SIM   운전 면허증
심   un jeon myeon heo jeung

Gelar sarjana   대학 학위
글라ㄹ 사ㄹ자나 dae hak hak wi

Pasport   여권
빠ㅅ뽓   yeo gwon

akte kelahiran   출생증명서
악뜨 끌라히란   chul saeng jeung myeong seo

kartu penduduk asing   영주권 / 그린카드
까ㄹ뚜 쁜두둑 아싱   yeong ju won / geu rin kha deu

Kartu keamanan sosial   사회 보장 카드
까ㄹ뚜 끄아마난 소시알   sa hwe bo jang kha deu

Sertifikat naturalisasi   귀화 증명서
스ㄹ띠피까시 나뚜랄리사시   gwi hwa jeung myeong seo

Sertifikat kematian   사망 증명서
스ㄹ띠피깟 끄마띠안   sa mang jeung myeong seo

Perasaan _ 감각

Panas	더운	**Tidak nyaman**	불편한
빠나ㅅ	deo un	띠닥 냐만	bul phyeon han
Haus	목마른	**Gelisah**	불안한
하우ㅅ	mok ma reun	글리사ㅎ	bull an han
Mengantuk	졸린	**Kesakitan**	아픈
뭉안뚝	jol lin	끄사끼딴	a pheun
Dingin	추운	**Sakit**	병든
딩인	chu un	사낏	byeong deun
Lapar	배고픈	**Khawatir**	염려되는
라빠ㄹ	bae go pheun	카와띠ㄹ	yeom ryeo dwe neun
Jijik	역겨운	**Sehat**	건강한
지직	yeok gyeo un	세핫	geon gang han
Tenang	침착한	**Lega**	안도
뜨낭	chim chak han	레가	an do
Kenyang			배부른 / 만족한
끄냥			bae bu reun / man jeok han

Terluka	다친	bingung	혼란스러운
뜨ㄹ루까	da chin	빙웅	hon ran seu reo un
kesepian	외로운	frustasi	낙심한
끄스삐안	we ro un	프루ㅅ따시	nak sim han
jatuh cinta	사랑에 빠진	sedih	당황스러운
자뚜ㅎ 찐따	sa rang e / bba jin	스디ㅎ	dang hwang seu ro un
Sedih	슬픈	marah	화가 난
스디ㅎ	seul pheun	마라ㅎ	hwa ga nan
Bangga	자랑스러운	kaget	놀란
방가	ja rang seu ro un	까겟	nol lan
senang	흥분한	bahagia	기쁜
스낭	heung bun han	바하기아	gi bbeun
malu	당황한	capai	피곤한
말루	dang hwang han	짜빠이	phi geon han
bosan	지루한		
보산	ji ru han		

Homesick	향수병에 걸린
홈식	hyang su byeong e / geol lin
takut	검에 질린 / 두려워하는
따굿	geomm e jil lin / du ryo wo ha neun

Mencari Rumah
집 구하기

reklame, iklan	광고물	Fasilitas; sarana	설비
렉라미	gwang go mul	파실리따ㅅ; 사라나	seol bi

daftar internet   인터넷 게시물
닾따ㄹ 인뜨ㄹ넷   in theo net ge si mul

apartemen berisi lengkap   가구가 딸린 아파트
아빠ㄹ뜨멘 브ㄹ이시 릉깦   ga gu ga tal lin a pha theu

apartemen kosong   가구가 딸리지 않은 / 아파트
아빠ㄹ뜨멘 꼬송   ga gu ga tal li ji anh eun / a pha theu

Membeli Rumah
집 구매 하기

Bertemu makelar
브ㄹ뜨무 마끌라ㄹbu dong san jung gae in eul / man na da

부동산 중개인을 만나다

Melihat rumah
믈리핫 루마ㅎ

집을 보다
jib eul bo da

Membuat penawaran
믐부앗 쁘나와란

제의하다
je eui ha da

Mendapatkan pinjaman
믄다빳깐 삔자만

대출 받다
dae chul bad ta

Mendapat kepemilikan
믄다빳 끄쁘밀리깐

소유권을 가지다
so yu gwon eul / ga ji da

Membayar via kredit
믐바야ㄹ 비아 끄레딧

모기지를 지불하다
mo gi ji reul / ji bul ha da

Menyewa Apartemen
므녜와 아빠ㄹ뜨멘

아파트 임대하기

menelpon manajer
매니저에게 전화하다
므늘뽄 메네즈ㄹ
mae ni jeo e ge / jeon hwa ha da

Bertanya tentang (fitur / kondisi)
조건을 물어보다
브ㄹ따냐 뜬땅 (피뚜ㄹ / 꼰디시)
jo geon eul / mul leo bo da

Menyerahkan aplikasi
신청서를 제출하다
므녜라ㅎ깐 앞플리까시
sin cheong seo reul / je chul ha da

Menandatangani surat persetujuan
므난다땅아니 수랏 쁘ㄹ스뚜주안
임대 계약서에 서명하다
im dae gye yak seo e seo / myeong ha da

Membayar awal dan akhir uang sewa
믐바야ㄹ아왈 단 악히ㄹ 우앙 세와
첫 번째 달과 마지막 달 임대료를 지불하다
cheot beon jjae dal gwa / ma ji mak
dal im dae ryo reul / ji bul ha da

Pindah Rumah
쁜다ㅎ 루마ㅎ

이사하기

Mengepak barang
믕으빡 바랑

짐을 싸다
jimm eul / ssa da

Membongkar barang
음벙까ㄹ 바랑

짐을 풀다
jimm eul / phul da

Mengubah semua fasilitas dengan nama anda
믕우바ㅎ 스무아 파실리따ㅅ 등안 나마 안다

공공 요금 지불자로 자신의 이름으로 올리다
gong gong yo geum ji bul ja ro /
ja sin eu i reumm eu ro / ol li da

Mengecat
믕으짯

페인트하다
phe in theu ha da

Mengatur rumah
믕아뚜ㄹ 루마ㅎ

가구를 배치하다
ga gu reul / bae chi ha da

Berkunjung ke tetangga
브ㄹ꾼중 끄 루마ㅎ

이웃을 만나다
i ut seul / man na da

Pekerjaan Rumah Tangga
가사 / 집안일

Membersihkan debu
믐브ㄹ시ㅎ깐 드부
가구의 먼지를 털다
ga gu eui meon ji reul / theol da

Mendaur ulang kertas Koran
믄다우ㄹ 울랑 끄ㄹ따ㅅ 꼬란
신문을 재활용하다
sin mun eul / jaek hwal yong ha da

Membersihkan oven
믐브ㄹ시ㅎ깐 오븐
오븐을 청소하다
o peun eul cheong so ha da

Mengepel
믕으뻴
마루를 걸레질하다
ma ru reul geol re jil ha da

Mengelap
믕을랖
가구에 광을 내다
ga gu e gwang eul nae da

Merapikan tempat tidur
므라삐깐 뜸빳 띠두르
침대를 정돈하다
chim dae reul jeong don ha da

Merapikan mainan
므라삐깐 마이난
장난감을 치우다
jang nan gamm eul / chi u da

Membersihkan karpet dengan penyedot debu
믐브ㄹ시ㅎ깐 까ㄹ뻿 등안 쁘녜덧 드부   카페트를 진공 청소하다
kha phe theu reul / jin gong cheong so ha da

Mengelap jendela	창문을 닦다
믕엘랎 즌델라	chang mun eul / dakk da

Menyapu lantai	마루를 쓸다
므냐뿌 란따이	ma ru reul / sseul da

Menggosok wastafel	세면대를 닦다
믕고석 와ㅅ따플	se myeon dae reul / dakk da

Mengosongkan tempat sampah	쓰레기통을 비우다
믕어성깐 뜸빳 삼빠ㅎ	sseu re gi thong eul / bi u da

Mencuci piring	접시를 닦다
믄쭈찌 삐링	jeob si reul / dakk da

Mengelap piring	접시를 말리다
믕엘랎 삐링	jeom si reul / mal li da

Mengelap konter	카운터를 닦다
므엘랎 껀뜨ㄹ	kha un theo reul / dakk da

Mengganti sarung bantal	시트를 갈다
믕간띠 사룽 반딸	si theu reul / gal da

Membuang sampah	쓰레기를 내다놓다
믐부앙 삼빠ㅎ	sse re gi reul / nae da noh da

Persiapan Makanan dan Keamanan
음식준비와 안전

Makanan Keju Tahu dan Sayuran
마까난 께주 따후 단 사유란
치즈 두부 야채 케서롤

Memanaskan oven
므마나ㅅ깐 오븐

오븐을 예열한다
o beun eul / ye yeol han da

Meminyaki panic untuk memasak
므미냐끼 빤찌 운뚝 므마삭

베이킹 팬에 기름칠을 한다
be i khing pheon e / gi reum chil eul / han da

Memotong tahu
므모떵 따후

두부를 얇게 썬다
du bu reul / yalb ke / sseon da

Merebus brokoli
므르부ㅅ ㅂ로꼴리

브로콜리를 찐다
beu ro khol li reul / cin da

Menumis jamur
므누미ㅅ 자무ㄹ

버섯을 살짝 튀긴다
beo seot eul / sal cak thwi gin da

Menuang sesendok saus
므누앙 스센독 사우ㅅ

위에 소스를 숟가락으로 끼얹는다
wi e so seu reul / sud ga rak eu ro / kki eonj neun da

Memarut keju
므마룻 께주

치즈를 간다
chi jeu reul / gan da

Membuat Kue yang Cepat dan Mudah
믐부앗 꾸에 양 쯔빳 단 무다ㅎ
간편한 케이크 만들기

Pecahkan dua butir telur ke dalam mangkuk
쁘짜ㅎ깐 두아 부띠ㄹ 뜰루ㄹ 끄달람 망꾹

전자 레인지용 볼에 계란 2개를 깨뜨린다.
gye ran 2(du)gae reul / ggae teu rin da

Aduk semua bahan adonan
아둑 스무아 바한 아도난

재료를 섞는다
jae ryo ruel / seokk neun da

Memanggang
므망강

굽는다
gub neun da

Membuat Sup Ayam yang Mudah
믐부앗 숲 아얌
만들기 쉬운 닭고기 스프

Memotong ayam
므머떵 아얌

닭고기를 자른다
dalg go gi reul ja reun da

Memotong seledri
므머떵 슬렛리

셀러리를 다진다
sel leo ri reul / da jin da

Mengupas wortel
등우바ㅎ 워ㄹ뜰

당근 껍질을 벗긴다
dang geun ggeob jill eul / beot gin da

Mencacah bawang
믄짜짜ㅎ 바왕

양파를 잘게 썬다
yang pha reul / jal ge sseon da

Merebus ayam
므르부ㅅ 아얌

닭고기를 삶는다
dalg go gi reul / salm neun da

Memasukkan sayuran
므마숙깐 사유란

야채를 첨가한다
ya chae reul / cheom ga han da

Mengaduk
등아둑

젓는다
jeo neun da

Mendidih perlahan-lahan
믄디디ㅎ 쁘ㄹ라한 라한

천천히 끓인다
cheon cheon hi / ggeulh in da

Kocok bahan adonan
꺼쩍 바한 아도난 seokk eun jae ryo reul / hwi jeo neun da

섞은 재료를 휘젓는다

Masukkan kedalam microwave selama 5 menit
마숙깐 끄 달람 믹로왏 슬라마 리마 므닛

5분간 전자 레인지에 돌린다
5(o) bun gan / jeon ja re in ji e / dol lin da

Ruang makan _ 식당

Ruang makan 루앙 마깐	식당 sik dang	**Baki / nampan** 바끼 / 남빤	디저트 쟁반 di jeo theu jae ban
Tamu 따무	식당 손님 sik dang son nim	**Keranjang roti** 끄란장 로띠	빵바구니 pang ba gu ni
Menu 므누	메뉴 me nyu	**Pisau** 삐사우	칼 khal

resepsionis
르셉시오니ㅅ

식당 여직원
sik dangg yeo jik won

Kursi tinggi untuk anak-anak
꾸ㄹ시 띵기 운뚝 아낙-아낙

어린이용 의자
eo rin ni yong eui ja

Sofa
소파

칸막이한 좌석
khan mak in han jwa seok

Kotak untuk dibawa pulang
꼬딱 운뚝 디바와 뿔랑

포장 용기
pho jang yong gi

Pelayan laki-laki
쁠라얀 라끼-라끼

종업원 / 웨이터
jong eob won / we i theo

237

| sendok teh | 차 스푼 | Dapur | 주방 |
| 센덕 떼ㅎ | cha seu phun | 다뿌ㄹ | ju bang |

| sendok sup | 스프 스푼 | Koki | 주방장 |
| 센덕 숲 | seu pheu seu phun | 꺼끼 | ju bang jang |

| Mesin cuci | 식기세척기 | Piring makan | 디너 접시 |
| 므신 쭈찌 | sik gi se theok gi | 삐링 마깐 | di neo jeob si |

Pelayan perempuan 종업원 / 웨이트리스
쁠라얀 쁘름뿌안   jong eob won / we i theu ri seu

Pelayan dapur 버서(서빙 보조)
쁠라얀 다뿌ㄹ   beo seo(seo bing bo jo)

Ruang bersih-bersih 설거지 하는 곳
루앙 브ㄹ시ㅎ-브ㄹ시ㅎ   seol geo ji ha neun got

menyiapkan alat-alat makan 식탁을 차리다
므녜앞깐 알랏-알랏 마깐   sik thakk eul / cha ri da

mempersilahkan tamu untuk duduk 손님을 앉히다
믐쁘ㄹ실라ㅎ깐 따무 운뚝 두둑   son nimm eul / anj hi da

menuangkan minum 물을 따르다
므누앙깐 미눔   mul leul / ta reu da

Melihat menu dan memesan makanan
므므산 마까난   멘를 보고 주문하다
men reul bo go ju mun ha da

| Piring salad | 샐러드 접시 | serbet | 냅킨 |
| 삐링 살랏 sae reo deu jeob si | | 스ㄹ벳 | naeb khin |

| Gelas | 물잔 | garpu makan | 디너 포크 |
| 글라ㅅ | mul jan | 가ㄹ뿌 마깐 di neo pho kheu | |

| Cangkir | 컵 | membayar | 계산하다 |
| 짱끼ㄹ | kheob | 믐바야ㄹ | gye san ha da |

| Lepek | 받침 접시 | | |
| 레뻭 | bad chim jeob si | | |

Mengatur tempat   식도구 세팅
믕아뚜ㄹ 뜸빳   sik do gu se thing

Piring roti   빵-버터용 접시
삐링 로띠   bbang-beo theo yong jeob si

Mangkuk sup   스프용 그릇
망껙 숲   seu pheu yong geu reut

Gelas untuk anggur (wine)   포도주 잔
글라ㅅ 운뚝 앙구ㄹ (와인)   pho do ju jan

garpu salad   샐러드 포크
가ㄹ뿌 살랏   sael reo deu pho kheu

pisau steak   스테이크용 칼
삐사우 ㅅ떽   seu the i kheu yong khal

| menerima pesanan | 주문을 받다 |
| 므느리마 쁘사난 | ju munn eul bad da |

| menyajikan makanan | 음식을 서빙하다 |
| 므냐지깐 마까난 | eum sikk eul / seo bing ha da |

| membersihkan piring yang tidak dipakai | 그릇을 치우다 |
| 믐브ㄹ시ㅎ깐 삐링 양 띠닥 디빠까이 | geu reus eul / chi u da |

| membawa baki/nampan | 쟁반을 나르다 |
| 믐바와 바끼 / 남빤 | jaeng ban eul / na reu da |

| meninggalkan tip | 팁을 놓다 |
| 므닝갈깐 띂 | thibb eul / noh da |

Menjaga Kesehatan
건강 관리

Cara Untuk Sehat
짜라 운뚝 세핫
건강을 회복하는 방법

mengunjungi klinik
믕운중이 끌리닉

진료소를 방문하다
jin ryo so reul / bang mun ha da

Istirahat yang cukup
이ㅅ띠라핫 양 쭈꿉

침상에서 휴식을 취한다
chim sang e seo / hyu sikk eul / chwi han da

Minum air putih
미눔 아이ㄹ 뿌띠ㅎ

수분을 섭취한다
su bunn eul / seob chwi han da

Minum obat
미눔 오밧

약을 복용한다
yak eul / bok yong han da

Mendapatkan imunisasi
믄다빳깐 이무니사시

예방주사를 맞는다
ye bang ju sa reul / maj neun da

Mengikuti saran dokter
믕이꾸띠 사란 덕뜨ㄹ

의사의 지시를 따른다
eui sa eui ji si reul / ta reun da

Tipe Masalah Kesehatan
뗖ㅅ 마살라ㅎ 끄세하딴
건강 문제의 유형

Masalah penglihatan 마살라ㅎ 뼁리하딴	시력 문제 si ryeok mun je
Masalah pendengaran 마살라ㅎ 쁜쯔ㄹ나안	청력 손실 cheong ryeok son sil
Luka 루까	통증 thong jeung
Stres ㅅ 뜨레ㅅ	스트레스 seu theu re seu
Depresi 뎊레시	우울증 u ul jeung

Cara Untuk Tetap Sehat
짜라 운뚝 뜨땊 세핫
건강을 유지하는 방법

Olah raga 올라ㅎ라가	운동을 한다 un dong eul han da

Makan makanan yang bergizi
마깐 마까난 양 브ㄹ기지 건강에 좋은 음식을 먹는다
geon gang e joh eun / eum sikk eul / meong neun da

Tidak merokok 금연하다
띠닥 므로꺽 geum yeon ha da

Rutin melakukan check up 정기 검사를 받는다
루띤 믈라꾸깐 쩩업 jeong gi geom sa reul / bad neun da

Alat bantu pendengaran 보청기
알랏 반뚜 쁜등아란 bo cheong gi

Terapi fisik 물리치료
뜨라삐 피식 mul li chi ryo

Dokter terapi fisik 물리치료사
덕뜨ㄹ 뜨라삐 피식 mul li chi ryo sa

Solusi Untuk Masalah Kesehatan
설루시 운뚝 마살라ㅎ 끄세하딴

건강 보조 용품

Ahli pemeriksa mata 검안사
아ㅎ리 쁘므릭사안 마따 geom an sa

Kacamata 안경
까짜마따 an gyeong

부록

| Lensa kontak | 콘택트 렌즈 |
| 렌사 꼰딱 | khon thaek theu ren jeu |

| Ahli pendengaran (THT) | 청력 전문의 |
| 아ㄹ히 쁜등아란 (떼하떼) | cheong ryeok jeon mun eui |

| Berbicara dengan terapist | 대화요법 |
| 브ㄹ비짜라 등안 뜨라삐ㅅ | dae hwa yo beob |

| Terapis | 치료사 |
| 뜨라삐ㅅ | chi ryo sa |

| Kelompok pendukung | 지원 모임 |
| 끌롬빽 쁜두꿍 | ji won mo im |

Keadaan Medis Darurat
응급 의료 상황

Ambulans	구급차	Terluka	다치다
암불란ㅅ	gu geub cha	뜨ㄹ루까	da chi da

Paramedis	의료 보조자	Terbakar	화상을 입다
빠라메디ㅅ	eui ryo bo jo ja	뜨ㄹ바까ㄹ	hwa sang eul / ib da

Pingsan	의식을 잃다	Tenggelam	물에 빠지다
삥산	eui sikk eul ilh da	뜽글람	mul e / bba ji da

부록

Syok
석
쇼크 상태에 있다
syo kheu sang thae e / it da

Serangan jantung
스랑안 잔뚱
심장마비를 일으키다
sim jang ma bi reul / ill eu khi da

Reaksi karena alergi
레악시 까르나 알르ㄹ기
알레르기 반응을 보이다
al le reu gi ban eung eul / bo i da

Tersetrum / Kesetrum
뜨ㄹ슛룸 / 끄슛룸
전기 충격을 받다
jeon gi chung gyeokk eul / bad da

Kedinginan (hipotermia)
끄딩이난 (히쁘떼ㄹ미아)
동상에 걸리다
dong sang e / geol li da

| Tersedak | 질식하다 | Sesak napas | 숨을 못쉬다 |
| 뜨ㄹ스닥 | jil sik ha da | 스삭 나빠ㅅ | summ uel mot swi da |

| Berdarah | 출혈하다 | Terjatuh | 낙상하다 |
| 브ㄹ다라ㅎ | chul hyeol ha da | 뜨ㄹ자뚜ㅎ | nak sang ha da |

Terminum racun
뜨ㄹ미눔 라쭌

독성분을 삼키다
dok seong bunn eul / sam khi da

Patah tulang
빠따ㅎ 뚤랑

뼈가 부러지다
bbyeo ga bu reo ji da

Overdosis
오브ㄹ도시ㅅ

약을 과다 복용하다
yakk eul / gwa da / bok yong ha da

Pusat kota _ 시내

Gedung 사무실 빌딩 그둥　sa mu sil bil ding	**Perpustakaan** 도서관 쁘ㄹ뿌ㅅ따까안　do seo gwan
Hotel 호텔 호뗄　ho thel	**Balai kota** 시청 발라이 꼬따　si cheong
Bank 은행 방　eun haeng	**Rumah sakit** 병원 루마ㅎ 사낏　byeong won
Kantor polisi 경찰서 깐또ㄹ 뽈리시　gyeong chal seo	**Pompa bensin** 주유소 뽐빠 벤신　ju yu so
Restoran 식당 르ㅅ또란　sik dang	**Kantor pos** 우체국 깐떠ㄹ 뻐ㅅ　u che gug

Tempat parkir 주차장(옥내)
뜸빳 빠ㄹ끼ㄹ　ju cha jang(ok nae)

Departemen kendaraan bermotor 운전 면허국
드빠ㄹ뜨멘 끈다라안 브ㄹ머떠ㄹ　un jeon myeon heo gug

Bus stop 버스 정류장
부ㅅ ㅅ떺　beo seu jeong ryu jang

247

Gedung pengadilan   법원
그둥 뻥아딜란   beob won

Pemadam kebakaran   소방서
쁘마담 끄바까란   so bang seo

Jalanan kota _ 시가지

Stadion	경기장	**Toko mebel**	가구점
ㅅ따디언	gyeong gi jang	또꼬 메벨	ga gu jeom
Pabrik	공장	**Sekolah**	학교
빠릭	gong jang	스꼴라ㅎ	hak gyo
Dealer mobil	자동차 딜러	**Pusat kebugaran**	체육관
딜르ㄹ 모빌	ja dong cha dil leo	뿌삿 끄부가란	che yuk gwan
Masjid	회교사원	**Kedai kopi**	커피 숍
마ㅅ짓	hwe gyo sa won	끄다이 꼬삐	kho phi syop
Bioskop	극장	**Motel**	모텔
비어ㅅ꼽	geug jang	모뗄	mo thel

Sedang konstruksi
스당 껀ㅅ뜨룩시

공사 현장
gong sa hyeon jang

Pusat perbelanjaan
뿌삿 쁘ㄹ블란자안

쇼핑 센터
syo phing sen theo

Gedung pencakar langit
그둥 쁜짜까ㄹ 랑잇

고층 건물
go cheung geon mul

| **Gereja** | 교회 | **Supermarket** | 수퍼마켓 |
| 그레자 | gyo hwe | 수쁘ㄹ마ㄹ껫 syu pheo ma khet | |

Gereja 교회
그레자 gyo hwe

Supermarket 수퍼마켓
수쁘ㄹ마ㄹ껫 syu pheo ma khet

Kuburan 묘지
꾸부란 myo ji

Toko roti 제과점
또꼬 로띠 je gwa jeom

Sinagoga 유대 교회
시나고가 yu dae gyo hwe

Teater 극장
떼아뜨ㄹ geug jang

Masyarakat kampus 지역 대학
마샤라깟 깜뿌ㅅ ji yeok dae hak

Toko perbaikan rumah 건축 자재 판매점
또꼬 쁘ㄹ바이깐 루마ㅎ geon chuk ja jae phan mae jeom

Toko alat-alat kantor 사무실 용품 판매점
또꼬 알랏-말랏 깐떠ㄹ sa mu sil yong phum phan mae jeom

Gerobak sampah 쓰레기 차
그로박 삼빠ㅎ sseu re gi cha

Gedung serba guna 컨벤션 센터
그둥 스ㄹ바 구나 kheon ben syeon sen theo

Persimpangan _ 교차로

Ruang cuci baju 빨래방
루앙쭈찌바주 bbal lae bang

Tempat parkir 주차공간
뜸빳 빠ㄹ끼ㄹ ju cha gong gan

Binatu 세탁소
비나뚜 se thak so

Sudut 모퉁이
수둣 mo thong i

Toko 편의점
또꼬 phyeon eui jeom

Lampu lalu lintas 신호등
람뿌 랄루 린따ㅅ sin ho deung

Apotek 약국
아뻐떽 yak guk

Bis 버스
비ㅅ beo seu

parkir untuk penyandang cacat 장애인 주차장
빠ㄹ끼ㄹ 운뚝 쁜얀당 짜짯 jang ae in ju cha jang

Restoran makanan cepat saji 패스트푸드 식당
레ㅅ또란 마까난 쯔빳 사지 phae seu theu phu deu sik dang

Jendela drive-thru
즌델라 드라잎 뜨루
차에 탄 채 주문하고 음식을 받아가는 (식의) 식당
cha e than chae ju mun ha go eum sik eul bat a ga
neun (sik eui) sik dang

Troli	카트	Tempat fotokopi	복사센터
따롤리	kha theu	뜸빳 포또꼬삐	bok sa sen theo
Pejalan kaki	보행자	Kotak surat	우체통
쁘잘란 까끼	bo haeng ja	꼬딱 수랏	u che thong
Zebra cross	횡단보도	Toko video	비디오 가게
즙라 ㄲ러ㅅ	hweng dan bo do	또꼬 피디오	bi di o ga ge
Toko donat	도넛가게	Tepi jalan	연석
또꼬 도낫	do neot ga ge	뜨삐 잘란	yeon seok

Kios majalah	신문가판대
끼어ㅅ 마잘라ㅎ	sin mun ga phan dae
Pipa air; Keran kebakaran	소화전
삐빠 아이ㄹ; 끄란 꼬바까란	so hwa jeon
Pedagang kaki lima	행상인
쁘다강 까끼 리마	haeng sang in
Pusat penitipan anak	보육시설
뿌삿 쁘니띠빤 아낙	bo yuk sik seol
Halte bus	버스정류장
할떼 부ㅅ	beo seu jeong ryu jang
Tempat cukur rambut	이발소
뗌빳 쭈꾸ㄹ 람붓	i bal so

| **Sepatu** 자전거 | **Trotoar** 보도 |
| 스빠뚜 ja jeon geo | 또로떠아ㄹ bo do |

Telepon umum
떨레쁜 우뭄

공중전화
gong jung jeon hwa

Rambu lalu lintas
람부 랄루 린따ㅅ

도로표지판
do ro pyo ji phan

Menyeberang jalan
므녜브랑 잘란

길을 건너다
gil eul / geon neo da

Menunggu lampu lalu lintas
므눙구 람뿌 랄루 린따ㅅ

신호등을 기다리다
sin ho deung eul / gi da ri da

Menyeberang jalan
므녜브랑 잘란

무단횡단 하다
mu dan hwe dan / ha da

Bersepeda
브ㄹ스뻬다

자전거를 타다
ja jeon geo reul / tha da

Memakirkan mobil
므마ㄹ끼ㄹ모빌

자동차를 주차하다
ja dong cha reul/ ju cha ha da

Membawa anjing jalan-jalan
믐바와안징잘란잘란

강아지를 산책시키다
gang a ji reul / san cheak si khi da

Bank _ 은행 

Pelanggan	손님	**Slip deposit**	입금용지
쁠랑간	son nim	슬맆 드뻐싯	ib geum yong ji
Deposit	입금	**Satpam**	경비원
데뻐싯	ib geum	삿빰	gyeong bi won

Teler
떼레ㄹ

급전출납계원
geum jeon chul nab gye won

Mengamankan barang berharga
믕아만깐 바랑 브ㄹ하ㄹ가

금고
geum go

Brankas
ㅂ란까ㅅ

귀중품 보관함
gwi jung phum bo gwan ham

Barang-barang berharga
바랑-바랑 브ㄹ하ㄹ가

귀중품
gwi jung phum

Menukar dari cek ke uang
므누까ㄹ 다리 쩩 끄 우앙

수표를 현금화하다
su pyo reul / hyeon geum hwa ha da

Membuat deposit
믐부앗 데뻐싯

입금하다
ib geum ha da

Bank online
온라인으로 은행 업무를 보다
방 온라인   on la in eu ro eun haeng eob mu reul bo da

Membuat akun baru
믐부앗 아꾼바루
계좌 열기

| Buku tabungan | 통장 | Cek | 수표 |
| 부꾸따붕안 | thong jang | 쩩 | su pyo |

| Buku cek | 수표책 | Saldo | 잔고 |
| 부꾸쩩 | su pyo chaek | 살도 | jan go |

Akun manajer
계좌 담당 매니저
아꾼 메네즈ㄹ   gye jwa dam dang mae ni jeo

Nomor akun tabungan
예금계좌번호
너머ㄹ아꾼따붕안   ye geum gye jwa beon ho

Nomor akun cdk
당좌계좌번호
너머ㄹ아꾼 쯔드 까   dang jwa gye jwa beon ho

Kartu atm
현금자동 출납기 카드
까ㄹ뚜 아떼엠   hyeon geum ja dong chul nab gi kha deu

Pernyataan bank
은행명세서
쁘ㄹ냐따안 방   eun haeng myeong se seo

ATM
자동 현금 인출기

Masukkan kartu ATM
마숙깐 카ㄹ뚜 아떼음

ATM 카드를 넣다
ATM kha deu reul / neoh da

Masukkan nomor PIN
마숙깐 노모르 핀

번호를 입력하다
PIN beon ho reul / ib lyeok ha da

Menarik uang
므나릭 우앙

현금을 인출하다
hyeon geumm eul / in chul ha da

Menarik kartu kembali
므나릭 카르뚜 끔발리

카드를 빼다
kha deu reul / bbae da

Trasportasi _ 기본교통수단

Mobil 모빌	자동차 ja dong cha	**Kereta api** 끄르따 아삐	기차 gi cha
Penumpang 쁘눔빵	승객 seung gae	**Pesawat** 쁘사왓	비행기 bi haeng gi
Taksi 딱시	택시 thaek si	**Helikopter** 헬리껍뜨ㄹ	헬리콥터 hel lo khop theo
Motor 머떠ㄹ	오토바이 o tho ba i	**Bandara** 반다라	공항 gong hang
Jalan 잘란	거리 geo ri	**Bus** 부ㅅ	버스 beo seu
Truk 뜨룩	트럭 theu reok	**Sepeda** 스쁘다	자전거 ja jeon geo

Statiun kereta bawah tanah
ㅅ따시운 끄르따 바와ㅎ 따나ㅎ
지하철 역
ji ha cheol yeok

Kereta bawah tanah
끄르따 바와ㅎ 따나ㅎ
지하철
ji ha cheol

Halte bus
할뜨 부ㅅ
버스 정류장
beo seu jeong ryu jang

부록

Trasportasi publik
대중교통

Halte bus
할뜨 부ㅅ
버스정류장

Rute bus	버스노선	**Jadwal**	일정표
루뜨 부ㅅ	beo seu no seon	잣왈	il jeong pyo
Tarif; Biaya	요금	**Pagar**	개찰구
따맆; 비아야	yeo geum	빠가ㄹ	gae chal gu
Pengguna bus	승객	**Karcis koin**	토큰
뻥구나 부ㅅ	seung gaek	까ㄹ찌ㅅ 꼬인	thon kheun

Mesin penjual otomatis — 자동판매기
므신 쁜주알 오또미떼ㅅ — ja dong phan mae gi

Kartu pembayaran — 요금카드
까ㄹ뚜 쁨바야란 — yo geum kha deu

Stasiun kereta bawah tanah
ㅅ따시운 끄르따 바와ㅎ 따나ㅎ
지하철역

Mobil kereta bawah tanah
모빌 끄르따 보와ㅎ 따나ㅎ

지하철 전동차
ji ha cheol jeon dong cha

Peron
뻬런

플랫폼
puel laet phom

Stasiun kereta bawah tanah
ㅅ따시운 끄르따 바와ㅎ 따나ㅎ
전철역

Tempat penjualan tiket
뜸빳쁜주알란띠껫

매표소
mae phyo so

Konduktor
껀둑떠ㄹ

차장
cja jang

Jalur
잘루ㄹ

트랙
theu raek

Tiket
띠껫

승차권
seung cha gwon

| Satu jalan | 편도 여행 |
| 사뚜잘란 | phyeon do yeo haeng |

| Pulang-pergi | 왕복 여행 |
| 뿔랑쁘ㄹ기 | hwang bok yeo haeng |

| Sopir taksi | 택시 운전사 |
| 서삐ㄹ딱시 | thaek si un jeon sa |

| ID pengemudi | 택시 면허 |
| 아이디 쁭으무디 | thaek si myeon heo |

| Meter | 미터기 |
| 메떼ㄹ | mi theo gi |

Transportasi di bandara
공항교통수단

| Halte taksi | 택시 승차장 |
| 할뜨 딱시 | thaek si seung cha jang |

| Antar jemput | 셔틀 |
| 안따ㄹ 즘뺏 | syeo theul |

| Mobil kota | 타운카 |
| 모빌 꼬따 | tha un kha |

Bandara _ 공항

Terminal penerbangan udara
항공사터미널에서

Petugas
쁘뚜 가ㅅ

수화물 운반인
su hwa mul un ban in

Cek di kios
쩩 디 꺼ㅅ

체크인 데스크
jhe kheu in de seu keu

Agen tiket
아겐 띠껫

발권 담당 직원
bal gwon dam dang jig won

Area pemeriksaan barang bawaan
아레아 쁘므릭사안 바랑 바와안

심사구역
sim sa gu yeok

Pemeriksaan oleh petugas
보안검사구역에서

Petugas TSA
쁘뚜가ㅅ 떼 에ㅅ 아

TSA직원 / 보안검사원
TSA jik won / bo an geom sa won

Baki 바끼	용기 yong gi

Di bea cukai
디 베아 쭈까이
세관에서

Surat deklarasi 수랏덱글라라시	신고서 sin go seo
Petugas bea cukai 쁘뚜가ㅅ베아쭈까이	세관직원 se gwan jik won
Koper / tas 꺼쁘ㄹ / 따ㅅ	수하물 / 가방 su ha mul / ga bang
Tiket Elektronik (e-tiket) 띠껫엘렉ㄸ러닉 (이띠껫)	전자티켓 jeon ja thi khet
Karcis naik 까ㄹ찌ㅅ 나익	탑승권 thab seung gwon
Baki 바끼	트레이 테이블 theu re i the i beul
Gejolak saat penerbangan 그절락 사앗 쁘느ㄹ방안	난류 nan ryu

Tempat pengambilan bagasi
뜸빳 뺑암빌란 바가시

수하물 컨베이어
su ha mul kheon be i eo

Masker oksigen
마ㅅ끄ㄹ 옥시겐

산소마스크
san so ma seu kheu

Pelampung keselamatan
쁠람뿡 끄셀라마딴

구명조끼
gu myeong jo kki

Kartu darurat
까ㄹ뚜다루랏

비상구 안내카드
bi sang gu an nae kha deu

Tinggal landas
띵갈란다ㅅ

이륙하다 / 출발하다
i ryuk ha da / chul bal ha da

Memasukkan barang bawaan ke kabin
므마숙깐 바랑 바와안 끄 까빈

기내 휴대물을 보관함에 넣는다
gi nae hyu dae mul eul / bo gwan ham e / neoh neun da

Mengencangkan sabuk pengaman
믕은짱깐 사북 뻥아만

안전벨트를 맨다
an jeon bel theu reul / maen da

Di gerbang
디 그ㄹ방

게이트에서

Monitor keberangkatan dan kedatangan
모니떠ㄹ 끄브랑까딴 단 끄다땅안

이착륙 모니터
i chak ryuk mo ni theo

Gerbang
그ㄹ방

게이트
ge i theu

Daerah boarding
다에라ㅎ 보ㄹ딩

탑승구역
thab seung gu yeok

Di dalam pesawat
디달람 쁘사왓

기내에서

Kokpit
꺽삣

조종실
jo jong sil

Pilot
삘롯

조종사
jo jong sa

Pramugari
쁘라무가리

승무원
seung mu won

Kabin
까빈

머리 위 짐칸
meo ri wi jim khan

Pintu keluar darurat
삔뚜 끄루아ㄹ 다루랏

비상구
bi sang gu

Penumpang
쁘눔빵

승객
seung gaek

Direbahkan
디 레바ㅎ깐

뒤로 젖힌 좌석
dwi ro jeoj hin jwa seok

Ditegakkan
디뜨각깐

바로 세운 좌석
ba ro se un jwa seok

Tepat waktu
뜨빳 왁뚜

정시에
jeong si e

Penerbangan tertunda
쁘느ㄹ방안 뜨르뚠다

비행지연
bi haeng ji yeon

Naik pesawat
나익 쁘사왓

비행기 타기

Check-in secara elektronik
책인 스짜라 엘렉뜨로닉

컴퓨터로 체크인 한다

kheom phyu theo ro che kheu in han da

Memeriksa tas
므므릭사 따ㅅ

가방을 검사한다
ga bang eul / geom sa han da

Menunjukkan pas naik
므눈죽깐 빠ㅅ 나익

탑승권과 신분증 제시한다

thab seung gwon gwa / sin bun jeung / je si han da

Melewati petugas keamanan 보안검사를 통과한다
믈레와띠 쁘뚜가ㅅ 끄아마난
bo an geom sa reul / thong gwa han da

Masuk pesawat 비행기에 탑승한다
마숙 쁘사왓 bi haeng gi e / thab seung han da

Mencari kursi 좌석을 찾는다
멘짜리꾸ㄹ시 jwa seokk eul chaj neun da

Mematikan telepon selular 휴대전화를 끈다
므마띠깐 뗄레쁜 슬루레ㄹ hyu dae jeon hwa reul / kkeun da

Mendarat 착륙하다 / 도착하다
믄다랏 chak ryuk ha da / do chak ha da

Mengambil bagasi 수화물을 찾는다
믕암빌 바가시 su hwa mul eul / chaj neun da

Pekerjaan _ 직업

Akuntan 아꾼딴	회계사 hwe gye sa	**Seniman** 스니만	예술가 ye sul ga
Aktor 악떠ㄹ	배우 bae u	**Perakit** 쁘라낏	조립공 jo rib gong
Arsitek 아ㄹ시떽	건축가 geon chuk ga	**Montir** 머ㄹ띠ㄹ	자동차 기술자 ja dong cha gi sul ja

Asisten administrasi
아시ㅅ뗀 앗미니ㅅ 뜨라시

사무원
sa mu won

Petugas reparasi
쁘뚜가ㅅ 레빠라시

가전제품 수리공
ga jeon je phum su ri gong

Pengasuh anak
뼁아수ㅎ아낙

아기 봐주는 사람
a gi bwa ju neun sa ram

Asisten dokter gigi
아시ㅅ뗀독뜨ㄹ기기

치과보조원
chi gwa bo jo won

Pekerja dermaga
쁘꺼ㄹ자 드ㄹ마가

부두근로자
bu du geun lo ja

부
록

| Loper | 배달원 | Tukang kebun | 정원사 |
| 러쁘ㄹ | bae dal won | 뚜깡 끄분 | jeong won sa |

| Insinyur | 엔지니어 | Pekerja garmen | 재봉사 |
| 인시뉴ㄹ | en ji ni eo | 쁘끄ㄹ자 가ㄹ멘 | jae bong sa |

| Penjual bunga | 플로리스트 | Asisten dokter | 의사 보조원 |
| 쁜주알 붕아 | peul lo ri seu theu | 아시ㅅ뗀덕뜨ㄹ | eui sa bo jo won |

Teknisi elektronik 전자제품 수리공
떽니시 엘렉뜨러닉 jeon ja je phum su ri gong

Pemadam kebakaran 소방수
쁘마담 끄바까란 so bang su

Desainer grafis 그래픽 디자이너
드사이느ㄹ ㄱ라피ㅅ geu rae phik di ja i neo

Penata rambut 미용사 / 헤어 디자이너
쁘나따람붓 mi yong sa / he eo di ja in neo

Pengasuh dirumah 재택 간병인
쁭아수ㅎ디루마ㅎ jae thak gan byeong in

Terapis okupasi 직업치료사
뜨라삐ㅅ오꾸빠시 jikk eob chi ryo sa

Tukang cat (주택) 페인트공
뚜깡짯 (ju thaek) phe in theu gong

Polisi	경찰관
뽈리시	gyeng chal gwan

Petugas pos	우체국직원
쁘뚜가ㅅ뻐ㅅu che gug jik won	

Resepsionis	접수원
르셉시오니ㅅ	jeob su won

Reporter	기자
레뻐ㄹ뜨ㄹ	gi ja

Pelayan	종업원
쁠라얀	jong eob won

Tukang roti	제빵사
뚜깡 로띠	je bbang sa

Pengusaha	비즈니스맨
뿡우사하	bi jeu ni seu maen

Tukang daging	푸주한
뚜깡 다깅	phu ju han

Tukang kayu	목수
뚜깡 까유	mok su

Kasir	계산원
까시ㄹ	gye san won

Teknisi percetakan	인쇄기술자
떽니시쁘ㄹ쩨따깐	in swae gi sul ja

Karyawan ritel	소매점직원
까ㄹ야완리뗄	so mae jeom jik won

Tukang sampah	환경미화원
뚜깡 삼빠ㅎ	hwan gyeong mi hwa won

Petugas keamanan	경비원
쁘뚜가ㅅ 끄아마난	gyeong bi won

Pemilik bisnis	사업경영자
쁘밀릭 비ㅅ니ㅅ	sa eob gyeong yeong ja

Nelayan 늘라얀	어부 eo bu	Pembantu 쁨반뚜	가정부 ga jeom bu
Ibu rumah tangga 이부 루마ㅎ 땅가	주부 ju bu	Pengacara 쁭아짜라	변호사 byeon ho sa

Pekerja di tempat pengasuhan anak
쁘끄ㄹ자 디 뜸빳 쁭아수한

탁아소 직원
thak a so jik won

Insinyur perangkat lunak komputer
인시뉴ㄹ 쁘랑깟 루낙 껌뿌뜨ㄹ

컴퓨터 소프트웨어 엔지니어
kheom pyu theo so pheu theu we eo en ji ni eo

Teknisi komputer
떼니시 껌뿌뜨ㄹ

컴퓨터 기술자
kheom phyu theo gi sul ja

Layanan pelanggan
라야난 쁠랑간

고객 서비스 담당 직원
go gaek seo bi seu dam dang jik won

Penerjemah
쁘느ㄹ즈마ㅎ

통역사 / 번역사
thong yeok sa / beon yeok sa

Operator mesin
오쁘라떠ㄹ 므신

기계 작동자
gi gye ja dong ja

Penata kuku
쁘나따 꾸꾸

매니큐어 미용사
mae ni khyu eo mi yong sa

Teknisi catatan medis
떼니시 짜따딴 메디ㅅ

병원기록 관리직
byeong won gi rok gwan li jik

Kurir	택배원	Petugas gudang	창고원
꾸리ㄹ	taek bae won	쁘뚜가ㅅ 구당	chang go won
Model	모델	Sopir truk	트럭 기사
모델	mo del	서삐ㄹ 뜨룩	theu reok gi sa
Pemusik	음악가	Dokter hewan	수의사
쁘무식	eum ak ga	덕뜨ㄹ 헤완	su eui sa
Suster	간호사	Tukang las	용접공
수ㅅ뜨ㄹ	gan ho sa	꾸깡 라ㅅ	yong jeob gong
Prajurit	군인	Penulis	작가
빠라주릿	gun in	쁘눌리ㅅ	jak ga

Kurir pindah rumah 이사짐 배달원
꾸리ㄹ 삔다ㅎ 루마ㅎ i sa jim bae dal won

Pekerja sosial 사회사업 담당 직원
쁘끄ㄹ자 소시알 sa hwe sa eob dam dang jik won

Telemarketing 텔레마케팅을 하는 사람
뗄레마ㄹ끄띵 thel le ma khe thing eul ha neun sa ram

Kantor _ 사무실

Petugas	사무원	**Pembatas**	칸막이
쁘뚜가ㅅ	sa mu won	쁨바따ㅅ	khan mak i
Ruang rapat	회의실	**Meja**	책상
루앙 라빳	hwe eui sil	메자	chaek sang
Manajer	경영진	**Lemari arsip**	서류함
마나즈ㄹ	gyeong yong jin	르마리 아ㄹ싶	seo ryu ham

Lemari pasokan 비품 보관함
르마리 빠소깐 bi phum bo gwan ham

Tukang bersih-bersih (OB) 청소부
뚜깡 브ㄹ시ㅎ 브ㄹ시ㅎ (오베) cheong so bu

Presentasi 프레젠테이션
쁘레센따시 pheu re jen the i syeon

Manajer kantor 사무실 매니저
마나즈ㄹ 깐떠ㄹ sa mu sil mae ni jeo

Petugas arsip 사무보조원
쁘뚜가ㅅ 아ㄹ싶 sa mu bo jo won

| Mesin fotocopy | 복사기 | Kalkulator | 계산기 |
| 므신 포또꼬삐 | bok sa gi | 깔꿀라떠ㄹ | gye san gi |

| Pemotong kertas | 종이재단기 |
| 쁘모똥 끄ㄹ따ㅅ | jong i jae dan gi |

| Mesin penghancur kertas | 분쇄기 |
| 므신 쁑한쭈ㄹ 끄ㄹ따ㅅ | bun swe gi |

| Rautan pensil listrik | 전동 연필깎이 |
| 라웃안 뻰실 리ㅅ뜨릭 | jeon dong yeon phil kkakk i |

| Timbangan | 우편물 저울 |
| 띰방안 | u pyeon mul jeo ul |

Perlengkapan kantor

쁘ㄹ렝까빤 깐떠ㄹ

사무용품

| Stepler | 스테이플러 | Klip kertas | 페이퍼 클립 |
| ㅅ뗍레ㄹ | seu the i pheul leo | 끄맆 끄ㄹ따ㅅ | phe i pheo kheul lib |

| Staples | 스테이플 | Tinta printer | 잉크 카트리지 |
| ㅅ뗍레ㅅ | seu the i pheul | 띤따 쁘린떼ㄹ | ing kheu kha theu ri ji |

| Isolasi | 투명 테이프 | Bantalan cap | 잉크패드 |
| 이솔라시 | thu myeong the i pheu | 반딸란 짭 | ing kheu phae deu |

Cap	스탬프	**Resepsionis**	안내
짭	seu thaem pheu	르셉시오니ㅅ	an nae
Teknisi komputer		**Tempat resepsionis**	
떽니시 껌뿌뜨ㄹ	컴퓨터 기술자	르셉시오니ㅅ	접수 안내 구역
	khoem phyu theo gi sul ja		jeob su an nae gu yeok
Telepon	전화교환기	**Ruang tunggu**	대기 공간
뗄레뽄	jeon hwa gyo hwan gi	루앙 뚱구	dae gi gong gak

Alat-alat kantor

알랏-알랏 깐떠ㄹ

사무실 장비

Komputer	컴퓨터	**Mesin faks**	팩스기
껌뿌뜨ㄹ	kheom pyu theo	므신 팩ㅅ	phaek seu gi
Printer	잉크젯 프린터	**Lakban**	포장 테이프
뻐린뜨ㄹ		락반	pho jang the i pheu
	ing kheu jet pheu rin theo	**Lem**	풀
Printer laser	레이저 프린터	렘	phul
뻐린떼ㄹ 라스ㄹ		**Karet**	고무밴드
	re i jeo pheu rin theo	까렛	go mu baen deu
Scanner	스캐너	**Pin**	압정
ㅅ께느ㄹ	seu khae neo	삔	ab jeong

Tip-ex cair 수정액	**Amplop** 봉투
띺-엣 짜이ㄹ　su jeong aek	암쁠럼　bong thu
Post-it 포스트잇	**Agenda rencana** 오거나이저
뽀ㅅㄸ 잇　pho seu theu it	아겐다 른짜나　o geo na i jeo
Pengirim 메일러	**Folder file** 파일 폴더
뻥이림　me il leo	폴드ㄹ 파일　pha il phol deo

Kertas kosong
끄ㄹ따ㅅ 꼬송

항색 괘선 지철
hang saek gwae seon ji cheol

Label alamat
라벨 알라맛

우편물 라벨
u phyeon mul la bel

Logo perusahaan
로고 쁘루사하안

회사로그 인쇄용지 / 물품
hwe sa lo geu in swae yong ji /
mul phum

Kartu file
까ㄹ뚜 파일

회전카드 파일
hwe jeon kha deu pha il

Agenda janji
아겐다 잔지

일정관리 수첩
il jeong gwan li su cheob

Tempat berpergian
놀러갈 곳

Kebun binatang 동물원 끄분 비나땅　dong mul won	**Tempat bowling** 볼링장 뗌빳볼링　bol ling jang

Kebun binatang　동물원
끄분 비나땅　dong mul won

Tempat bowling　볼링장
뗌빳볼링　bol ling jang

Bioskop　영화관
비어스꼽　yeong hwa gwan

Aquarium　수족관
아꾸아리움　su jok gwan

Kebun　식물원
끄분　sik mul won

Konser band rock　록콘서트
꼰세ㄹ벤럭　lok khon seo theu

Pasar menjual barang bekas　중고품 시장 / 벼룩시장
빠사ㄹ 믄주알 바랑 브까ㅅ
jong go phum si jang / byeo luk si jang

Kosakata dalam olahraga
스포츠 동사

Melempar 믈렘빠ㄹ	던지다 deon ji da	**Mengoper** 음오뻬ㄹ	패스하다 phae seu ha da
Memukul 므무꿀	치다 chi da	**Menembak** 므넴박	슛하다 shut ha da
Melempar 믈렘빠ㄹ	던지다 deon ji da	**Lompat** 롬빳	점프하다 jeom pheu ha da
Menangkap 므낭깦	잡다 jab da	**Terjun** 뜨ㄹ준	다이빙하다 da i bing ha da
Menendang 므는당	차다 cha da	**Berenang** 브르낭	수영하다 su yeong ha da
Menahan 므나한	태클하다 thae kheul ha da	**Olahraga** 올라ㅎ라가	운동하다 un dong ha da

Sepatu luncur
 스빠뚜 룬쭈ㄹ
스케이트를 타다 <br> seu khe i theu reul / tha da

Menggiring bola
 믕기링 볼라
드리블 하다 <br> deu ri beul / ha da

부록

Membungkuk	구부리다	Berlomba	경주하다
믐붕꾹	gu bu ri da	쁘ㄹ롬바안	gyeong ju ha da
Mengayunkan	스윙하다	Ski	스키를 타다
믕아윤깐	seu wing ha da	ㅅ끼	seu khi reul tha da
Memulai	출발하다		
므물라이	chul bal ha da		

Pemanasan	스트레칭하다
쁘마나산	seu theu re ching ha da
Memberikan bola (menyervis bola)	서브하다
믐브리깐 볼라 (므녜ㄹ피ㅅ 볼라)	seo beu ha da
Selesai	결승점에 닿다
슬레사이	gyeol seung jeom e dah da

Kelas _ 교실

Papantulis	칠판
빠빤 뚤리ㅅ	Chil phan

Pelajar	학생
쁠라자ㄹ	Hak seang

Layar	스크린
라야ㄹ	Seu kheu rin

Silahkan	~하세요
실라ㅎ깐	~ ha se yo

Tunjuk jari / angkat tangan
뚠죽 자리 / 앙깟 땅안
손을 들다
Son eul deul da

Silahkan makan
실라ㅎ깐 마깐
식사하세요
Sik sa ha se yo

Silahkan datang; selamat datang
실라ㅎ깐 다땅; 슬라맛 다땅
어서오세요
Eo seo o se yo

Tolong
똘롱
도와 주세요
Do wa ju se yo

Tolong saya
똘롱 사야
저를 도와 주세요
Jeo reul / do wa ju se yo

Tolong bantu saya
똘롱 반뚜 사야
저를 도와 주세요
Jeo reul / do wa ju se yo

Jangan	하지마세요	Ayo	자, ~하자
장안	Ha ji ma se yo	아요	Ja, -ha ja

Jangan bicara keras-keras
장안 비짜라 끄라ㅅ 끄라ㅅ   큰 소리로 이야기하지 마세요
Kheun so ri ro / I ya hi ha ji / ma se yo

Jangan salahpaham   오해하지 마세요
장안 살라ㅎ 빠함   O hae ha ji ma se yo

Bisa / dapat   할 수 있다 / 할 수 있다
비사 / 다빳   Hal su it ta / hal su ob ta

Saya bisa berbicara bahasa Korea
사야 비사 브ㄹ비짜라 바하사 꼬레아
저는 한국어로 이야기할 수 있습니다
Jeo neun / hang guk o ro / I ya gi hal su I seum ni da

Saya bisa menyetir mobil
사야 비사 므녜띠ㄹ 모빌   저는 차 운전을 할 수 있습니다
Jeo neun / cha un jeonn eul / hal su I seum ni da

Saya bisa berenang   저는 수영을 할 수 있습니다
사야 비사 브르낭   Jeo neun / su yeong eul /
hal su Is seum ni da

Ayo pergi	자, 가자	**Kenapa?**	왜?
아요 쁘ㄹ기	Ja, ga ja	끄나빠?	We?
Ayo pulang	자, 돌아가자	**Mengapa?**	왜?
아요 뿔랑	Ja, dol la ga ja	등아빠	we
Apa?	무엇?	**Berapa?**	몇?
아빠	Mu ot?	브라빠?	Myot?

Apai ni?
아빠 이니?
이 것은 무엇입니까?
I geot seun / mu eot sim ni kka?

Apa itu?
아빠 이뚜?
저 것은 무엇입니까?
Jeo geot seun / mu eot sim ni ka?

Apa artinya?
아빠 아ㄹ띠냐?
무슨 뜻입니까?
Mu seun / tteu sim ni ka?

Kenapa begitu?
끄나빠 브기뚜
왜 그렇습니까?
We / ke roh sem ni ka?

Kenapa sedih?
끄나빠 스디ㅎ
왜 슬픕니까?
We seul pheum ni ka?

Mengapa bisa begini?
등아빠 비사 브기니?
왜 이렇게 할 수 있습니까?
We / I ro ke / hal su I seb ni ka?

Mengapa tidak boleh?
등아빠 띠닥 볼레ㅎ?
왜 안됩니까?
We / an dem ni ka?

Naik 타다
나익 Ta da

Jam berapa? 몇 시?
잠 브라빠? Myeot si?

Berapa saudaramu? 네 형제는 몇이니?
브라빠 사우다라무? Ne / hyeong je neun / myot si ni?

Berapa jumlah payungmu? 네 우산은 총 몇 개니?
브라빠 줌라ㅎ 빠융무 Ne /u san eun / chung myeot hae ni?

Berapa harganya? 가격이 얼마입니까?
브라빠 하ㄹ가냐? Ga geok I / eol ma im ni ka?

Berapa jam dari Seoul ke Pusan naik kereta?
브라빠 잠 다리 서울 끄 부산 나익 끄르따?
서울에서 부산까지 기차로 몇 시간 걸립니까?
Seo ul e seo / bu san ka ji / gi cha ro / myet si gan / geol lib ni ka?

Naik bis 버스를 탑니다
나익 비ㅅ Beo se reul / tam ni da

Naik kereta bawah tanah 지하철을 탑니다.
나익 끄르따 바와ㅎ 따나ㅎ Ji ha cheol eul / tam ni da

Jam berapa sekarang? 지금은 몇시 입니까?
잠 브라빠 스까랑? Ji geum eun / myeot si / im ni ka?

Berapa harganya? 가격이 얼마입니까?
브라빠 하ㄹ가냐? Ga gyeok I / eol ma / im ni ka?

Berapa stasiun lagi?
브라빠 ㅅ따시운 라기?

몇 정류장이 남았습니까?
Myeot jeong ryu I /
nam ma seum ni ka?

Berapa totalnya?
브라빠 또딸냐?

총 얼마입니까?
chong eolma im ni ka?

Tidakbisa
띠닥 비사

할 수 없습니다
Hal su ob seum ni da

Saya tidak bisa tidur
사야 띠닥 비사 띠두ㄹ

저는 잠을 잘 수가 없습니다
Jeo neun / jam eul / jal su ga / ob seum ni da

Saya tidak bisa makan pedas
사야 띠닥 비사 마깐 쁘다ㅅ

저는 매운 음식을 먹지 못합니다
Jeo neun/ mae un eum sikk eul / meok ji /
mutt am ni da

Suka
수까

좋아하다
Jo a ha da

Saya suka anjing
사야 수까 안징

저는 개를 좋아합니다
Jeo neun / gae reul / jo a ham ni da

Saya suka eskrim
사야 수까 안징 에ㅅ 끄림

저는 아이스크림을 좋아합니다
Jeo neun / ai se geu rim eul / jo a ham ni da

Tidak suka
띠닥 수까

좋아하지 않습니다
Jo a ha ji / an seum ni da

Mari	~합시다	Siapa?	누구?
마리	Hab si da	시아빠	Nu gu?
Mari masuk	들어갑시다	Bagaimana?	어떻게?
마리 마숙	Deul lo gab si da	바가이마나	O tteo ke?
Mari duduk	앉읍시다	Dimana?	어디에?
마리 두둑	An jab si da	디마나	Eo do e?

Saya tidak suka merokok 저는 담배피우는 것을
사야 띠닥 수까 므러꺽 　　　　　좋아하지 않습니다
　Jeo neun / dam be pi u neun got seul / jo a ha ji an
　　　　　　　　　　　　　　　　　　seum ni da

Saya tidak suka minum 저는 (술)마시는 것을
사야 띠닥 수까 미눔 　　　　　좋아하지 않습니다.
　Jeo neun / sul ma si neun geot seul / jo a ha ji
　　　　　　　　　　　　　　　　　an seum ni da

Siapa dia (perempuan)? 그녀는 누구입니까?
시아빠 디아 (쁘름뿌안) Geu nyo neun / nu gu / im ni ka?

Siapa dia (laki-laki)? 그는 누구입니까?
시아빠 디아 (라끼-라끼) Geu neun / nu gu / im ni ka?

Bagaimana itu? 저 것은 어떻습니까?
바가이마나 이뚜? Jeo geots eun/o ttoh seum ni ka?

Bagaimana hasilnya? 성과는 어떻습니까?
바가이마나 하실냐? Seong gwa neun / eo ttoh seum ni kka?

Kapan?	언제?	Jam 5	5시
까빤?	Eon je?	잠 리마	O si

Pada hari Senin	월요일에	Pukul 5	5시
빠다 하리 스닌	Wol yo il e	뿌꿀 리마	O si

Pada pukul 5	5시에	Pada ibu guru	선생님에게
빠다 뿌꿀 리마	Jam 5	빠다 이부 구루	Seon saeng nim / e ge

Jam	시
잠	si

Dimana letaknya?   어디에 위치해 있습니까?
디마나 르딱냐?   Eo do e / wi chi e / I seum ni ka?

Dimana ATM?   현금인출기는 어디에 있습니까?
디마나 아떼엠?
   Hyen geum in chul gi neun / eo di e / I seum ni ka?

Dimana anak saya?   제 아이는 어디에 있습니까?
디마나 아낙 사야?   Je / a i neun / eo do e / I seum ni ka?

Kapan kita akan pergi?   언제 우리가 갈 것입니까?
까빤 끼따 아깐 쁘ㄹ기?   Eon je / u ri ga/ gal got sim ni ka?

Kapan kereta berangkat?   언제 기차가 출발합니까?
까빤 끄르따 브랑깟?   Eon Je / gi ja ga/ chul bal hab ni ka?

Pada   ~에(시간 앞에 나오는 전치사)
빠다   ~ e

Kamu harus berbakti pada orang tua
까무 하루ㅅ 브ㄹ박띠 빠다 오랑 뚜아
너는 부모님에게 충성해야 한다.
Neo neun / bu mo nim e ge / chung seong he ya han da

Berikan buku ini pada ibu guru
브리깐 부꾸 이니 빠다 이부 구루   이 책을 선생님께 드리세요
I chaek keul / seon seang nim ke / de ri se yo

Kepada   ~에게
끄빠다   ~e ge

Kita harus hormat kepada Ibu pimpinan
끼따 하루ㅅ 호ㄹ맛 끄빠다 이부 뻼삐난
우리는 대표님에게 존경을 표해야 합니다.
U ri neun / dae pyo nim e ge / jon gyeong eul / phyo hae ya ham ni da

Bagasi _ 수화물/짐

Bagasi
바가시

짐 / 수화물
Jim / su hwa mul

Dimana klaim bagasi?

디마나 끌라임 바가시?　　수화물 클레임이 어디에 있습니까?
　　　　Su hwa mul kel le imm l / eo di e / I seum ni ka?

Dimana loker penitipan bagasi?

디마나 로끄ㄹ 쁘니띠빤 바가시?
　　　　　　　　짐 맡기는 곳이 어디에 있습니까?
　　　　Jim ma ki neun got si / eo di e iseum ni ka?

Dimana kereta bagasi?

디마나 끄르따 바가시?　　수화물 기차가 어디에 있습니까?
　　　　Su hwa mul / gi cha ga / eo di e I seum ni ka?

Bagasi saya rusak.

바가시 사야 루삭

제 짐이 망가졌습니다.
Je jim I / mang ka jyeos seum ni da

Bagasi saya hilang

바가시 사야 힐랑

제 짐이 사라졌습니다.
Je jim I / sa ra / jeos seum ni da

Bagasi saya dicuri

바가시 사야 디쭈리　Je jim eul / do dok / ma jas seum ni da

제 짐을 도둑 맞았습니다.

Ini milik saya
이니 밀릭 사야

이 것은 제 것입니다.
I geo seun / je geot / sim ni da

Ini bukan milik saya
이니 부깐 밀릭 사야

이 것은 제 것이 아닙니다
I geo seun / je geot si / a nim ni da

Dimana saya bisa menukar uang?
디마나 사야 비사 므누까ㄹ 우앙?

제가 어디에서 환전을 할 수 있습니까?
Je ga / o di e seo / hwan jeonn eul /
hal su I seum ni ka?

Transportasi Umum _ 대중교통

Transportasi umum
따란ㅅ뽀ㄹ따시 우뭄

대중교통
Dae jung gyo thong

Ini stasiun apa?
이니 ㅅ따시운 아빠?

이 것은 무슨 정류장입니까?
(여기는 무슨 정류장입니까?)
I geot seun / mu seun jeong ryu jang / im ni ka?
Yeo gi neun / mu seun jeong ryu jang / im ni ka?

Stasiun berikutnya apa?
ㅅ따시운 브리꿋냐 아빠?

다음 정류장은 어디입니까?
Da eum / jeong ryu jang eun / eo di im ni ka?

Saya harus ganti kereta?
사야 하루ㅅ 간띠 끄르따?

제가 환승을 해야 합니까?
Je ga / hwan seung eul / hae ya ham ni ka?

Ini langsung?
이니 랑숭?

이 것은 직행입니까?
I geot seun / jik haeng / im ni ka?

Ongkos ke Pusan berapa?
엉꺼ㅅ 께 부산 브라빠?

부산까지의 요금은 얼마입니까?
Bu san ka ji eul yo geum meun / eol ma im ni ka?

Saya akan jalan kaki saja.   저는 걸어서 갈께요.
뭉낀 사야 잘란 까끼 사자 Jeo neun / geol leo seo / gal ke yo

Kereta berikutnya jam berapa?
끄르따 브리꿋냐 잠 브라빠?   다음 기차는 몇 시에 있습니까?
Da eum / go cha neun / myeot si e / I seum ni ka?

Kereta paling pagi jam berapa?
끄르따 빨링 빠기 잠 브라빠?   첫 기차는 몇 시에 있습니까?
Cheot gi cha neun / myeot sl e / I seum ni ka?

Kereta paling malam jam berapa?
끄르따 빨링 말람 잠 브라빠?   막차는 몇시에 있습니까?
Mak cha neun / myeot si e / I seum ni ka?

Taksi _ 택시

Taksi
딱시

택시
Tek si

Dimana pangkalan taksi?
디마나까ㅎ 빵깔란 딱시?

택시 승강장이 어디입니까?
Tek si / seung gang jang I / eo do im ni ka?

Taksi ini kosong?
딱시 이니 꺼성

이 택시는 빈 택시입니까?
I taek si neun / bin / taek si im ni ka?

Berapa ongkosnya kalau sampai ke stasiun
Seoul?
브라빠 엉꺼ㅅ냐 깔라우 삼빠이 끄 ㅅ따시운 서울

서울역까지 간다면 / 요금이 얼마입니까?
Seo ul yeok ka ji / gan da myeon / yo geum mi /
eol ma im ni ka?

Tolong antar saya ke……..
떨렁 안따ㄹ 사야 끄…..

저를 ______로 데려다 주세요.
Jeo reul______ro / de ryo da / ju se yo

Boleh bawa anjing?
볼레ㅎ 바와 안징?

강아지를 데려가도 됩니까?
Kang a ki reul / de ryeo ga do / dwim ni ka?

Bisa buka bagasinya? 트렁크를 열어 주실 수 있습니까?
비사부까 바가시냐
Theu reong kheu reul / yol lo / ju sil / su / I seum ni ka?

Tolong pelan-pelan　　　　　　　천천히 가주세요.
똘롱 쁠란 쁠란　　　　　　　　　　Cheon Cheon hi / ga ju se yo

Tolong hati-hati　　　　　　　　조심하세요.
똘롱 하띠 하띠　　　　　　　　　　Jo sim / ha se yo

Tolong tunggu sebentar disini.
똘롱 뚱구 스븐따ㄹ 디시니　　여기에서 잠시 기다려 주세요.
　　　　　　　　　Yeo gi e seo / cham si / gi da ryeo / ju se yo

Tolong belok kiri.　　　　　　　좌회전 해주세요.
똘롱 블럭 끼리　　　　　　　　　　Cha hwei jeon / he ju se yo

Tolong belok kanan.　　　　　　우회전 해주세요.
똘롱 블럭 까난　　　　　　　　　　U hwi jeon / hae ju se yo.

Tolong putar balik　　　　　　　다시 되돌아가 주세요.
똘롱 뿌따ㄹ 발릭　　　　　　　　　Da si / dwi dol a ga / ju se yo

Tolong lewat jalan pintas　　　지름길로 가주세요.
똘롱 르왓 잘란 삔따ㅅ　　　　　　Ji reum gil lo / ga ju se yo

Tolong cepat　　　　　　　　　　빨리 가주세요.
똘롱 쯔빳　　　　　　　　　　　　　Pal li / ga ju se yo

Macet lagi
마쯧 라기

다시 막혀요.
Da si / mak kyeo yo

Tolong nyalakan AC nya Pak / Bu Supir
똘롱 날라깐 아세냐 빡 / 부 수삐ㄹ

기사님 에어컨을 켜주세요.
Gi sa nim / e eo kheon eul / khyeo ju se yo

Tolong nyalakan heaternya Pak / Bu Supir
똘롱 날라깐 히뜨ㄹ냐 빡 / 부 수삐ㄹ

기사님 히터를 켜주세요.
Gi sa nim / hi theo reul / khyeo ju se yo

Tolong buka jendelanya Pak / Ibusupir
똘롱 부까 즌들라냐 빡 / 이부 수삐ㄹ

기사님 창문을 열어주세요.
Gi sa nim / chang mun eul / yol lo ju se yo

Di perjalanan dan masalah
여행길에서 그리고 문제

Di perjalanan dan masalah 여행길에서 그리고 문제
디 쁘ㄹ잘라난 단 마살라ㅎ
Yeo haeng gil e so / ke ri go / mun je

Berapa batas kecepatan di sini?
브라빠 바따ㅅ 끄쯔빠딴 디시니?
여기서 속도제한은 얼마입니까?
Yeo gi seo / sok do je han eun / eol ma im ni ka?

Ini jalan ke…?
이니 잘란 끄…?
이 것은 _______로 갑니까?
I geot seun / _______ro / ham ni ka?

Di mana ada pompa bensin?
디마나 아다 뽐빠 뻰신?
주유소가 어디에 있습니까?
Ju yu so ga / eo di e / I seum ni ka?

Tolong isi 20 liter.
떨렁 이시 두아뿔루ㅎ 리뜨ㄹ
20리터를 채워주세요.
I sip li teo reul / che wo ju se yo

Tolong isi penuh.
떨렁 이시 쁘누ㅎ
가득 채워주세요.
Ga dek / chae wo / ju se yo

Boleh parkir di sini?
볼레ㅎ 빠ㄹ끼ㄹ 디시니?
여기에 주차해도 됩니까?
Yeo gi e / ju cha he do / dwim ni ka?

Berapa saya harus bayar?

브라빠 사야 하루ㅅ 바야ㄹ?　　제가 얼마를 지불해야 합니까?
Je ga / eol ma reul / ji bul hae ya / ham ni ka?

Saya perlu montir

저는 기술자가 필요합니다.
사야 쁘ㄹ루 먼띠ㄹ Jeo neun / gi sul ga / phil yo ham ni da

Saya menabrak pohon.

저는 나무를 들이받았어요.
사야 므납락 뽀혼　Jeo neun / na mu reul deul / I ba da so yo

Mobil saya mogok.

제 차가 고장났어요.
모빌 사야 머걱
Je cha ga / go jang / na so yo

Ban saya kempes

제 타이어가 펑크났습니다.
반 사야 끔뻬ㅅ
Je / tha I eo ga /
pheong kheu nas seum ni da

Mesinnya mati

엔진이 나갔습니다.
므신냐 마띠
Ein jin I / na ga seum ni da

Lampunya tidak mau menyala

람뿌냐 띠닥 마우 냘라
등이 켜지지 않습니다.
Deung I / kyeo ji ji / an seum ni da

Tolong perbaiki.

수리해 주세요.
떨렁 쁘ㄹ바이끼
Su ri he ju se yo

Berapa lama selesainya? 끝나는 데 얼마나 걸립니까?

브라빠 라마 슬르사이냐?
Ket na neun / eol ma na / geol rim ni ka?

Berapa biaya perbaikannya?

브라빠 비아야 쁘ㄹ바이깐냐?   수리 비용이 얼마입니까?
Su ri bi yong I / ol ma im ni ka?

Saya mendapat kecelakaan.   저는 사고가 났습니다.

사야 믄다빳 끄쫄라까안   Jeo neun / sa go /
ga na seum ni da

Akomodasi _ 숙박시설

Akomodasi 숙박시설
아꼬모다시 Suk bak sa seol

Di mana ada losmen? 여관은 어디에 있습니까?
디마나 아다 로ㅅ멘 Yeo gwann eun / eo di e I seum ni ka?

Di mana ada hotel? 호텔은 어디에 있습니까?
디마나 아다 호뗄 Ho tell eun / eo di e / I seum ni ka?

Di mana ada losmen terdekat? 가장 가까운 여관은
디마나 아다 로ㅅ멘 뜨ㄹ드깟 어디에 있습니까?
Ga jang ga ka un / yeo gwann eun / eo di / e I seum ni ka?

Anda bisa merekomendasikan tempat yang murah?
안다 비사 므르꼬멘다시깐 뜸빳 양 무라ㅎ?
당신은 저렴한 장소를 추천해 주실 수 있습니까?
Dang sinn eun / jeo ryeom han / jang so reul / chu cheon he / ju sil / su / I seum ni ka?

Anda bisa merekomendasikan tempat yang bagus? 당신은 좋은 장소를 추천해 주실 수 있습니까?
안다 비사 므르꼬멘다시깐 뜸빳 양 바구ㅅ?
Dang sinn eun / joh eun / jang so reul / chu cheon hae / ju sil su / iseum nika?

Saya mau pesan kamar untuk satu malam.

사야 마우 쁘산 까마ㄹ 운뚝 사뚜 말람

저는 하룻밤 묵을 방을 예약하고 싶습니다.
Jeo neun / ha ru bam / mok keul bang eul /
ye yak ha go / sib seum ni da

Ada kamar untuk 2 orang?

아다 까마ㄹ 운뚝 두아 오랑?　　두 명이 사용할 방이 있습니까?
Du myeong I / sa yong hal bang I / I seum ni ka?

Ada kamar untuk 3 orang?

아다 까마ㄹ 운뚝 띠가 오랑?　　세 명이 사용할 방이 있습니까?
Se myeong I / sa yong hal / bang I / I seum ni ka?

Ada kamar untuk 2 malam?

아다 까마ㄹ 운뚝 두아 말람?　　이틀 밤을 묵을 방이 있습니까?
I theul bamm eul / nuk keul bang I / I seum ni ka?

Kunci saya tertinggal di dalam kamar

꾼찌 사야 뜨ㄹ띵갈 디 까마ㄹ 제 열쇠를 방 안에 두고 왔습니다.
Je yeong se reul / bang an ne du go / wa seum ni da

AC nya tidak jalan　　　　에어컨이 나오지 않습니다.

아세냐 띠닥 잘란　E eo kheon ni / na o ji / an seum ni da

TV nya rusak　　　　텔레비전이 고장났습니다.

띠피냐 루삭　Thel le bi jeon I / go jang na seum ni da

Apa ada siaran……..?　　　_____방송이 나옵니까?

아빠 아다 시아란?　　　_______bang song I / na om ni ka?

Di kamar ada air minum?　　방에 식수가 있습니까?
디까마ㄹ 아다 아이ㄹ 미눔? Bang e / sik su ga / I seum ni ka?

Tolong bangunkan saya jam 7 pagi.
떨렁 방운깐 사야 잠 뚜주ㅎ 빠기　　저를 아침 7시에 깨워주세요.
　　　　　Jeo reul / a chim il gob si e / kae wo ju se yo

Jam berapa check outnya?　　체크아웃이 몇 시입니까?
잠 브라빠 쩩 아웃냐?　　Che kheu aut si / myeot si im ni ka?

Bolehsaya check out jam 2 siang?　　제가 오후 2시에
볼레ㅎ 사야 쩩 아웃 잠 두아 시앙?　　　체크아웃 해도 됩니까?
 Je ga / o hu tu si e / che kheu a out / he do dwim ni ka?

Kalau saya check out jam 2 siang, apa ada biaya
tambahan.
깔라우 사야 쩩 아웃 잠 두아 시앙, 아빠 아다 비아야 땀바한?
　　제가 오후 2시에 체크아웃을 한다면, 추가비용이 있습니까?
Je ga / o hu / tu si e / cek ke a ut seul / han da myeon, /
　　　　　　　chu ka bi yong I / I seum ni ka?

Apakah sudah termasuk pajak?
아빠까ㅎ 수다ㅎ 뜨ㄹ마숙 빠작?　세금이 이미 포함되었습니까?
　　　　Se geum I / I mi / pho ham dwi o seum ni ka?

Di kamar ada akses internet?　　방에서 인터넷 접속이
디 까마ㄹ 아다 악세ㅅ 인뜨ㄹ넷?　　　　　가능합니까?
Bang e seo / in teo net jeob sok I / ga neung ham ni ka?

Di kamar ada air minum?　　방에 식수가 있습니까?
디 까마ㄹ 아다 아이ㄹ 미눔? Bang e sik su ga / I seum ni ka?

Berapa satu malam? 하룻밤에 / 얼마입니까?
브라빠 사뚜 말람? Ha reut bam e / eol ma im ni ka?

Berapa harganya untuk hari biasa?
브라빠 하ㄹ가냐 운뚝 하리 비아사? 평일에는 얼마입니까?
Phyeong il e neun / eol ma im ni ka?

Berapa harganya untuk hari Sabtu Minggu?
브라빠 하ㄹ가냐 운뚝 하리 삽뚜 밍구? 주말에는 얼마입니까?
Ju mal e neun / eol ma im ni ka?

Boleh saya lihat dulu? 제가 먼저 봐도 됩니까?
볼레ㅎ 사야 리핫 둘루?
Je ga / meon jeo / bwa do / dim ni ka?

Bisa saya bayar dengan kartu kredit?
비사 사야 바야ㄹ 등안 까ㄹ뚜 ㄲ레딧?
신용카드로 계산해도 됩니까?
Sin yong kha deu ro / gye san he do / dwim ni ka?

Apa sudah termasuk makan pagi?
아빠 수다ㅎ 뜨ㄹ미숙 마깐 빠기? 조식이 포함되었습니까?
Jo sikk i / pho ham dwi o seum ni ka?

Di mana sarapan paginya? 조식은 어디에서 합니까?
디마나 사라빤 빠기냐?
Jo sikk eun / o di e seo / ham ni ka?

Jam berapa sarapan paginya? 조식은 몇시에 합니까?
잠 브라빠 사라빤 빠기냐?
Jo sikk eun / myot si e ham ni ka?

Air panasnya tidak jalan.　　온수가 나오지 않습니다.
아이ㄹ 빠나ㅅ냐 띠닥 잘란 On su ga / na o ji / an seum ni da

Tolong panggilkan taksi.　　택시를 불러 주세요.
똘롱 빵길깐 딱시　　　　Thaek si reul / bul leo ju se yo

Apa bisa menukar uang di sini?
아빠 비사 므누까ㄹ 우앙 디시니?
　　　　　　여기에서 돈을 환전할 수 있습니까?
Yeo gi e seo / don neul / hwan jeon hal su I seum ni ka?

Apa ada kolam renang di sini?
아빠 아다 껄람 르낭 디시니?　　여기에 수영장이 있습니까?
　　　　　Yeo gi e / su yeong jang l / I seum ni ka?

Apa ada fitness center di sini?　　여기에 피트니스
아빠 아다 핏네ㅅ 센뜨ㄹ 디시니?　　센터가 있습니까?
　　Yeo gi e / phi theu ni se sen teo ga / I seum ni ka?

Bagaimana untuk menelepon internasional?
바가이마나 운뚝 므늘르뽄 인뜨ㄹ나시오날?
　　　　　　　국제전화는 어떻게 합니까?
　　　Guk je jeon hwa neun / o tteoh ke ham ni ka?

Boleh saya minta selimut lagi?
볼레ㅎ 사야 민따 슬리뭇 라기?
　　　　　　담요를 하나 더 요청해도 됩니까?
　　　　Dam yo reul / ha na deo / yo ceong he do /
　　　　　　　　　　　　　　dwim ni ka?

Berbelanja _ 쇼핑

Berbelanja
브르블란자

쇼핑
Syo phing

Di mana ada toko sepatu?
디마나 아다 또꼬 스빠뚜?

구두 가게가 어디에 있습니까?
Gu du ga ge ga / eo di e / I seum ni ka?

Di mana bisa beli bando?
디마나 비사 블리 반도?

머리띠를 어디에서 살 수 있습니까?
Meo ro ti reul / eo di e seo / sal su / I seum ni ka?

Jam berapa toko ini buka?
잠 브라빠 또꼬 이니 부까?

이 가게는 몇 시에 문을 엽니까?
I ga ge neun / myeot si e / munn eul yeob ni ka?

Di mana supermarket terdekat?
디마나 수쁘르마르껫 뜨르드깟?

가장 가까운 슈퍼마켓이 어디에 있습니까?
Ga jang ga kka un / syu pheo ma khet si / eo di e /
I seum ni kka?

Mau cari apa?
마우 짜리 아빠?

무엇을 찾으세요?
Mu ot seul / cha jeu se yo?

Saya mau cari baju pesta. 저는 파티복을 찾고 있습니다.
사야 마우 짜리 바주 쁘ㅅ따
    Jeo neun / pha thi bokk eul / cha go / I seum ni da

Ada model lain? 다른 모델이 있습니까?
아다 모들 라인?　Da reun no del I / I seum ni kka?

Ada warna lain? 다른 색상이 있습니까?
아다 와ㄹ나 라인?　Da reun saek sang I / I seum ni kka?

Ada ukuran yang lebih besar?
아다 우꾸란 양 르비ㅎ 브사ㄹ?　더 큰 사이즈가 있습니까?
    Deo / kheun sai je ga / I seum ni ka?

Boleh saya lihat. 제가 봐도 될까요?
볼레ㅎ 사야 리핫　Je ga / bwa do / dwil ka yo?

Saya hanya lihat-lihat saja.
사야 한야 리핫-리핫 사자　저는 단지 구경하고 있습니다.
    Jeo neun / dan ji gu gyeong / ha go I seum ni da

Terlalu mahal. 너무 비쌉니다.
뜨ㄹ랄루 마할　No mu / bi sam ni da

Boleh kurang? 깍아 주실 수 있으세요?
볼레ㅎ 꾸랑?　Kka ka ju sil su / I seu se yo?

Ini harga pas. 이 것은 정찰가 입니다.
이니 하ㄹ가 빠ㅅ　I geot seun / jeong chal ga / im ni da

Ada yang lebih murah? 더 저렴한 것이 있습니까?
아다 양 르비ㅎ 무라ㅎ?

Deo jeo reyom han geot I / I seum ni ka?

Karena model ini sudah lama boleh kurang.
까르나 모들 이니 수다ㅎ 라마 볼레ㅎ 꾸랑
이 모델은 오래된 모델이기 때문에 깍아 드릴 수 있습니다.
I mo del eun / o re dwin mo del / I gi te mun ne /
gak ka de ril su I seum ni da

Ini model tahun lalu. 이 것은 작년 모델입니다.
이니 모들 따훈 랄루
I geot seun / jang nyeon / mo del im ni da

Ada garansinya? 보증서가 있나요?
아다 가란시냐? Bo jeung seo ga / I nay o?

Masa garansinya sudah lewat.
마사 가란시냐 수다ㅎ 레왓 보증서 기간이 이미 지났습니다.
Bo jeung seo gi gan I / I mi / ji na seum ni da

Salon Rambut _ 미용실

Salon rambut   미용실
살런 람붓   Mi yeong sil

Kumis   콧수염
꾸미ㅅ   Khot su yeom

Poni   앞머리
뻐니   Am meo ri

Jenggot   턱수염
젱것   Theok su yeom

Kepang   땋다(머리)
께빵   Ttah ta (Meo ri)

Saya mau di-blow.   저는 드라이를 하고 싶습니다.
사야 마우 디블로우
   Jeo neun de ra I reul / ha go sip seum ni da

Saya mau rambut saya dicat.
사야 마우 람붓 사야 디짯   저는 제 머리를 염색하고 싶습니다.
Jeo neun / je meo ro reul / yeom saek ha go / sip sem ni da

Saya mau rambut saya digunting.
사야 마우 람붓 사야 디군띵   저는 제 머리를 자르고 싶습니다.
   Jeo neun / je meo ri reul / ja reu go / sip seum ni da

Saya mau poni saya dirapikan.
사야 마우 뻐니 사야 디라삐깐   저는 제 앞머리를 다듬고 싶습니다.
   Jeo neun / je am meo ri reul / da deum go / sip seum ni da

Saya mau jenggot saya dirapikan.
사야 마우 젱곳 사야 디라삐깐

저는 제 턱수염을 다듬고 싶습니다.
Jeo neun / je theok su yeon eul / da deum go /
sim seum ni da

Jangan terlalu pendek.
장안 뜨ㄹ랄루 뻰덱

너무 짧게 자르지 마세요.
Neo mu calb ke / ja re ji ma se yo

Pendekkan 2 cm saja.
뻰덱깐 두아 센띠메뜨ㄹ 사자

2센티미터만 잘라주세요.
Thu sen thi mi theo man /
jal la ju se yo

Tolong cukur semua.
똘롱 쭈꾸ㄹ 스무아

모두 면도 해주세요.
Mo du / myeon do / he ju se yo

Saya ingin model yang ini.
사야 잉인 모들 양 이니

저는 이 모델을 원합니다.
Jeo neun / I mo del reul / won ham ni da

Tempat fotokopi _ 복사(제본)장소

Tempat fotokopi
뜸빳 포또꼬삐

복사(제본)장소
Bok sa (je bon) jang so

Tolong kopikan halaman ini saja.
떨렁 꺼삐깐 할라만 이니 사자

이 페이지만 복사해 주세요.
I phe I ji man / bok sa hae ju se yo

Tolong kopi dari halaman sampai 10.
떨렁 꼬삐 다리 할라만 이니 삼빠이 10

이 페이지부터 10페이지까지 복사해 주세요.
I phei ji bu teo / sip phe I ki kka ji /
bok sa hae ju se yo

Tolong kopikan 2 kali ya.
똘롱 꼬삐깐 두아 깔리 야

두 부로 복사해 주세요.
Du bu ro / bok sa hae ju se yo

Di sini bisa print?
디시니 비사 삐린

여기 프린트 가능합니까?
Yeo gi /
pheu rin theu ga neung ham ni ka?

Berapa biaya print?
브라빠 비아야 삐린

프린트 비용이 얼마입니까?
Pheu rin theu bi yong I /
eol ma im ni kka?

Berapa biaya print satu lembar?
브라빠 비아야 삐린 사뚜 름바ㄹ?

한 장에 프린트 비용이 얼마입니까?
Han jang e pheu rin theu bi yong l / eol ma im ni kka?

Disini bisa print berwarna?
디시니 비사 삐린 브ㄹ와ㄹ나?　여기 컬러 프린트 가능합니까?
Yeo gi / kheol leo / pheu rin theu /
ga neung ham ni ka?

Berapa biaya print berwarna?
브라빠 비아야 삐린 브ㄹ와ㄹ나?

컬러 프린트 비용이 얼마입니까?
Kheol leo / pheu rin theu / bi yong I /
eol ma im ni ka?

Di sini bisa scan?
디 시니 비사 스캔?

여기 스캔 가능합니까?
Yeo gi / se khaen /
ga neung ham ni ka?

Tolong scan-kan ini?
똘롱 스캔깐 이니?

이 것을 스캔해 주세요.
I geot seul / seu khaen hae ju se yo

Tolong kirim ke email saya hasil scan-nya.
똘롱 끼림 께 이일 사야 하실 스캔냐

스캔을 제 이메일로 보내주세요.
Seu khaen neul / je I me il ro / bo ne ju se yo

Bisa kopikan buku ini?
비사 꼬삐깐 부꾸 이니?

이 책 복사 가능합니까?
I chaek / bok sa /
ga neung ham ni ka?

Bisa diberi spring?　　스프링으로 해주실 수 있으세요?
비사 디브리 스프링
　　　　　Se pheu ring e ro / he ju sil / su / I seu se yo?

Bisa jilidkan file ini?
비사 지릿깐 파일 이니　　이 파일을 제본해 주실 수 있으세요?
　　　　I pha ill eul / je bon hae / ju sil / su / I seu se yo?

Kapan bisa selesai?　　　언제 끝날 수 있습니까?
까빤 비사 스르사이　Eon je / ket nal / su / I seum ni kka?

Saya perlu sampai besok.　저는 내일까지 필요합니다.
사야 쁘ㄹ루 삼빠이 베속　　Jeo neun/ nae il kka ji /
　　　　　　　　　　phil yo ham ni da

Bisa selesaikan besok?　　내일 끝날 수 있습니까?
비사 세레사이깐 베속?　Nae il / ket nal / su / I seum ni ka?

Biayanya berapa?　　　　비용이 얼마입니까?
비아야냐 브라빠　　Bi yong I / eol ma im ni kka?

Kantor Pos _ 우체국

Kantor pos   우체국
깐떠ㄹ 뻐ㅅ   U che guk

Saya mau kirim paket.   저는 소포를 보내고 싶습니다.
사야 마우 끼림 빠껫   Jeo neun / so pho reul / bo ne go /
                                           sip seum ni da

Saya mau kirim paket keluar negri.   저는 해외로
사야 마우 끼림 빠껫 끄 루아ㄹ 늑리   소포를 보내고 싶습니다.
Jeo neun / he we ro / so pho reu / l bo ne go / sib seum ni da

Saya mau kirim surat.   저는 편지를 보내고 싶습니다.
사야 마우 끼림 수랏   Jeo neun / phyeon ji reul /
                                bo ne go / sip seum ni da

Saya mau beli perangko.   저는 우표를 사고 싶습니다.
사야 마우 블리 쁘랑꼬   Jeo neun / u phyo reul / sa go /
                                        sip seum ni da

Saya mau beli kotak pos yang kecil.
사야 마우 블리 꼬딱 뽀ㅅ 양 끄찔
              저는 작은 우체국 상자를 사고 싶습니다.
Jeo neun / jak keun / u che guk / sang ja reul / sa go /
                                       sip seum ni da

Saya mau beli kotak pos yang paling besar.
사야 마우 블리 꼬딱 뻐ㅅ 양 빨링 브사ㄹ

저는 가장 큰 우체국 상자를 사고 싶습니다.
Jeo neun / ga jang / kheun / u che guk sang ja reul / sa go / sip seum ni da

Tolong kirim dengan paket ekspres ya.
똘롱 끼림 등안 빠껫 엤뻬레ㅅ 야

익스프레스(급행) 소포로 보내 주세요.
Ik se pheu re se (geub haeng) / so pho ro / bo nae / ju se yo

Tolong kirim dengan paket kilat.
똘롱 끼림 등안 빠껫 낄랏

특급 소포로 보내 주세요.
Theuk geb / so pho ro / bo me ju se yo

Tolong kirim dengan paket biasa.
똘롱 끼림 등안 빠껫 비아사

일반 소포로 보내 주세요.
Il ban / so pho ro / bo ne ju se yo

Tolong kirim dengan pos udara ke Korea.
똘롱 끼림 등안 뻐ㅅ 우다라 끄 꼬레아

한국까지 항공우편으로 보내 주세요.
Han guk ka ji / hang gong u phyeon e ro / bo ne ju se yo

Ada kiriman untuk saya?
아다 끼리만 운뚝 사야?

저에게 온 것이 있습니까?
Jeo e ge / on geot si / I seum ni kka?

Perbendaharaan Kata _ 단어장

Jalan (잘란)	길 (Gil)
Tidak tahu (띠닥 따후)	모르다 (Mo reu da)
Permisi (쁘ㄹ미시)	실례합니다 (Sil lye ham ni da)
Disini (디시니)	여기 (Yeo gi)
Dimana (디마나)	어디 (Eo di)
Tempat (뜸빳)	장소 (Jang so)
Pusat belanja (뿌삿 블란자)	쇼핑 센터 (Syo phing sen theo)
Sedikit (스디낏)	적다 (Jeok da)
Jauh (자우ㅎ)	멀다 (Meol da)
Jalan kaki (잘란 까끼)	걷다 (God da)

Melihat-lihat (믈리핫 리핫)	구경하다 (Gu gyeong ha da)
Indah (인다ㅎ)	아름답다 (I reum dap da)
Orang asing (오랑 아싱)	외국 사람 (Wi guk sa ram)
Cuaca (쭈아짜)	날씨 (Nal ssi)
Beruntung (쁘룬뚱)	운이 좋다 (Un ni joh da)
Toilet (또이렛)	화장실 (Hwa jang sil)
Stasiun kereta bawah tanah (ㅅ따시운 바와ㅎ 따나ㅎ)	지하철 역 (Ji ha cheol yeok)
Mall (멀)	백화점 (Baek hwa jeom)

Perbendaharaan Kata _ 단어장

Surat (수랏)	편지 (Phyeon ji)
Lem (렘)	풀 (Phul)
Tanda tangan (딴다 땅안)	서명 (Seo Myeong)
Kwitansi (뀌딴시)	영수증 (Yeong Su Jeung)
Amplop (암쁠럽)	봉투 (Bong Thu)
Perangko (쁘랑꼬)	우표 (U Phyo)
Kota (꼬따)	도시 (Do si)
Memakan waktu (므마깐 왁뚜)	걸리다 (Geol Ri Da)
Pos kilat (뻐ㅅ 낄랏)	속달 우편 (Sok dal U Phyeon)
Pos standar (뻐ㅅ ㅅ딴다ㄹ)	일반 우편 (Il ban U Phyeon)

Pos udara (뻐ㅅ 우다라)	항공우편 (Hang gong u phyeon)
Pakaian (빠까이안)	옷 (Ot)
Tas (따ㅅ)	가방 (Ka bang)
Menimbang (므님방)	달다 (Dal da)
Kirim (끼림)	보내다 (Bo nae da)
Kilogram (낄로그람)	킬로그램 (Khil lo geu raem)
Biaya (비아야)	비용 (Bi Yong)
Kode Pos (꼬드 뻐ㅅ)	우편 번호 (U pyeon bon ho)
Beli (블리)	사다 (Sa da)

Perbendaharaan Kata _ 단어장

Musik (무식)	음악 (Eu mak)
Bagus (바구ㅅ)	좋다 (Joh da)
Sendiri (슨디리)	혼자 (Hon ja)
Teman laki-laki (뜨만 라끼 라끼)	남자 친구 (Nam ja chin gu)
Akhir pekan (아키ㄹ 쁘깐)	주말 (Ju mal)
Bermain (브ㄹ마인)	놀다 (Nol da)
Melepas lelah (믈르빠ㅅ)	긴장을 풀다 (Gin jang eul phul da)
Teman (뜨만)	친구 (Chin gu)
Duduk (두둑)	앉다 (An da)
Ngobrol (응업브럴)	대화하다 (Dae hwa ha da)
Mabuk (마북)	취하다 (Chwi ha da)
Payah (빠야ㅎ)	안되다 (An dwi da)
Rokok (로꼭)	담배 (Dam bae)

Perbendaharaan Kata _ 단어장

Bangun (방운)	일어나다 (Il lo na da)
Banyak ngomong (바냑 응오멍)	말이 많다 (Ma li man ta)
Mandi (만디)	목욕하다 (Mok yok ha da)
Makan pagi (마깐 빠기)	아침 식사 (A chim sik sa)
Ngantuk (응안뚝)	졸리다 (Jol li da)
Nasi goreng (나시 고렝)	볶음밥 (Bok keum bab)
Lezat (르잣)	맛있다 (Mas sit da)
Kenyang (끄냥)	배부르다 (Bae bu reu da)
Makan malam (마깐 말람)	저녁 식사 (Jo nyeok sik sa)
Istirahat (이ㅅ띠라핫)	쉬다 (Swi da)
Selamat belajar (슬라맛 블라자르)	열심히 공부하세요 (Yeoul sim hi gong bu ha se yo)
Air panas (아이ㄹ 빠나ㅅ)	뜨거운 물 (Tteu geo un mul)
Hebat / Iuar biasa (헤밧 / 루아ㄹ 비아사)	멋지다 / 놀랍다 (Mot ji da/nol lab ta)
Tidur (띠두ㄹ)	자다 (Ja da)
TV (띠피)	텔레비전 (Thel le bi jeon)
Selamat tidur (슬라맛 띠두ㄹ)	잘자요 (Jal ja yo)

부록

Perbendaharaan Kata _ 단어장

Nama (나마)	이름 (I reum)
Umur (우무ㄹ)	나이 (Na i)
Mahasiswa (마하시ㅅ와)	대학생 (Dae hak saeng)
Tinggal (띵갈)	살다 (Sal da)
Rumah (루마ㅎ)	집 (Jip)
Pekerjaan (쁘끄ㄹ자안)	직업 (Ji kop)
Sampai Bertemu lagi (삼빠이 브ㄹ뜨무 라기)	또 만나요 (Tto man na yo)
Sekolah (스꼴라ㅎ)	학교 (Hak kyo)
Tempat Kursus (뜸빳 꾸ㄹ수ㅅ)	학원 (Hak won)
Apotek (아뻐떽)	약국 (Yak guk)
Kedai Kopi (끄다이 꼬삐)	커피숍 (Khoe phi syop)
Nomor / Nomer Telepon (노머ㄹ 뜔레뽄)	전화번호 (Jon hwa bon ho)

DI BIOSKOP

Menonton TV (믈리핫 띠피)	텔레비전을 보다 (Thel le bi jeon eul bo da)
Tidak ada kerjaan (띠닥 아다 끄ㄹ자안)	할것이 없다 (Hal geos si ob da)
Banyak (바냑)	많다 (Man ta)
Film (필름)	영화 (Yeoung hwa)
Bioskop (비오ㅅ꼽)	극장 (Geuk jang)
Menonton film (므논떤 필름)	영화를 보다 (Yeong hwa reul bo da)
Bertemu (브ㄹ뜨무)	만나다 (Mannada)
Cepat (쯔빳)	빠르다 (Pa reu da)
Tiba (띠바)	도착하다 (Do chak ha da)
Film komedi (필름 꼬메디)	웃기는 영화 (Ut gi neun yeong hwa)
Film horror (필름 호러ㄹ)	공포 영화 (Gong pho yeong hwa)
Film drama (필름 ㄷ라마)	드라마 영화 (Deu ra ma yeong hwa)
Tiket (띠껫)	표 (Phyo)
Nomor (노머ㄹ)	번호 (Beon ho)

Cerita (쯔리따)	이야기 (I ya gi)
Bersama (쁘ㄹ사마)	함께 (Ham kke)
Senang (스낭)	기쁘다 (Gi ppeu da)
Sewaktu kecil (왁뚜 끄찔)	어렸을 때 (Eo ryeo sseul tae)

DI RESTORAN

Selamat datang (슬라맛 다땅)	어서 오십시오 (Eo seo o sip si o)
Restoran (레ㅅ또란)	식당 (sik dang)
Menu (므누)	메뉴 (me nyu)
Satu porsi (사뚜 뽀ㄹ시)	한 그릇 (han geu reut)
Satu gelas (사뚜 글라ㅅ)	한잔 (han jan)
Makanan (마까난)	음식 (eum sik)
Minuman (미누만)	음료수 (eum ryo su)
Kopi (꼬삐)	커피 (kheo phi)
Jus (주ㅅ)	주스 (Ju seu)
Bir (비ㄹ)	맥수 (maek ju)
Jeruk (즈룩)	오랜지 / 귤 (oe raen ji/gyul)

Saus (사우ㅅ)	소스 (so seu)
Es (에ㅅ)	얼음 (Eol eum)
Daging babi (다깅 바비)	돼지 고기 (dwae ji go gi)
Enak (에낙)	맛있다 (ma sit da)
Traktir (뜨락띠ㄹ)	사주다 (sa ju da)
Lapar (라빠ㄹ)	배고프다 (bae go pheu da)
Pusat kota (뿌삿 꼬따)	시내 (si nae)
Pelayan (쁠라얀)	웨이터 (we i theo)
Sendok (센덕)	숟가락 (sud ga rak)
Sumpit (숨삣)	젓가락 (jot ga rak)

Percakapan sehari-hari

Selamat pagi (슬라맛 빠기)	안녕하십니까 / 안녕 하세요 (An yeong ha sim nik ka/ An yeong ha sae yo)
Pertama kali (쁘ㄹ따마 깔리)	처음 (Cheo eum)
Selamat datang (슬라맛 다땅)	환영합니다 (Hwan yeong ham ni da)
Mohon bantuan (모헌 반뚜안)	잘 부탁 드립니다 (Jal bu tak deur rim ni da)
Terima kasih (뜨리마 까시ㅎ)	감사합니다 / 고맙습니다 (Kam sa ham ni da / Go map seum ni da)
Terimakasih kembali (뜨리마 까시ㅎ 끔발리)	천만에요 (chon man ne yo)
Istirahat (이ㅅ띠라핫)	쉬다 (Swi da)
Selamat istirahat (슬라맛 이ㅅ띠라핫)	안녕히 주무십시오 (An nyeong hi ju mu sip si o)
Sampai jumpa besok (삼빠이 줌빠 베속)	내일 봅시다 (Nae il bob si da)

Mohon maaf (모혼 마앞)	미안합니다 / 죄송합니다 (Mi an ham ni da / jwi song-ham ni da)
Tidak apa-apa (띠닥 아빠 아빠)	괜찮습니다 (Gwaen cha na yo)
Sayang sekali (사양 스깔리)	아깝다 (A kkap da)
Senang (스낭)	기쁘다 (Gi peu da)
Berwisata (브ㄹ위사따)	여행하다 (Yeo haeng ha da)
Makanan (마까난)	음식 (Eum sik)
Suka (수까)	좋아하다 (Jo a ha da)
Syukurlah (슈꾸ㄹ라ㅎ)	다행이다 (Da haeng i da)
Hati-hati (하띠 하띠)	조심하다 (Jo sim ha da)
Selamat tinggal (슬라맛 띵갈) (orang yang mengucapkan pergi meninggalkan tempat) (오랑 양 믕우짭깐 쁘ㄹ기 므닝갈깐 뜸빳)	안녕히 계십시오 (An nyeong hi gye sip si o)
Selamat tinggal (슬라맛 띵갈) (orang yang mengucapkan tinggal di tempat) (오랑 양 믕우짭깐 띵갈 디 뜸빳)	안녕히 가십시오 (An nyeong hi ga sip si o)

Berterima Kasih _ 감사 표시

❖ Terima kasih (bentuk hormat)
뜨리마 까시ㅎ (븐뚝 호ㄹ맛)   = 감사합니다 / 고맙습니다
(Kam sa ham ni da / Go mab seum ni da)

❖ Terima kasih (informal-antar teman)
뜨리마 까시ㅎ (인포ㄹ말- 안따ㄹ 뜨만)= 감사해요 / 고마워요
(Kam sa hae yo / Go ma wo yo)

❖ Terima kasih banyak = 대단히 감사합니다
뜨리마 까시ㅎ 바냑   (Dae da hi / kam sa ham ni da)

❖ Terima kasih kembali = 천만에요
뜨리마 까시ㅎ 끔발리   (Cheon man e yo)

❖ Terima kasih sudah datang
뜨리마 까시ㅎ 수다ㅎ 다땅   = 와 주셔서 감사합니다
(Wa ju syo so / kam sa ham ni da)

❖ Terima kasih karena telah membantu saya
뜨리마 까시ㅎ 뜰라ㅎ 믐반뚜 사야

= 저를 도와주셔서 감사합니다
(Jo reul / do wa ju syo so / kam sa ham ni da)

❖ Terima kasih karena telah memilih saya
뜨리마 까시ㅎ 뜰라ㅎ 므밀리ㅎ 사야

= 저를 선택 해 주셔서 감사합니다
(Jo reul / son taek hae ju syo so / Kam sa ham ni da)

❖ **Terima kasih telah menunggu**

뜨리마 까시ㅎ 뜰라ㅎ 므눙구 = 기다려 주셔서 감사합니다
(Gi da ryo / ju syo so / Kam sa ham ni da)

❖ **Terima kasih atas kesempatan ini**

뜨리마 까시ㅎ 아따ㅅ 끄슴빠딴이니

= 이 기회를 주셔서 감사합니다
(I Gi hwe reul / Ju syo so / Kam sa ham ni da)

❖ **Terima kasih atas undangannya**

뜨리마 까시ㅎ 아따ㅅ 운당안냐

= 초대를 해 주셔서 감사합니다
(Cho dae reul / hae Ju syo so / Kam sa ham ni da)

❖ **Terima kasih atas bingkisannya**

뜨리마 까시ㅎ 아따ㅅ 빙끼산냐
= 소포를 보내 주셔서 감사합니다
(So po reul / bo nae Ju syo so / Kam sa ham ni da)

❖ **Terima kasih banyak atas kerja samanya**

뜨리마 까시ㅎ 반약 뚝 끄ㄹ자 사마냐

= 협조해 주셔서 대단히 감사합니다
(Hyeop jo hae Ju syo so / Dae dan hi Kam sa ham ni da)

❖ **Ucapkanlah terima kasih kepadanya**

우짭깐 뜨리마 까시ㅎ 빠다냐

= 그에게 감사한다고 말씀하십시오
(Geu e ge / Kam sa han da go / Mal sseum ha sib si o)

Meminta Maaf _ 사과 표시

❖ **Minta maaf (bentuk hormat)**
민따 마앞 (븐뚝 호ㄹ맛)　　　= 미안합니다 / 죄송합니다
(Mi an ham ni da / Jwe song ham ni da)

❖ **Minta maaf (informal-antar teman)**
민따 마앞 (인포ㄹ말-안따ㄹ 뜨만)　　= 미안해 / 죄송해
(Mi an hae/Jwe song hae)

❖ **Minta maaf sekali** = 정말 죄송합니다
민따 마앞 스깔리　　　(Jong mal / Jwe song ham ni da)

❖ **Minta maaf karena kesalahan saya**
민따 마앞 까르나 끄살라한 사야
= 실수를 해서 죄송합니다
(Sil su reul / Hae so / Jwe song ham ni da)

❖ **Maaf karena terlambat** = 늦어서 죄송합니다
마앞 까르나 뜨ㄹ람밧　　(Neu jo so / Jwe song ham ni da)
죄송해요 (Jwe song hae yo)

❖ **Maaf saya tidak bisa datang**
마앞 사야 띠닥 비사 다땅　　= 갈 수 없어서 죄송합니다
(Gal su ob so so / Jwe song ham ni da)

❖ **Maaf tidak bisa mengangkat telepon**
마앞 띠닥 비사 믕앙깟 뜰르쁜
= 전화를 받을수 없어서 죄송합니다
(Jon hwa reul / ba deul su ob so so / Jwe song ham ni da)

❖ **Maaf tidak bisa memberi kabar**
마앞 띠닥 비사 음브리 까바ㄹ
= 연락할 수 없어서 죄송합니다
(Yeo lak hal su ob so so / Jwe song ham ni da)

❖ **Maaf tidak mengerjakan pekerjaan rumah**
마앞 띠닥 믕으ㄹ자깐 쁘끄ㄹ자안 루마ㅎ
= 숙제를 하지 않아서 죄송합니다
(Suk je reul / ha ji an na so / Jwe song ham ni da)

❖ **Maaf karena tidak bisa menjemput kamu**
마앞 까르나 띠닥 비사 믄즘쁫 까무
= 마중갈 수 없어서 죄송합니다
(Ma jung kal su ob so so / Jwe song ham ni da)

❖ **Maaf karena tidak bisa bertemu**
마앞 까르나 띠닥 비사 브ㄹ뜨무
= 만날 수 없어서 죄송합니다
(Man nal su ob so so / Jwe song ham ni da)

❖ **Maaf saya harus pergi sekarang**
마앞 사야 하루ㅅ 쁘ㄹ기 스까랑
= 지금 가야해서 죄송합니다
(Ji geum / ka ya hae so / Jwe song ham ni da)

❖ **Maaf saya harus cepat pulang**
마앞 사야 하루ㅅ 쯔빳 뿔랑
= 일찍 돌아가야해서 죄송합니다
(Il jjik do ra ga ya hae so / Jwe song ham ni da)

❖ **Maaf saya lupa** = 잊어서 죄송합니다
마앞 사야 루빠　　　　(I jo so / Jwe song ham ni da)

❖ Maaf saya sibuk = 바빠서 죄송합니다
마앞 사야 시북   (Pa pa so / Jwe song ham ni da)

❖ maaf saya tidak bisa = 할수 없어–서 죄송합니다
마앞 사야 띠닥 비사   (Hal su op so so / Jwe song ham ni da)

❖ Maaf sudah merepotkan Anda
마앞 수다ㅎ 므르뽓깐 안다   = 수고를 끼쳐서 죄송합니다
                            (Su go reul / kki jyeo so / Jwe song ham ni da)

❖ Maaf, saya tidak bermaksud apa-apa
마앞, 사야 띠닥 브ㄹ막슷 아빠–아빠

    = 저는 아무것도 의도하지 않았습니다. 죄송합니다
    (Jo neun / a mu got do / eui do ha ji / an has seum ni da.
                                        Jwe song ham ni da)

❖ Saya hanya bercanda, maaf
사야 하냐 브ㄹ짠다, 마앞   = 그냥 농담이예요, 미안해요
                        (Geu nyang nong dam i ye yo, mi an hae yo)

부록

Ejekan _ 비웃음

- **Makanan ini tidak enak**
  마까난 이니 띠닥 에낙
  = 이 음식은 맛이 없어요 / 이 음식은 맛이 없어
  (I eum sik keun / mas si ob so yo / I eum sik keun /
  mas si eob so)

- **Film ini jelek** = 이 영화는 별로야
  필름 이니 즐렉 (I young hwa neun / pyeol lo ya)

- **Pakaian kamu jelek** = 너의 옷이 별로야
  빠까이안 까무 즐렉 (No eui ot si / pyeol lo ya)

- **Pakaian kamu tidak cocok**
  빠까이안 까무 띠닥 쩌쩍 = 너의 옷이 안 어울려요
  (No eui ot si / an eol ul lo yo)

- **Kamu tidak punya kemampuan**
  까무 띠닥 뿌냐 끄맘뿌안 = 너는 능력이 없어
  (No neun / neung ryog i / ob so)

- **Kamu bodoh** = 너는 바보야 (No eun / ba bo ya)
  까무 보도ㅎ

- **Kamu tidak bisa apa-apa** = 너는 아무것도 못해
  까무 띠닥 비사 아빠 아빠 (Neo neun / a mu got do / mut hae)

- ❖ **Kamu gendut** = 너은 뚱뚱해
  까무 근뜻 (No eun / ttung ttung hae)

- ❖ **Kamu tidak bisa dipercaya**
  까무 띠닥 비사 디 쁘ㄹ짜야 = 당신은 믿을 수 없어요
  (Dang sin eun / mid eul su eob so yo)

- ❖ **Kamu tidak punya sopan santun**
  까무 띠닥 쁜야 소빤 산뚠 = 너는 매너가 없어요
  (No neun / mae neo ga / eob so yo)

- ❖ **Kerjaan kamu (buruk / jelek)**
  끄ㄹ자안 까무 (부룩 / 즐렉) = 너는 일을 잘 못해
  (no neun il reul / jal mot hae)

- ❖ **Otak kamu dimana** = 머리 없어요
  오딱 까무 디마나 (meo ri /ob so yo)

Memberi Nasihat _ 충고를 주다

* **Sebaiknya kamu tidak datang**
  스바익냐 까무 띠닥 다땅 = 안 오면 더 좋을 거에요
  (an o myeon/ deo jo eul keo e yo)

* **Sebaiknya pertimbangkan lebih dahulu**
  스바익냐 쁘ㄹ띰방깐 뜨ㄹ르비ㅎ 다훌루
  = 먼저 고려하면 좋겠어요
  (Mon jo / go ryou ha myoun / jo kes soyo)

* **Sebaiknya kamu pergi** = 당신이 가면 좋겠어요
  스바익냐 까무 쁘ㄹ기
  (Dang sin ni / ga myeon / jo ke sseo yo)

* **Sebaiknya kamu pergi dulu**
  스바익냐 까무 쁘ㄹ기 둘루 = 먼저 가면 더 좋아요
  (Mon jo / ga myoun / deo joayo)

* **Seharusnya kamu bisa memperbaiki tingkah laku** = 당신이 버릇을 고칠수 있어야 해요
  스하루ㅅ냐 까무 비사 음쁘ㄹ바이끼 띵까ㅎ 라꾸
  (Dang sin i/ bo reut seul / go chil su Is so ya hae yo)

* **Berusahalah untuk datang tidak terlambat**
  브ㄹ우사할라ㅎ 운뚝 다땅 띠닥 뜨ㄹ람밧
  = 안 늦게 와보세요 (An neuj ke / wa bo se yo)
  안 늦게 오세요 (An neuj ke / o se yo)

❖ **Minum obatnya** = 약을 드세요
미눔라ㅎ 오밧냐　　　　　　　　　　(Yak keul / deu se yo)

❖ **Belajarlah dengan rajin** = 열심히 공부하세요
블라자ㄹ라ㅎ 등안 라진　　　(Youl sim hi / gong bu ha se yo)

❖ **Rajinlah membaca buku dan jangan terlalu banyak bermain**
라진라ㅎ 믐바짜 부꾸 단 장안 뜨ㄹ랄루 바냑 브ㄹ마인
　　　　　　= 책을 열심히 읽고 많이 놀지 마세요
(Chaek keul / youl sim hi / ilk go / man ni nol ji / ma se yo)

❖ **Teruslah berusaha** = 계속해 보세요
뜨루ㅅ라ㅎ 브루사하　　　　　　　　(Gye sok hae bo se yo)

❖ **Jangan sering tidur larut malam**
장안 스링 띠두ㄹ 라룻 말람
　　　　　　　= 자주 너무 늦게 자지 마세요
　　　　　　　(Ja ju no mu neuj ke / ja ji ma se yo)

❖ **Berusahalah sekuat tenaga** = 열심히 하세요
브루사할라ㅎ 스꾸앗 뜨나가　　　　(Yeol sim hi / ha sea yo)

부
록

BILANGAN _ 숫자

1 (Satu) 사뚜	일 (il)
2 (Dua) 두아	이 (i)
3 (Tiga) 띠가	삼 (sam)
4 (Empat) 음빳	사 (sa)
5 (Lima) 리마	오 (o)
6 (Enam) 으남	육 (yuk)
7 (Tujuh) 뚜주ㅎ	칠 (chil)
8 (Delapan) 들라빤	팔 (phal)
9 (Sembilan) 슴빌란	구 (gu)
10 (Sepuluh) 스뿔루ㅎ	십 (sip)

11 (Sebelas) 스블라ㅅ	십일 (sip il)
20 (Dua Puluh) 두아 뿔루ㅎ	이십 (I sip)
30 (Tiga Puluh) 띠가 뿔루ㅎ	삼십 (sam sip)
100 (Seratus) 스라뚜ㅅ	백 (Baek)
1,000 (Seribu) 스리부	천 (Cheon)
10,000 (Sepuluh Ribu) 스뿔루ㅎ 리부	만 (Man)
100,000 (Seratus Ribu) 스라뚜ㅅ 리부	십만 (sip man)
1,000,000 (Sejuta) 스주따	백만 (baek man)
10,000,000 (Sepuluh Juta) 스뿔루ㅎ 주따	천만 (cheon man)
100,000,000 (Seratus Juta) 스라뚜ㅅ 주따	억 (Ok)

Memo

PENGANTAR GLOSSARY
BAHASA KOREA–INDONESIA

한국어–인도네시아어
입문소사전

아울리아 주내디 편저

머리말

　한국과 인도네시아가 1988년 안영호 수교를 한 이후 한국과 인도네시아어 간의 교류가 지속적으로 활발해져 가면서, 인도네시아어를 배우려는 한국인 또한 그 숫자가 날로 늘어가고 있습니다. 이 간단한 단어장을 통하여 인도네시아어를 배우자 하는 사람들이 인도네시아어를 공부하는 데에 조금이라도 도움이 될 겁니다. 본 단어장의 편찬을 위해 다음과 같은 사전들이 참고로 사용하였습니다.

Echols John dan Shadily H. "Kamus Inggris-Indonesia, Kamus Indonesia-Inggris" (Jakarta, Gramedia, 1988)

안영호 "현대 인도네시아-한국어 사전" (서울, 외국어대학 출판부, 1988)

안영호 "표준 인도네시아 회화(서울, 명지 출판사, 1990)

안영호 "기초 인도네시아어" (서울, 삼지 출판사, 1994)

안영호 "꿩먹고 알먹는 인도네시아어 첫걸음" (서울, 문예림 출판사, 2011)

Laszlo Wagner "Indonesian" (Australia, Lonely Planet, 5th Ed, 2006)

Totok Suhardiyanto "Jalan Bahasa Jilid 1" (Jakarta,

Wedatama Widya Sastra, 2nd Ed, 2007)

최신영 "입에서 인도네시아어"(서울, 문예림 출판사,
2009)

임영호 "인도네시아어-한국어 사전 Kamus Bahasa
Indonesia-Korea Standar"(서울, 문예림 출판사,
2011)

끝으로 이 단어장 작업을 해 주시느라 수고해 주신 모든 분들과 여러 번에 걸쳐 제안을 해 주신 최병옥과 최은석, 초기 표제어 타이핑 작업을 도와주었던 Ajang Oktavia, Astrid, Marieska 노고에 감사를 드립니다. 또한, 본 단어장이 빛을 보게 해주신 문혜림의 서덕일 사장님과 신흥미디어 편집을 도와주신 윤종목 사장님 및 편집위원들께 감사를 드립니다.

2013년 10월
아울리아 주내디

차례

차례

초보자를 위한
한국어 ─ 인도네시아어
단어장

A	아	H	하	O	오	V	훼
B	베	I	이	P	페	W	웨
C	쩨	J	제	Q	키	X	엑스
D	데	K	까	R	에르	Y	예
E	에	L	엘	S	에스	Z	젵
F	에프	M	엠	T	떼		
G	게	N	엔	U	우		

I. 모음의 발음

a: '아' 로 발음 된다

apa ⟨a-pa⟩ (아빠); aku ⟨a-ku⟩ (아꾸);
tua ⟨tu-a⟩ (뚜-아)

i: '이' 로 발음 된다

itu ⟨i-tu⟩ (이-뚜); ikan ⟨i-kan⟩ (이-깐)

e: 단어에 따라 발음은 '으' 이나 '어' 또한 '에'. 발음은 '으' 와 '어' 의 중간 소리를 낸다. 그러나 중

간소릴를 재기가 쉽지 않아서 이 사전은 '으'로 선택된다.

Bedah ⟨be-dah⟩ (브-닿); begitu ⟨be-gi-tu⟩ (브-기-뚜); teduh ⟨te-duh⟩ (뜨-뚷)

또한 다른 발음은 '에'

Meja ⟨me-ja⟩ (메-자); enak ⟨e-nak⟩ (에-낙)

u: '우'로 발음된다

Udang ⟨u-dang⟩ (우-당); sudah ⟨su-dah⟩ (수-닿)

O: '오'로 발음된다

Obat ⟨o-bat⟩ (오-밧); roti ⟨ro-ti⟩ (로-띠)

Ⅱ. 자음의 발음

B: 'ㅂ'으로 된다

Bau ⟨ba-u⟩ (바-우); bosan ⟨bo-san⟩ (보-산)

N: 'ㄴ'으로 된다

Nama ⟨na-ma⟩ (나-마); nikah ⟨ni-kah⟩ (니-깡)

C: 'ㅉ'으로 된다

Coba ⟨co-ba⟩ (쪼-바); cara ⟨ca-ra⟩ (짜-라)

P: '뻬'이나 '프'으로 된다

인도네시아는 지역에 따라 엑센트가 차이가 있습
니다.

D: 'ㄷ'으로 된다

Dikau 〈di-ka-u〉 (디-까우); Dengan 〈deng-an〉 (등-안)

Q: 'ㅋ'으로 된다

Quran 〈Qu-ran〉 (꾸-란)

F: 'ㅍ'으로 된다

Faham 〈fa-ham〉 (파-함); film (필음)

R: 'ㄹ'으로 된다

Rajin 〈ra-jin〉 (라-진); ribut 〈ri-but〉 (리-붓)

G: 'ㄱ'으로 된다

Gigi 〈gi-gi〉 (기-기); gelisah 〈ge-li-sah〉 (겔-리-샇)

S: 'ㅅ'으로 된다

Santai 〈san-ta-i〉 (산-따-이); supir 〈su-pir〉 (수-피ㄹ)

H: 'ㅎ'으로 된다

Himbau 〈him-ba-u〉 (힘-바-우); hutan 〈hu-tan〉 (후-딴)

T: 'ㄸ'으로 된다

Teman 〈te-man〉 (떼-만); titip 〈ti-tip〉 (띠-띂)

J: ‘ㅈ’으로 된다

Jelita 〈jelita〉 (젤-리-따); juta 〈ju-ta〉 (주-따)

V: ‘ㅂ’으로 된다

Vokal 〈vo-kal〉 (보-깔)

K: ‘ㄲ’으로 된다

Kamus 〈ka-mus〉 (까-무ㅅ); kuku 〈ku-ku〉 (꾸-꾸)

W: ‘와’으로 된다

Wanita 〈wa-ni-ta〉 (와-니-따);
wisata 〈wi-sa-ta〉 (외-사-따)

L: ‘ㄹ’으로 된다

Lama 〈la-ma〉 (라-마); lima 〈li-ma〉 (리-마)

Y: ‘이’으로 된다

Yoyo 〈yo-yo〉 (요요); ya (야)

M: ‘ㅁ’으로 된다

Minum 〈mi-num〉 (미-눔); makan 〈ma-kan〉 (마-깐)

Z: ‘ㅈ’으로 된다

Zebra 〈ze-bra〉 (제-브라)

ㄱ

가(명령)   **ya**
야

가게   **toko**
또꼬

가게주인   **pemilik toko**
쁘밀릭 또꼬

가격   **harga**
하ㄹ가

가격표   **label**
레블

가곡   **lagu**
라구

가구   **perabotan**
쁘라보딴

가까운   **dekat**
드깟

가까워?   **Apakah dekat?**
아빠까ㅎ 드깟

가끔   **kadang-kadang**
까당-까당

가격이 절반이다   **Setengah harga**
스틍아ㅎ 하ㄹ가

가격차가 크다   **Perbedaan harganya besar.**
프ㄹ베다안 하ㄹ가냐 브사ㄹ

가기 전에 작별인사를 드리고 싶습니다   **Sebelum Anda pergi, saya ingin mengucapkan selamat tinggal.**
스블룸 안다 프ㄹ기 사야 잉인 믕우짢깐 슬라맛 띵갈

가기 싫어   **tidak ingin pergi**
띠닥 잉인 프 ㄹ기

가끔 시장가다   **Kadang-kadang pergi ke pasar.**
까당 까당 쁘ㄹ기 끄 빠사ㄹ

가난한	miskin 미ㅅ낀	가득 차다	penuh 쁘누ㅎ
가늘다	tipis 띠삐ㅅ	가라앉다	memeluk 므믈룩
가능	mungkin, bisa 뭉낀, 비싸	가련한	miskin 미스낀
가능성	kemungkinan 끄뭉끼난	가렵다	gatal 가딸
가다	pergi 쁘ㄹ기	가루	bubuk 부북

가는 길이야   sedang dalam perjalanan
수당 달람 쁘르잘라난

가는 집마다   pulang ke rumah masing-masing
뿔랑 끄 루마ㅎ 마싱 마싱

가능하세면   Kalau bisa / kalau mungkin
칼라우 비사 / 깔라우 뭉낀

가도 되나요?   Boleh pergi?
볼레ㅎ 쁘ㄹ기?

가득 따라 주세요   Tolong isi penuh.
똘롱 이시 쁘누ㅎ

가라고 하다   hendak pergi / mau pergi
흔닥 프ㄹ기 / 마우 쁘ㄹ기

가로질러 가다   Berjalan melintas
브ㄹ잘란 믈린따ㅅ

가르치다	mengajar 믕아자ㄹ	가스	gas 게ㅅ
가리다	membayangi 믐바양이	가스레인지	kompor 꼼포ㄹ
가매(머리)	cuci rambut 추치 람붓	가스통	tabung gas 타붕 가ㅅ
가면	kalau pergi 깔라우 쁘ㄹ기	가슴	dada 다다
가뭄	kekeringan 끄끄링안	가야한다	harus pergi 하루ㅅ 프ㄹ기
가방	tas 따ㅅ	가엾다	sedih 쓰디ㅎ
가벼운	ringan 링안	가운데	di tengah-tengah 디 뜽아ㅎ 뜽아ㅎ
가수	penyanyi 쁜냐이	가위	gunting 군띵

가벼운 사고 — kecelakaan ringan
끄츨라까안 링안

가볍게 생각하다 — Jangan terlalu dipikirkan
장안 뜨ㄹ랄루 디피끼ㄹ깐

가스를 짐그다 — menggembok gas
믐금복 가ㅅ

가여워라 — sepatutnya mengkasihani
스파뚯냐 믐까시하니

가을	cermin	가장(지위)	status tertinggi
	츠ㄹ민		스따뚜스 뜨ㄹ띵기
가자	ayo pergi	가장자리	tepian
	아요 쁘ㄹ기		뜨쁘안
가제	udang karang	가지다	membawa
	우당 까랑		음바와
가정	asumsi	가지세요	silahkan ambil
	아숨시		시라→ㅎ깐 암빌
가지 않다	tidak bawa	가축	ternak
	띠닥 바와		뜨ㄹ낙

가입하다 menjadi anggota
믄자디 앙고따

가장 좋아하는 시간
Waktu yang paling menyenangkan
왁뚜 양 빨링 믄으낭깐

가장 찬한 친구 Sahabat terbaikku
사하밧 뜨ㄹ바익꾸

가정환경 latar belakang keluarga
라따ㄹ 블라깡 끌루아ㄹ가

가져오다 membawa kembali
믐바와 끔발리

가족 모두 함께 즐겁게 Bersenang-senang bersama
dengan seluruh keluarga.
브ㄹ스낭 스낭 브ㄹ사마 등안 슬루루ㅎ 끌루아ㄹ가

가치	nilai	간단한	sederhana
	닐라이		스떠ㄹ한나
가치가 없다	tidak bernilai	간부	kader
	띠닥 브ㄹ닐라이		까드ㄹ
각자의	setiap	간섭하다	mencampur
	쓰띠앞		믄짬푸ㄹ
간격	sedang	간장	kecap
	쓰당		께찹

가족관계
tali persaudaraan
딸리 쁘ㄹ사우다라안

가족들에게 저를 대신해서 안부 전해 주세요
Tolong sampaikan salamku pada keluargamu
똘롱 삼빠이깐 살람꾸 빠다 끌루아ㄹ가무

가족이 어떻게 되세요?
Ada berapa anggota keluargamu?
아다 브라빠 앙구따 끌루아ㄹ가무?

가치가 오르다
nilai bertambah / nilai naik
닐라이 브ㄹ땀바ㅎ / 닐라이 나익

각본
skrip / naskah drama
쓰끄립 / 나ㅅ까ㅎ 뜨라마

가족이 일보다 더 중요하다
Keluarga lebih penting daripada pekerjaan.
끌루아ㄹ가 르비ㅎ 쁜띵 다리빠다 쁘끄ㄹ자안

| 간접적으로 | tidak langsung |
| 띠닥 랑숭 | |

간주하다 memperlakukan
음쁠ㄹ라꾸깐

간청하다 memohon
므모혼

간통 perzinahan
쁘ㄹ찌나한

간판 papan
빠빤

간호사 perawat
쁘라왓

갈 것이다 sepertinya
스프ㄹ띠냐

갈망하다 mendambakan
믄담바깐

갈색 coklat
쪼끌랏

갈아타다 transfer
트란스퍼ㄹ

갈증을 풀다 melepas haus
믈르파ㅅ 하우ㅅ

감 mengurangi
믕우랑이

감기 flu
플루

감기약 obat flu
오밧 플루

간다. 어~가(헤어질 때)
pergi ya
쁘ㄹ기 야

간식을 먹다
makan cemilan
마깐 쯔밀란

간염예방주사
Suntikan pencegah hepatitis
순띡띡깐 쁜쯔가ㅎ 해파띠띠스

간이 적당하다
rasanya cocok
라사냐 쪼쪽

갈 길이 멀어
jalan yang akan ditempuh jauh
잘란 양 아깐 디뜸푸ㅎ 자우ㅎ

감기에 걸리다	Kena flu 끄나 플루	감시	pengawasan 풍응아와산
감독(스포츠)	pelatih 쁠라띠ㅎ	감염되다	terinfeksi 뜨ㄹ인펙시
감독하다	mengawasi 믐응아와시	감자	kentang 끈땅
감동이야	tersentuh 뜨ㄹ슨뚜ㅎ	감전당하다	menderita 믄드리따
감동하다	mengesankan 믐으산깐	감정	emosi 에모시
감명	terkesan 뜨ㄹ끄산	갑옷	baja 바자
감사합니다	Terima kasih 뜨리마 까시ㅎ	갑자기	tiba-tiba 띠바-띠바
감소되다	berkurang 브ㄹ꾸랑	값이 내리다	harga turun 하ㄹ가 뚜룬

감기에 걸렸을 땐   Pada waktu kena flu
빠다 왁뚜 끄나 플루

감사하게 여기다   berterimakasih
브ㄹ뜨리마까시ㅎ

감자튀김   goreng-gorengan
꼬렝 꼬렝안

갑자기 말하다   tiba-tiba bicara
띠바 띠바 비짜라

값이 오르다	harga naik 하ㄹ가 나익	강력한	berkuasa 브ㄹ꾸아사
강	sungai 숭아이	강변	tepi sungai 뜨삐 숭아이
강간	pemerkosaan 쁘므ㄹ꼬사안	강사	pengajar 뻥아자ㄹ
강도	pencopetan 쁜쪼뻿딴	강아지	anjing(kecil) 안징 끄칠

갑자기 올다 tiba-tiba menangis
띠바-띠바 므낭이스

갑작스럽게 secara tiba-tiba
스짜라 띠바 띠바

값을 깎다 menurunkan harga
므누룬깐 하ㄹ가

값이 비싼 harga yang mahal
하ㄹ가 양 마할

값이 싼 harga yang murah
하ㄹ가 양 무라ㅎ

갔다 오는데 한 시간 안에 될까?
Apakah kita kembali dalam waktu satu jam?
아빠까ㅎ 끼따 끔발리 달람 왁뚜 사뚜 잠?

강의하다 memberikan kuliah / mengajar
믐부라깐 꿀리아ㅎ / 믕아자ㄹ

강조하다	menekankan	개띠	anjing
	므느깐깐		안징
갖다 주다	memberikan	개막	pembukaan
	음브리깐		쁨부까안
갖다	mengambil	개미	semut
	믕암빌		스뭇
같이 가다	pergi bersama	개선	perbaikan
	쁘ㄹ기 브ㄹ사마		프ㄹ바이깐
개	anjing(besar)	개업	pelaksana
	안징(브사ㄹ)		쁠락사나
개강하다	mulai semester	개인	individu / pribadi
	물라이 스메ㅅ트		인디비두 / 쁘리바디
개구리	katak	개인 수표	cek pribadi
	까딱		첵 쁘리바디
개다	melipat	개인재산	milik pribadi
	믈리빳		밀릭 쁘리바디

강하게 누르다   menekan dengan kuat
므느깐 등안 꾸앗

같이 가고 싶다   ayo pergi bersama
아요 쁘ㄹ기 브ㄹ사마

같이 가자   mari pergi bersama
마리 쁘ㄹ기 브ㄹ사마

같이 나가 놀다   ayo pergi keluar bersama
아요 쁘ㄹ기 끄루아ㄹ 브ㄹ사마

개인적으로는	perorangan 쁘ㄹ오랑안	거래소	pertukaran 쁘ㄹ뚜까란
개최하다	melemparkan 므렘빠르깐	거리(도로)	jalan 잘란
개혁하다	memperbaharui 음프ㄹ바하루이	거리(멀기)	jauh 자우ㅎ
객체	obyek 옵엑	거미줄	karet 까렛
거기	disana 디사나	거북이	kura-kura 꾸라 꾸라
거대하다	yang besar 양 브사ㄹ	거실	ruang tamu 루앙 따무

개척하다 memprakarsai / membuat
음쁘라까ㄹ사이 / 음부앗

거기 재미있는 것 없어?
Disana tidak ada yang menarik?
디사나 띠닥 아다 양 므나릭

거기엔 상점이 많아 Disana ada banyak toko.
디사나 아다 반약 또꼬.

거긴 앉지 마 jangan duduk disitu
장안 두둑 디시뚜

거래하다 melakukan bisnis dengan-
믈라꾸깐 비ㅅ니ㅅ 등안

거울	cermin 쯔ㄹ민	거주자	residen / penghuni 레시덴 / 픙후니
거위	gunting 군띵	거짓말하다	membohongi 음보홍이
거의	hampir 함삘	거품	busa 부사
거주	tempat tinggal 뜸빳 띵갈	거절하다	menolak 므놀락

거스름돈 주세요 — **tolong uang kembaliannya**
똘롱 우앙 끔발리안냐

거스름돈이 틀려요 — **Uang kembaliannya salah**
우앙 끔발리안냐 살라ㅎ

거의 먹지 않다 — **Hampir tidak makan**
함삐ㄹ 띠닥 마깐

거의 매일 — **hampir setiap hari**
함삐ㄹ 스띠앞 하리

거의 모든 회사에서 — **Semua di perusahaan**
스무아 디 쁘루사하안

거의 속을 뻔했어 — **Hampir saja terjadi**
함삐ㄹ 사자 뜨르자디

거의 완벽했는데 — **Hampir saja sempurna**
함삐ㄹ 사자 슴푸ㄹ나

거주 연장기간 — **memperpanjang masa tinggal**
음프ㄹ빤장 마사 띵갈

걱정스러운	cemas 쯔마ㅅ	건강진단	menjadi sehat 믄자디 세핫
건강	sehat 세핫	건강해지다	menjadi sehat 믄자디 세핫

거의 없는
hampir tidak ada / hampir habis
함삘 띠닥 아다 / 함삘 하비ㅅ

걱정
kuatir / khawatir / cemas
꾸아띠ㄹ / 카와띠ㄹ / 쯔마ㅅ

걱정하다
mencemaskan / mengkhawatirkan
믄쯔마ㅅ깐 / 믕카와띠ㄹ깐

걱정하지마
jangan khawatir
장안 카와티ㄹ

건강은 어떠세요?
Bagaimana kesehatanmu?
바가이마나 끄세하딴무?

건강을 되찾다
pulih kembali
뿔리ㅎ 끔발리

건강을 빨리 회복하시길 바랍니다
Semoga anda cepat pulih
스모가 안다 쯔빳 뿔리ㅎ

건강을 유지하다 **Mempertahankan kesehatan**
음쁘ㄹ따한깐 끄세하딴

건강증명서
Akte Kesehatan / Sertifikat Kesehatan
악뜨 끄세하딴 / 스ㄹ띠피깟 끄세하딴

건너가다	menyeberang 믄예브랑	건축가	arsitek 아ㄹ시떽
건너편	seberang 스브랑	걸레	kain lap / kain pel 까인 랖 / 까인 뻴
건물	gedung 그둥	걸리다	terkena 뜨르께나
건설하다	membangun 믐방운	걸어가다	berjalan-jalan 브ㄹ잘란 잘란
건전지	baterei 바트레이	검	permen karet 쁘ㄹ멘 까렛

건국하다   mendirikan suatu negara
믄디리깐 수아뚜 느가라

건배하다   toast / cheers(인도네시아어 없음)
토아스트 / 찌이ㄹㅅ

건전지 다 됐어   sudah di charged / sudah penuh
수다ㅎ 디 차ㄹ지 / 수다ㅎ 쁘누ㅎ

걸다   bergayut / mencantolkan
브ㄹ가윳 / 믄짠똘깐

걸다 / 한국 팀에 돈을 걸다
Bertaruh / Saya bertaruh untuk tim Korea.
브ㄹ따루ㅎ / 사야 브ㄹ따루ㅎ 운뚝 팀 코레아

걸어서 갈 수 있어요?   Bisa dengan jalan kaki?
비사 등안 잘란 까끼?

검게, 타다	hitam, berjalan 히땀, 브르잘란	검은색	hitam 히땀
검사하다	mengecek 믐으쩩	겉표지	penutup 쁘누뚭
검색하다	mencari 믄짜리	게	untuk 운뚝
검역소	karantina 까란띠나	게다가	selain itu 슬라인 이뚜
검열	sensor 센소ㄹ	겨냥하다	menembak 므넴박
검열(검토) 하다	meninjau 므닌자우	겨루다	bersaing 브ㄹ사잉

걸어서 약 10분 걸려요
Kira-kira 10 menit dengan jalan kaki.
끼라 끼라 스풀루ㅎ 므닛 등안 잘란 까끼

걸을 수는 없다
Tidak bisa dengan jalan kaki
띠닥 비사 등안 잘란 까끼

게스트 하우스　guest house / tempat penginapan
게스트 하우스 / 뜸빳 쁭이나빤

게임　mainan / pertandingan
마이난 / 쁘ㄹ딴딩안

게임에서 이기다　Memenangkan pertandingan
므므낭깐 쁘ㄹ딴딩안

겨울	musim dingin 무심 딩인	견적서	surat penawaran 수랏 쁘나와란
격차	celah 쫄라ㅎ	결과	hasil 하실
견인	daya tarik 다야 따릭	결국	pada akhirnya 빠다 아끼ㄹ냐
견적가격	penilaian 쁘니라이안	계약서	Surat perjanjian 수랏 쁘르잔지안

게으른 / 정말 게으르다
Pemalas / sangat malas
쁘말라ㅅ / 상안 말라ㅅ

겨울에
pada waktu musim dingin
빠다 왁뚜 무심 딩인

겨울엔 밖에 나가기가 싫다
Malas keluar pada waktu musim dingin
말라ㅅ 끌루아ㄹ 빠다 왁뚜 무심 딩인

겨울이 점점 짧아지다
Musim dingin lama
kelamaan menjadi semakin pendek
무심 딩인 라마 끌라마안 믄자디 스마낀 뻰덱

격려하다
memberi semangat
믐브리 스망앗

계약하다
Melakukan perjanjian
믈라꾸깐 쁘르잔지안
Melakukan kesepakatan
믈라꾸깐 끄스빠까딴

계절	Musim 무심	계획	Rencana 른짜나
계정	Rekening 레크닝	고갈되다	Menipis 므니삐ㅅ
계좌	Akun / Rekening 아꾼 / 레크닝		Berkurang 브ㄹ꾸랑
계속가	Terus pergi 뜨루ㅅ 쁘르기	고구마	Ubi 우비
계속 말해	Terus bicara 뜨루ㅅ 비차라	고귀한	Berharga 브르하르가

계산해 주세요.
Tolong hitungkan
똘롱 히뚱깐
Tolong saya mau bayar
똘롱 사야 마우 바야ㄹ

계속해서 가세요.
Silahkan terus saja
시랗깐 뜨루ㅅ 사자

계약기간은 5년입니다.
Tenggang waktu perjanjiannya 5 tahun
뗑강 왁뚜 쁘르잔지안냐 리마 따훈

계좌를 열다
Membuka akun rekening
음부까 아꾼 레크닝

계약을 체결할 필요가 있습니다.
Perlu mendatangani perjanjian
쁘를루 므난다땅아니 쁘ㄹ잔지안

고급스런	Papan atas 빠빤 아따ㅅ	고마운	Berterima kasih 브르뜨리마 까싱
고기	Daging 다깅		Berhutang budi 브르후땅 부디
고대의	Raksasa 락사사	고맙습니다	Terima kasih 뜨리마 까시ㅎ
계좌잔액	Saldo 살도	고무	Karet 까렛
계획대로	Sesuai rencana 스수아이 른짜나	고무줄	Tali karet 딸리 까렛
계획적으로	Terencana 뜨른짜나	고발하다	tympanum 팀빠눔
고고학	Arkeologi 아ㄹ케올로기	고상한	menyublim 므뉴블림
고르다	Memilih 므밀링	고속도로	Jalan Tol 잘란 똘

계획이 다 틀어졌어.	Semua rencananya gagal 스무아 른짜나냐 가갈
고등학교	Sekolah menengah atas(SMA) 스콜랑 므능앗 아따ㅅ
고려하다	Mempertimbangkan 믐쁘르띰방깐
	Memikirkan 므미까르깐

고아	Yatim piatu 야띰 삐아뚜	고위계층	Strata persada 스뜨라따 쁘ㄹ사다
고아원	Panti asuhan 빤띠 아수한		Golongan atas 골롱안 아따ㅅ
고양이	Kucing 꾸찡	고장나다	Rusak 루삭
고요한	Tentram 뜬뜨람	고전의	Klasik 끌라식
	Sepi 스피	고정된	Tetap 뜨땊
고용하다	Mempekerjakan 음쁘끄ㄹ자깐		Stabil 스따빌

고사성어   Pepatah(berasal dari kejadian di masa lampau)
쁘빠땋(브라살 다리 끄자디안 디 마사 람파우)

고무줄로 묶다   Ikat dengan tali karet
이깟 등안 딸리 까렛

고운피부   Kulit yang indah
꿀릿 양 인닿

고의적으로   Dengan sengaja
등안 승아자

고층빌딩   Gedung pencakar langit
그둥 쁜짜까ㄹ 랑잇

고추(야채)	Cabe 짜베	곧	Langsung / Segera 랑숭 / 스그라
고추장	Saus cabe 사우ㅅ 짜베	곧바로	Langsung 랑숭
고층의	Pencakar langit 쁜짜까ㄹ 랑잇		Terus 뜨루ㅅ
고향	Kampung halaman 깜뿡 할라만	골(스포츠)	Gol 골

고혈압   Tekanan darah tinggi
뜨까난 다랗 띵기

고쳐 줄 수 있어요?   Bisa tolong perbaiki?
비사 똘롱 쁘르바이끼

고통을 겪다   Menderita kesakitan
믄드리따 끄사끼딴

고향에 돌아가다   Kembali ke kampung halaman
끔발리 끄 깜뿡 할라만

고향이 어디세요?   Dimana kampung halamannya?
디마나 깜뿡 할라만냐?

곧 도착 할거야.   Akan segera tiba
아깐 스그라 띠바

곧 볼 수 있으실 거예요.   Akan segera bisa bertemu kembali
아깐 스그라 비사 브르뜨무 끔발리

골목	Lorong 로롱	공간	Ruang 루앙
골키퍼	Kiper 키뻬ㄹ	공공의	Umum 우뭄
곰	Beruang 브루앙	공격	Serangan 스랑안
곰팡이가난	Lapuk 라뿍	공급하다	Menyediakan 브녜디아깐
곳(장소)	Tempat 뜸빳	공기	Udara 우다라
공	Bola 볼라	공기(타이어)	Udara 우다라

곧 ~되다
Akan segera menjadi
아깐 스그라 믄자디

곧 시험이야
Sebentar lagi ujian
스븐따르 라기 우지안

곧장 집에 간다
Segera pulang ke rumah
스그라 뿔랑 끄 루맛

골라 주세요.
Tolong pilihkan
똘롱 삘리ㅎ깐

공개적인
Terbuka untuk umum
뜨르부까 운뚝 우뭄

공공재산
Harta kekayaan umum
하르따 끄까야안 우뭄

공동의	Umum 우뭄	공부하다	Belajar 블라자ㄹ
공립학교	Sekolah negeri 스콜랑 느그리	공상	Fantasi 판따시
공무	Sipil 시삘		Hayalan 하얄란
공백	Kevakuman 끄바꾸만	공식(수학, 의식)	Rumus 루무스
	Interval 인뜨ㄹ발	공식적인	Secara resmi 스짜라 르스미

공무원   Pegawai negeri sipil
쁘가와이 느그리 시필

공부 하나도 안했어   Tidak belajar sama sekali
띠닥 블라자ㄹ 사마 스깔리

공부를 열심히 하지 않았어요.
Tidak belajar dengan keras
띠닥 블라자ㄹ 등안 끄라ㅅ

공부를 잘하다   Pandai belajar
빤다이 블라자ㄹ

공식에 따라   Mengikuti rumus
믕이꾸띠 루무ㅅ

Mengikuti tata cara formal
믕이꾸띠 따따 짜라 포ㄹ말

공사장	Kepala pabrik 끄빨라 빠브릭	공자(인물)	Kelenteng 끌렌뗑
공약	Janji muluk 잔지 물룩	공작(동물)	Merak 므락
공업	Industri 인두ㅅ뜨리	공장	Pabrik 빠브릭
공업화	Industrialisasi 인두ㅅ뜨리알리사시	공적이 있다	Punya kredit 뿐냐 크레딧
공연	Pertunjukkan 쁘르뚠주깐	공정	keadilan 끄아딜란
공예	pradarya 쁘라다랴	공제하다	Memotong 므모똥
공원	Taman 따만		mendeduksi 믄데둑시
공유하다	berbagi 브ㄹ바기	공증인	Notaris 노따리ㅅ

공식적으로 알리다   Dibuka secara resmi
디부까 스짜라 르스미

공식적으로 인정하다   Diakui secara resmi
디아꾸이 스짜라 르스미

공업지역   Kawasan industri
까와산 인두ㅅ뜨리

공연하다   Menampilkan pertunjukkan
므남필깐 쁘르뚠주깐

공평	Adil 아딜	공헌하다	Berjasa 브ㄹ자사
공평하게	Dengan adil 등안 아딜	공휴일	Libur nasional 리부ㄹ 나시오날
공포영화	Film horror 삘름 호로ㄹ	공항	Bandara 반다라

공장노동자
Pegawai pabrik
쁘가와이 빠브릭

공지사항 잠깐
Silahkan dengarkan sebentar mengenai prosedurnya
똘롱 등아르깐 스븐따ㄹ 믕으나이 쁘로스두르냐

공채(증권)
Open rekruitmen
오픈 레크륏믄

공화(국)
Harmoni universal
하ㄹ모니 유니프ㄹ살

공항까지 배웅해 드릴게요.
Akan saya antar sampai ke bandara
아깐 사야 안따르 삼빠이 끄 반다라

공항에 어떻게 가실 건가요?
Bagaimana Anda akan pergi ke bandara?
바가이마나 안다 아깐 쁘르기 끄 반다라?

공항으로 친구를 마중가려고 해.
Akan menjemput teman di bandara
믄즘뿟 뚜만 디 반다라

공황	Panik 빠닉	관객	Pengunjung 뻥운중
	Krisis ekonomi 끄리시ㅅ 에코노미	관계	Hubungan 후붕안
과(책)	Bab 밥	과학자	Ilmuwan 일무완
과거	Masa lalu 마사 랄루	관세세관	Bea cukai 베아 쭈까이
과속	Cepat 쯔빳	관리자	Manager 메네즈ㄹ
과일	Buah 부앙	관리하다	Mengatur 븡아뚜ㄹ
과자	Kue 꾸엘	관세	Cukai 쭈까이
과정	Proses 쁘로세ㅅ	관점	Sudut pandang 수둣 빤당

과일을 먹다	Memakan buah-buahan 므마깜 부앙-부앙안
과학	Ilmu pengetahuan alam 일무 뻥으따후안 알람
관계를 맺다(사업)	Membangun hubungan 믐방운 후붕안
관세를 내다	Membayar cukai 믐바야ㄹ 쭈까이

관중석	Grandstand 그렌스뗀	교과서	Buku pelajaran 부꾸 쁠라자란
관찰하다	Mempelajari 음쁠라자리	관절염	Artritis 아ㄹ뜨리띠ㅅ
광고	Iklan 이클란	교수	Dosen 도센
광물	Mineral 미느랄	교단에 서다	Denominasi 데노미나시
광장	Tanah lapang 따낳 라팡	교류	Arus bolak-balik 아루ㅅ 볼락-발릭
광주리	basket 바ㅅ껫	교사	Pengajar 쁭아자ㄹ
괜찮습니다	Tidak apa-apa 띠닥 아빠-아빠		Guru 구루

관심을 갖다

Memiliki ketertarikan
므밀리끼 끄뜨르따리깐

관세를 납부해야 하나요?

Apakah harus membayar cukai?
아빠까ㅎ 하루ㅅ 름바야ㄹ 쭈까이

관절부위

Bagian dari artikulasi
바기안 다리 아르띠꿀라시

광견병

Penyakit anjing gila
쁜냐낏 안징 길라

교실	Ruang kelas 루앙 끌라스	교회	Gereja 그레자
교육	Pendidikan 쁜디디깐	교통경찰	Polisi lalu lintas 뽈리시 랄루 린따스
교제하다	Bergaul 브ㄹ가울	교통수단	Alat transportasi 알랏 뜨란ㅅ포ㄹ따시
교통	Lalu lintas 랄루 린따ㅅ	구(숫자)	Sembilan 슴빌란

교육부 **Departemen pendidikan**
드파르뜨멘 쁜디디깐

교환하다 **Menukar(barang)**
므누까ㄹ(바랑)

교통법규를 어기다 **Melanggar peraturan lalu lintas**
믈랑가ㄹ 쁘라뚜란 랄루 린따ㅅ

교통사고 **Kecelakaan lalu lintas**
끄쩔라까안 랄루 린따ㅅ

교통사고 당하다 **Mengalami kecelakaan lalu lintas**
믕알라미 끄츨라까안 랄루 린따ㅅ

교통사고를 내다
Mengakibatkan kecelakaan lalu lintas
믕아까밧깐 끄쩔라까안 랄루 린따ㅅ

교환되나요?
Apakah barang bisa ditukar kembali?
아파깡 바랑 비사 디뚜까ㄹ 끔발리

구경하다	Melihat-lihat 믈리핫-리핫
구두	Sepatu 스빠뚜
구레나룻	Cambang 짬방
구멍	Lubang 루방
구멍을 뚫다	Melubangi 믈루방이
구비하다	Berkubu 브ㄹ꾸부
구성(전산)	Kelengkapan 끄릉까빤
구성하다	menyusun 믄유순

구어	Bahasa lisan 바하사 리산
구역	Wilayah 윌라얗
	blok 블록
구월(9월)	September 씊뗌브ㄹ
구좌기록(은행)	Rekap akun 레깝깎아꾼
구절(문장)	Ayat 아얏
	Kalimat 깔리맛
구조	Struktur 스뜨룩뚜ㄹ

구두 한켤레

Sepatu satu pasang
스파뚜 사뚜 빠상

구별하다

Mendiskriminasikan
믄데ㅅ크립시깐

구체적으로 협상 합시다.

Mari berunding secara kongkrit
마리 브룬딩 스짜라 꽁끄릿

구좌	Akun 아꾼	국경	Perbatasan 쁘ㄹ바따산
구체적인	Kongkrit 꽁끄릿	국내	Dalam negeri 달람 느그리
국(음식)	Sup 숩	국립	Kemerdekaan 끄므ㄹ데까안

구충제를 먹다   Memakan obat cacing
므마깐 오밧 짜찡

국가를 부르다   Menyanyikan lagu kebangsaan
므냐니깐 라구 끄방사안

국경을 통과하다   Melewati perbatasan dua negara
믈레와띠 쁘ㄹ바따산 두아 느가라

국경통과비자   Visa luar negeri
비사 루아ㄹ 느그리

국기를 게양하다
Mengibarkan bendera kenegaraan
믕이바ㄹ깐 븐데라 끄느가라안

국내공항   Bandara internasional
반다라 인뜨라 나셔날

국영   Badan usaha milik negara
바단 우사하 밀릭 느가라

국을 드시겠어요?   Ingin makan sup?
잉인 마깐 숩?

국민	Warga Negara 와ㄹ가 느가라	군고구마	Ubi bakar 우비 바까ㄹ
국적	Kebangsaan 끄방사안	군대	Militer 밀리떼ㄹ
국제	International 인뜨ㄹ나셔날	굴	Lokan 로깐
	Antar negara 안따ㄹ느가라		terowongan 뜨로윙안
국회	Parlemen 빠ㄹ를르멘	굵다	Tebal 뜨발

국제공항

Bandara internasional
반다라 인뜨ㄹ나셔날

국제전화

Telepon internasional
뜰르폰 인뜨ㄹ나셔날

군대에서 제대하다

Selesai wajib militer
슬르사이 와집 밀리떼ㄹ

궁금한 건 못참아.

Tidak bisa menahan rasa penasaran
띠닥 비사 므나한 라사 쁘나사란

궁금해 죽겠네.

Penasaran sekali
쁘나사란 스깔리

권리를 박탈하다

Mencabut hak
믄차붓 학

굽다	Membakar 믐바까ㄹ	귀	Telinga 뜰링아
궁(건물)	Istana 이ㅅ따나	귀머거리의	Tuli 뚤리
궁금하다	Penasaran 쁘나사란	귀빈	Tamu agung 따무 아궁
권력	Wibawa 위바와	귀신	Hantu 한뚜
권리	Hak 학	귀여운	Lucu 루쭈

귀기울이다	Mendengarkan dengan seksama 믄등아ㄹ깐 등안 슥사마
권/세권	Buku / Tiga buku 부꾸 / 띠가 부꾸
귀국준비	Persiapan pulang ke Negara asal 쁘ㄹ시아판 쁘랑 끄 느가라 아살
귀국하다	Pulang ke Negara asal 뿔랑 끄 느가라 아살
귀중품 보관함	Tempat penyimpanan barang berharga 뜸팟 쁘님빠난 바랑 브ㄹ하ㄹ가
규정을 초과하다	Melampaui patokan 믈람파우이 빠또깐

귀여워요	Lucu 루쭈	규정하다	Mengatur 믕아뚜ㄹ
귀중품	Barang berharga 바랑 브ㄹ하ㄹ가		Mematok 므마똑
귀찮아	Malas 말라ㅅ	균형	Keseimbangan 끄스임방안
규정	Patokan 빠또깐	귤	Jeruk 즈룩
	Penyelewengan 쁜녤레웽안	그것	Itu 이뚜

그거 필요없어
Itu tidak perlu
이뚜 띠닥 쁘를루

그건 그렇고
Yang itu memang(begitu)
양 이뚜 메망 브기뚜

그것뿐이야?
Apakah hanya itu?
아빠깡 하냐 이뚜?

그걸로 됐습니다
Jadinya dengan itu
자디냐 등안 이뚜

그게 내 전문인걸요.
Itu mungkin adalah keahlianku
이뚜 뭉낀 아달랗 끄앓리안꾸

그게 바로 나야.
Itu saya
이뚜 사야

그날	Hari itu 하리 이뚜	그녀	Dia(perempuan) 디아(쁘름푸안)
그동안	Selama itu 슬라마 이뚜	그동안	Selama itu 슬라마 이뚜
그남자	Lelaki itu 를라끼 이뚜	그들	Mereka(Laki-laki) 므레까(라끼-라끼)
그네	Ayunan 아유난	그때	Saat itu / Ketika itu 사앗 이뚜 / 끄띠까 이뚜

그 소식을 들었어요?
Apakah Anda mendengar berita itu?
아파깔 안다 믄등아ㄹ 브리따 이뚜?

그냥 구경하는 거예요.
Hanya melihat-lihat saja
하냐 믈리핫-리핫 사자

그냥 날 좀 내버려 둬.
Biarkan saya lewat
비아ㄹ깐 사야 레왓

그밖에
Kecuali itu / hal itu
끄쭈알리 이뚜 / 할 이뚜

그냥 보통이지.
Hanya biasa saja
하냐 비아사 사자

그냥 운동중 인데요.
Hanya sedang olahraga
하냐 스당 올랗라가

그들이 몇시에 도착하지요?
Mereka jam berapa tibanya ya?
므레까 잠 브라빠 다땅냐 야?

그래	Begitu / Baik 브기뚜 / 바익	그래프	Grafik 그라픽
그부인	Istrinya 이ㅅ뜨리냐	그러나	Tetapi 뜨따삐
그후에	Setelah itu / dia 스뜰랗 이뚜 / 디아	그러면	Kalau begitu 깔라우 브기뚜
그래서	Jadi 자디		Jika demikian 지까 드미끼안
	Sehingga 스힝가	그러지마.	Jangan begitu 장안 브기뚜
	Maka 마까	그런데	Tetapi 뜨따삐

그때 오토바이 타고 있었어.

Waktu itu sedang menaiki sepeda motor
왁뚜 이뚜 스당 므나이끼 스뻬닿 모또ㄹ

그래 뭔가 이상해

Benar, ada yang aneh
브나ㄹ, 아다 양 아넿

그래도 안되면 항의 하자.

Meskipun begitu
kalau tetap tidak bias mari kita protes
므ㅅ끼푼 브기뚜 깔라우 뜨땊 띠닥 비사 마리 프로떼ㅅ

그래도 정말 다행이야.

Walau begitu benar-benar beruntung
왈라우 브기뚜 브아ㄹ-브나ㄹ 브룬뚱

| 그런 후에 | Setelah begitu
스뜰랗 브기뚜 | 그렇게 | Begitu
브기뚜 |

그런 후에   Setelah begitu / 스뜰랗 브기뚜

그렇게   Begitu / 브기뚜

그럼   Kalau begitu / 깔라우 브기뚜

그렇군요   Begitu rupanya / 브기뚜 루빠냐

Tentu / 뜬뚜

그릇   Piring / 삐링

그러는 바람에   Gara-gara begitu / 가라-가라 브기뚜

그러려고 한건 아녜요.
Bukan bermaksud untuk seperti itu
부깐 브ㄹ막숟 운뚝 스쁘ㄹ띠 이뚜

그런데 전화를 꺼버리고 받질 않아.
Tetapi(dia) mematikan handphone
dan tidak mengangkat telepon
뜨따피(디아) 므마띠깐 핸폰 단 띠닥 믕앙깟 뜰르폰

그런데요, 전 지금 가봐야 할 것 같아요.
Tetapi, saya sepertinya harus pergi sekarang
뜨따삐, 스쁘ㄹ띠냐 사야 하루ㅅ 쁘ㄹ기 스까랑

그렇게 하면
Jika melakukan dengan cara seperti itu
지까 믈라꾸깐 등안 짜라 스쁘ㄹ띠 이뚜

그룹(가수)   Grup / Kelompok / 그룹 / 끌롬뽁

그리다	Menggambar 믕감바ㄹ	그을리다	Menghanguskan 믕항우ㅅ깐
그림	Gambar 감바ㄹ	그처럼	Seperti itu 스쁘ㄹ띠 이뚜
그만 가자.	Ayo pergi 아요 쁘ㄹ기	극(연극)	adegan(drama) 아드간(드라마)
그만, 그만.	Henti 흔띠	극복하다	Mengalahkan 믕알랑깐
	Cukup 쭈꿉		Mengatasi 믕아따시
그물	Jala 잘라		Melawan 믈라완

그만하자.　　　　Mari berhenti / hentikan
마리 브ㄹ흔띠 / 흔띠깐

그럼, 모레는 어때?
Kalau begitu, bagaimana dengan besok lusa?
깔라우 브기뚜 바가이마나 등안 베속 루사?

그렇게는 안돼.　Kalau begitu caranya tidak boleh
깔라우 베기뚜 짜라냐 띠닥 볼렝

그렇다면 좋아요.　Kalau katanya begitu bagus
깔라우 까따냐 스프ㄹ띠 이뚜 바구ㅅ

그릇/국수 3그릇
Piring / mangkuk / Guksu 3 mangkuk
삐링 / 망국 / 국수 3 망국

극장	Bioskop
	비오스꼽
극히	Dengan ekstrim
	등안 엑ㅅ뜨림
근거하다	Mendasari
	믄다사리
근로자	Buruh kerja
	부룽끄ㄹ자
근면한	Ketekunan
	끄뜨꾸난
근본	Asas
	아사ㅅ
근심	Kecemasan
	끄쯔마산
근원	Asal
	아살
근접한	Mendekat
	믄드깟

근처에	Di sekitar
	디 스끼따ㄹ
금	Emas
	으마ㅅ
금고	Brangkas
	브랑까ㅅ
금메달	Medali emas
	므달리 으마ㅅ
금붕어	Ikan mas
	이깐 마ㅅ
금요일	Jumat
	줌앗
금지하다	Dilarang
	딜라랑
기(국기)	Bendera negara
	븐데라 느가라
기간	Periode waktu
	뻬리오드 왁뚜

그저께	Beberapa hari yang lalu
	브브라파 하리 양 랄루
(비가)그치다	Hujan berhenti turun
	후잔 브ㄹ흔띠 뚜룬
금방 그칠거야	Akan segera berakhir
	아깐 스그라 브라키ㄹ

기계	Mesin 므신	긍정하다	Mengiyakan 믕이야깐
기관지	Pembuluh nafas 쁨불룽 나파ㅅ	기능	Fungsi 풍시
기념하다	Memperingati 믐쁘링아띠	기능하다	Berfungsi 브ㄹ풍시

급료를 깎다
Memotong upah
므모똥 우빠ㅎ

급한성질
Sifat yang terburu-buru
시팟 양 뜨ㄹ부루-뜨ㄹ부루

금지 표지판
Petunjuk larangan
프뚠죽 라랑안

금지품을 소지하고 있습니까?
Apakah anda membawa barang terlarang?
아파까ㅎ 안다 믐바와 바랑 뜨를라랑

급하다 / 나 지금 급해.
**Terburu-terburu /
Saya sekarang sedang Terburu-terburu**
뜨ㄹ부루-부루 / 사야 스까랑 스당뜨ㄹ부루-부루

급한 일이 생겼어.
Ada hal yang mendesak
아다 할 양 믄드삭

기계 고장 난것 같아요. 한번 봐 주실래요?
**Mesinnya rusak sepertinya,
bisa tolong lihat sebentar?**
므신냐 루삭 스쁘ㄹ띠냐? 비사 똘롱 리핫 스븐따ㄹ?

기다리다	Menunggu 므눙구	기본요금	Tarif dasar 따맆 다사ㄹ
기대하다	Mengantisipasi 븡안띠시빠시	기관	Organ 오ㄹ간
기둥	Manuver 마누프ㄹ	기내 소지품	Bagasi jinjing 바가시 진징
기록	Rekam 르깜	기본적인	Mendasar 믄다사ㄹ
기록하다	Merekam 므르깜	기분	Perasaan 프라사안
기르다	Merawat 므라왓	기쁘다	Senang 스낭
	Menumbuhkan 므눔붕깐	기쁨	Rasa senang 라사 스낭
기름	Minyak 민냑	기사(신문)	Berita 브리따
기름기가 많은	Berminyak 브ㄹ민냑	기숙사	Asrama 아ㅅ라마

기반을 잡다 Mendapatkan prasarana
믄다빳깐 쁘라사라나

기분이 더 좋아지다

Peraasaannya menjadi lebih baik
프라사안냐 믄자디 르빛바익

기술	Teknik 떼크닉	기원	Asal muasal 아살 무아살
기술자	Teknisi 떼크니시	기분이 좋은	...hati senang … 하띠 스낭
기어오르다	Menjalar 믄잘라ㄹ	기일	Jatuh tempo 자뚱뗌뽀
	Menjulur 믄줄루ㄹ	기입하다	Membukukan 믐부꾸깐
기억	Ingatan 잉아딴		Mencatat 믄차땃
기억력	Daya ingat 다야 잉앗	기자	Wartawan 와르따완
기억해 내다	Mengingat 믕잉앗	기준가격	Harga standar 하ㄹ가 스딴다ㄹ

기분이 어때?	Bagaimana perasaannya? 바가이마나 쁘라사안냐?
기사 다 읽었어요?	Beritanya sudah baca semua? 브리따냐 수당 바짜 스무아?
기억이 나지 않다	Saya tidak ingat 사야 띠닥 잉앗
기억이 잘안 나요.	Saya tidak ingat 사야 띠닥 잉앗
기여하다	Menyumbangkan 무늄방깐

기질	Temperamen 뗌쁘라멘	기초적인	Mendasar 믄다사ㄹ
	Budi 부디		Fundamental 푼다멘딸
기차	Kereta 크레따	기침	Batuk 바뚝
기찻길	Jalan kereta / Rel 잘란 끄레따 / 렐	기차역	Stasiun kereta 스따시운 끄레따
기체	Cairan 짜이란	기타(악기)	Gitar 기따ㄹ
기초	Dasar 다사ㄹ	기호	cita rasa 찌따 라사

기차가 더 싸겠지만 더 느릴 것이다. Keretanya akan lebih murah tetapi akan lebih lambat
크레따냐 아깐 르빌 무라ㅎ 뜨따삐 아깐 르빌 람밧

기한을 늘리다

jangka waktunya menjadi lebih lama
장까 왁뚜냐 믄자디 르비ㅎ 라마

기회가 되면 또 뵙길 바랍니다. Jika ada kesempatan saya harap bisa bertemu kembali
지까 아다 끄슴파딴 사야 하랖 비사 브ㄹ뜨무 끔발리

기회가 있었다 Ada kesempatan
아다 끄슴빠딴

기호(취미)	kecenderungan 끄쯘드룽안	긴급한	Urgen 우ㄹ겐
	hobi 호비		mendesak 믄드삭
기회	Kesempatan 끄슴빠딴	길	Jalan 잘란
기후	Iklim 이클림	길 건너편	Seberang jalan 스브랑 잘란

기회를 놓치다　　Melewatkan kesempatan
믈레왓깐 끄슴빠딴

기회를 잡다　　Mengambil kesempatan
믕암빌 끄슴빠딴

긴머리　　Rambut yang panjang
람붓 양 빤장

긴생머리　　Rambut lurus yang panjang
람붓 루루ㅅ 양 빤장

긴장을 풀다　　Melepaskan rasa gugup
믈르빠ㅅ깐 라사 구굽

긴장하지 않았다　　Tidak merasa gugup
띠닥 므라사 구-굽

길끝 사거리까지 가세요.
Silahkan pergi sampai pertigaan ujung jalan
실랗깐 쁘ㄹ기 삼파이 프ㄹ띠가안 우중 잘란

길다	Panjang	길이	Ukuran panjang
	빠장		우꾸란 빠장
길어지다	Memanjang	길이 막히다	Jalan macet
	므만장		잘란 마쯧
	Menjadi panjang	깃대	Standar
	믄자디 빠장		스딴다ㄹ
길을 잃다	Tersesat	깃발	Bendera
	뜨ㄹ스삿		븐데라

길을 건너다   **Menyeberang jalan**
므녜브랑 잘란

길을 떠나다   **Meninggalkan jalan**
므닝갈깐 잘란

길을 안내하다   **Memandu jalan**
므만두 잘란

길 좀 비켜 주세요.   **Tolong minggir sedikit**
똘롱 밍기ㄹ 스디낏

김치를 만들다   **Membuat kimchi**
음부앗 김치

김치 만들어 줄께.   **Saya akan buatkan kimchi**
사야 아깐 부앗깐 김치

김치 먹어 본적 있어요?   **Apakah anda pernah makan Kimchi?**
아파까ㅎ 안다 쁘ㄹ낳 마깐 김치?

깊이	**Kedalaman** 끄달라만	깨(곡물)	**Sesame** 스삼
	Dengan dalam 등안 달람	깨끗이	**Dengan bersih** 등안 브ㄹ싫
까마귀	**Gagak** 가각	깨닫다	**Tersadar** 뜨ㄹ사다ㄹ
깔때기	**Corong** 쪼롱	깨뜨리다	**Mengoyak** 믕오약
깜박하다	**Lupa** 루빠	깨지기 쉽다	**Mudah pecah** 무닿 프짜ㅎ
깜짝 놀란	**Tersentak kaget** 뜨ㄹ슨딱 까겟	꺾다	**Belok** 벨록

김치는 발효 식품이다.

Kimchi adalah makanan fermentasi
김치 아달랗 마까난 프ㄹ멘따시

깎아 주세요.

Tolong kupaskan
똘롱 꾸빠ㅅ깐

깎아 주세요. 아줌마

Tolong kupaskan bibi
똘롱 꾸파ㅅ깐 비비

깜짝 놀라다

Tersentak kaget
뜨ㄹ슨딱 까겟

깨워 주세요.

Tolong bangunkan
똘롱 방운깐

꺾어지다(방향)	Pecah 쁘짜ㅎ	꽂아.(플러그)	Menyelipkan 믄옐맆깐
껌	Permen karet 쁘ㄹ멘 까렛		menyolokkan 므놀로깐
껍질	kulit 꿀릿	꽃	Bunga 붕아
껴안다	Berpelukan 브ㄹ쁠루깐	꽃가게	Toko bunga 또꼬 붕아
꽂다(플러그)	Menyelipkan 므녤맆깐	꽃가루	Serbuk sari 스ㄹ북 사리
	menyolokkan 므놀로깐	꽃무늬	Motif bunga 모띱 붕아

껍질을 깎다 Mengupas kulit cangkang
등우파ㅅ 꿀릿 짱깡

꼭 일찍 일어나셔야 해요. Harus bangun lebih awal
하루ㅅ 방운 르빛 아왈

꼭 한번 봐요.
Harus bertemu meskipun hanya sekali
하루ㅅ 브ㄹ뜨무 므ㅅ끼뿐 한냐 스깔리

꽃이 그려져 있다. Bunganya tergambar
붕아냐 뜨르감바르

꿈에서 미리 알려주다
Memberi tahukan sebelumnya dalam mimpi
믐브리따후깐 스블룸냐 달람 밈삐

꽃병	Vas bunga 바ㅅ 붕아	꿀	Madu 마두
꽃을 따다	Memetik bunga 므므떡 붕아	꿈	Mimpi 밈삐
꽃이 피다	Bunga mekar 붕아 므까ㄹ	꿈꾸다	Bermimpi 브ㄹ밈삐
꾸짖다	Menegur 므느구ㄹ	끄다(기계)	Mematikan 므마따깐
	Menghardik 믕하ㄹ딕	끄덕이다	Mengangguk 믕앙국

끈적거리지 않는

Tidak bergetah
띠닥 브ㄹ그땋

Tidak lengket
띠닥 렌껫

끊지말고 잠깐 기다려봐.

Jangan menyerah coba tunggu sebentar
장안 믄예라ㅎ 쪼바 뚱구 스븐따ㄹ

끓는 물

Air yang mendidih
아이ㄹ 양 믄디딯

끓이다 / 여덟 시간 동안 끓이다

Mendidihkan / didihkan selama 8 jam
믄디딯깐 / 디딯깐 슬라마 8잠

끝나다 / 다끝났어.

Berakhir / selesai
브라키ㄹ / 슬르사이

끈	Tali 딸리	끓이다	Mendidihkan 믄디딯깐
끊다(술, 담배)	Berhenti 브ㄹ흔띠	끝	Akhir 아키ㄹ
끼다(반지, 안경)			Menyematkan 므녜맛깐
			Memakai 므마까이
끝없는			Tidak ada akhirannya / Abadi 띠닥 아다 아키ㄹ란냐 / 아바디

<table>
<tr><td colspan="2"></td><td>나라</td><td>negara
느가라</td></tr>
<tr><td colspan="2">**ㄴ**</td><td>나르다</td><td>mengangkut
믐앙꿋</td></tr>
<tr><td>나날이</td><td>setiap hari
스띠앞 하루</td><td>나무</td><td>pohon
뽀혼</td></tr>
<tr><td>나누다</td><td>membagi
믐바기</td><td>나뭇가지</td><td>cabang
짜방</td></tr>
<tr><td>나대신</td><td>gantinya aku
간띠냐 아꾸</td><td>나뭇잎</td><td>daun
다운</td></tr>
</table>

나 어때?   Bagaimana menurutmu tentang aku?
바가이마나 므누룻무 뜬땅 아꾸?

나 대신 대답하다   Tolong jawab untuk aku
똘롱 자왑 운뚝 아꾸

나도 그렇게 생각해   Saya juga pikir begitu
사야 주가 삐끼ㄹ 브가뚜

나도 그렇기를 바랍니다.   Saya juga berharap begitu
사야 주가 브ㄹ하랖 브기뚜

나도 기뻐.   Saya juga senang
사야 주가 스낭

나라를 세우다   Membangun negara
믐방운 느가라

나라에서 배분하다   Mendistribusikan bagi negara
믄디ㅅ뜨리부시깐 바기 느가라

나쁘다 tidak bagus / jelek	나중에 nanti
띠닥 바구ㅅ / 젤렉	난띠
나서다 berbalik	나침반 kompas
브ㄹ빌릭	꼼빳
나았어요 menjadi sembuh	나타나다 muncul
믄자디 슴부ㅎ	문쭐
나이 umur, usia	나팔 terompet
우물, 우시아	뜨롬펫
나이프 pisau	낙타 unta
피사우	운따

나만 빼놓고 간 거예요?

Aku ditinggal lalu akan pergi?

아꾸 디띵갈 랄루 아깐 쁘ㄹ기?

나무 밑에 숨다

Bersembunyi di bawah pohon

브ㄹ슴분이 디 바와ㅎ 포혼

나무에 새기다

Menebang pohon

므느방 포혼

나이가 많은 사람들이 그녀를 좋아해. Banyak orang yang jauh lebih tua menyukai perempuan itu

반약 오랑 양 자우ㅎ 르비ㅎ 뚜아 믄유까이 쁘름뿌안 이뚜

나중에 다시 전화해라.

Saya akan menghubungi kamu lagi nanti

사야 아깐 믕후붕이 까무 라기 난띠

낙선하다	dikalahkan	날다	terbang
	디깔라ㅎ깐		뜨ㄹ방
낚시하다	memancing	날씨	cuaca
	므만찡		쭈아짜

낙담하다　　　menjadi kecewa
믄자디 끄쩨와

낙제하다　　　mengalami kegagalan
믕알라미 끄가갈란

낙태하다　　　melakukan aborsi
믈라꾸깐 아보ㄹ씨

낙후된　　　agak terbelakang / kurang maju
아각 뜨ㄹ블라깡 / 꾸랑 마주

낙관하다　　　mengoptimalkan
믐욥띠말깐

난 항상 혼자야.　　　Saya selalu sendiri
사야 슬랄루 슨디리

날 믿어.　　　Percayalah pada diriku
쁘ㄹ짜얄라ㅎ 빠다 디리꾸

날씨 좋네요.　　　Wah Cuacanya bagus
와ㅎ 쭈아짜냐 바구ㅅ

날씨가 좋다.　　　Cuacanya bagus
쭈아짜냐 바구ㅅ

날씨가 답답하다.　　　Cuacanya tidak bagus
쭈아짜냐 띠닥 바구ㅅ

날씬하다	langsing 랑씽	날조	penemuan <u>쁘느무안</u>
날씬한	langsing 랑싱	날짜	tanggal 땅갈
날아가다	terbang, hilang 뜨ㄹ방, 힐랑	낡은	lama / tua / usang 라마 / 뚜아 / 우상

날씨가 덥다　　Harinya panas / Udaranya panas
하리냐 파나ㅅ / 우다라냐 빠나ㅅ

날씨가 따뜻하고 햇살이 좋다.
Udaranya hangat dan banyak sinar matahari
우다라냐 항앗 단 반약 시나ㄹ 마따하리

날씨가 따뜻하다　　Harinya / Cuacanya hangat
하리냐 / 쭈아짜냐 항앗

날씨가 맑은　　Cuacanya cerah / Hari cerah
쭈아짜냐 쯔라ㅎ / 하리 쯔라ㅎ

날씨가 시원하다
Cuacanya sejuk / Hari yang sejuk.
쭈아짜냐 스죽 / 하리 양 스죽

날씨가 좋은　　Cuacanya bagus / Hari yang indah
쭈아짜냐 바구ㅅ / 하리 양 인다ㅎ

날씨가 춥다　　Cuacanya dingin
쭈아짜냐 딩인

날씬해 보여요.　　Kelihatannya langsing
끌리하딴냐 랑싱

ㄴ

남기다	menyisakan 믄이사깐	남북	arah selatan 아라ㅎ 슬라딴
남다	tersisa 뜨ㄹ시사	남성	laki-laki 라끼 라끼
남동생	adik laki-laki 아딕 라끼 라끼	남자	pria / laki-laki 프리아 / 라끼 라끼

남극 daerah kutub selatan
다에라ㅎ 꾸뜹 슬라딴

남녀 laki-laki / perempuan
라끼 라끼 / 쁘름뿌안

남부 사람의 말을 하나도 이해 못하겠어.
Omongan orang daerah selatan tidak bisa dimengerti
오몽안 오랑 다에라ㅎ 슬라딴 띠닥 비사 디믕으ㄹ띠

남의 충고를 듣다 Mendengarkan kata orang lain
믄등아ㄹ깐 까따 오랑 라인

날이 갈수록 Cuacanya lama kelamaan...
쭈아짜냐 라마 끌라마안

날이 갈수록 발전하다
Cuacanya lama-kelamaan menjadi baik
쭈아짜냐 라마 끌라마안 믄자디 바익

날이 갈수록 좋아지다
Cuacanya lama kelamaan menjadi indah
쭈아짜냐 라마 끌라마안 믄자디 인다ㅎ

남부지역	daerah selatan 다에라ㅎ 슬라딴	낮	siang hari 시앙 하리
남편	suami 수아미	낮은	rendah 른다ㅎ
납세하다	membayar pajak 음바야르 빠작	낮잠 자	tidur di siang hari 띠두르 디 시앙 하리
낭만적인	romantis 로만띠ㅅ	낳다	beranak / berbunga 브ㄹ아낙 / 브ㄹ붕아
낭비야	terbuang percuma 뜨ㄹ부앙 프ㄹ쭈마	내기하다	bertaruh 브ㄹ따루ㅎ

남자친구 / 그녀의 남자친구는 어떤 일을 해?

Pacar dia kerja apa?
파짜ㄹ 디아 끄ㄹ자 아빠?

남쪽

selatan / arah selatan
슬라딴 / 아라ㅎ 슬라딴

낭비하다

membuang-buang percuma
음부앙 부앙 쁘ㄹ쭈마

내가 말하려는 건

Yang aku katakan
양 아꾸 까따깐

내가 말했잖아.

Aku kan sudah bilang
아꾸 깐 수다ㅎ 빌랑

내가 뭐라고 말했어?

Tadi aku bilang apa?
따디 아꾸 빌랑 아빠?

내내	sepanjang 스빤장	내리다	turun 뚜룬
내년	tahun depan 따훈 드빤	내부	bagian dalam 바기안 달람
내려가다	turun 뚜룬	내 생각엔	pikirku 삐끼ㄹ꾸

내가 뭘 잘못 했어요?

Aku salah apa?
아꾸 살라ㅎ 아빠?

내가 알기로는

Yang saya tahu
양 사야 따후

내가 알았을 때

Yang saya tahu waktu itu
양 사야 따후 왁뚜 이뚜

내구력이 있는

bisa tahan lama
비사 따한 라마

내가 이상한 거예요?

Apa aku aneh?
아빠 아꾸 아네ㅎ?

내건 내가 고를 거야.

Aku yang pilih mana yang aku mau
아꾸 양 필리ㅎ 마나 양 아꾸 마우

내기 할래요?

Mau taruhan?
마우 따루한

내 생각에

Menurutku / Pikirku
므누룻꾸 / 삐끼ㄹ꾸

내용	subjek / isi	내조	ibu rumah tangga
	숩젝 / 이시		이부 루마ㅎ 땅가
내일	besok	냄비	panci
	베속		빤찌
내일 아침	besok pagi	냄새 맡다	mencium
	베속 빠기		믄찌움
내일 오후	besok siang	냉수	air dingin
	브속 시앙		아이ㄹ 딩인

내 소개가 늦었네.
Kenalanku terlambat
끈날란꾸 뜨ㄹ람밧?

내수 진작(경제용어)
Mendorong permintaan domestic
믄도롱 프ㄹ민따안 도므ㅅ떡

내일 보는 거다 응?
**Kita lihat besok, setuju? /
Kita lihat besok, OK?**
끼따 리핫 베속, 스뚜주? / 끼따 리핫 베속, 오께?

내일 이 시간에 다시 올게요.
Aku akan datang pada waktu yang sama
아꾸 아깐 다땅 파다 왁뚜 양 사마

냄새가 안 좋은
baunya tidak enak
바우냐 띠닥 에낙

냄새를 제거하다
Menghilangkan bau
믕힐랑깐 바우

냄새를 풍기다	membau 음바우	넘어지다	terjatuh 뜨ㄹ자뚜ㅎ
냉장고	kulkas 꿀까ㅅ	넘치다	meluap 믈루앞
너	kamu 까무	넣다	menaruh 므나루ㅎ
너무 예쁜	sangat cantik 상앗 짠떡	네 번째	ke empat 끄 음빳
넓다	menaruh 므나루ㅎ	네(대답)	ya(jawaban) 야 자와반
넘다	meluap 믈룰앞	네덜란드	Belanda 블란다

너무 애쓰지 마.
Jangan terlalu dipaksakan
장안 뜨ㄹ랄루 디빡사깐

너무 적게 먹네.
Makan terlalu sedikit
마깐 뜨ㄹ랄루 스디낏

네가 원하는 대로
Seperti yang aku mau
스쁘ㄹ띠 양 아꾸 마우

네, 그렇게 해 주세요.
Tolong seperti itu
똘롱 스쁘ㄹ띠 이뚜

네, 제가 박민수 입니다
(Benar / Betul), saya Park Min Su
(브나ㄹ / 브뚜ㄹ), 사야 팍 민 수

네모진	persegi 쁘ㄹ스기	노동력	tenaga 뜨나가
네트워크	network 넷웍	노동시간	waktu bekerja 왁뚜 브끄ㄹ자
넥타이	dasi 다시	노동자	pekerja / .buruh 쁘끄ㄹ자 / 부루ㅎ
넷(숫자)	empat(angka) 음빳(앙까)	노란색	warna kuning 와ㄹ나 꾸닝
년 / 5년	tahun / 5 tahun 따훈 / 리마 따훈	노래	lagu / nyanyian 라구 / 냐이안
년전 / 일년전	tahun lalu 따훈 랄루	노래방	karaoke 까라오께
년후 / 일년후	tahun depan 따훈 드빤	노래하다	bernyanyi 브ㄹ냐이
노동	tenaga kerja 뜨나가 끄ㄹ자	노력	berusaha 브ㄹ우사하

노동력을 낭비하다   Memboroskan tenaga
음보로ㅅ깐 뜨나가

노래도 좋지요   lagunya juga enak
라구냐 주가 에낙

노래방에서 노래하다   Bernyanyi di tempat karaoke
브ㄹ냐이 디 뜸빳 까라오께

노래방을 싫어하다   Tidak suka karaoke
띠닥 수까 까라오께

노를 젓다	mengayuh	노크하다	mengetuk
	믕아유ㅎ		믐으뚝
노름하다	berjudi	노파	nenek
	브ㄹ주디		네넥
노벨상	hadiah nobel	녹음하다	merekam
	하디아ㅎ 노벨		므르깜
노선	jalur	녹차	teh hijau
	자루ㅎ		떼ㅎ 히자우
노트	catatan	논문	skripsi
	짜따딴		스끄맆시
노트북	notebook	놀다	bermain
	노트북		브ㄹ마인

노래와 음악   lagu dan musik
라구 단 무식

노래 잘하다   Pintar bernyanyi
핀따ㄹ 브ㄹ냐이

노래 좀 그만 불러   Tolong berhenti bernyanyi
똘롱 브ㄹ흔띠 브ㄹ냐이

노력하다   berusaha / terus mencoba
브ㄹ우사하 / 뜨루ㅅ 믄쪼바

노인   orang tua(sudah tua)
오랑 뚜아(수다ㅎ 뚜아)

노트북은 누구 거예요?   Notebook ini punya siapa?
노트북 이니 뿐야 시아빠?

놀라다	terkejut 뜨ㄹ끄줏	농업세	pajak pertanian 빠작 쁘ㄹ따니안
농구	basket 바ㅅ껫	농촌	pedesaan 쁘데사안
농민	petani 프따니	높은	tinggi 띵기
농업	pertanian 프ㄹ따니안	높은 가격	harga tinggi 하ㄹ가 띵기

논쟁하지 말자. **Jangan membantah / berdebat**
장안 믐반따ㅎ / 브ㄹ드밧

놀랄까 봐 걱정하다

Saya kuatir kamu akan terkejut
사야 꾸아띠ㄹ 까무 아깐 뜨ㄹ끄줏

놀러 나가다 **keluar untuk jalan-jalan**
끌루아ㄹ 운뚝 잘란-잘란

놀러오다 **datang untuk jalan-jalan**
다땅 운뚝 잘란-잘란

농담이야 **hanya guyonan / hanya bercanda**
한야 구요난 / 한야 브ㄹ짠다

농담하다 **membuat guyonan**
믐부앗 구요난

농림부 **Departemen Pertanian dan Kehutanan**
데파ㄹ뜨멘 프ㄹ따니안 단 끄후따난

높이	tinggi 띵기	누구나	siapa saja 시아빠 사자
놓다	menaruh 므나루ㅎ	누구세요?	Siapa? 시아빠?
누구	siapa 시아빠	누룽지	karak nasi 까락 나시

높은 성적을 거두다
(Mendapat / memperoleh) nilai yang tinggi
(믄다빳 / 믐뿌ㄹ올레ㅎ) 닐라이 양 띵기

높은 위치
tempat yang tinggi
뜸빳 양 띵기

누가 더 나이가 많아요?
Siapa yang lebih tua?
시아빠 양 르비ㅎ 뚜아?

누가 시켰어?
Siapa yang menyuruh?
시아빠 양 믄유류ㅎ?

누가 알고 싶은데?
Siapa yang mau tahu?
시아빠 양 마우 따후?

누구 배고파?
Siapa yang lapar?
시아빠 양 라빠ㄹ?

누구 차례예요? Giliran siapa? / Siapa berikutnya?
길리란 시아빠? / 시아빠 브리꿋냐?

누군데?
Siapa dia? / Siapa ya?
시아빠 디아? / 시아빠 야?

누르다	memencet 므멘쩻	눈물	air mata 아리ㄹ 마따
누설하다	celoteh 쫄로떼ㅎ	눈병	sakit mata 사낏 마따
눈(기후)	salju 살주	눈보라	badai salju 바다이 살주
눈(신체)	mata 마따	눈썹	alis mata 알리ㅅ 마따
눈동자	bola mata 볼라 마따	눈앞	di depan mata 디 드빤 마따

누구를 찾으세요?
Cari siapa?
짜리 시아빠?

누구의 집에 가시는데요?
Pergi ke rumah siapa?
쁘ㄹ기 끄 루마ㅎ 시아빠?

누군가와 통화하다
Menelepon siapa?
므느레폰 시아빠?

눅눅해지다
menjadi lembab
믄자디 름밥

눈사람
orang-orangan salju
오랑 오랑안 살주

눈사람을 만들다
Membuat orang-orangan salju
믐부앗 오랑 오랑언 살주

눈을 뜨다
Membuka mata
믐부까 마따

눈이 내리다	turun salju 뚜룬 살주	눈치보다	Sungkan 숭깐
눈이 아프다	sakit mata 사낏 마따	뉘앙스	nuansa 누안사
눈이 오다	turun salju 뚜룬 살주	뉴스	berita 브리따

눈이 부시다   Mata terbelalak,
sangat mengejutkan / mengesankan
마따 뜨ㄹ블라락, 상앗 믕으줏깐, 믕으산깐

눈싸움하다   lempar-lemparan salju / main salju
렘빠ㄹ 렘빠ㄹ란 살주 / 마인 살주

눈에 거슬리는   Sakit mata
사낏 마따

눈이 나빠서 안경을 써야해.
Matanya sakit karena itu memakai kacamata
마따냐 사낏 까르나 이뚜 므마까이 까짜마따

뉴스를 듣다   mendengarkan berita
믄등아ㄹ깐 브리따

느긋한   nyaman, cukup puas
냐만, 쭈꿉 뿌아ㅅ

느끼해(맛)   Rasanya(makanan / minuman)
ini sangat membosankan
아니면 terlalu berminyak
라사냐(음식 / 음료수) 이니 상앗 믐보산깐
아니면 뜨ㄹ라루 브ㄹ민약

느리다	lambat
	람밧
느끼다	merasa
	므라사
늘어나다	meningkat
	므닝깟
늙다	sudah tua
	수다ㅎ 뚜아
늙은	tua
	뚜아
늙은 여성	perempuan tua
	쁘름뿌안 뚜아
능(왕의 무덤)	Makam raja
	마깜 라자

능동적인	aktif
	악띺
능력	keahlian
	끄아ㅎ리안
능숙한	licin
	리찐
능숙해지다	Menjadi licin
	믄자디 리찐
늦었다	terlambat
	뜨ㄹ람밧
늦은	larut
	라룻
늦잠자다	tidur siang
	띠두르 시앙

늦게 도착하다 — Datang terlambat
다땅 뜨ㄹ람밧

늦게 일어나다 — Bangun terlambat
방운 뜨ㄹ람밧

늦게 잠자리에 들다 — Bangun kesiangan
방운 끄시앙안

늦잠을 자주 자요. — Sering mengantuk
스링 믕안뚝

| 다른 | lain |
| 라인 |

다른 것들　　yang lain
양 라인

다가가다　mendekati　　다른 면　jika, kalau
　　　　　므든까띠　　　　　　　　지까, 깔라우

다가오다(시기)
Mendekati / mencapai(peluang / kesempatan)
므든까띠 / 믄짜빠이(쁠루앙 / 끄슴빠딴)

다른 것으로 바꾸다　　Pindah ke tempat lain
핀다ㅎ 끄 뜸빳 라인

다른 것 좀 보여 주세요.
Tolong perlihatkan yang lain
똘롱 프ㄹ리핫깐 양 라인

다른 도시보다 오토바이가 많다.
Di kota lain ada banyak sepeda motor
디 꼬따 라인 아다 반약 스뻬다 모또ㄹ

다른 말은 안 해?　Tidak ada yang mau dikatakan?
띠딱 아따 양 마우 디까따깐?

다른 방법으로 하자.　　Ayo coba cara lain.
아요 쪼바 짜라 라인

다른 사람으로 착각했어요. Saya kira anda orang lain
사야 끼라 안다 오랑 라인

다른 방법	cara yang lain	다리를 다치다	Kaki terluka
	짜라 양 라인		까끼 뜨ㄹ루까
다리(건축)	jembatan	다림질하다	menyeterika
	즘바딴		믄예떼리까
다리미	seterika	다만	saja, cuma, hanya
	스뜨리까		사자, 쭈마, 한야

다른 색도 있어요?

Ada warna lain?
아다 와르나 라인?

다른 선택권이 없어.

Ada pilihan yang lain?
아다 필리한 양 라인

다른 음식으로 바꿔도 되요?

Boleh ganti makanan yang lain?
볼레ㅎ 간띠 마까난 양 라인?

다른 일을 없습니까?

Tidak ada pekerjaan yang lain?
띠닥 아다 쁘끄ㄹ자안 양 라인?

다리와 도로

jembatan dan jalan
즘바딴 단 잘란

다 먹다 / 다 먹었어요.

Makan semua / Sudah makan semua
마깐 스무아 / 수다ㅎ 마깐 스무아

다발 / 장미꽃 한 다발

Buntelan, gelondong,
seikat / seikat bunga mawar
분뜰란, 글론동, 스이깟 / 스이깟 붕아 마와ㄹ

| 다사다단 | sibuk sekali
시북 스깔리 | 다섯 | lima
리마 |
| 다섯 번째 | nomer lima
노메ㄹ 리마 | 다소간 | agak
아각 |

다수의   banyak sekali, berlipat ganda
반약 스깔리, 브ㄹ리빳 간다

다시 가져가다   Membawa pergi lagi /
kembali membawa pergi
음바와 쁘ㄹ기 라기 / 끔발리 음바와 쁘ㄹ기

다시 개최되다   Mengadakan lagi / menggelar lagi
믕아다깐 라기 / 믕글라ㄹ 라기

다시 느려지다   Menjadi lambat lagi
믄자디 람밧 라기

다시 돌려줘야 해.   Harus dikembalikan
하루ㅅ 디끔발리깐

다시 말씀해 주세요.   Tolong bicara lagi
똘롱 비짜라 라기

다시 오셨으면 좋겠네요.   Saya harap dapat datang lagi
사야 하랖 다빳 다땅 라기

다시 전화하다   Menelepon kembali
므늘레폰 끔발리

다시 전화할게.   Akan saya telepon lagi
아깐 사야 뜰레폰 라기

다 알아.	Tahu semua 따후 스무아	다음달	bulan depan 불란 뜨빤
다음날	Esok hari 에속 하리	다음번	nomer berikut 노메ㄹ 브리꿋
다시 한 번	Sekali lagi 스깔리 라기	다음부터는	Di waktu lain 디 왁뚜 라인
다시 한번하다	Sekali lagi 스깔리 라기	다음으로	Berikutnya 브리꿋냐

다시 한 번 잘 찾아봐.   Coba cari sekali lagi
쪼바 짜리 스깔리 라기

다 알아듣다   Saya mengerti semua
사야 믕으ㄹ띠 스무아

다운되다(전산)   mendownload
믄다운로앗

다음 아시안게임   Asian Game yang akan datang
아시안 게임 양 아깐 다땅

다음 아시아게임은 어디서 열려?   Di mana akan
diadakan Asian Game yang akan datang?
디마나 아깐 디아다깐 아시안 게임 양 아깐 다땅?

다음 역에 내리다   Turun di stasiun berikutnya
뚜룬 디 스따시운 브리꿋냐

다음 일요일은 괜찮아?   Minggu depan tidak
apa-apa? / Minggu depan ada waktu?
밍구 드빤 띠닥 아빠 아빠? / 밍구 드빤 아다 왁뚜?

ㄷ

다음주	Minggu depan	다큐멘터리	dokumentari
	밍구 드빤		도꾸멘따리
다이어트하다	Sedang diet	다행이다	untungnya
	스당 디엣		운뚱냐
다치다	terluka	닦다	menggosok / melap
	뜨르루까		믐고속 / 므랖

다음에 올게요.
Saya akan datang lagi
사야 아깐 다땅 라기

다음에 다시 전화할게.
Saya akan telepon lagi
사야 아깐 뜰레폰 라기

다음에 무슨 일이 생겼는데요?
Nanti mau kerja apa? / Nanti ada acara apa?
난띠 마우 끄ㄹ자 아빠? / 난띠 아다 아짜라 아빠?

다음에 사용하다
Akan dipakai lain waktu
아깐 디파까이 라인 왁뚜

다음에 얘기해 줄게요.
Nanti akan saya ceritakan
난띠 아깐 사야 쯔리따깐

다지다
Menguatkan, menekankan, mencincang
믕우앗깐, 므느깐깐, 믄찐짱

다 팔렸어.
Sudah dicuci semua
수다ㅎ 디쭈찌 스무아

단거 많이 먹지 마.
Jangan sering makan yang manis-manis
장안 스링 마깐 양 마니ㅅ 마니ㅅ

단독의	sendiri 근디리	단어 넣기	menempatkan 므늠빳깐
단백질	protein 쁘로떼인	단위	unit 우닛
단식	sistem yang mudah 싯뗌 양 무다ㅎ	단지	aja, saja 아자, 사자
단어	kata 까따	단추	kancing 깐찡

단결하다　menjadi satu, bersama-sama
은자디 사뚜, 브ㄹ사마 사마

단계
fase, bertingkat, bertahap, tahapan, tingkatan
파세, 브ㄹ띵깟, 브ㄹ따핲, 따하빤, 띵까딴

단발머리　rambut pendek setelinga
람붓 뻰덱 스뜰링아

단언하다　memprotes mengafirmasikan
음쁘로떼ㅅ, 믕아피ㄹ마시깐

단장　kepala suatu partai, , berias
끄빨라 수아뚜 빠ㄹ따이, 브리아ㅅ

단체　kelompok, badan, partai
끌롬뽁, 바단, 파ㄹ따이

단체손님　segerombolan tamu, para tamu
스그롬볼란 따무, 빠라 따무

닫다	tutup, menutup 뚜뚭, 므누뚭	달러	dolar 돌라ㄹ
달(시간)	bulan 불란	달력	tanggal 땅갈
달(천체)	bulan 불란	달리다	lari, berlari 라리, 브ㄹ라리
달다(맛)	manis 마니ㅅ	달아요	manis 마니ㅅ

단식 투쟁하다   **Berjuang, memperebutkan**
브ㄹ주앙, 믐쁘르붓깐

단체 여행객   **Kelompok wisatawan / turis**
끌롬뽁 외사따완 / 뚜리ㅅ

달라붙다   **menempel, mengikat pada sesuatu**
므넴뻴, 믐이깟 빠다 스수아뚜

달라붙다(옷이 젖어서)
Melekat(karena bajunya basah)
믈르깟(까레나 바주냐 바사ㅎ)

달리기 경주를 하다.   **Berlari**
브ㄹ랄리

달면서 맛있다.   **Manis dan enak**
마니ㅅ 단 에낙

달성하다   **mencapai, memperoleh**
믄짜빠이, 믐쁘ㄹ올레ㅎ

달팽이	siput / keong	닮은	mirip
	시뿟 / 께옹		미맆
닭	ayam	담배	rokok
	아얌		로꼭
닭고기	ayam	담배를 피우다	merokok
	아얌		므로꼭
닭날개	sayap ayam	담보	andalan
	사얖 아얌		안달란
닭띠	shio ayam	담요	selimut
	시오 아얌		슬리뭇

달아나다   terbang, melarikan diri
뜨ㄹ방, 믈라리깐 디리

달팽이처럼 느린   Lambat seperti keong
람밧 스프ㄹ띠 께옹

닭 머리랑 다리 좀 잘라 주세요.
Tolong potong kepala dan kaki ayam
똘롱 뽀똥 끄빨라 단 까끼 아얌

담당하다   bertanggung jawab, menguasai
브ㄹ땅궁 자왑, 믕우아사이

담배를 끊다   berhenti merokok
브ㄹ흔띠 므로꼭

담배를 피워도 될까요?   Boleh merokok?
볼레ㅎ 므로꼭

답례하다	membalas jasa	당부하다	meminta
	음발라ㅅ 자사		므민따
답변하다	menjawab	당연하다	tentu saja
	믄자왑		뜬뚜 사자
당근	wortel	당연하지	tentu saja
	오ㄹ뗄		뜬뚜 사자

담배 피우지마.

Jangan merokok

장안 므로꼭

담보대출

garansi, meminjam

가란시, 므민잠

담임하다

yang bertanggung jawab

양 브ㄹ땅궁 자왑

당신께 행운이 있기를 빕니다.

Saya harap keberuntungan dipihak Anda /
Saya harap anda beruntung

사야 하랖 끄브룬뚱안 디피학 안다 / 사야 하랖 안다 브룬뚱

당신도 그녀를 아세요?

Anda juga kenal perempuan itu?

안다 주가 끄날 쁘름뿌안 이뚜?

당신 뜻대로 하세요.

Lakukan yang anda suka

라꾸깐 양 안다 수까

당신 말씀이 맞아요

Benar kata anda / Betul perkataan anda.

브나ㄹ 까따 안다 / 브뚤 쁘ㄹ까따안 안다

당황하다	bingung 빙웅	대극장	teater besar 떼아뜨르 브사ㄹ
대(나무)	bambu 밤부	대기(권)	antariksa 안따릭사
대규모의	makro 마끄로	대단한	hebat 헤밧

당신말을 못 알아듣겠어요.
Saya tidak mengerti apa yang anda katakan.
사야 띠닥 믕으ㄹ띠 아빠 양 안다 까따깐
Saya tidak mengerti maksud anda.
사야 띠닥 믕으ㄹ띠 막숫 안다

당신을 알게 되어서 매우 기뻐요.
Saya senang berkenalan dengan anda.
사야 스낭 브ㄹ끈날란 등안 안다

당신을 위한 거예요.　　　Untuk anda / Demi anda
운뚝 안다 / 드미 안다

당신이 디나씨 이신가요?
Apakah anda kenal dengan Dina?
아빠까ㅎ 안다 끄날 등안 디나?

당신이 승자예요.　　　Anda adalah pemenang
안다 아달라ㅎ 쁘므낭

당신이 원하는 대로요.　　　Terserah anda
뜨ㄹ스라ㅎ 안다

당좌예금　　　Deposito / kas di bank
데뽀시또 / 까ㅅ 디 방

대답하다	menjawab 믄자왑	대리점	agen, perwakilan 아겐, 프ㄹ와낄란
대량의	kolonel, ajudan 콜로넬, 아주단	대명사	kata ganti 까따 간띠
대령	kolonel 콜로넬	대변	buang air besar 부앙 아이ㄹ 브사ㄹ
대륙	benua 브누아	대변보다	buang air besar 부앙 아이ㄹ 베사ㄹ

대강 얼마나 걸려?
Kira-kira memakan waktu berapa lama?
끼라 끼라 므마깐 왁뚜 브라빠 라마?

대단하시군요.
Wah hebat ya
와 헤밧 야

대담하게 말을 하다
Menjawab
믄자왑

대본
fondasi yang kuat, prinsip dasar
폰다시 양 꾸앗, 프린싶 다사ㄹ

대부분 너무 놀라한다
Semua terkejut
스무아 뜨ㄹ끄줏

대사 hal yang besar, pidato, duber, ambasador
할 양 브사ㄹ, 삐다또, 두베ㅅ, 암바사도ㄹ

대사관 가는 길이에요.
Jalan menuju kedutaan / arah ke kedutaan
잘란 므누주 그두따안 / 아랑 끄 끄두따안

| 대사관 | kedutaan
끄두따안 | 대중식당 | restoran umum
레ㅅ또란 우뭄 |
| 대중 | biasa saja
비아사 사자 | 대출하다 | meminjam
므민잠 |

대/선풍기 3대
Buah / Kipas angin 3 buah
부아ㅎ / 끼빠ㅅ 앙인 띠가 부아ㅎ

대신하다
Menggantikan
믕간띠깐

대의(원대한 뜻)
alas, andalan, angkatan
알리ㅅ, 안달린, 앙까딴

대접하다
melayani, menjamu, mentraktir
믈라야니, 믄자무, 믄뜨락띠르

대중교통
transportasi umum
뜨란ㅅ뽀ㄹ따시 우뭄

대처하다
menanggulangi, berhasil mengatasi
므낭굴라이, 브ㄹ하실 믕아따시

대체로
sekira-kira, pas-pasan
스끼라-끼라, 파ㅅ-파산

대체하다
mengganti, menggantikan
믕간띠, 믕간띠깐

대출기한은 얼마인가요?
Berapa lama batas waktu pinjaman?
브라빠 라마 왁뚜 삔자만

대통령	presiden 프레시덴	대학교	universitas 우니베ㄹ시따ㅅ
대표(회사)	kantor pusat 깐토ㄹ 뿌삿	대학원	S2 / S3 에스 두아 / 에스 띠가
대표팀	tim perwakilan 팀 쁘ㄹ와낄란	대화	percakapan 쁘ㄹ짜까빤

대/택시 1대
Buah 아니면 armada / Taksi 3 buah / armada
부아ㅎ / 아ㄹ마다 / 딱시 띠가 부아ㅎ / 아ㄹ마다

대통령을 뽑다
memilih presiden
므밀리ㅎ 프레시덴

대표단
sekelompok perwakilan
스끌롬뽁 쁘ㄹ와낄란

대표자
konvensi, musyawarah besar
콘벤시, 무ㅅ샤와라ㅎ 브사ㄹ

대학에서 강의를 맞고 있습니다.
Kredit di universitas hampir terpenuhi 아니면
Hampir menyelesaikan kelas di universitas
끄레딧 디 우니베ㄹ시따ㅅ 함삐ㄹ 뜨ㄹ쁘누하
함피ㄹ 믄엘레사이깐 끌라ㅅ 디 우니베ㄹ시따ㅅ

대학원에서 공부중인
Sedang belajar S2 / S3
스당 블라자ㄹ 에스 두아 / 에스 띠가

대합실
ruang menunggu, lobi
루앙 므눙구, 로비

대회	kongres, rapat 콩그레ㅅ, 라빳	더 늦다	lebih lambat 르비ㅎ 람밧
댄스	dansa 단사	더 많이	lebih banyak 르비ㅎ 반약
더	lebih 르비ㅎ	더 쉽다	lebih mudah 르비ㅎ 무다ㅎ
더 나가서는	maju 마주	더운	panas 빠나ㅅ
더 높은	lebih tinggi 르비ㅎ 띵기	더 있어	masih ada 마시ㄹ 아다

대항하다   bertempur, berkelahi, berjuang
브ㄹ뗌뿌ㄹ, 브ㄹ끌라히, 브ㄹ주앙

더 드시겠어요?   Mau makan lagi?
마우 마깐 라기?

더럽군 정말   sungguh sangat kotor.
숭구ㅎ 상앗 꼬또ㄹ

더럽히다   Guyuran, melumuri
구유란, 믈루무리

더 많이 있다   masih ada banyak
마시ㅎ 아다 반약

더불어   bersamaan, berbarengan
브ㄹ사마안, 브ㄹ바렝안

더블룸   double room / kamar untuk 2 orang
다블 룸 까마ㄹ 운뚝 두아 오랑

| 더 큰 | lebih besar
르비ㅎ 브사ㄹ | 덕담 | kata-kata mutiara
까따 까따 무띠아라 |
| 덕 | akhlak, moral
아끌락, 모랄 | 덫 | jebakan
즈바깐 |

더빙하다

Dubbing(TV) / menirukan
더빙(TV) / 므니루깐

더 작은 것은 없나요? Ada ukuran yang lebih kecil?
아다 우꾸란 양 르비ㅎ 끄찔?

더치페이하다

Bayar sendiri-sendiri
바야ㄹ 슨디리 슨디리

더치페이해도 될까요?
Tidak apa-apa kalau bayar sendiri-sendiri?
띠각 아빠 아빠깐 깔라우 바야ㄹ 슨디리 슨디리?

더 큰 것은 없나요?
Tidak ada ukuran yang lebih besar?
띠닥 아다 우꾸란 양 르비ㅎ 베사ㄹ?

더 필요한 거 없어요. / 충분해요
Ada yang dibutuhkan / cukup
아다 양 ㅍ디부뚜ㅎ깐 / 쭈꾸

던져버리다

membuang dengan
melempar jauh / membuang
믐부앙 등안 믈렘빠ㄹ 자우ㅎ / 믐부앙

덜 심심하게 하다

Lebih bosan
레비ㅎ 보산

덮다(담요)	panas 빠나ㅅ	도구	alat, instrumen 알랏, 인스트루멘
덮다(책)	buku 부꾸	도덕	moral 모랄
데리고 오다	bawa ke sini 바와 끄 시니	도둑	pencuri / pencoleng 쁜쭈리 / 쁜쫄렝
데스크톱	dekstop 덱스땊	도망가다	melarikan diri 믈라리깐 디리
데이트	kencan 끈짠	도서관	perpustakaan 쁘ㄹ뿌ㅅ따까안

데다(불에) lagi, menghantar
라기, 믕한따ㄹ

데이트를 약속하다 Janji untuk kencan
잔지 운뚝 끈짠

데치다 masak setengah matang
마삭 스뜽아ㅎ 마땅

도 / 40도 suhu / 40 celsius
수후 / 음빳 뿔루ㅎ 셀시우ㅅ

도기 barang pecah belah, barang tembikar
바랑 쁘짜ㅎ 블라ㅎ, 바랑 뜸비까ㄹ

도달하다 mencapai, menjaga
믄짜빠이, 믄자가

도를 넘다 melampaui batas
믈람빠우이 바따ㅅ

데이터베이스	data base 데이터베이스	독수리	elang 엘랑
도시	kota 꼬따	독신	bujangan 부장안
도자기	keramik 끄라믹	독일	Jerman 제ㄹ만
도착하다	tiba / datang 띠바 / 다땅	독자	langganan 랑가난

도매로 팔다

menjual secara grosir
믄주알 스짜라 그로시ㄹ

도와줄 수 있어요?

Bisa tolong? Bisa bantu?
비사 똘롱? / 비사 반뚜?

도움이 되는

dapat menolong
따빳 믄놀롱

도움이 필요한 일이 있으면, 말씀만 해주세요.

Kalau anda membutuhkan pertolongan,
tolong meminta.
깔라우 안다 믐부뚜ㅎ깐 쁘ㄹ똘롱안, 똘롱 므민따

Jangan sungkan-sungkan meminta bantuan
jika membutuhkan
장안 숭깐-숭깐 므민따 반뚜안 지까 믐부뚜ㅎ깐

도착할거야.

Segera tiba / akan tiba
스그라 띠바 / 아깐 띠바

독립하다

menjadi(bebas, merdeka, mandiri)
믄자디(베바ㅅ, 므ㄹ데까, 만디리)

독자(구독)	pembaca 쁨바짜	돈을 받다	menerima uang 므느리마 우앙
독특한	spesial, unik 스페시알, 우닉	돈을 벌다	mendapat uang 믄다빳 우앙
돈	uang 우앙	돌다(방향)	memutar balik 므무따ㄹ 발릭

독창적   orisinal, asli, kreatif
오리시날, 아ㅅ리, 끄라띺

돈 많이 벌고 복 받으세요.
Semoga anda banyak uang, banyak rejeki
스모가 안다 반약 우앙, 반약 르즈끼

돈을 계산하다   Menghitung uang
믕히뚱 우앙

돈을 많이 쓰지 않다
Tidak begitu menggunakan uang
띠닥 브기뚜 믕구나깐 우앙

돈을 모으다/오토바이를 사기 위해 돈
Mengumpulkan uang
믕움뿔깐 우엉
Mengumpulkan uang
membeli sepeda motor
믕움뿔깐 우앙 운뚝 믐블리 스뻬다 모또ㄹ

돈을 빌려주실 수 있으세요?
Bisa pinjami saya uang?
비사 삔잠미 사야 우앙

돌아오다	datang kembali 다땅 끔발리	동	perunggu 쁘룽구
돌연히	secara tiba-tiba 스짜라 띠바-띠바	동(방향)	timur 띠무ㄹ
돕다	panas 빠나ㅅ	동남아	Asia Selatan 아시아 슬라딴

돈을 송금하다 **Mengirimkan uang**
응이림깐 우앙

돈을 인출하다 **Mengambil uang**
응암빌 우앙

돈 충전해주세요. **Tolong pinjami saya uang**
똘롱 삔자미 사야 우앙

돌려드리러 왔어요.
Saya datang untuk mengembalikan uang
사야 다땅 운뚝 응음발리깐 우앙

돌려주다 **memberikan kembali**
믐브리깐 끔발리

돌보다 **merawat, mengurusi**
므아왓, 믕우루시

동갑 맞아요 **benar / betul / setuju.**
브나ㄹ / 브뚤 / 스뚜주

동갑인 **seumur / umurnya sama**
스우무ㄹ / 우무르냐 사마

동료	teman sekerja 떼만 스끄ㄹ자	동생	adik 아딕
동메달	medali perunggu 므달리 쁘룽구	동시에	saat yang sama 사앗 양 사마
동물	binatang / hewan 비나땅 / 해완	동업자	mitra 미뜨라
동물원	kebun binatang 끄분 비나땅	동유럽	Eropa timur 에로빠 띠무르
동반하다	membawa serta 믐바와 스ㄹ따	동의하다	setuju 스뚜주
동사	kata kerja 까따 끄ㄹ자	돼지	babi 바비

동료의 집을 방문하다
Mengunjungi rumah teman sekerja
믕운중이 루마ㅎ 떼만 스끄ㄹ자

동반자
peserta / pendamping / sekutu
쁘스ㄹ따 / 픈담핑 / 스꾸뚜

동반자관계
Ikatan / hubungan
(pendamping / peserta / sekutu)
이까딴 / 후붕안(픈담핑 / 쁘스ㄹ따 / 스꾸뚜)

동안/8시간 동안
Selama delapan jam
슬라마 들라빤 잠

동포
kompatriot, sekampung, sedaerah
콤빠뜨리옷, 스깜풍, 스다에라ㅎ

돼지띠	Shio babi 시오 바비	두꺼비	katak 까딱
되나요?	Apakah boleh? 아빠까ㅎ 볼레ㅎ?	두려운	kotor 꼬또르
되다	sudah 수다ㅎ	두려워하다	takut 따굿
되풀이하다	berulang kali 브ㄹ울랑 깔리	두부	tahu 따후
두고 가다	Meninggalkan 므닝갈깐	둑	tambak 땀박

돛을 달다	memasang layar / bendera 므마상 라야ㄹ / 븐데라
됐다 안됐다 해요.	Lakukan sebisamu 라꾸깐 스비사무
두개로 자르다	Potong menjadi dua 뽀똥 믄자디 두아
두고 잊어버리다	Lupa taruh dimana 루빠 따루ㅎ 디마나
두근거리다	deg-degan, berdebar 드그-드그안, 브ㄹ드바ㄹ
두다	membubuhi pada, menyisakan 음부부히 빠다, 믄이사깐
두 번째	nomer dua / ke dua 노므르 두아 / 끄 두아

둔화(경제용어)	menurun 므누룬	둥근	bundar 분다ㄹ
둘(숫자)	dua(angka) 두아(앙까)	뒤꿈치	tumit 뚜밋
둘 다	kedua-duanya 끄두아 두아냐	뒤쪽	belakang 블라깡
둘러싸다	menggerumuti 믕그루무티	뒷담화	gosip 고싶

두 번 했어.
Sudah dua kali
수다ㅎ 두아 깔리

두통이 있는
ada rasa sakit, merasa sakit
아다 라사 사낏, 므라사 사낏

두 팀이 비겼어
Membandingkan dua tim
믐반딩깐 두아 팀

둘러보다
melihat(sekitar / sekeliling)
믈리핫(스끼따ㄹ / 스끌리링)

둘레(원주)
sekeliling, sekitar, seputar
스끌리링, 스끼따ㄹ, 스쁘따ㄹ

뒤에 있는 사람들
Dibelakang orang-orang
디블라깡 오랑 오랑

뒤죽박죽인
Tidak berurutan, kacau balau, berantakan
띠닥 브ㄹ우루깐, 까짜우 발라우, 브란따깐

뒷면	belakang 블라깡	드세요(어른에게)	Silahkan 시라ㅎ깐
드라이브하다	menyetir 믄으띠르	듣다	mendengar 믄등알
드럼(악기)	drum 드럼	들어가다	masuk 마숙

뒤집다(안을 밖으로) membalikkan 믐발릭깐

뒤쫓다 mengejar, menindak lanjuti 응으자ㄹ, 므닌닥 ㄹ

드라이어 alat pengering rambut 알랏 쁭으링 람붓

드라이하다(머리) Mengeringkan rambut 믕으랑깐 람붓

드리다 memberikan / menyerahkan 믐브리깐 / 믄으라ㅎ깐

득점이 나질 않았어요. Skornya tidak baik 스코ㄹ냐 띠닥 바익

듣기로는 menurut pendengaran saya 므누룻 쁜등아란 사야

듣기 좋은 enak di dengarkan 에낙 디등아ㄹ깐

들다(손에) mengangkat tangan 믕앙깟 땅안

| 들판 | lapangan, medan
라팡안, 메단 | 등록하다 | mendaftar
믄닾따ㄹ |
| 등대 | menara api
므나라 아삐 | 디스크 | disket
디ㅅ껫 |

들다(역기를)   mengacungkan(jari tengah)
릉아중깐(자리 뜽아ㅎ)

들르다   mampir, mengunjungi
맘삐ㄹ, 믕운중이

들어가도 돼?   Boleh masuk?
볼레ㅎ 마숙?

등(인체)   punggung(badan / tubuh)
뿡궁(바단 / 뚜부ㅎ)

등급   kelas, martabat, kadar
끌라ㅅ, 마ㄹ따밧, 까다ㄹ

등급에 도달하다

Meraih / mencapai(target / tahapan)
므라이ㅎ / 믄짜빠이(따ㄹ겟 / 따하빤)

등기우편   Surat / pos tercatat
수랏 / 포ㅅ 뜨ㄹ짜땃

등기우편으로 보내려고요. Mengirimkan pos tercatat
믕이림깐 포ㅅ 뜨ㄹ짜땃

디자인하다   mendesain, merancang
믄디사인, 므란짱

디지털	digital 디기딸	딱딱한	keras 끄라ㅅ
따뜻하다	hangat 항앗	딸	anak perempuan 아낙 쁘름뿌안
따라가다	mengikuti 믕이꾸띠	딸기	stroberi 스뜨로베리
따르지 않다	tidak berbeda 띠닥 브―베다	딸꾹질	tersedak, kesedak 뜨ㄹ스닥, 끄스닥
따지다	menjelimet 믄즐리멧	땅	tanah 따나ㅎ

디지털 카메라   digital kamera
띠지딸 까메라

등록증   Kartu Tanda Penduduk(KTP)
까ㄹ뚜 딴다 쁜두둑(까떼페)

따다(과일)   membusuk(buah)
믐부숙(부아ㅎ)

따뜻하게 하다(난방)   menghangatkan
믕항앗깐

따로   sebagian / terpisahkan
스바기안 / 뜨ㄹ피사ㅎ깐

따르다(명령)   berhalauan, beradat
브ㄹ할라우안, 브ㄹ아닷

따르다(액체)   menuangkan(cairan)
므노앙깐(짜이란)

땅을 갈다	menggali tanah	또는	dan
응갈리 따나ㅎ		단
땅콩	kacang	또한	lalu, kemudian
까창		랄루, 끄무디안
때때로	kadang-kadang	똑같다	sama
까당 까당		사마
때리다	memukul	똑바로 가다	jalan lurus
므무꿀		잘란 루루ㅅ
떠나다	pergi	뚜껑	tutup botol
쁘ㄹ기		뚜뚶 보똘
떨어지다	jatuh	또 까먹었어요?	Lupa lagi?
짜뚜ㅎ		루빠 라기?

땀을 흘리다　keringatnya mengalir
끄랑앗냐 믕아리ㄹ

땅을 밟다　Meninggalkan jejak, bertumpu
므닝갈깐 제작, 브ㄹ뚬뿌

때문에 / 나 때문이라고 생각해.
Karena / Pikirkan karena aku
까르나 / 삐끼ㄹ깐 까르나 아꾸

떼(무리)　sekelompok, sekerumun, segerombol
스끌롬뽁, 스끄루문, 스그롬볼

떠올리다 / 그녀를 떠올리곤 했다.　(Mengenang /
mengingat) / Mengenang wanita itu
(믕으낭 / 믕이앗) / 믕으낭 와니따 이뚜

똑같이 예쁘다	sama cantik
	사마 짠띡

뚱뚱하다	gemuk
	그묵

뜨거운	panas
	빠나ㅅ

뜨거워	panas
	빠나ㅅ

뜯어봐.	Coba buka
	쪼바 부까

뜻(의미)	arti
	아ㄹ띠

뜻대로 sesukanya, semau
스수까냐, 스마우

뛰다 melompat / meloncat
므롬팟, 므론찻

뜨다(물에서) melampung(di air)
믈람뿡(디 아이ㄹ)

뜨다(연예인)
membelakan mata / melototi(selebriti)
음블라라깐 마따 / 믈로또띠(슬레브리띠)

뜯다 memungut, memetik
므뭉웃, 므므띡

똑똑히 말하다 (Berbicara / mengucapkan / mengatakan) dengan jelas
(브ㄹ비짜라 / 믕우짝깐 / 믕아따깐) 등안 즐라ㅅ

뜨거운 물 조금만 더 주세요.
Tolong tambah air panas
똘롱 땀바ㅎ 아이ㄹ 빠나ㅅ

ㄹ

라디오	radio 라디오
라면	kalau 깔라우
라이터	pemantik api 삐만띡 아삐
러시아	rusia 루시아
러시아어	bahasa rusia 바하사 루시아
라디오 방송국	stasiun radio 스따시운 라디오
레드카드	kartu merah 카ㄹ뚜 메라ㅎ
레몬주스	lemon jus 레몬 주ㅅ
레벨	level, tingkat 레벨, 띵깟
레스토랑	restoran 레ㅅ또란
로그인(전산)	log-in 로ㄱ 인
로맨틱한	romantis 로만띠ㅅ
로비	lobi 로비
루마니아	romania 로마니아

렌터카 회사 — penyewaan mobil
쁜예와안 모빌

로딩 용량(전산) — kapasitas men-download
까빠시따ㅅ 믄-다운롯

로마에 가면 로마법을 따라야지. Jika pergi ke Roma, berlakulah seperti orang Roma
지까 프ㄹ기 끄 러마, 브ㄹ라꿀라ㅎ 스프ㄹ띠 오랑 로마

리더	pemimpin 쁘밈삔	리셉션	resepsi 르셒시
리듬	irama, ritme 이라마, 릿메	리스트	daftar 닦따ㄹ
리모컨	remote kontrol 리모트 콘트롤	립스틱	lipstik 맆스띡

롤 / 휴지 3롤	Gulungan / tisu 3 gulungan 굴룽안 / 띠슈 띠가 굴룽안
룸서비스	pelayanan kamar 쁠라야난 까마ㄹ
리터 / 물 1리터	Liter / air 1 liter 리터 / 아이ㄹ 사뚜 리터

마늘 　bawang putih
바왕 푸띠ㅎ

마르다 　kering
끄링

마른(건조) 　kering
끄링

마술 　sulap
술랍

마스크 　topeng
또뼁

마시다 　minum
미눔

마실 것 　tempat minum
뜸빳 미눔

마우스(전산) 　mouse
마우스

마땅히 ~해야 한다 　Seharusnya
스하루ㅅ냐

마리/닭 3마리 　Ekor / Ayam 3 ekor
에꼬ㄹ / 아얌 띠가 에꼬ㄹ

마약 　ganja, candu, minuman keras
간자, 짠두, 미눔만 끄라ㅅ

마약을 하다 　Memakai obat-obatan terlarang
므마까이 오밧 오밧딴 뜰라랑

마우스 오른쪽 클릭하다 　Meng-klik mouse kanan
믕클릭 마우스 까난

마을 　perkampungan, pedesaan
쁘ㄹ깜뿡안, 쁘데사안

마을 입구 　Pintu masuk pedesaan
삔뚜 마숙 쁘데사안

마음	perasaan 쁘라사안	마중 나가다	Bertemu 브ㄹ떼무
마음에 드는	suka 수까	마지막	terakhir 뜨ㄹ아끼ㄹ
마음에 드십니까?	Suka? 수까?	마찬가지로	seperti halnya 스쁘ㄹ띠 할냐

마음대로   terserah semuanya
뜨ㄹ세라ㅎ 스무아냐

마음에 드는 물건   Barang yang disukai
바랑 양 디수까이

마음에 안 들어요.   Tidak suka
띠닥 수까

마음을 다해서   Berbuat sesuka hati
브ㄹ부안 스수까 하띠

마음이 따뜻한   Orang yang lembut hati
오랑 양 름붓 하띠

마음이 아파   perasaanku terluka
프라사안꾸 뜨ㄹ루까

마음이 아픈   Hatiku terluka
하띠꾸 뜨ㄹ루까

마음이 평온한   Hati / perasaan yang tenang
하띠 / 쁘라사안 양 뜨낭

마천루   Gedung pencakar langit
그둥 쁜짜까ㄹ 랑잇

마치다	menyelesaikan	막내	anak terakhir
	믄옐레사이깐		아낙 뜨ㄹ아끼ㄹ
막 뛰어가다	Berlari	만(바다)	Pesisir(pantai)
	브ㄹ라리		쁘시시ㄹ(빤따이)
막(연극)	Babak(drama)	만들다	membuat
	바박(드라마)		믐부앗

마취하다

memberi anesteri

믐베리 아네ㅅ떼리

마침표를 찍다

Mendapatkan karcis terakhir

믄다빳깐 까ㄹ찌ㅅ 뜨ㄹ아끼ㄹ

막 2년 되었어요.

Sudah 2 tahun

수다ㅎ 두아 따훈

막다

berhenti / mencegah

브ㄹ흔띠 / 믄쯔가ㅎ

막 일어났어요.

Akhirnya bangun

아끼ㄹ냐 방운

막 ~하려 하다

Akhirnya / akibatnya

아끼ㄹ냐 / 아끼밧냐

만기가 되다

Masa guna sudah berakhir

마사 구나 수다ㅎ 브ㄹ아끼ㄹ

만나고 싶다 / 대와씨를 만나고 싶어요.

Ingin bertemu / Ingin menemui Dewi

잉인 브ㄹ뜨무 / 잉인 메네무이 대외

만약	kalau 깔라우	만화영화	Film kartun 필름 까ㄹ뚠
만족스러워	puas 뿌아ㅅ	많은	banyak 반약
만족시키다	memuaskan 메무아ㅅ깐	많은 곳	banyak tempat 반약 뜸빳
만족하는	puas 뿌아ㅅ	많은 사람	banyak orang 반약 오랑
만족해요	puas 뿌아ㅅ	많이	Banyak 반약

만나다   bertemu / berjumpa
브ㄹ뜨무 / 브ㄹ줌빠

만들어 내다   membangun, memproduksi
믐방운, 믐쁘록둑시

만약 그렇다면   kalau begitu / apabila begitu
깔라우 브기뚜 / 아빠빌라 브기뚜

만약 그렇지 않다면   Kalau tidak begitu
깔라우 띠닥 브기뚜

만약 바쁘지 않으시면, 같이 가요.
Kalau tidak sibu, ayo pergi bersama
깔라우 띠닥 시북, 아요 쁘ㄹ기 브ㄹ사마

만약 필요하다면   Kalau diperlukan
깔라우 디쁘ㄹ루깐

많이 먹다 Banyak makan
반약 마깐

맏아들 anak paling besar
아낙 빨링 브사ㄹ

말(동물) kuda(hewan)
쿠다(해완)

말(언어) bicara(bahasa)
비짜라(바하사)

말띠 shio kuda
시오 꾸다

말리다(건조) kering
끄링

많이 돌봐주시기 바랍니다.
Tolong diurus dengan baik
똘롱 디우루ㅅ 등안 바익

많이 들어도 하나도 이해하지 못한다.
Meskipun sering mendengar
tapi tetap saja tidak mengerti
므ㅅ끼뿐 스링 믄등아ㄹ 따삐 뜨땊 사자 띠닥 릉으ㄹ띠

많이 먹고 많이 커라. Banyak makan cepat tinggi
반약 마깐 쯔빳 띵기

많이 먹었어. Banyak makan(telah)
반약 마깐(뜰라ㅎ)

많이 바쁘지 않아. Tidak begitu sibuk
띠닥 브기뚜 시북

말도 안돼 tidak dapat dipercaya
띠닥 따빳 디쁘ㄹ짜야

말라보여요. Kelihatan kurus
끌리하딴 꾸루ㅅ

| 말씀 | kata / tutur
까따 / 뚜뚜르 | 말자하면 | kalau, jika
깔라우, 지까 |
| 말을 타다 | naik kuda
나익 꾸다 | 말하기를 | kabarnya, konon
까바ㄹ냐, 꼬논 |

말라지다(체중)
　semakin kurus, menjadi kurus(berat badan)
　스마낀 꾸루ㅅ, 믄자디 꾸루ㅅ(베랏 바단)

말레이시아인
　orang Malaysia
　오랑 말라이시아

말씀하실 것이 있으면, 제가 전해 드릴게요.
　Kalau mau titip pesan, akan saya sampaikan
　깔라우 마우 띠띶 프산, 아깐 사야 삼빠이깐

말씀해 주실 수 있나요　Ada pesan untuk saya?
　아다 프산 운뚝 사야?

말을 자르다
　Memotong orang sewaktu masih berbicara
　므모똥 오랑 스왁뚜 마시ㅎ 브ㄹ비짜라

말 자르지마　Jangan potong jika orang bicara
　장안 뽀똥 지까 오랑 비짜라

말하고 싶은 기분이 아니야.
　Sedang tidak ingin bicara
　아니면 sedang tidak mood untuk bicara
　스당 띠닥 잉인 비짜라
　스당 띠닥 못 운뚝 비짜라

| 맑은(날씨) | Cerah(cuaca)
쯔라ㅎ(쭈아짜) | 맛없다 | tidak enak
띠닥 에낙 |
| 맛 | rasa
라사 | 맞나요? | Benar / betul?
브나ㄹ / 브뚤? |

말하다

berbicara / berkata
브ㄹ비짜라 / 쁘ㄹ까따

말할 필요가 없다

Tidak ada yang perlu dibicarakan
띠닥 아다 양 쁘ㄹ루 디비짜라깐

말해봐

coba katakan / coba cerita
쪼바 까따깐 / 쪼바 쯔리따

말했잖아요.

Sudah saya katakan
수다ㄹ 사야 까따깐

맛보다

mencoba, mencicipi
믄쪼바, 믄짜짜삐

맛보세요

coba rasakan, coba cicipi.
쪼바 라사깐, 쪼바 찌찌피

맛없어 보여.

Kelihatannya tidak enak
끌리하딴냐 띠닥 에낙

맛이 좋은

rasanya enak / lezat
라사냐 에낙 / 르잣

맛있게 먹어.

Silahkan dinikmati 아니면
Nikmati makanannya ya
실라ㅎ깐 디닉마띠 닉마띠 마까난냐 야

맞은편	di seberang 디 스브랑	매년	setiap tahun 스띠압 따훈
맡기다	menitipkan 므니띺깐	매다	mengikat 믕이깟
매너	perilaku, etika 쁘릴라꾸, 에띠까	매력	pesona 쁘소나

맛있어? — Apakah enak / lezat?
아빠까ㅎ 에낙 / 르잣?

맛있겠다 — kelihatannya enak
끌리하딴냐 에낙

망가뜨리다 — memecah, menjebol
므므짜ㅎ, 믄제볼

망치다 / 다 망쳐 버렸잖아. — Kacau balau, berantakan / Semua sudah berantakan
까짜우 발라우, 브란따깐 / 스무아 수다ㅎ 브란따깐

맞는 길로 가고 있나요? — Apakah kita melalui jalan yang benar
아빠까ㅎ 끼따 믈라루이 잘란 양 브나ㄹ

맞는지 보려고 입어봤어. — Sudah dicoba untuk melihat cocok atau tidak(pakaian)
수다ㅎ 디쪼바 운뚝 믈리핫 쪼쪽 아따우 띠닥(빠까이안)

맞추다 — membandingkan, melaraskan
믐반딩깐, 믈라라ㅅ깐

매일	setiap hari 스띠앞 하리	매표소	loket karcis 로껫 까ㄹ찌ㅅ
매일 2알씩	Sehari 2 kali 스하리 두아 깔리	매혹	pesona 쁘소나
매진	terjual habis 뜨ㄹ주알 하비ㅅ	매화	setiap 스띠앞
매트	keset 께셋	맥박	denyut nadi 든윳 나디
매트리스	kasur 까수ㄹ	맥주	bir 비ㄹ

매맡아서 해 나가다

Saya harus melakukan pekerjaan ini
karena merupakan kewajiban saya
사야 하루ㅅ 믈라꾸깐 프끄ㄹ자안 이니
까르나 므루빠깐 끄와지반 사야

매니큐어 칠하다   Mengecat kuku
등으짯 꾸꾸

매력 있는   mempesona, menarik
믐쁘소나, 므나릿

매우   sangat / amat / sekali
상앗 / 아맛 / 스깔리

매우 당황하다   Sangat kelabakan / sangat bingung
상앗 끌라박깐 / 상앗 빙웅

맥주 4병	Bir 4 botol	머리가 아프다	sakit kepala
	비ㄹ 음빳 보똘		사낏 끄빨라
맵다	pedas	머리를 감다	cuci rambut
	쁘다ㅅ		쭈찌 람붓
머리가 나쁜	tidak pintar	머리카락	rambut
	띠닥 삔딸		람붓

매우 조금   Sangat sedikit / sedikit sekali
상앗 스디낏 / 스다낏 스깔리

매일 몇 시부터 몇 시까지 일해요?   Setiap hari
bekerja dari jam berapa sampai jam berapa?
스띠앞 하리 브께ㄹ자 다리 잠 브라빠 삼빠이 잠 브라빠?

맥주나 술을 드시겠어요?   Apakah anda minum
bir atau minuman keras lainnya?
아빠까ㅎ 안다 미눔 비ㄹ 아따우 미누민 끄라ㅅ 라인냐

맥주 많이 마시면 배 나올 거야.
Kalau terlalu banyak minum bir,(perut akan
kembung / perut akan bertambah besar)
깔라우 뜨ㄹ라루 반약 미눔 비ㄹ,
(쁘룻 아깐 끔붕 / 쁘룻 아깐 브ㄹ땀바ㅎ 브사ㄹ)

맺다   berbuah, berkonklusi, bersahabat
브ㄹ부아ㅎ, 브ㄹ콘끌루시, 브ㄹ사하밧

머리   rambut, kepala, otak
람붓, 끄빨라, 오딱

머리가 벗겨지다   menjadi botak
믄자디 보딱

머물다	tinggal 띵갈	먼(거리)	jauh(jalan) 자우ㅎ(잘란)
먹고싶다	Ingin makan 잉인 마깐	먼가요?	Apakah jauh? 아빠까ㅎ 자우ㅎ?

머리가 좋다 pintar, cerdas, pandai
핀따ㄹ, 쯔ㄹ다ㅅ, 빤다이

머리를 가로 젓다(거절)
Memberi belahan pada rambut
음브리 블라한 빠다 람붓

머리를 기르다 Memanjangkan rambut
므만장깐 람붓

머리를 묶다 mengikat rambut
믕이깟 람붓

머리를 숙이다 Menundukkan kepala
므눈둑깐 끄빨라

머리를 스타일링하다
Membuat rambut menjadi lebih keren
음부앗 람붓 믄자디 르비ㅎ 끄렌

머리를 풀다 menggerai rambut
믕그라이 라뭇

먹다/다 먹어. Makan / makan semua
마깐 / 마깐 스무아

먹어봐도 되요? Boleh coba?
볼레ㅎ 쪼바?

먼지	debu 데부	멈추다	berhenti 브ㄹ흔띠
멀리뛰기	loncat jauh 론짯 자우ㅎ	멈칫하다	sungkan 숭깐
멀지?	Jauh kan? 자우ㅎ 깐?	멋진	bagus, keren 바구ㅅ, 끄렌

먼저 — lebih dahulu / terlebih dahulu
레비ㅎ 다훌루 / 뜨ㄹ르비ㅎ 다훌루

먼저 가도 되지? — Boleh pergi dulu, kan?
볼레ㅎ 쁘ㄹ기 둘루, 깐?

먼저 가도 될까요? — Apakah boleh pergi dahulu?
아빠까ㅎ 볼레ㅎ 쁘ㄹ기 다후루?

먼저 간다. — Pergi terlebih dahulu
쁘ㄹ기 뜨ㄹ르비ㅎ 다훌루

먼저 도착하다 — Datang terlebih dahulu
다땅 뜨ㄹ르비ㅎ 다훌루

멀미를 멈추게 하다 — Menghentikan(mabuk laut / mabuk udara / mabuk naik kendaraan)
믕헨띠깐(마북 라웃 / 마북 우다라 / 마북 나익 끈다라안)

멀미하다 — mabuk jika naik kendaraan
미북 지까 나익 끈다라안

멍청하지 않다 bodoh — Jangan berlaku / Jangan seperti orang bodoh
장안 브ㄹ라꾸 보도ㅎ / 장안 스쁘ㄹ띠 오랑 보도ㅎ

메달	medali, tanda jasa 메달, 딴다 자사	메모리(전산)	Kapasitas 까빠시따ㅅ
메뚜기	belalang 블라랑	멜로디	melodi / balada 멜로디 / 발라다

메뉴   menu, daftar makanan
메뉴, 다ㅍ따ㄹ 마까난

메뉴판   daftar makanan / menu
닾따ㄹ 마까난 / 메뉴

메뉴판을 보여 주세요   Boleh lihat menunya
볼레ㅎ 리핫 메누냐

메다   menambatkan, membelit
므남밧깐, 믐블릿

메달을 따다   mendapat / memperoleh medali
믄다빳 / 믐프ㄹ올레ㅎ 메달리

메달을 수여하다
(Memberi / menggelari) medal / tanda jasa
(믐브리 / 믕글라리) 메달 / 딴다 자사

메모   memo, pesanan, catatan
메모, 쁘사난, 짜따딴

메모를 남기다   Meninggalkan pesan
므닝갈깐 쁘산

메시지를 보내다   Mengirim pesan / amanah
믕이림 쁘산 / 아마나ㅎ

멤버	anggota 앙고따	면도하다	bercukur 브ㄹ쭈꾸ㄹ
며느리	menantu 므난뚜	면세점	duty free 두티 프리
며칠	beberapa hari 브브라빠 하리	면적	area, daerah 아레아, 다에라ㅎ
며칠에?	Hari apa ini? 하리 아빠 이니?	면접	wawancara 와완짜라
면도기	Alat cukur 알랏 쭈꾸ㄹ	명령	perintah, aba-aba 프린따ㅎ, 아바-아바
면도칼	pisau cukur 삐사우 쭈꾸ㄹ	명령체계	sistem perintah 시스팀 쁘린따ㅎ

멜로영화   (Drama / sandiwara) yang sedih
(드라마 / 산디와라) 양 스디ㅎ

며칠 표를 사려고 하나요?

Mau beli tiket untuk kapan?
마우 블리 티껫 운뚝 까빤?

면도용 크림   krim untuk bercukur
크림 운뚝 브ㄹ쭈꾸ㄹ

면밀히 검토하다   mematut-matut
므마뜻 마뜻

명 / 10명   Orang / sepuluh(10) orang
오랑 / 스풀루ㅎ(10)오랑

명부	daftar nama 다ㅍ따ㄹ 나마	명승지	permai 쁘ㄹ마이
명사	kata benda 까따 븐다	명절	hari raya / besar 하리 라야 / 브사ㄹ
명성	kepopuleran 끄포풀레란	몇 가지	beberapa 브브라빠

명승고적   keindahan tempat bersejarah
끄인다ㅎ한 뜸빳 브ㄹ스자라ㅎ

명예와 지위   Kehormatan dan kedudukan
끄호ㄹ마딴 단 끄두둑깐

명절에 가족 모두 모여서 즐겁게 보낸다.
Berkumpul bersama keluarga dan
bersenang-senang pada hari raya
브ㄹ꿈뿔 브ㄹ사마 끌루아ㄹ가 단 브ㄹ스낭 스낭 파다 하리 라야

명절에 사람들은 전통음식을 먹는다.
Pada hari raya orang-orang
makan makanan tradisional
빠다 하리 라야 오랑 오랑 마깐 마까난 뜨라디시오날

명절을 새다   menikmati hari raya / hari besar
므닉마띠 하리 라야 / 하리 브사ㄹ

명중하다   membidik dengan tepat
음비딕 등안 뜨빳

명함이 있다   Saya punya kartu nama
사야 뿐야 까ㄹ뚜 나마

| 몇 년 | beberapa tahun
브브라빠 따훈 | 몇 번 | beberapa kali
브브라빠 깔리 |
| 몇몇의 | beberapa
브브라빠 | 몇 살이야? | Umur berapa?
우우ㄹ 브라빠? |

명확한   eksplisit, definitif, jelas
엑스플리싯, 데피니띺, 즐라ㅅ

몇 가지 소개 좀 해주세요.
Tolong perkenalkan diri anda
똘롱 프ㄹ끄날깐 디리 안다

몇 가지 의견   beberapa pendapat
브브라빠 쁜다빳

몇 개 있는   ada berapa buah
아다 브라빠 부아ㅎ

몇 곳을 소개해 주세요.
Tolong rekomendasikan beberapa tempat
똘롱 레꼬멘다시깐 브브라빠 뜸빳

몇 년도에?   Berapa tahun sekali diadakan?
브라빠 따훈 스깔리 이아다깐?

몇 년 후 다시 열려요?
Berapa tahun lamanya akan dibuka kembali?
브라빠 따훈 라마냐 아깐 디부까 끔발리?

몇 년 후에   beberapa tahun kemudian
브라빠 따훈 끄무디안

몇 시에?	Jam berapa?	몇 층?	Lantai berapa?
	잠 브라빠?		란따이 브라빠?
몇 주	Beberapa minggu	몇 컵	beberapa cangkir
	브브라빠 밍구		브브라빠 짱끼ㄹ

몇 시 비행기인데? Pesawat jam berapa?
프사왓 잠 브라빠?

몇 시에 도착해요? Jam berapa tiba?
잠 브라빠 띠바?

몇 시에 떠나요? Jam berapa akan berangkat?
Anda akan berangkat(jam / pukul) berapa?
잠 브라빠 아깐 브랑깟?
안다 아깐 브랑깟(잠 / 뿌꿀) 브라빠?

몇 시에 시작하나요? Jam berapa akan dimulai?
Akan dimulai jam berapa?
잠 브라빠 아깐 디물라이?
아깐 디물라이 잠 브라빠?

몇 시에 우리 가요? Jam berapa kita berangkat?
잠 브라빠 끼다 브랑깟?

몇 시에 일어나요? Jam berapa anda bangun?
Jam berapa bangunnya?
잠 브라빠 안다 방운?
잠 브라빠 방운냐?

몇 살이세요? Berapa usiamu? Berapa umurmu?
브라빠 우시아무? 브라빠 우무르무?

모기장	kelambu 끌람부	모델(사람)	model(orang) 모델(오랑)
모니터	monitor 모니또ㄹ	모두	semua 세무아
모니터하다	mengawasi 릉아와시	모두 같다	seperti semua 스쁘ㄹ띠 스무아

몇 일전에
Beberapa hari yang lalu
브브라빠 하리 양 랄루

몇 장씩 현상하시겠어요?
Mau mencetak foto berapa lembar?
Berapa lembar mau dicetak?
마우 믄쩨딱 포또 브라빠 름바ㄹ?
브라빠 름바ㄹ 마우 디쩨딱?

모기가 물다
Nyamuknya menggigit
냐묵냐 릉기깃

모기에 물리다
Digigit nyamuk
디기깃 냐묵

모기에 물린 자국
Bekas gigitan nyamuk
브까ㅅ 기기딴 냐묵

모두 당신을 위한 거라고요.
Semua untuk / demi Anda
스무아 운뚝 / 드미 안다

모두 뜻대로 이루어지길 바랍니다.
Saya harap semua berjalan dengan baik
사야 하랖 스무아 브ㄹ잘란 등안 바익

모두들 가요	Semua pergi	모레	besok lusa / lusa
	스무아 쁘ㄹ기		베속 루사 / 루사
모래	biji, pasir	모자	topi
	비지, 빠시ㄹ		또삐

모두 앉으세요. Semua silahkan duduk
ㅍ스무아 시라ㅎ깐 두둑

모두 얼마예요?
Semua berapa? / Berapa total semuanya?
스무아 브라빠? 브라빠 또딸 스무아냐?

모든 가게가 문을 닫다 Semua toko tutup
스무아 또꼬 뚜뚭

모든 것을 포함하다 Semua sudah termasuk
스무아 수다ㅎ 뜨ㄹ마숙

모든 여자들은 흰 피부를 가지고 싶어 한다.
Semua wanita / perempuan ingin
mempunyai kulit putih
스무아 와니따 / 쁘름뿌안 잉인 믐쁜야이 꿀릿 뿌띠ㅎ

모르겠는데, 거기까지는 생각해보질 않았어. Tidak tahu,
saya tidak pernah kepikiran sampai situ.
Tidak tahu, saya tidak pernah
berpikir sejauh itu
띠닥 따후, 사야 띠닥 쁘라ㅎ 끄삐끼란 삼빠이 시뚜
띠닥 따후, 사야 띠닥 프ㄹ나ㅎ 브ㄹ삐끼ㄹ 스자우ㅎ 이뚜

모르는 사람 Orang yang tidak dikenal
오랑 양 띠닥 디끄날

모자를 쓰다 memakai topi	모퉁이 sudut, pojokan
므마까이 또삐	수둣, 뽀족깐
모조품 jiplakan, tiruan	목(구멍) leher
지쁠라깐, 띠루안	레헤ㄹ
모자 쓰세요. Pakailah topi	목걸이 kalung
빠까일라ㅎ 또삐	깔룽
모자가 끼다 mengepit topi	목격자 saksi, keterangan
믕으삣 또삐	삭시, 끄뜨랑안

모르다 / 잘 모르다

tidak tahu / tidak tahu sama sekali

띠닥 따후 / 띠닥 따후 사마 스깔리

모방하다 meniru, mencontoh

므니루, 믄쫀또ㅎ

모으다 menggabung, menghimpun(kan)

믕가붕, 믕힘뿐(깐)

모이다 berhimpun, berkelompok

브ㄹ힘뿐, 브ㄹ끌롬뽁

모자가 좀 커야 할 것 같아요.

Sepertinya topinya harus sedikit lebih besar

스쁘ㄹ띠냐 또삐냐 하루ㅅ 스디낏 르비ㅎ 브사ㄹ

모자라는 toker, kurang, tidak cukup

또끄ㄹ, 꾸랑, 띠닥 쭈꾸ㅍ

목걸이를 차다 memakai kalung

므마까이 깔룽

목록	daftar, kalatog 닦따ㄹ, 까따록	목이 쉬다	bernafas 브ㄹ나파ㅅ
목마른	haus 하우ㅅ	목재	kayu 까유
목소리	suara 수아라	목의 염증	leher bengkak 레헤ㄹ 븡깍
목수	siku, tukang kayu 시꾸, 뚜깡 까유	목적	angan, tujuan 앙안, 뚜주안
목요일	hari kamis 하리 까미ㅅ	목표	cita-cita, tujuan 찌따-찌따, 뚜주안
목욕하다	mandi 만디	몰라	tidak tahu 띠닥 따후

목격하다   memberi kesaksian
음브리 끄삭시안

목도리를 하다   Berselendang
브ㄹ스렌당

목소리가 왜 그래요?   Kenapa dengan suaramu?
Kenapa suaramu begitu?
끄나빠 수아라무 브기뚜?

목적을 달성하다   Meraih impian, mencapai target
므라이ㅎ 임삐안, 은짜빠이 따ㄹ겟

몰두하다   menggeluti, memperdalam
믕글루띠, 음쁘ㄹ달람

몸	tubuh, badan 뚜부ㅎ, 바단	몽골	mongolia 몽골리아
몸매	bentuk badan 븐뚝 바단	묘비	nisan 니산
못(도구)	paku 빠구	무거워	berat 브랏
못생긴	jelek 즐렉	무겁다	berat 브랏

몰래   sembunyi- sembunyi
습분이-습분이

몰래 먹다   bersembunyi-sembuyi
브ㄹ습분이-습분이

몰래 도망 오다   Menyelusup diam-diam
믄을루숩 디암 디암

몰래 훔치다   mencuri, sembunyi-sembunyi
믄쭈리, 습분이- 습분이

몸무게가 얼마야?   Berapa berat badanmu
브라빠 브랏 바단무

못생기다   bertampang jelek
브ㄹ땀빵 즐렉

못 참겠어   Tidak tertahankan,
tidak dapat menahan lagi
띠닥 뜨ㄹ따한깐, 띠닥 다빳 므나한 라기

무게가 나가다	terlalu berat	무료	gratis
무너지다	roboh / runtuh	무선	radiogram
무덤	kuburan	무슨 일	Masalah apa
무력한	lumpuh	무슨 일이건	Masalah itu

무게가 나가다 terlalu berat
뜨ㄹ랄루 브랏

무너지다 roboh / runtuh
로보ㅎ / 룬뚜ㅎ

무덤 kuburan
꾸부란

무력한 lumpuh
룸뿌ㅎ

무료 gratis
그라띠ㅅ

무선 radiogram
라디오그람

무슨 일 Masalah apa
마살라ㅎ 아빠

무슨 일이건 Masalah itu
마살라ㅎ 이뚜

묘사하다 mendiskripsikan, menggambarkan
믄디ㅅ끄맆시깐, 믕감바ㄹ깐

무관심하다 Mencuekan, mengabaikan
믄쭈엑깐, 믕아바이깐

무단 횡단하다 Menyeberang jalan
pada waktu lampu masih merah
믄으브랑 잘란 빠다 왁뚜 람뿌 마시ㅎ 메라ㅎ

무대(연극) panggung(drama / sandiwara)
빵궁(드라마 / 산디와라)

무설탕 sugar free candy / permen tanpa gula
슈가ㄹ 프리 켄디 / 프ㄹ멘 딴빠 굴라

무슨 급한 일이 있어요? Ada hal(darurat / penting)?
아다 할(다루랏 / 쁜띵)?

무슨 노랜지 아세요? Anda tahu ini lagu apa?
안다 따후 이니 라구 아빠?

무엇	apa 아빠	무역부	perdagangan 쁘르다강안
무역	dagang 다강	무역하다	berdagang 브르다강

무슨 말인지 모르겠어   Tidak tahu maksudnya
Saya tidak mengerti anda bicara apa?
띠닥 따후 막숟냐
사야 띠닥 믕으ㄹ띠 안다 브짜라 아빠?

무슨 얘기 중이야?
Sedang ngomongin apa? / Sedang cerita apa?
스당 응오몽인 아빠? / 스당 쯔리따 아빠?

무슨 언어로?   Dengan bahasa apa? /
Menggunakan bahasa apa?
등안 바하사 아빠? / 믕구나깐 바하사 아빠?

무슨 일로 오셨어요?   Kenapa datang kesini?
끄나빠 다땅 끄시니?

무슨 일이야?
Ada masalah apa? / Apa yang terjadi?
아다 마살라ㅎ 아빠? / 아빠 양 뜨ㄹ자디?

무슨 얘기를 하시는 거예요?
Sedang(membicarakan / mendiskusikan) apa?
스당(음비짜라깐 / 믄디ㅅ꾸시깐) 아빠?

무역법   hukum perdagangan
후꿈 쁘르다강안

무죄	murni 무르니	문명	peradaban 쁘라다반
무한한	tanpa batas 딴빠 바따스	문법	tata bahasa 따따 바하사
묵다	pondok 쁜독	문서	surat, dokumen 수랏, 도꾸멘
문	pintu 삔뚜	문을 닫다	tutup pintu 뚜뚜프 삔뚜
문맹의	buta huruf 부따 후루프	문을 열다	buka pintu 부까 삔뚜

무슨 책 출판해요? **Buku apa yang diterbitkan?**
부꾸 아빠 양 디뜨르빗깐?

무엇을 드시고 싶으세요? **Mau makan apa?**
마우 마깐 아빠?

문 좀 열어줘요. **Tolong buka pintunya.**
똘롱 부까 삔뚜냐

묶다 **menambatkan, memberkas**
므남밧깐, 믐브르까스

문을 두드리다 **mengetuk pintu**
믕으뚝 삔뚜

문을 잠갔어요? **Mengunci pintu**
믕운찌 삔뚜

문자 보내줘. **Tolong kirimkan pesan**
똘롱 끼림깐 쁘산

문자	pesan 쁘산	문화	kebudayaan 끄부다야안
문장	kalimat 깔리맛	문화유산	warisan 와리산
문제	masalah 마살라	묻다(땅에)	kubur(ditanah) 꾸부르(디따나)
문제가 있다	ada masalah 아다 마살라	물	air 아이르
문학	literatur 리뜨라뚜ㄹ	물가	harga 하르가

문자를 보내다   mengirim pesan
응이림 쁘산

문제가 되질 않다   tidak menjadi masalah
띠닥 믄자디 마살라

문제를 풀다   memecahkan masalah
므므짜흐깐 마살라

문화원   institusi kebudayaan
인스디뚜시 끄부다야안

묻다(질문)   bertanya(pertanyaan)
브르따냐(쁘르따냐안)

물가가 갑자기 올랐어.   Harganya tiba-tiba naik
하르가냐 띠바-띠바 나익

물가가 많이 오르다   harganya melambung tinggi
하르가냐 믈람붕 띵기

물고기	ikan 이깐	물리	fisika 피시까
물들이다	semburat 슴부랏	물리학	jurusan fisika 주루산 피시까
물러서!	Mundur! 문두르	물리학자	ahli fisika 앓리 피시까

물가도 올랐으니 수고비도 올라야죠.
Karena harga naik upah juga harus naik.
까르나 하르가냐 나익 우빠흐 주가 하루스 나익

물가를 모르니 비싸게 사게 돼.
Kalau tidak tahu harganya bisa
saja terbeli dengan harga mahal
갈라우 띠닥 따후 하르가냐 비사 사자 뜨르블리 등안 하르가 마할

물건을 모두 정리하셨어요?
Barang-barangnya sudah dirapikan?
바랑-바랑냐 수다 디라삐깐

물고기를 잡다　menangkap ikan
므낭깝 이깐

물다(곤충)　menggigit(serangga)
믕기깃(스랑가)

물 더 주세요.　Tolong refill air putihnya.
똘롱 레이필 아이ㄹ 뿌띠냐

물리다(곤충)　gigitan(serangga)
기기딴(스랑가)

물소	kerbau 끄르바우	물이 얼다	air es 아이ㄹ 에스
물약	sirup obat 시루쁘 오밧	물질	zat 잣
물어볼 것이다	pertanyaan 쁘르따냐안	물체	objek 오브젝
물이 맑다	air jernih 아이ㄹ 즈르니	물품	artikel 아르띠끌

뭐가 과학적이예요.

Ini ilmiah
이니 일미아흐

뭐더라? 뭐지?

Itu apa? Apaan?
이뚜 아빠? 아빠안?

뭐 더 마실래?

Mau minum apa lagi?
마우 미눔 아빠 라기?

뭐 드시겠어요?

Mau makan apa?
마우 마깐 아빠?

뭐에 대해 말하지?

Apa yang dibicarakan?
아빠 양 디비짜라깐?

뭐 이상한 거 못 느끼겠어?

Apakah kamu tidak merasa aneh?
아빠까 까무 띠닥 므라사 아네흐?

뭐 좀 드셨어요?

Apakah kamu sudah makan?
아빠까 까무 수다 마깐?

뭐 먹어요?	Makan apa?	뭐해?	Lagi apa?
	마깐 아빠?		라기 아빠?
뭐야?	Apaan?	뭘 먹어? Lagi makan apa?	
	아빠안?		라기 마깐 아빠?

뭐 필요해? Apa yang kamu butuhkan?
아빠 양 까무 부뚜흐깐?

뭐하고 계세요? Apa yang sedang dilakukan?
아빠 양 스당 딜라꾸깐?

뭐 하나만 도와 줬으면 좋겠어요.
Saya harap kamu bisa membantu saya.
사야 하랍 까무 비사 음반뚜 사야

뭐하느라 바빴어요? Kenapa kamu sibuk?
끄나빠 까무 시북?

뭐 하느라 신경도 안 쓴 거야?
Apakah kamu tidak akan peduli sama sekali?
아빠까 까무 띠닥 아깐 쁘둘리 사마 스깔리?

뭐 하려고? Apa yang akan kamu lakukan?
아빠 양 아깐 까무 라꾸깐?

뭔가 수상해. Sesuatu yang dicurigai
스수아뚜 양 디쭈리가이

뭘 먹는 것을 제일 좋아하세요?
Makanan apa yang paling disukai?
마까난 아빠 양 빨링 디수까이?

뭘 탈건데? **Akan naik apa?**
아깐 나익 아빠?

미리 말하다 **bicara duluan**
비짜라 둘루안

미국 **amerika**
아메리까

미국인 **warga amerika**
와르가 아메리까

미끄러지다 **tergelincir**
뜨ㄹ글린찌ㄹ

미끄럼틀 **meluncur**
믈룬쭈ㄹ

미남 **cowok ganteng**
쪼웍 간뜽

미래 **masa depan**
마사 드빤

미소 **senyum**
스늄

미술 **kesenian**
끄스니안

미술관 **galeri seni**
갈레리 스니

미용실 **salon**
살론

미치겠네 **ah hampir gila!**
아 함삐르 길라!

미친 **gila**
길라

미식축구 **sepakbola amerika**
세빡볼라 아메리까

미안해 할 필요는 없어요.
Anda tidak perlu menyesal
안다 띠닥 쁘를루 므녜살

미원(조미료) **miwon(bumbu)**
미원(붐부)

미원 넣지 마세요.
Jangan masukkan penyedap rasa.
장안 마슉간 쁘녜답 라사

믹서	pengaduk	민중	rakyat
	뻥아둑		락얏
민간	pribadi	믿다	percaya
	쁘리바디		쁘르짜야
민요	lagu rakyat	밉다	benci
	라구 락얏		븐찌
민족	bangsa	믿지 마.	Jangan percaya
	방사		장안 쁘르짜야
민주	demokratis		
	드모끄라띠스		

미터 / 30 미터 믿을 수 없어.

Meter / 30 meter tidak bisa percaya

메뜨르 / 띠가 뿔루ㅎ 메뜨르 띠닥 비사 쁘르짜야

미지근한

hangat-hangat kuku

항앗-항앗 꾸꾸

믿어봐.

Coba untuk percaya

쪼바 운뚝 쁘르짜야

밀도(비중

kepadatan(berat jenis)

끄빠다딴(브랏 즈니스)

밀수하다

menyelundupkan

므녤룬둪깐

밑줄 긋다

menggaris bawahi

믕가리스 바와히

ㅂ

		바늘	jarum 자룸
		바다	pantai 빤따이
바(술집)	bar 바르	바닷게	kepiting laut 끄삐띵 라웃
바깥	diluar 디 루아ㄹ	바라다	keinginan 끄잉이난
바깥쪽	sebelah luar 스블라 루아ㄹ	바라보다	memandang 므만당
바나나	pisang 삐상	바람(기후)	angin 앙인

바꾸다   mengubah / mengganti
믕우바 / 믕간띠

바꿀 수 없다   tidak bisa dirubah
띠닥 비사 디루바

바뀌었으면 좋겠어.   Saya harap ini bisa dirubah
사야 하랍 이니 비사 디루바

바나나 한 다발   sesisir pisang
스씨씨ㄹ 삐상

바디클린져   sabun pembersih badan
사분 쁨브르시 바단

바람이 그치다   semilir angin
스밀리ㄹ 앙인

바람개비	baling-baling 발링-발링	바쁘다	sibuk 시북
바람둥이	playboy 쁠래이보이	바쁘지 않다	tidak sibuk 띠닥 시북
바로 가	langsung pergi 랑숭 쁘르기	바쁜	yang sibuk 양 시북
바람이 불다	angin bertiup 앙인 브르띠웊	바이러스	virus 비루스

바람이 세게 불다　angin bertiup kencang
　　　　　　　　　앙인 브르띠웊 끈짱

바람이 시원하네.　Anginnya segar ya
　　　　　　　　　앙인냐 스가ㄹ 야

바람이 자주 불다　angin bertiup berkali-kali
　　　　　　　　　앙인냐 브르띠웊 블깔리 깔리

바로 옆에　langsung ke samping
　　　　　　랑숭 끄 삼삥

바로 위에　langsung ke atas
　　　　　　랑숭 끄 아따스

바로 이해 할 수 있었어.
　　　　　　Dapat dipahami dengan tepat
　　　　　　다빳 디 빠함미 등안 뜨빳

바로 정면에 있는　yang didepan adalah
　　　　　　　　　양 디 드빤 아달라

바지	celana	밖	sisi luar
	쫄라나		시시 루아르
박람회	pameran	밖에	diluar
	빠메란		디 루아르
박물관	museum	반	setengah
	무세움		스뜽아
박사(학위)	ahli	반대로	sebaliknya
	아흘리		스발릭냐
박수	tepuk tangan	반대하다	menentang
	뜨뿍 땅안		므는땅

바쁘신 와중에도 배웅해 주시니, 대단히 감사합니다.
Walaupun dalam keadaan sibuk tapi bisa
mengantar kemari, benar-benar terima kasih
왈라우뿐 달람 끄아다안 시북 따삐 비사
믕안따르 끄마리, 브나르-브나르 뜨리마 까시

바쁨에도 불구하고　meskipun sibuk
므스끼뿐 시북

바이러스 걸린 것 같아. Tampaknya terserang virus
땀빡냐 뜨르스랑 비루스

바이러스를 퍼뜨리다　virus menyebar
비루스 므녜바르

바이러스에 감염되다　terinfeksi virus
뜨린벡씨 피루ㅅ

반드시	dengan pasti 등안 빠스띠	반장(학급)	ketua kelas 끄뚜아 끌라스
반복하다	mengulang 믕울랑	반지	cincin 찐찐
반영하다	mencerminkan 믄쯔르민깐	반하다	jatuh cinta 자뚜 찐따
반응	reaksi 레앜씨	받다	menerima 므느리마

반/한시 반

jam satu lewat tiga puluh menit
잠 사뚜 레왓 띠가 뿔루 므닛

반가운

yang menggembirakan
양 믕금비라깐

반만 주세요.

Tolong beri setengah
똘롱 브리 스뜽아

반말로 얘기하다

berbincang dengan bahasa informal
브르빈짱 등안 바하싸 인퍼르말

반으로 나누다

dibagi setengah
디바기 스뜽아

반지를 끼다

menyematkan cincin
므녜맛깐 찐찐

반지를 끼면 손이 답답해요.

**Jika memakai cincin
tangan terasa tidak nyaman**
지까 므마까이 찐찐 땅안 뜨라사 띠닥 냐만

받아들이다	menampung 므남뿡	발달하다	membangun 믐방운
받아쓰기	diktat 딕땃	발등	pangkal kaki 빵깔 까끼
발가락	jari kaki 자리 까끼	발명하다	menciptakan 믄찝따깐
발견하다	menemukan 므느무깐	발전하다	berkembang 브르끔방

반품하다   mengembalikan barang
응음발뤼깐 바랑

받는 사람이 없네.
Orang yang menerima tidak ada ya.
어랑 양 므느리마 띠닥 아다 야.

받았을 걸요.
Tampaknya sudah diterima
땀빡냐 수다 디뜨리마

발견하다(역사, 과학적으로)
menemukan
므느무깐

발리 호텔은 어디에 있어요?
Dimana hotel Bali?
디마나 호뗄 발리?

발리 호텔 건너편
Seberang hotel Bali
스브랑 호뗄 발리

발생하다
terjadi / kecolongan
뜨르자디 / 끄쫄롱안

발음	pengucapan 쁭우짜빤	밝히다(밝게)	menerangi 므느랑이
발자국	tapak kaki 따빡 까끼	밟다	injak 인작
발톱	kuku kaki 꾸꾸 까끼	밤(때)	malam 말람
발효하다	fermentasi 프르믄따시	밝히다(입장)	menjelaskan 믄즐라쓰깐
밝은	yang cerah 양 쯔라	밤늦게	larut malam 라룻 말람

발을 들이다	terlanjur / kepalang 뜨르란주르 / 끄빨랑
발진	biang keringat / ruam / kadas 비앙 끄링앗 / 루암 / 까다스
발표하다	melakukan presentasi 믈라꾸깐 쁘레쓴따씨
발행하다	menerbitkan / mengedarkan 므느ㄹ빗깐 / 믕에다ㄹ깐
발효식품	makanan berfermentasi 마까난 브르프르믄따시
발휘하다	mendayagunakan 믄다야구나깐
밤 새지마.	Jangan begadang 장안 브가당

밥	nasi	방금 전	barusan
	나시		바루산
밥 먹어	makan nasi	방문하다	bertamu
	마깐 나시		브르따무
밥이 타다	nasinya gosong	방 번호	nomor kamar
	나시냐 고송		노모르 까마르
밥하다	menanak nasi	방법	cara
	므나낙 나시		짜라
방	kamar	방송국	stasiun penyiaran
	까마르		스따시운 쁘니아란
방귀뀌다	kentut	방송하다	penyiaran
	끈뜻		쁘니아란

밥 먹었어요?　　Sudah makan?
수다 마깐

밥 사주고 싶어.　　Saya ingin mentraktir makan
사야 잉인 믄뜨락띠르 마깐

밥이나 먹으러 가자.　　Ayo kita makan
아요 끼따 마깐

방문하다 / 바트 동생 방문하러 가.
Bart pergi mengunjungi seseorang
빠트 쁘르기 믕운중이 스스오랑

방 번호가 어떻게 되는데?
Nomor kamarnya berapa?
노모르 까마르냐 브라빠

방영	penayangan	배(교통)	kapal
	쁘나양안		까빨
방콕	bangkok	배(인체)	perut
	방콕		쁘룻
방향	arah	배가 아프다	sakit perut
	아라		사낏 쁘룻
배(과일)	pir	배고파	lapar
	삐ㄹ		라빠ㄹ

방부제(의학) **pengawet(obat)**
뿡아웻(오밧)

방안에 에어컨이 있나요?
Apakah ada AC didalam kamar?
아빠까 아다 아세 디 달람 까마ㄹ?

방을 빌리다 **meminjam kamar**
므민잠 까마ㄹ

방이 답답하다 **kamar pengap**
까마르 뿡압

방이 몇 개 있나요? **Ada berapa kamar?**
아다 브라빠 까마ㄹ?

방이 엉망하다 **kamar berantakan**
까마르 브란따깐

배가 고파지다 **menjadi lapar**
믄자디 라빠ㄹ

배고프다	lapar 라빠ㄹ	배를 타다	menaiki kapal 므나이끼 까빨
배구	voli 폴리	배반자	pengkhianat 뼁히아낫
배구경기	bola voli 볼라 폴리	배부르다	kenyang 그냥
배 나온	perut buncit 쁘룻 분	배불러	kenyang 그냥
배낭	ransel 란슬	배우	artis 아르띠스

배고파 죽겠다.　　　Sangat lapar
상앗 라빠ㄹ

배고픔을 참다　　　menahan lapar
므나한 라빠ㄹ

배달해 주실수 있나요?　　　Bisa diantar?
비사 디안따ㄹ?

배를 젓다　　　mendayung kapal
믄다융 까빨

배불러서 더 못 먹겠어요.　　　Kenyang sekali jadi
tampaknya tidak bisa makan lagi.
그냥 스깔리 자디 땀빡냐 띠닥 비사 마깐 라기

배영(수영법)　　　gaya punggung(berenang)
가야 뿡궁(브르닝)

배웅하다	mengantar 믕안따ㄹ	백만장자	jutawan 주따완
배추	kubis 꾸비스	백합	bunga bakung 붕아 바꿍
배터리	baterai 바뜨라이	백화점	mal 멀
백(100)	seratus 스라뚜스	뱀	ular 울라ㄹ
백금	platinum 쁠라띠눔	뱀띠	shio ular 시오 울라ㄹ
백년	seratus tahun 스라뚜스 따훈	백혈구	leukosit 르루꺼싯
백만	mega 메가	버려	membuang 믐부앙
백만(숫자)	sejuta 스주따	버리다	membuang 믐부앙

배웅 나오지 마세요. 돌아가세요.
Dilarang mengantar. Silahkan pergi.
딜라랑 믕안따ㄹ. 실라깐 쁘르기.

배은망덕한 일이야.
Tidak tahu terima kasih
띠닥 따후 뜨리마 까시

백번은 얘기했겠다
tampaknya sudah dibicarakan berkali-kali
땀빡냐 수다 디비짜라깐 브르깔리-깔리

버섯	jamur 자무ㄹ	번/한번	sekali 스깔리
버스	bis 비스	번개	petir 쁘띠ㄹ
버스 39번	bis nomor 39 비스 노모르 39	번식하다	mengalikan 믕아리깐
버스를 타다	menaiki bis 므나이끼 비스	번역하다	menerjemahkan 므느르즈마깐

버스는 거의 타질 않아요　hampir ketinggalan bis
함삘 끄띵갈란 비스

버섯을 따다　memetik jamur
므므떡 자무ㄹ

버스를 타고 갈 수 있나요?
Apakah bisa pergi dengan menaiki bis?
아빠까 비사 쁘르기 등안 므나이끼 비스?

버스정류장　pemberhentian bis
쁨브르흔띠안 비스

번/세번째　nomor / ketiga kali
노모르 / 끄띠가 깔리

번/세 번 해야 해.　Harus dilakukan tiga kali
하루스 딜라꾸깐 띠가 깔리

법적공휴일　hari libur nasional
하리 리부르 나시오날

범위	jarak	벨소리	suara bel
	자락		수아라 벨
범죄	kejahatan	벨트	ikat pinggang
	끄자하딴		이깟 삥강
법(방법)	aturan	벽	ceruk
	아뚜란		쯔룩
법률	hukum	벽(집)	dinding
	후꿈		딘딩
벗기다(사과등)	mengupas	벽돌	bata
	믕우빠스		바따
베란다	teras	벽시계	jam dinding
	떼라스		잠 딘딩

벌 받다　　menerima hukuman
　　　　　　므느리마 후꾸만

벌써 3월 말이다.　　Sudah bulan maret
　　　　　　수다 불란 마릇

벌/옷 한벌　　sepasang / sepasang baju
　　　　　　스빠상 / 스빠상 바주

벗겨지다(머리)　　rontok(rambut)
　　　　　　런떡(람붓)

베다　　membacok / memarang
　　　　　　음바쪽 / 므마랑

벽에 걸다　　digantung di dinding
　　　　　　디간뚱 디 딘딩

ㅂ

변호사	pengacara 뺑아짜라	병/맥주 3병	botol 보똘
변화하다	bervariasi 브르파리아시	병원	rumah sakit 루마 사낏
별말씀을요	sama-sama 사마-사마	보건소	klinik 끌리닉
별장	villa 필라	보고하다	pelaporan 뻴라뽀란
병(질병)	penyakit 쁘냐낏	보내다	mengirim 믕이림
병맥주	bir botol 비ㄹ 보똘	보너스	bonus / uang jasa 보너스 / 우앙 자사

변색하다   mengganti warna
믕간띠 와르나

병마개(코르크)   tutup botol gabus
뚜뚜프 보똘 가부스

병에 걸리다   terserang penyakit
뜨르스랑 쁘냐낏

병원에 가야해.   Harus pergi ke rumah sakit
하루스 끄 루마 사낏

병의 원인   penyebab penyakit
쁘느밥 쁘냐낏

병이 차도가 있다.   Masa penyembuhan
마사 쁘늠부한

| 보다 | melihat
믈리핫 | 보름달 | bulan purnama
불란 뿌르나마 |
| 보라색 | ungu
웅우 | 보리 | beras
브라스 |

보고서를 작성하고 있어요.

Sedang membuat laporan
스당 믐부앗 라뽀란

보고서를 작성했어요?

Sudahkah laporannya disusun?
수다까 라뽀란냐 디수순?

보고서 번역을 도와달라고 하려고요.

Hendak meminta bantuan menerjemahkan laporan
흔닥 므민따 반뚜안 므느르즈마깐 라뽀란

보관하다 / 잘 보관하다

menyimpan / disimpan dengan baik
므님빤 / 디심빤 등안 바익

보관했다가 다음에 쓴다.

Disimpan dengan baik lalu digunakan.
디심빤 등안 바 ㅣ ㄱ 랄루 디구나깐

보너스를 주다   **memberikan uang jasa**
믐브리깐 우앙 자사

보다(비교)   **daripada(perbandingan)**
다리빠다(쁘르반딩안)

ㅂ

보리밭	sawah 사와	보조하다	mengabdi 믕압디
보리차	sereal 세레알	보증금	deposito 드뽀시또
보살피다	merawat 므라왓	보증기간	masa garansi 마사 가란시
보상하다	mengganti rugi 믕간띠 루기	보지 않다	tidak terlihat 띠닥 뜨를리핫
보어	melengkapi 믈릉까삐	보충하다	melengkapi 믈릉까삐
보장하다	menjamin 믄자민	보통의	umum 우뭄
보조개	lesung pipi 르숭 삐삐	보통이 아닌	tidak umum 띠닥 우뭄

보름동안 계속 비가 오지 않았어.   Selama bulan purnama tidak pernah turun hujan.
슬라마 불란 뿌르나마 띠닥 쁘르나 뚜룬 후잔

보여줘.   Tolong perlihatkan padaku
똘롱 쁘를리핫깐 빠다꾸

보존하다   mempertahankan
믐쁘르따한깐

보통 9시부터 6시까지   pada umumnya dari jam 9 sampai jam 6
빠다 우뭄냐 다리 잠 슴빌란(9) 삼빠이 잠 으남(6)

보통 키	rata-rata tinggi 라따-라따 띵기	복숭아(과일)	persik(buah) 쁘르식(부아)
보행자	pejalan kaki 쁘잘란 까끼	복습하다	melancar 믈란짜ㄹ
보험	asuransi 아수란시	복싱	tinju 띤주
복권	karcis 까르찌스	복잡한	yang rumit 양 루밋
복사	menyalin 므냘린	복잡해	rumit / ruwet 루밋 / 루웃
복수(단위)	beberapa unit 브브라빠 유닛	복잡해지다	menjadi ruwet 믄자디 루웃

보편적이다　　bersifat universal
브르시팟 유니프르살

보호하다　　menjaga / melindungi
믄자가 / 믈린둥이

복사할 줄 알아요?
Apakah kamu tahu caranya menyalin?
아빠까 까무 따우 짜라냐 므냘린?

복잡하게 얽힌　　kusut / kompleks
꾸숫 / 꼼쁠렉스

복잡한 일　　pekerjaan yang rumit
쁘끄르자안 양 루밋

복지	kesejahteraan 끄스자뜨라안	봉급	gaji 가지
복통	sakit perut 사낏 쁘룻	봉투	amplop 암쁠럽
본사	kantor pusat 깐또르 뿌삿	봉하다	menganugerahkan 믕아누그라깐
본질	esensi 에센시	봉하다(편지)	menyegel 므녜글
볼펜	pena 뻬나	부(재산)	harta 하르따
봄	musim semi 무심 스미	부가세	pajak tambahan 빠작 땀바한

본적은 없어.   tidak pernah mencoba
띠닥 쁘르나 믄쪼바

볼륨을 줄이다   mengurangi volume
믕우랑이 폴룸므

봉지/사탕 한봉지   kantong plastik
깐똥 쁠라스띡

봐주다   tolong perlihatankan kepadaku
똘롱 쁘를리핫깐 끄빠다꾸

봐주세요   silahkan mencoba
실라깐 믄쪼바

봤어요?   Apakah kamu melihat?
아빠까 까무 믈리핫?

부계	paternal 빠뜨르날	부두	dermaga 드르마가
부끄러운	yang malu 양 말루	부모	orang tua 오랑 뚜아
부동산	vendor 펜도ㄹ	부문	divisi 디피시

부담스럽게 하고 싶지 않아.
Saya tidak ingin membebani
사야 띠닥 잉인 믐브바니

부드러운　　yang lembut / lembek / halus
양 름붓 / 름벡 / 할루스

부드러운 피부　　kulit yang halus
꿀릿 양 할루스

부드럽다　　lembut / lembek / halus
름붓 / 름벡 / 할루스

부르다　　memanggil / menyuarakan
므망길 / 므뉴아라깐

부르다 / 그녀를 불러 올게요.
Saya akan memanggil wanita itu
사야 아깐 므망길 와니따 이뚜

부모님과 살고 있어.
Saya tinggal dengan orang tua
사야 띵갈 등안 오랑 뚜아

ㅂ

부분	bagian 바기안	부인	istri 이스뜨리
부사	busa 부사	부작용	efek samping 에펙 삼삥
부상당한	timbul 띰불	부재중이다.	terjawab 뜨르자왑
부어 오른	bombastis 봄바스띠스	부족하다	kurang 꾸랑
부엉이(새)	burung hantu 부룽 한뚜	부주의한	ceroboh 쯔로보
부엌	dapur 다뿌르	부처	budha 붇다

부부　　　　　　　pasangan suami istri
　　　　　　　　　빠상안 수아미 이스뜨리

부유한　　　　　　yang berada(kaya)
　　　　　　　　　양 브라다(까야)

부인과 아이는 건강하시죠?
　　　Istri dan anak baik-baik saja kan?
　　　이스뜨리 단 아낙 바익-바익 사자 깐?

부자 / 그녀 집은 부자예요.
　　　Orang kaya / rumah wanita itu megah
　　　오랑 까야 / 루마 와니따 이뚜 므가

부탁드릴 일이 있습니다.　Saya punya permohonan.
　　　　　　　　　사야 뿌냐 쁘르모혼난

부추기다	bersekongkol	분(시간)	menit
	브르승껑껄		므닛
부합하다	sesuai	분개하다	provokasi
	스수아이		쁘러퍼까시
북경(도시)	mandarin	분별 있는	bijaksana
	만다린		비작사나
북부지역	utara	분석하다	menganalisa
	우따라		믕아날리사
북아메리카	amerika utara	분침	jarum
	아메리까 우따라		자룸
북쪽	utara	분홍색	merah jambu
	우따라		메라 잠부
북한	korea utara	불	api
	꼬레아 우따라		아삐

부탁하려 하다 — **saya ingin memohon sesuatu**
사야 잉인 므모혼 스수아뚜

분필로 쓰다 — **menulis dengan kapur**
므눌리스 등안 까뿌르

분홍색이 더 좋아.
Saya lebih suka warna merah jambu
사야 르비 수까 와르나 메라 잠부

불다 — **meniup / mengembus**
므니웊 / 믕음부스

불공평한	curang	불운한	disayangkan
	쭈랑		디사양깐
불구가 된	kudung	불쾌한	menyenangkan
	꾸둥		므녜낭깐
불만족한	mengecewakan	불편하다	tidak nyaman
	등으쩨와깐		띠닥 냐만
불면증	insomnia	불평하다	menggugat
	인솜니아		믕구갓
불빛	sinar lampu	불필요한	mubazir
	시나르 람뿌		무바지ㄹ
불안정한	labil	불합격하다	gagal
	라빌		가갈
불안한	meresahkan	불행하게	yang sial
	므르사깐		양 시알

불륜의 남녀관계   hubungan perselingkuhan
후붕안 쁠슬링꾸한

불면증에 걸리다   menderita insomnia
믄드리따 인솜니아

불을 붙이다   menyalakan lampu
므냘라깐 람뿌

불이 깜박깜박하다   lampu yang berkedip
람뿌 양 브르끄딥

붕대를 감아야 한다.   Perbannya harus dililitkan
쁘르반냐 하루스 딜릴릿깐

불행하다	sial 시알	브라질	brazil 브라질
불효의	palsu 빨수	브랜드	merk 메륵
붓	sikat 시깟	비가 그치다	hujan reda 후잔 르다
붓다	menuangkan 므누앙깐	비가 오다	turun hujan 뚜룬 후잔
붕대	perban 쁘르반	비가 퍼붓다	curah hujan 쭈라 후잔
붙이다	mengancingkan 믕안찡깐	비결	rahasia 라하시아

비가 갑자기 내리다 tiba-tiba turun hujan
띠바-띠바 뚜룬 후잔

비가 갑자기 퍼붓다 tiba-tiba air hujan tercurah
띠바-띠바 아이르 후잔 뜨르쭈라

비결이 뭐야? Apa rahasianya?
아빠 라하시아냐?

비공식적인 melobi / dibawah tangan
믈러비 / 디바와 땅안

비공식 휴일이라서 회사마다 달라.
Libur resmi setiap perusahaan berbeda
리부르 르스미 스띠앞 쁘루사하안 브르베다

비관하다	pesimis 쁘시미스	비듬	ketombe 끄똠베
비교적	komparatif 껌빠라띠프	비디오	video 비디오
비교하다	membandingkan 믐반딩깐	비밀스럽게	rahasia 라하시아
비기다	minggir 밍기ㄹ	비밀이야	ini rahasia 이니 라하시아
비누	sabun 사분	비범한	luar biasa 루아르 비아사
비교적 쉽다	relatif mudah 렐라띠프 무다	비서	sekretaris 슈르따리스

비 그쳤어? **Hujannya sudah reda?**
후잔냐 수다 르다?

비린내가 나다 **tercium bau amis**
뜨르찌움 바우 아미스

비밀 / 이거 비밀이야. **Rahasia / ini rahasia ya**
라하시아 / 이니 라하시아 야

비밀을 지키다 **menjaga rahasia**
믄자가 라하시아

비빔밥 **nasi campur ala korea**
나시 짬뿌르 알라 코레아

비싸게 팔다 **jual dengan harga mahal**
주알 등안 하르가 마할

비스킷	biskuit 비스꾸잇	비율	skala / presentase 스깔라 / 쁘레슨따스
비슷하다	mirip 미맆	비자	visa 비자
비용	biaya / ongkos 비아야 / 옹꼬스	비탈길	lereng 레렝
비우다	melowongkan 믈로웡깐	비행기	pesawat 쁘사왓

비싸요, 좀 깎아 주세요.
Ini mahal, tolong beri diskon
이니 마할, 똘롱 브리 디스꼰

비서를 뽑다
mencopot jabatan sekretaris
믄쪼뽓 자바딴 슈르따리스

비오는 날씨
cuaca mendung
쭈아짜 믄둥

비올거야
sepertinya akan turun hujan
스쁘르띠냐 아깐뚜룬 후잔

비자를 연장하다
memperpanjang visa
믐쁘르빤장 비자

비즈니스 관계를 맺다
bersahabat dengan rekan bisnis
브르사하밧 등안 르깐 비스니스

비평하다
mendebat / menyindir
믄드밧 / 믄인디ㄹ

비행기 편	sisi pesawat 시시 쁘사왓	빌딩	bangunan 방우난
빈곤한	miskin 미스낀	빌리다	meminjam 므민잠
빈 공간	ruang kosong 루앙 꺼성	빗	menyisir 므녜시르
빈혈	anemia 아네미아	빗자루	sapu 사뿌
빌다	halal bihalal 할랄 비할랄	빛	cahaya / pancaran 짜하야 / 빤짜란
비행기멀미	mabuk udara 마붉 우다라	빠르게	dengan cepat 등안 쯔빳

비프스테이크　　steak daging sapi
스테이크 다깅 사삐

비행기 표는 샀어요?

Apakah kamu sudah membeli tiket pesawat?
아빠까 까무 수다 음블리 띠껫 쁘사왓?

빌려주다　　memberikan pinjaman
음브리깐 삔자만

빌려 주신다면 정말 좋겠어요

saya benar-benar berharap kamu
bisa meminjamkannya ke saya
사야 브나르-브나르 브르하랍 까무 비사 므민잠깐냐 끄 사야.

| 빠지다 | jatuh
자뚜ㅎ | 빨랫줄 | tali jemuran
딸리 즈무란 |
| 빨간색 | merah
메라흐 | 빨리 | cepat
쯔빳 |

빙하가 녹다
gletser mencair
글렛스르 믄짜이르

빛나는 눈
mata yang berkilauan
마따 양 브르낄라우안

빛이 충만한
penuh cahaya / gemerlap
쁘누 짜하야 / 그믈랖

빠른 / 두 시간 빠른
lebih cepat / dua jam lebih cepat
르비 쯔빳 / 두아 잠 르비 쯔빳

빠른 속도로
pada tingkat yang lebih cepat
빠다 띵깟 양 르비 쯔빳

빠를수록 좋다
lebih cepat lebih baik
르비 쯔빳 르비 바익

빨간 펜으로 밑줄 긋다
menggaris bawahi dengan pena merah
믕가리스 바와히 등안 뻬나 메라

빨래가 안 말라요.
Cucian tidak kering
쭈찌안 띠닥 끄링

빨래를 널다
menggantung cucian
믕간뚱 쭈찌안

| 빨리와. | Cepat kemari | 뽑다 | mencabut |
| | 쯔빳 끄마리 | | 믄짜붓 |

빵 roti
로띠

뺨 pipi
삐삐

빼앗아 차지하다 merampas
므람빠스

뽀족한 runcing, mancung
룬찡, 만쭝

삐다 keseleo, terkilir
끄슬레오, 뜨르낄리르

삐졌어. Menjadi keseleo
믄자디 끄슬레오

빨래를 해서 널다
karena mencuci baju, pakaian digantungkan
까르나 믄쭈찌 바주, 빠까이안 디간뚱깐

빨리 회복하기를 바랍니다.
Saya harap anda cepat sembuh
사야 하랖 안다 쯔빳 슴부

빵 잘라주세요. Tolong potong rotinya
똘롱 뽀똥 로띠냐

빼내다 menyungkil, meloloskan, menyuntik
믄쭝낄, 믈럴러스깐, 믄늉떡

빼앗다 merampok, merampas
므람뽁, 므람빠스

ㅅ

새(숫자)	empat 음빳
사거리	perempatan 쁘름빤안
사건	peristiwa, kasus 쁘리스띠와, 까수스
사격하다	pertengkaran 쁘르뜽까란
사고	kecelakaan 끄쩔라까안
사등(등수)	seperempat 스쁘름빳

사공	pendayung 쁜다융
사과(과일)	apel 아쁠
사나운	liar 리아르
사는 방식	cara hidup 짜라 히둡
사다	membeli 믐블리
사대양	empat lautan 음빳 라웉안
사람	orang 오랑
사람들	orang-orang 오랑-오랑

4년 후에 다시 개최 돼.

Ditahan kembali setelah 4 tahun
디따한 끔발리 스뜰라 음빳(4) 따훈

사다 / 내가 이 식사 살게.

Saya akan mentraktir makanan ini
사야 아깐 믄뜨락티르 마까난 이니

사귀다

menjalin pertemanan
믄잘린 쁘르뜨만안

사라지다	hilang 힐랑	사랑하다	mencintai 믄찐따이
사랑	cinta 찐따	사랑해요	mencintaimu 믄찐따이무
사랑에 빠지다	jatuh cinta 짜뚜 찐따	사망	kewafatan 끄와팥안

사람들이 그러는데 이 영화 재미있데.
Orang-orang bilang film ini menyenangkan
오랑-오랑 빌랑 피름 이니 므녜낭깐

사람들이 말하기를　　　orang-orang bilang
오랑-오랑 빌랑

사람들이 바글바글하네.　Orang-orang merangkak
오랑-오랑 므랑깍

사람마다 다르다　　　setiap orang berbeda
스띠압 오랑 브르베다

사람마다 좋아하는 것은 다르다.
Kesukaan setiap orang berbeda.
끄수까안 스띠앞 오랑 브르베다

사람이 만든　　　yang dibuat oleh orang
양 디부앗 올레 오랑

사랑스러운(아기나 애인)　　　indah
인다

사랑스러운(어른에게)　　　berkarisma
브르까리스마

사망하다	wafat 와팥	사십	**40** 음빳 뿔루
사무실	kantor 깐또르	사업하다	berbisnis 브르비스니스
사물	objek 옵젝	사용법	menyuluh 므눌루
사방	dimana-mana 디마나-마나	사용자	pengguna 뼁구나
사별하다	kehilangan 끄힐랑안	사용하다	menggunakan 믕구나깐
사실	sebenarnya 스브나르냐	사원(사람)	pekerja 쁘끄르자

사무실에서 그 문제에 대해 논의 하죠.
Mari kita bahas masalah ini dikantor.
마리 끼따 바하스 마살라 이니 디깐또르

사생활을 존중하다
menghormati privasi
믕호르마띠 쁘리파시

사생활을 캐묻다
rasa ingin tahu tentang privasi
라사 잉인 따후 뜬땅 쁘리파시

사실을 말하다
berkata yang sebenarnya
브르까따 양 스브나르냐

사업이 번창하다
bisnisnya sukses
비스니스냐 숙세스

사실적인	jelas, nyata 즐라스, 냐따	사육하다	memelihara 므믈리하라
사원(절)	pura, candi 뿌라, 짠디	사이에	diantara 디안따라
사월	april 아쁘릴	사자(동물)	singa 싱아
사위	menantu 므난뚜	사전	kamus 까무스

사용안내   informasi penggunaan
인포르마시 뼁구나안

사용하지 않다   jangan digunakan
장안 디구나깐

사장   pemilik perusahaan, bos
쁘밀릭 쁘루사하안, 보스

사장님께 허락받다
mendapatkan persetujuan dari bos
믄다빧깐 쁘르스뚜주안 다리 보스

사직하다   meletakkan jabatan
믈르딱깐 자바딴

사진 3×4사이즈 한 장   selembar foto ukuran 3x4
슬름바르 포또 우꾸란 3×4(띠가 깔리 음빳)

사진기를 준비할게요.
Saya akan menyiapkan kameranya
사야 아깐 믄이얖깐 까메라냐

사진 한장	selembar foto 슬름바르 포또	사회	masyarakat 마샤라깟
사찰	vihara 피하라	삭제하다	menghapus 믕하뿌스
사탕	permen 쁘르멘	산	gunung 구눙
사투리	logat 로갓	산 정상	puncak gunung 뿐짝 구눙
사학	sejarah 스자라	산림	hutan 후딴

사진을 찍다　　mengambil foto
믕암빌 포또

사진 촬영 금지　　dilarang memotret di udara
딜라랑 므몰렛 디 우다라

사진 한 장씩 인쇄해 주세요.
Tolong cetak fotonya perlembar
똘롱 쩨딱 포또냐 쁘를름바르

사탕 드세요　　silahkan makan permennya
실라흐깐 마깐 쁘르맨냐

사학자　　ahli sejarah / sejarawan
아흘리 스자라 / 스자라완

사회경험이 없을 거예요.
Masyarakat tidak akan pernah mengalami
마샤라깟 띠닥 아깐 쁘르나 믕알라미

산맥	pegunungan
산부인과	ginekologi
산출량	keluaran
산모	ibu
산업	industri
산책하다	jalan-jalan
산파	bidan
살/30살	umur / 30 tahun
살구	aprikot
살다	hidup

산맥　pegunungan
쁘구눙안

산부인과　ginekologi
기네걸러기

산출량　keluaran
끌루아란

산모　ibu
이부

산업　industri
인두스뜨리

산책하다　jalan-jalan
잘란-잘란

산파　bidan
비단

살/30살　umur / 30 tahun
우무르 / 30(띠가 쁠루ㅎ) 따훈

살구　aprikot
아쁘리꼿

살다　hidup
히둡

살인　pembunuhan
쁨부누한

살찌다　naik berat badan
나익 브랏 바단

삶다　mendidih
믄디디흐

삶은 계란　telur rebus
뜰루르 르부스

삼(숫자)　tiga
띠가

삼십　tiga puluh 30
띠가 뿔루

삼월　maret
마릇

삶은 고구마　ubi rebus
우비 르부스

삶의 태도　cara hidup
짜라 히둡

삼거리　pertigaan
쁘르띠가안

살이 많이 찐 것 같아.
Tampaknya banyak turun berat badan
땀빡냐 바냑 뚜룬 브랏 바단

상대선수	lawan	상대적인	relatif
	라완		렐라띠프
삼일	tiga hari	상상하다	membayangkan
	띠가 하리		음바양깐
삼촌	paman	상세히	secara terperinci
	빠만		스짜라 뜨르쁘린찌
상(우승)	penghargaan	상품의(고급)	produk
	뿡하르가안		쁘로둑
상관없이	tidak masalah	상반신을 찍다	rontgen
	띠닥 마살라ㅎ		런슨
상담	nasehat	상사병	mabuk kepayang
	나세핫		마북 끄빠양
상담하다	berkonsultasi	상응하다	sesuai
	브르껀술따시		스수아이
상당하는(금액)	setara	상영하다	penyaringan
	스따라		쁘냐링안
상당히	sangat	상용하다	penunda
	상앗		쁘눈다

상업채권	obligasi komersial
	어블리가시 꺼므르시알
상자 / 맥주 1 상자	kotak / bir 1 kotak
	꼬딱 / 비르 사뚜 꼬딱
상자처럼 생겼어	berbentuk seperti kotak
	브르븐뚝 스쁘르띠 꼬딱

상의(옷)	mantel 만뜰	상태	negara 느가라
상징하다	menyimbolkan 므녬볼깐	상품	produk 쁘로둑
상처	luka 루까	상호간에	gonta ganti 곤따 간띠
상처를 받다	terluka 뜨를루까	상형문자	tulisan rahasia 뚤리산 라하시아

상을 타다

mendapatkan hadiah
은다빳깐 하디아

상점은 아침 8시에 문을 연다.
Pintu toko dibuka pukul 8 di pagi hari
삔뚜 또꼬 디부까 뿌꿀 들라빤(8) 디 빠기 하리

상점은 저녁 9시에 문을 닫는다.
Pintu toko ditutup pukul 9 di malam hari
삔뚜 또꼬 디뚜뚭 뿌꿀 슴빌란(9) 디 말람 하리

상품목록을 덧붙이다

Ditambahkan ke daftar produk
디땀바흐깐 끄 다프따르 쁘로둑

상품을 진열하다

display barang dagangan
디스쁠레이 바랑 다강안

상품을 팔다

menjual barang
믄주알 바랑

상황	keadaan 끄아다안	새콤달콤한	asam manis 아삼 마니스
새 단어	kata baru 까따 바루	새해	tahun baru 따훈 바루
새(동물)	burung 부룽	색깔	warna 와르나
새 것의	hal-hal baru 할-할 바루	색소폰	saksofon 삭소폰
새롭다	baru 바루	색종이	konfeti 껀페띠
새벽	tengah malam 뜽아흐 말람	샐러드	salad 살라드
새우	udang 우당	샘플	contoh 쫀또흐

새끼를 낳다
melahirkan anak anjing
믈라히르깐 아낙 안징

새 집으로 이사하다
pindah kerumah yang baru
삔다 끄 루마흐 양 바루

새해 복 많이 받으세요.
Selamat tahun baru
슬라맛 따훈 바루

색은 예쁜데 좀 크네.
Warnanya cantik tapi kebesaran
와르나냐 짠떡 따삐 끄브사란

ㅅ

생각	pikiran	생각하다	berfikir;berpikir
	삐끼란		브르피끼르 ; 브ㄹ삐끼ㄹ
생각나다	teringat	생과일주스	jus buah segar
	뜨링앗		주스 부아흐 스가르

샘플을 보여주세요. Tolong perlihatkan contohnya
똘롱 쁘를리핫깐 쫀또냐

생각해 볼게요 akan saya pikirkan
아깐 사야 삐끼르깐

생각보다 무겁네요
ini lebih berat dari yang saya pikirkan
이니 르비흐 브랏 다리 양 사야 삐끼르깐

생각보다 비싸다고요? Kamu bilang ini
lebih mahal dari yang kamu pikirkan?
까무 빌랑 이니 르비 마할 다리 양 까무 삐끼르깐?

생각이 있어요? 없어요? Ada ide? Atau tidak?
아다 이데? 아따우 띠닥?

생각지도 않게 bahkan tidak berfikir
바흐깐 띠닥 브르피끼르

생각할 시간이 필요해.
Saya butuh waktu untuk berfikir
사야 부뚜흐 왁뚜 운뚝 브르피끼르

생계를 위해 일한다. Bekerja mencari nafkah
브끄르자 믄짜리 나프까흐

생강	jahe 자헤	생리용품	sehat 세핫
생리	fisiologi 피시올로기	생산	produksi 쁘로둑시
생맥주	bir standar 비르 스딴다르	생수	air mineral botol 아이르 미느랄 보똘
생물	makhluk 막흘룩	생일	ulang tahun 울랑 따훈
생방송	siaran langsung 시아란 랑숭	생태계	ekosistem 에꺼시스뜸
생산물	produk 쁘로둑	생활	hidup / kehidupan 히둡 / 끄히두빤
생산성	produktivitas 쁘로둑띠피따스	샤워기	alat pancuran 알랏 빤쭈란

생계비를 번다.

Mencari nafkah
믄짜리 나프까ㅎ

생명을 구하다

memupuk kehidupan
므무뿍 끄히두빤

생방송하다

melakukan siaran langsung
믈라꾸깐 시아란 랑숭

생일카드를 그녀에게 드리려고요.

Dia ingin memberikan kartu
ulang tahun ke wanita itu.
디아 잉인 믐브리깐 까르뚜 울랑 따훈 끄 와니따 이뚜.

샴푸	sampo 삼뽀	서두르다	bergegas 브르그가스
서기장	sekretaris 스끄르따리스	서류	dokumen 도꾸멘
서늘한	dingin 딩인	서명	tanda tangan 딴다 땅안

생일 케이크   kue ulang tahun
꾸에 울랑 따훈

생활이 점점 우울해져요.
Hidupnya pelan-pelan menjadi suram
히둡냐 쁠란-쁠란 믄자디 수람

서로   saling / satu sama lain
살링 / 사뚜 사마 라인

서로 같은   satu sama lain yang sama
사뚜 사마 라인 양 사마

서로 다른   satu sama lain yang berbeda
사뚜 사마 라인 양 브르베다

서로 밀착된   berhubungan erat satu sama lain
브르후붕안 으랏 사뚜 사마 라인

서로 부딪히다   saling menabrak
살링 므납락

서로 섞다   berbaur satu sama lain
브르바우르 사뚜 사마 라인

서비스하다	layanan 라야난	서행	melambat 믈람밧
서빙하다	melayani 믈라야니	석사	menguasai 믕우아사이
서비스요금	biaya layanan 비아야 라야난	석유	minyak tanah 미냑 따나흐
서양의	barat 바랏	선글라스	kacamata hitam 까짜마따 히땀
서점	toko buku 또꼬 부꾸	선물	hadiah 하디아
서커스	sirkus 시르꾸스	선물하다	membuat hadiah 음부앗 하디아

서로 싸우다   saling bertengkar
살링 브르뜽까르

서로 아세요?   Kenal satu sama lain?
끄날 사뚜 사마 라인?

서민의   dari masyarakat umum
다리 마샤라깟 우뭄

서비스(전자제품 등)   layanan elektronik
라야난 엘렉뜨러닉

서비스가 엉망이다   layanannya berantakan
라야난냐 브란따깐

서술하다   mendeskripsikan
믄데스끄맆시깐

선반	rak 락	선출하다	memilih 므밀리ㅎ
선생님	guru 구루	선크림	suncream 산크림
선수	pemain 쁘마인	선택하다	memilih 므밀리
선조	leluhur 르루후르	선풍기	kipas angin 끼빠스 앙인
선착순	antri 안뜨리	설(음력)	set(imlek) 셋(임렉)

선발팀   kelompok orang-orang terpilih
끌럼뻑 오랑-오랑 뜨르삘리ㅎ

선글라스를 쓰다   mengenakan kacamata hitam
믕으나깐 까짜마따 히땀

선물을 살 수가 없다   tidak bisa membeli hadiah
띠닥 비사 믐블리 하디아ㅎ

선물하고 싶었어요.   Ingin memberikan hadiah
잉인 믐브리깐 하디아ㅎ

선을 긋다   menentukan batas
므는뚜깐 바따ㅅ

선착순으로 티셔츠를 준다.
Memberikan kaos dengan cara mengantri
믐브리깐 까오스 등안 짜라 믕안뜨리

설립하다	menetapkan 므느땁깐	설익은	kurang matang 꾸랑 마땅
설명서	panduan 빤두안	설치하다	menyediakan 므녜디아깐
설명하다	menjelaskan 믄즐라스깐	설탕	gula 굴라
설사	diare 디아레	섬	pulau 뿔라우
설사약	obat diare 오밧 디아레	성(이름)	nama keluarga 나마 끌루아르가

선크림을 계속 바르다

terus membalurkan suncream
뜨루스 믐발루르깐 산크림

선크림을 바르다　　membalurkan suncream
믐발루르깐 산크림

설날음식　　makanan tahun baru
마까난 따훈 바루

설사하다　　buang-buang air / diare
부앙-부앙 아이르 / 디아레

설 쇠러 고향에 가?

Akankah pulang ke kampung
halaman pada saat tahun baru?
아깐까 뿔랑 끄 깜뿡 할라만 빠다 사앗 따훈바루?

성공하다	sukses	성적	pertunjukan
	숙세스		쁘르뚠죽깐
성교하다	kacau	성질	sifat
	까짜우		시팟
성격	karakter	성탄절	natal
	까락뜨르		나탈
성냥	pertandingan	세 번째	tiga kali
	쁘르딴딩안		띠가 깔리
성립하다	mapan	세 시간	tiga jam
	마빤		띠가 잠
성장하다	tumbuh	세게 때리다	menampar
	뚬부흐		므남빠르

성격이 발랄하고 좋은

kepribadiannya riang dan baik
끄쁘리바디안냐 리앙 단 바익

성공하시기를 바랄게요.　　Semoga sukses
스모가 숙세스

성은 박 입니다. 이름은 민수입니다.
Nama keluarga saya park, nama saya minsu.
나마 끌루아르가 사야 박, 나마 사야 민수.

성함을 알려 주시겠어요?
Akankah kamu memberitahu namanu?
아깐까 까무 음브리 따후 나마무?

성형수술	bedah plastik 브따흐 쁠라스띡	세대	rumah tangga 루마 땅가
세관신고	bea cukai 베아 쭈까이	세미나	seminar 스미나르
세를 주다	memberi pajak 음브리 빠작	세배	ritual tahun baru 리뚜알 따훈 바루
세계	dunia 두니아	세뱃돈	uang tahun baru 우앙 따훈 바루
세계에서	didunia 디두니아	세일(할인판매)	tiga hari 띠가 하리
세관	rumah adat 루마 아닷	세탁기	mesin cuci 므신 쭈찌
세금	pajak 빠작	세탁세제	detergen 데뜨르젠
세기	abad 아바드	세탁소	binatu 비나뚜
세다	menghitung 믕히뚱	세탁하다	mencuci baju 믄쭈찌 바주
세달	tiga bulan 띠가 불란	세포	sel 셀

세권 주세요.　Tolong beri saya tiga buku
똘롱 브리 사야 띠가 부꾸

세금을 내다　membayar pajak
믐바야르 빠작

셋	tiga 띠가	소득세	pajak pemasukan 빠작 쁘마수깐
소	sapi 사삐	소름끼치는	teramat 뜨라맛
소견	pandangan 빤당안	소리	suara 수아라
소고기	daging sapi 다깅 사삐	소리치다	teriak 뜨리악
소극적인	pemalu 쁘말루	소매치기	pencopet 쁜쪼뻿
소금	garam 가람	소매업하다	pengecer 뼁에쩨르
소나기	mandi 만디	소멸하다	meredamkan 므르담깐
소득	pemasukan 쁘마숙깐	소변	kencing 끈찡

소개하다   **memperkenalkan**
음쁘르끄날깐

소개해 드릴게요.   **Saya akan memperkenalkan anda dengannya.**
사야 아깐 음쁘르끄날깐 안다 등안냐

소리를 듣다   **mendengarkan suara**
믄등아르까누 수아라

소변보다	buang air kecil 부앙 아이르 끄찔	소원	harapan 하라빤
소비자	konsumen 꼰수멘	소유	milik 밀릭
소비하다	mengkonsumsi 믕꼰숨시	소수민족	minoritas 미노리따스
소설	novel 노펠	소아마비	polio 뽈리오
소식	laporan 라뽀란	소포	paket 빠껫

소식이 없는
yang tidak ada kabar
양 띠닥 아다 까바르

소송에서 이기다
memenangkan gugatan
므므낭깐 구가딴

소음이 조금 있다.
Ini mungkin terdengar sedikit
이니 뭉낀 뜨르등아르 스디낏

소파 어디에 둬요?
Sofanya diletakkan dimana?
소파냐 딜르딱깐 디마나?

소프트웨어
perangkat lunak
쁘랑깟 루낙

소화
pemadam kebakaran
쁘마담 끄바까란

소화불량
gangguan pencernaan
강구안 쁜쯔르나안

속눈썹	bulu mata 불루 마따	손	tangan 땅안
속닥거리다	berbisik 브르비식	손가락	jari 자리
속담	pepatah 쁘빠따ㅎ	손가방	tas jinjing 따스 진징
속도	mempercepat 음쁘르쯔빳	손녀	cucu perempuan 쭈쭈 쁘름뿌안
속삭이다	berbisik 브르비식	손님	pelanggan 쁠랑간
속성으로	oleh property 올레 쁘로쁘르띠	손등	punggung tangan 뿡궁 땅안
속어	slang 슬랑	손목시계	jam tangan 잠 땅안
속이다	menggigit 믕기깃	손수건	sapu tangan 사뿌 땅안

소화에 좋다	pencernaan lancar 쁜쯔르나안 란짜르
속도를 줄이다	mengurangi kecepatan 믕우랑이 끄쯔빠딴
속이려하지 마.	Jangan tertipu 장안 뜨르띠뿌
속하다	termasuk / tergolong 뜨르마숙 / 뜨르골롱

손실	kerugian	손해	kerusakan
	끄루기안		끄루사깐
손을 올리다	angkat tangan	솔직한	jujur
	앙깟 땅안		주주르
손자	cucu laki-laki	솔질을 하다	menyikat
	쭈쭈 라끼-라끼		므녜깟
손잡이	pegangan tangan	솜씨 좋은	pintar
	쁘강안 땅안		삔따르
손전등	senter	쇼윈도	display jendela
	센뜨르		디스쁠레이 즌델라
손재주가 있는	tangkas	쇼핑	berbelanja
	땅까스		브르블란자
솔직히 말하자면	sejujurnya	수건	handuk
	스주주르냐		한둑
손톱	kuku	수고비	penyembelihan
	꾸꾸		쁘녬블리한

손으로 누르다   bertumpuh dengan tangan
브르뚬뿌 등안 땅안

손을 흔들어 인사하다   berjabat tangan menyapa
브르자밧 땅안 므냐빠

손톱깎이   alat pemotong kuku
알랏 쁘모똥 꾸꾸

송별회   pesta selamat tinggal
뻬스따 슬라맛 띵갈

수공의	manual 마누알	수량	kuantitas 꾸안띠따스
수군	angkatan laut 앙까딴 라웃	수력	tenaga air 뜨나가 아이르
수년	bertahun-tahun 브르따훈 따훈	수련	teratai 뜨라따이
송년회	pesta akhir tahun 페스따아키ㄹ 따훈	수류탄	granat 그라낫
수다스러운	cerewet 쯔레웻	수리하다	memperbaiki 믐쁘르바이끼
수단	arti 아르띠	수면	permukaan air 쁘르무까안 아이르
수도	modal 모달	수박	semangka 스망까
수동의	pasif 빠시프	수백의	ratusan 라뚜산

송별회를 열다 mengadakan pesta selamat tinggal
믕아다깐 뻬스따 슬라맛 띵갈

송이/장미 3송이 tangkai / mawar 30 tangkai
땅까이 / 마와르 띠가 뿔루ㅎ 땅까이

수도요금 받으러 왔나요?
Anda datang untuk menerima tariff air?
안다 다땅 운뚝 므느리마 따리프 아이르?

수상해	mencurigai 믄쭈리가이	수영	berenang 브르낭
수선하다	membetulkan 믐브뚤깐	수영장	kolam renang 꼴람 르낭
수송하다	menyampaikan 므냠빠이깐	수요일	rabu 라부
수속절차	prosedur 쁘러세두르	수입	pendapatan 쁜다빠딴
수수료	komisi 꼬미시	수입세	bea impor 베아 임뽀르
수술	operasi 오쁘라시	수입품	barang impor 바랑 임뽀르
수습하다	menjaga 믄자가	수입하다	mengimpor 믕임뽀르
수신인	penerima 쁘느리마안	수준	tingkat 띵깟
수십 여의	puluhan 뿔루한	수집하다	memungut 므뭉웃

수상(직위)　　menerima penghargaan
므느리마 쁭하르가안

수여하다　　memberi penghargaan
믐브리 쁭하르가안

수영할 줄 알아요?　Apakah kamu bisa berenang?
아빠까 까무 비사 브르낭?

수 천의	beribu-ribu 브리부-리부	수학자	ahli matematika 아흘리 마떼마띠까
수정액(사무용품)	tipe-ex 띠쁘엑스	수험생	calon 짤론
수첩	buku catatan 부꾸 짜따딴	수확하다	panen 빠넨
수출세	bea ekspor 베아 엑스뽀르	숙고하다	memikirkan 므미끼르깐
수출입	impor dan ekspor 임뽀르 단 엑스뽀르	숙련된	terampil 뜨람삘
수출하다	mengekspor 믕엑스뽀르	숙모	bibi 비비
수탉	ayam jantan 아얀 잔딴	숙박하다	mendirikan 믄디리깐
수퍼마켓	supermarket 수쁘르마르껫	숙제	pekerjaan rumah 쁘끄르자안 루마ㅎ
수평선	horison 호리손	순서	urutan 우루딴
수표	memeriksa 믐므릭사	순서대로	dalam rangka 달람 랑까
수학	matematika 마떼마띠까	순탄한	lumpuh 룸뿌ㅎ

수퍼마켓에 자주 가. Sering pergi ke supermarket
스링 쁘르기 끄 수쁘르마르꿋

숟가락	sendok 센독	숨기다	melindungi 믈린둥이
술	alkohol 알꼬홀	숫자	angka 앙까
술집	tempat minum 뜸빳 미눔	숲	belantara 블란따라
술 취한	mabuk 마북	쉬운	gampang 감빵

순회하다
berjalan mondar-mandir
브르잘란 몬다르 만디르

술 도수가 높아요
kadar alkoholnya tinggi
까다르 알꼬홀냐 띵기

술 많이 먹지 마.
Jangan terlalu banyak minum alkohol
장안 뜨를랄루 바냑 미눔 알꼬홀

술을 끊다
berhenti minum alkohol
브르흔띠 미눔 알꼬홀

술 잘하시네요.
Jago minum alkhohol ya
자고 미눔 알꼬홀

숨쉬기 어려운
sulit bernapas
술릿 브르나빠스

쉬다 / 잘 쉬었어?
Istirahat / apakah anda istirahat dengan baik?
이스띠라핫 / 아빠까 안다 이스띠라핫 등안 바익?

쉽다	gampang
	깜빵
쉽죠?	Mudah kan?
	무다ㅎ 깐?
스물(숫자)	20
	두아 뿔루
스위치	sakelar
	사끌라르
스케줄	jadwal
	자드왈
스키를 타다	bermain ski
	브르마인 스키
스키장	lapangan ski
	라빵안 스키
스타(인물)	superstar
	수쁘르스따르

스타일	gaya
	가야
스트레스 받다	stres
	스뜨레스
스페인어	bahasa spanyol
	바하사 스판녈
스포츠	olah raga
	올라 라가
스프링	pegas
	쁘가스
스피커	pengeras suara
	븡으라스 수아라
슬퍼하지 마	jangan sedih
	장안 스디흐
슬픈	yang sedih
	양 스디흐

쉽게 믿는   gampang percaya
감빵 쁘르짜야

쉽게 상하다   cepat tersinggung
쯔빳 뜨르싱궁

스스로에게   untuk diri mereka sendiri
운뚝 디리 므레까 슨디리

스포츠 신문   Koran olah raga
꼬란 올라ㅎ 라가

슬픔	sedih	승자	pemenang
	스디흐		쁘므낭
습격당하다	menyerang	시(도시)	kota
	므녜랑		꼬따
습관	kebiasaan	시(문학)	mengarang
	그비아사안		믕아랑
습도	kelembaban	시(시간)	jam
	끌름바빤		잠
승객	penumpang	시간	waktu
	쁘눔빵		왁뚜
승리	keberuntungan	시간경계선	batas waktu
	끄브룬뚱안		바따스 왁뚜
승리하다	keberuntungan	시간당	per jam
	끄브룬뚱안		쁘르 잠
승무원	awak pesawat	시계	jam
	아왁 쁘사왓		잠

습도가 높아서 힘들어.

kelembaban tinggi jadi susah

끌름바빤 띵기 자디 수사ㅎ

시간 / 한 시간

jam / satu jam

잠 / 사뚜 잠

시간당 300km

300km perjam

띠가 라뚜스 낄로 메뜨르 쁘르 잠

| 시기 | masa
마사 | 시끄러운 | berisik
브리식 |

시간도 없고 바빠.
Saya tidak punya waktu dan sibuk
사야 띠닥 뿌냐 왁뚜 단 시북

시간약속을 해 주세요.
Tolong beri waktu untuk janjian
똘롱 부리 왁뚜 운뚝 잔지안

시간을 낼 수가 없다.
Tidak bisa menemukan waktu yang tepat
띠닥 비사 므느무깐 왁뚜 양 뜨빳

시간을 약속하다   **komitmen waktu**
꼬밋믄 왁뚜

시간을 절약하다   **menghemat waktu**
믕헤맛 왁뚜

시간이 걸리다   **memakan waktu**
므마깐 왁뚜

시간이 오래 걸리다   **memakan banyak waktu**
므마깐 바냑 왁뚜

시간이 정말 빠르다   **waktu cepat sekali berlalu**
왁뚜 쯔빳 스깔리 브를랄루

시계를 차다   **memasang jam**
므마상 잠

시내	bus kota 부스 꼬따	시아버지	ayah mertua 아야 므르뚜아
시내중심	pusat kota 뿌삿 꼬따	시어머니	ibu mertua 이부 므르뚜아
시다	asam 아삼	시원하다	sejuk 스죽
시도	percobaan 쁘르쪼바안	시원한	yang sejuk 양 스죽
시들다	melayu 믈라유	시월	oktober 옥또브르
시민	warga negara 와르가 느가라	시위하다	berdemonstrasi 브르데몬스뜨라시
시샘하다	cemburu 쯤부루	시작하다	mulai 물라이
시간이 되다	waktu oke 왁뚜 오께	시장	pasar 빠사르
시스템	sistem 시스뜸	시점	ketika 끄띠까

시장에 자주 가세요?

Apakah anda sering pergi ke pasar?
아빠까 안다 스링 쁘르기 끄 빠사르?

시키지 마세요.

Jangan bertaruh
장안 쁘르따루흐

시청자	penonton 쁘논똔	식당	rumah makan 루마 마깐
시체	mayat 마얏	식당칸	ruang makan 루앙 마깐
시행하다	melaksanakan 믈락사안	식사	makan 마깐
시험	ujian 우지안	식사하다	makan 마깐
시험삼아하다	trial 뜨라이열	식용유	minyak goreng 미냑 고랭
시험지	kertas ujian 끄르따스 우지안	식이요법하다	cara hidup 짜라 히둡
식량	rejeki 르즈끼	식초	cuka 쭈까

시험 결과가 어때요? **Bagaimana hasil ujiannya?**
바가이마나 하실 우지안냐?

시험 문제 **pertanyaan ujian**
쁘르따냐안 우지안

시험 봤어요? **Sudahkah ujiannya?**
수다흐까 우지안냐?

시험에 떨어지다 **tidak ada ujian**
띠닥 아다 우지안

식중독 **keracunan makanan**
끄라쭈난 마까난

식탁	tabel 따블	신고서	laporan 라뽀란
식품	makanan 마깐	신랑	pengantin pria 쁭안띤 쁘리아
신(종교)	tuhan 뚜한	신뢰하다	mempercayai 믐쁘르짜야이
신경 쓰다	khawatir 까와띠르	신문	koran 꼬란
신고	pengaduan 쁭아두안	신발	sepatu 스빠뚜

신경쓰지 마.

Jangan khawatir
장안 까와띠르

신경 쓰지 않다

tidak khawatir
띠닥 까와띠르

신고서를 작성하셨나요?

Apakah anda menulis laporan?
아빠까 안다 므눌리스 라뽀란?

신고서를 작성해 주세요. **Tolong susun laporannya**
똘롱 수순 라뽀란냐

신랑측 **sisi pengantin pria**
시시 쁭안띤 쁘리아

신문을 보면 알게 될 거예요.

Jika membaca Koran kita akan lebih tahu.
지까 음바짜 꼬란 끼따 아깐 르비 따후

신병	pecat 쁘짯	신중한	disengaja 디승아자
신비	misteri 미스뜨리	신청서	aplikasi 아쁠리까시
신선하다	segar 스가르	신형이다	jenis baru 즈니스 바루
신앙	iman 이만	신호	sinyal 시냘
신용	kredit 끄레딧	신호등	lampu 람뿌
신용장	surat kredit 수랏 끄르딧	신혼	bulan madu 불란 마두
신용카드	kartu kredit 까르뚜 끄레딧	실	benang 브낭

신발을 신다	memakai sepatu 므마까이 슴빠뚜
신부(결혼)	pengantin wanita 뺑안띤 와니따
신부측	sisi pengantin wanita 시시 뺑안띤 와니따
신사(남자)	pria yang bisa diandalkan 쁘리야 양 비사 디안달깐
신하가 되다	menjadi hamba 믄자디 함바

실례합니다	permisi
	쁘르미시

실망이다	kecewa
	끄쩨와

실무자	praktisi
	쁘락띠시

실물	hidup
	히둡

실수	kesalahan
	끄살라한

실습하다	praktek
	쁘락떽

실시하다	terselenggara
	뜨르슬릉가라

실제로　benar-benar nyata
브나르-브나르 냐따

실제수입　pendapatan riil
쁜다빠딴 릴

실제의　sebenarnya
스브나르냐

실직하다　pengangguran
뿡앙구란

실크　sutera
수트라

실패하다　gagal
가갈

실행하다　berbuat jahat
브르부앗 자핫

실수하다
membuat kesalahan
믐부앗 끄살라한

실장(지위)
posisi pemasangan
뽀시시 쁘마상안

실제가격
harga sebenarnya
하르가 스브나르냐

실제로 있었던 일
pekerjaan yang benar-benar nyata
쁘끄르자안 양 브나르-브나르 냐따

싫어하다	membenci	십이월	desember
	믐븐찌		데셈브르
싫음 말고	bukan benci	십일(숫자)	11
	부깐 븐찌		스블라스
심다	tanaman	십일월	november
	따나만		노펨브르
심리	percobaan	싱겁다	datar
	쁘르쪼바안		다따르
심리학	psikologi	싱글룸	ruang single
	쁘시꼴로기		루앙 싱글
심장	hati	싱싱한	segar
	하띠		쓰가르
심장병	penyakit jantung	싸다	murah
	쁘냐낏 잔뚱		무라ㅎ
심판(경기)	wasit	싸우다(논쟁)	berjuang
	와싯		브르주앙
십 억(숫자)	satu milliar	싸우다(불화)	berkelahi
	사뚜 밀리야르		브르끌라히
십이(숫자)	12	싸우다(투쟁)	melawan
	두아 블라스		믈라완

실크를 생산하다   memproduksi sutera
믐쁘러둑시 수뜨라

싸 주세요.   Tolong dibungkus
똘롱 디붕꾸스

쌀	beras
	브라스
쌀을 씻다	cuci beras
	쭈찌 브라스
쌍꺼풀	lipatan
	리빠딴
쌍둥이의	kembar
	끔바르
썩다(이)	busuk
	부숙
쏟다	tuang
	뚜앙
쓰다(글씨)	menulis
	므눌리스

쓰다(기록)	menulis
	므눌리스
쓰다(맛)	pahit
	빠힛
쓰레기통	tong sampah
	똥 삼빠ㅎ
쓸모없는	tidak berguna
	띠닥 브르구나
씨름하다	gulat
	굴랏
씹다	mengunyah
	믕우냐ㅎ
씻다	mencuci
	믄쭈찌

쌍/완벽한 한 쌍　　pasangan yang sempurna
빠상안 양 슴뿌르나

씹을 수 없다　　tidak bisa mengunyah
띠닥 비사 믕우냐

ㅇ

아, 그렇군요.	oh, begitu 오ㅎ, 브기뚜
아기	bayi, anak kecil 바이, 아낙 크칠
아내	istri 이스트리
아니(대답)	tidak 띠닥
아가씨	nona 노나

아닐거야.	tidak begitu 띠닥 브기뚜
아들	anak laki-laki 아낙 라끼 라끼
아래	di bawah 디 바와ㅎ
아래층	lantai bawah 란따이 바와ㅎ
아름다운	indah, cantik 인다ㅎ, 짠떡
아마	mungkin 뭉낀
아마도	mungkin saja 뭉낀 사자

아깝잖아 버리지마   sayang sekali jangan dibuang
사양 스깔리 장안 디부앙

아랑곳 하지 않고   tidak memperhatikan
띠닥 음프르하띠깐

아르바이트가다   pergi kerja paruh waktu
프르기 끄르자 빠루ㅎ 왁뚜

아름다운 사람   orang yang tampan / cantik
오랑 양 땀판 / 찬떡

아마 25살일걸요   mungkin sekitar 25 tahun
뭉낀 스끼따ㄹ 두아 풀루ㅎ 리마 따훈

| 아무때나 | kapan saja
까빤 사자 | 아빠 | ayah, bapak
아야ㅎ, 바빡 |
| 아마추어 | amatir
아마띠ㄹ | 아시아 | Asia
아시아 |

아마 그럴걸   **mungkin begitu, saya rasa begitu**
뭉낀 브끼뚜, 사야 라사 브기뚜

아마 될거야   **mungkin akan seperti itu**
뭉낀 아깐 스프르띠 이뚜

아마 전화했어도 통화 못했을 거야.
   mungkin ditelepon pun tidak akan dijawab
뭉낀 디뜰레폰 푼 띠닥 아깐 디자왑

아무것도 몰라   **tidak mengerti apa-apa**
띠닥 믕으ㄹ띠 아빠 아빠

아무것도 변하지 않을 것이다.
   tidak akan mengubah apa pun
띠닥 아깐 믕우바ㅎ 아빠 뿐

아무것도 아니야.   **bukan apa-apa**
부깐 아빠 아빠

아무데나 앉으세요   **silakan duduk dimana saja**
실라ㅎ깐 두둑 디만나 사자

아무 뜻없이   **tidak berarti apa-apa**
띠닥 브ㄹ아ㄹ띠 아빠 아빠

아무 말도 하지마   **jangan berkata apa-apa**
장안 브ㄹ까따 아빠 아빠

| 아이 | anak | 아이스크림 | es krim |
| 아낙 | | 에스 그림 | |

아이스녹차   es teh hijau | 아직 안먹다   belum makan
에스 떼ㅎ 히자우   블룸 마깐

아무맛이 없어   tidak berasa apa-apa
띠닥 브라사 아빠 아빠

아쉬워하다   merasa kehilangan
므라사 끄힐랑안

아이가 있어요?   Apakah Anda mempunyai anak?
아빠까ㅎ 안다 음푼야이 아낙?

아이 돌보면서 일하는건 너무 피곤하잖아   melihat
kegiatan para idola sungguh melelahkan
믈리핫 끄기아딴 빠라 이돌라 숭구ㅎ 믈르라ㅎ깐

아이를 낳다   melahirkan anak
믈라히ㄹ깐 아낙

아저씨   bapak-bapak, Paman(panggilan)
바빡 바빡, 파만(팡길란)

아주 맑을 거예요.
Ini akan menjadi jelas / terang sekali
이니 아깐 믄자디 즐라ㅅ / 뜨랑 스깔리

아줌마, 뭣좀 물어 볼게요
Permisi bu, ada yang ingin saya tanyakan
프ㄹ미시 부, 아다 양 잉인 사야 딴야깐

아침에	pada pagi hari	아파트	apartemen
	빠다 빠기 하리		아파ㄹ뜨멘
아파	sakit	아프리카	Afrika
	사낏		아프리까

아직 길이 익숙지 않다.
Masih belum hapal jalannya
마시ㅎ 블룸 하팔 잘란냐

아직 대화 해본적이 없다
Belum pernah bercakap-cakap
블룸 프ㄹ나ㅎ 브ㄹ짜깝 짜깝

아직도 배불러.
masih kenyang
마시ㅎ 끄냥

아직 안골랐어요
Masih belum memilih
마시ㅎ 블룸 므밀리ㅎ

아직 익숙지 않다
belum terbiasa
블룸 뜨ㄹ비아사

아직 인도네시아에 대해 많이 이해하지 못해요
masih belum banyak tahu mengenai Indonesia
마시ㅎ 블룸 반약 따후 믕으나이 인도네시아

아침 6시부터 아침식사가 가능합니다.
bisa dilakukan / berlaku mulai dari jam
6 pagi sampai jam makan siang
비사 디라꾸깐 / 브ㄹ라꾸 물라이 다리 잠
으남 빠기 삼파이 잠 마깐 시앙

안정된	stabil 스타빌	아픔	sakit 사낏
안쪽의	bagian dalam 바기안 달람	아홉(숫자)	sembilan 슴빌란
아픈	sakit 사낏	아홉번째	nomor sembilan 노모ㄹ 슴빌란

아침에 보통 뭘먹어요?
biasanya makan apa untuk sarapan?
비아사냐 마깐 아빠 운뚝 사라빤?

아침에 안개가 끼다
kabut di pagi hari
까붓 디 빠기 하리

아침을 먹다
makan pagi, sarapan
마깐 빠기, 사라빤

아파서 밥을 못먹겠어.
karena sakit jadi tidak bisa makan
까르나 사낏 자디 띠닥 비사 마깐

아파서 일찍 집에 가야해.
karena sakit harus segera pulang
까르나 사낏 하루ㅅ 스그라 뿔랑

아픈게 나아졌나요?
apakah sudah merasa lebih baik?
아빠까ㅎ 수다ㅎ 므라사 르비ㅎ 바익?

아픈지 얼마나 됐어요?
sudah berapa lama sakitnya?
수다ㅎ 브라빠 라미 사낏냐?

악기	alat musik 알랏 무식	안	dalam 달람
악몽	mimpi buruk 밈삐 부룩	안개	debu kabut 드부 까붓
악수	jabatan 자바딴	안개가 짙다	berkabut tebal 브ㄹ까붓 뜨발
악어	buaya 부아야	안내소	pusat informasi 뿌삿 인포ㄹ마시

악기를 치다　　memainkan alat musik
므마인깐 알랏 무식

악필이네요　　sungguh payah
숭구ㅎ 빠야ㅎ

안경을 쓰다　　memakai kacamata
므마까이 까짜마따

안과에 가다　　pergi ke dokter spesialis mata
프라기 끄 독떼ㄹ 스페시아리ㅅ 마따

안나갔어요?　　tidak pergi keluar?
띠닥 프ㄹ기 끌루아ㄹ?

안녕 다시 만나.　　sampai bertemu lagi
삼빠이 브ㄹ뜨무 라기

안녕히 계세요 저는 가겠습니다.
selamat tinggal saya akan pergi sekarang
슬라맛 띵갈 사야 아깐 프ㄹ기 스까랑

안내책자	brosur 브로수ㄹ	안락하다	senang,enak 스낭, 으낙
안내하다	mengumumkan 믕우뭄깐	안심하다	merasa nyaman 므라사 냐만
안녕하세요.	apa kabar? 아빠 까바ㄹ?	안 어울려	tidak cocok 띠닥 쪼쪽

안녕히 계십시오.　　　　selamat tinggal
슬라맛 띵갈

안되다　　　　tidak bisa, tidak boleh
띠닥 비사, 띠닥 볼레ㅎ

안돼 비밀 이야기 해 줄 수 없어

Tidak boleh, ini rahasia
tidak bisa memberi tahu
띠닥 볼레ㅎ 이니 라하시아 띠닥 비사 믐브리 따후

안 만나다 / 나 안본지 꽤 됐잖아요.　　tidak bertemu /
sudah cukup lama tidak bertemu saya kan
띠닥 브ㄹ뜨무 / 수다ㅎ 쭈꿉 라마 띠닥 브ㄹ뜨무 사야 깐

안 먹으면 되지 뭐.

Kalau tidak makan, juga apa-apa
깔라우 띠닥 마깐, 주가 아빠 아빠

안약을 넣다　　　　meneteskan obat mata
므네떼ㅅ깐 오빳 마따

안 어울려 사지마.　　　tidak cocok jangan dibeli
띠닥 쪼쪽 장안 디블리

안에	di dalam 디 달람	알고 싶다	ingin tahu 잉인 따후
안타다	mengendarai 믕은다라이	알레르기	alergi 아레ㄹ기
앉다	duduk 두둑	알려주다	memberi tahu 믐브리 따후
앉을자리	tempat duduk 뜸빳 두둑	알약	tablet, pil 따블렛, 필
알게하다	mengetahui 믕으따후이	알코올중독자	pemabuk 쁘마북

안전   keselamatan, keamanan
끄슬라마딴, 끄아마난

안 좋은 결과   hasil yang tidak baik
하실 양 띠닥 바익

알/매일 2알씩   tablet / 2 tablet setiap hari
타블렛 / 두아 타블렛 스띠앞 하리

알다/잘알겠어.   mengerti / sangat mengerti
믕으ㄹ띠 / 상앗 믕으ㄹ띠

알리다   memberi tahu, menginformasikan
믐브리 따후, 믕인포ㄹ마시깐

알아들었어요
saya tahu maksud anda / saya mengerti
사야 따후 막숫 안다 / 사야 믕으ㄹ띠

암	kanker 깐겔	앞치마	apron 아프론
암산하다	secara mental 스짜라 믄딸	애무	memanjakan 므만자깐
암탉	ayam betina 아얌 브띠나	애석하다	menyedihkan 믄예디ㅎ깐
앞쪽	bagian depan 바기안 드빤	애인	pacar, kekasih 빠짜ㄹ, 끄까시ㅎ

알아맞혀 보세요.
silahkan tebak
시라ㅎ깐 뜨박

알아보다 / 나 알아 보시겠어요?
memeriksa, anda ingin
saya untuk mencari tahu?
므므릭사, 안다 잉인 사야 운뚝 믄짜리 따후?

알았어, 알았어.
saya tahu, saya mengerti
사야 따후, 사야 믕으ㄹ띠

알코올중독
Ketagihan alkohol
끄따기한 알꼬홀

압력을 넣다
Memberi tekanan
믐부리 뜨까난

앞사무실
bagian penerimaan tamu
바기안 프느리마안 따무

애니메이션
animasi, kartun
아니마시, 까ㄹ뚠

| 애정 | kasih sayang, cinta |
| 까시ㅎ 사양, 찐따 |
| 애착을 가지다 | dilampirkan |
| 디람삐ㄹ깐 |
| 애호가 | penggemar |
| 쁭그마ㄹ |
| 액션 | aksi |
| 악시 |
| 액션영화 | film aksi |
| 필름 악시 |
| 앵두 | buah ceri |
| 부아ㅎ 쩨리 |
| 야구 | baseball, kasti |
| 베이스발, 까ㅅ띠 |

| 야기하다 | menyebabkan |
| 믄예밥깐 |
| 야단맞다 | dimarahi |
| 디마라히 |
| 야박하네 | kejam |
| 끄잠 |
| 야생의 | liar |
| 리아ㄹ |
| 약 | obat |
| 오밧 |
| 약(대략) | kira-kira |
| 끼라 끼라 |
| 약간 | sedikit, agak |
| 스디낏, 아각 |

애원하다
permohonan, permintaan
쁘ㄹ모호난, 쁘ㄹ민따안

앵무새
burung nuri, kakaktua
부룽 누리, 까깍뚜아

약 30분 걸려요
butuh waktu sekitar 30 menit
부뚜ㅎ 왁뚜 스끼따ㄹ 띠가 뿔루ㅎ 므닛

약간만 말 할줄 알아요
aku kira aku hanya bicara sedikit
아꾸 끼라 아꾸 한야 비짜라 스띠낏

약도	peta 삐따	얇은	tipis 띠삐ㅅ
약사	apoteker 아포뜨끄ㄹ	얇은 종이	kertas tipis 끄ㄹ따ㅅ 띠삐ㅅ
약속	janji 잔지	양념	bumbu 붐부
약속하다	berjanji 브ㄹ잔지	양념장	bumbu-bumbu 붐부 붐부
약을 먹다	minum obat 미눔 오밧	양력	kalender surya 깔렌드ㄹ 수ㄹ야
약혼식을 하다	pertunangan 쁘ㄹ뚜낭안	양말	kaus kaki 까우ㅅ 까끼
얄미워	gemas 그마ㅅ	양배추	kubis 꾸비ㅅ

약국   toko obat, apotek, farmasi
또꼬 오밧, 아뽀떽, 파ㄹ마시

약국으로 가세요.   silahkan pergi ke apotek
시라ㅎ깐 프ㄹ기 끄 아뽀떽

약속이 있어   ada janji, mempunyai janji
아다 잔지, 믐뿐야이 잔지

약속을 지키다   menepati janji
므느빠띠 잔지

양말을 신다   memakai kaus kaki
므마까이 까우ㅅ 까끼

양복	Setelan jas 스뗄란 자ㅅ	양초	lilin 리린
양성하다	memelihara 므므리하라	양파	bawang bombay 바왕 봄바이
양식	bentuk, model 븐뚝, 모델	양해하다	memahami 므마하미
양식(식량)	makanan barat 마까난 바랏	어감	nuansa, konotasi 누안사, 꼬노따시
양심	hati nurani 하띠 누라니	어깨	Pundak, bahu 뿐닥, 바후
어느곳이나	dimanapun 디마나뿐	어느	Mana, suatu 마나, 수아뚜

양쪽

dua belah pihak, dua arah
두아 블라ㅎ 피학, 두아 아라ㅎ

얘기할게 있어요.

Ada yang ingin saya beritahukan kepada Anda
아다 양 잉인 사야 브리따후깐 끄빠다 안다

얘기해줄 수 없어

saya tidak bisa menceritakan kepada Anda
사야 띠닥 비사 믄쯔리따깐 끄빠다 안다

얘기해 줘.

beritahu, katakan
브리따후, 까따깐

어느 나라 사람입니까?

Anda berasal darimana?
안다 브ㄹ아살 다리마나?

| 어느 것 | Yang mana
양 마나? | 어느날 | suatu hari
수아뚜 하리 |

어느 나라에서
Di suatu negara
디 수아뚜 느가라

어느 나라 제품이예요?
Produk ini berasal dari negara mana?
프로둑 이니 브ㄹ아살 다리 느가라 마나?

어느 언니요? **Kakak perempuan yang mana?**
까깍 쁘름뿌안 양 마나?

어느 정도 까지 **Sampai mana?**
삼빠이 마나?

어느 종목에서 **Dalam hal apapun**
달람 할 아빠뿐

어느 종목에서 금메달을 땄어?
Yang mana menang medali emas?
양 마나 므낭 므달리 으마ㅅ?

어느 지역을 가면 좋은지 조언 좀 해주세요
Tolong kasih saran daerah mana yang bagus
똘롱 까시ㅎ 사란 다에라ㅎ 마나 양 바구ㅅ

어느 지역을 방문 하셨어요?
Sudah mengunjungi daerah mana saja?
수다ㄹ 믕운중이 다에라ㅎ 마나 사자?

어느팀 **tim mana, suatu tim**
띰 마나, 수아뚜 띰

| 어두운 | Gelap | 어디 | Dimana |
| | 글랍 | | 디마나? |

어느 팀이 이겼어

Tim mana yang menang?
띰 마나 양 므낭?

어느 호텔이 제일 커요?

Hotel mana yang paling besar?
호뗄 마나 양 빨링 브사ㄹ?

어디다 뒀더라 잃어 버렸나?

Dimana tadi taruh, mengapa bisa hilang?
디마나 따디 따루ㅎ, 믕아빠 비사 힐랑?

어디를 가든지 비옷을 가지고 다녀야 해요.

Kalau mau pergi kemanapun bawa jas hujan
깔라우 마우 쁘ㄹ기 끄마나뿐 바와 자ㅅ 후잔

어디 머물 거예요?

Mau tinggal dimana?
마우 띵갈 디마나?

어디서 배웠어요?

Belajar dimana?
블라자ㄹ 디마나?

어디서 사야하는지 모르겠어

Tidak tahu harus beli dimana
띠닥 따후 하루ㅅ 블리 디마나

어디서 살 수 있어요?

Dimana bisa beli?
디마나 비사 블리

어디서 샀는지 물어 볼게

Saya mau tanya dimana beli itu
사야 마우 딴야 디마나 블리 이뚜

| 어디 가다 | **Berpergian**
브ㄹ쁘ㄹ기안 | 어디 둬요? **Taruh dimana?**
따루ㅎ 마나? |

어디서 일하세요?　　　　　　　　**Bekerja dimana?**
브끄ㄹ자 디마나?

어디 약속 있어?　　　　　　　　**Janjian dimana?**
잔지안 디마나?

어디에 가세요?　　　　　**Hendak pergi kemana?**
흔닥 쁘ㄹ기 끄마나?

어디에서 돌아오는 거예요?　　**Datang darimana?**
다땅 다리마나?

어디에 쓰는거야?　　　**Dimana menggunakannya?**
디마나 믕구나깐냐?

어때? 예뻐?　　　　　　**Bagaimana? cantik?**
바가이마나? 짠떡?

어떤 것들이 면세가 되나요?

Barang apa saja yang kena pajak?
바랑 아빠 사자 양 끄나 빠작?

어떤게 더 키가 커요?

Bagaimana bisa lebih tinggi?
바가이마나 비사 르비ㅎ 띵기?

어떤게 더 편하게갈까?

Yang mana yang lebih nyaman?
양 마나 양 르비ㅎ 냐만?

| 어떤 것? | Yang mana?
양 마나? | 어때? | Bagaimana?
바가이마나 |
| 어떤지 좀 보다 | Coba lihat
쪼바 리핫 | 어떻게 | Bagaimana
바가이마나 |

어떤 운동을 하세요?　　Anda berolahraga apa?
안다 브ㄹ올라ㅎ라가 아빠?

어떤 음악 좋아해요?　　Musik apa yang anda suka?
무식 아빠 양 안다 수까?

어떤 종류의 물건이 있는지 모릅니다.
　　Tidak tahu jenis barang apa yang ada
띠닥 따후 즈니ㅅ 바랑 아빠 양 아다

어떤 종류의 책이에요?　　Buku jenis apa?
부꾸 즈니ㅅ 아빠?

어떤 호텔이 가장 화려한 가요?
　　Hotel mana yang paling bagus?
호텔 마나 양 빨링 바구ㅅ?

어떻게 구분해요?　　Bagaimana memisahkannya?
바가이마나 므미사ㅎ깐냐?

어떻게 나를 속여?
　　Bagaimana bisa menyembunyikannya
dari saya? / Bagaimana bisa menipu saya?
바가이마나 비사 믄옘분이깐냐
다리 사야? / 바가이마나 비사 므니뿌 사야?

어떻게 된 거예요?　　Bagaimana jadinya?
바가이마나 자디냐?

어려운	susah, sulit	어른	dewasa
	수사ㅎ, 술릿		데와사
어르신	lanjut usia	어리석은	bodoh
	란줏 우시아		보도ㅎ

어떻게 먹는 거예요? **Bagaimana cara makannya?**
바가이마나 짜라 마깐냐?

어떻게 생각해요? **Bagaimana menurutmu? / bagaimana pendapatmu?**
바가이마나 므누룻무? / 바가이마나 쁜다빳무?

어떻게 생겼어? **Bagaimana bisa terjadi?**
바가이마나 비사 뜨ㄹ자디?

어떻게 쓰는거야? **Bagaimana menggunakannya?**
바가이마나 믕구나깐냐?

어떻게 알았어요? **Bagaimana bisa tahu?**
바가이마나 비사 따후?

어떻게 하지? **Bagaimana ini?**
바가이마나 이니?

어려운시기 **masa susah, masa sulit**
마사 수사ㅎ, 마사 술릿

어렵지 않다 **Tidak susah, tidak sulit**
띠닥 수사ㅎ, 띠닥 술릿

어리다 / 두살 어리다. **Muda,kecil / 2 tahun lebih muda**
무다 끄칠 / 두아 따훈 르비ㅎ 무다

어린	muda, sisik ikan
	무다, 시식 이깐

어린이	Anak
	아낙

어릿광대	Pelawak, badut
	플라왁, 바둣

어선	kapal ikan
	까빨 이깐

어울리다	Cocok, pas
	쪼쪽, 빠ㅅ

어제	kemarin
	끄마린

어제 저녁	kemarin malam
	끄마린 말람

어젯밤	kemarin malam
	끄마린 말람

어리둥절한

Teka-teki, bingung
뜨까 뜨끼, 빙웅

어우, 너무달아.

Oh, terlalu manis
오 뜨ㄹ리루 마니ㅅ

어쩌다 그렇게 됐니?

Bagaimana bisa terjadi?
바가이마나 비사 뜨ㄹ자디?

어쩔 수 없이 ~ 하다

Mau tidak mau ~ harus dilakukan
마우 띠닥 마우 ~ 하루ㅅ 디라꾸깐

어쩔 수 없이 자다

Mau tidak mau harus tidur
마우 띠닥 마우 하루ㅅ 띠두르

어젯밤에 분명하게 말했잖아요.

Kemarin malam
sudah saya katakan dengan jelas
끄마린 말람 수다ㅎ 사야 까따깐 등안 즐라ㅅ

어젯밤에 잘잤어요?

Semalam tidur nyenyak?
스말람 띠두르 녜냑

어휘	Kosakata 코사까타	언제부터	Sejak kapan 스작 까빤
언어	bahasa 바하사	언제요?	Kapan? 까빤?
언제	kapan 까빤	얼굴	Wajah, muka 와자ㅎ, 무까

어찌됐건	bagaimanapun, toh 바가이마나푼, 또ㅎ
언니, 누나	Kakak perempuan 까깍 쁘름쁘안
언니나 동생 있어요?	Punya kakak atau adik? 뿐야 까깍 아따우 아딕?
언니집에 갈게요	Akan pergi ke rumah kakak 아깐 프ㄹ기 끄 루마ㅎ 까깍
언제 납품 합니까?	kapan mengirimnya? / kapan menyerahkannya? 까빤 릉이림냐? / 까빤 믄예라ㅎ깐냐?
언제 돌아가시나요?	Kapan kembali? 까빤 끔발리?
언제 우리집에 오실거예요?	Kapan mau berkunjung ke rumah kami? 까빤 마우 브ㄹ꾼중 끄 루마ㅎ 까미?
언제 졸업했어요?	Kapan lulus? 까삔 루루ㅅ?

얼굴에	pada wajah 빠다 와자ㅎ	얼마	Berapa 브라빠
얼굴표정	Ekspresi wajah 엑스프레시 와자ㅎ	얼마나	Berapa 브라빠
얼다	membekukan 믐브꾸깐	얼마나 먼	Seberapa jauh 스브라빠 자우ㅎ
얼룩	noda 노다	얼마나 오래	Berapa lama 브라빠 라마

언제 찾아 갈 수 있나요?
Kapan bisa cari?
까빤 비사 짜리?

얻다
Memperoleh, mendapatkan
믐쁘ㄹ올레ㅎ, 몬다빳깐

얼굴을 가리다
Menutup muka / wajah
므누뚭 무까 / 와자ㅎ

얼굴이타다
Kulit muka terbakar matahari
꿀릿 무까 뜨ㄹ바까ㄹ 마따하리

얼마나 걸려?
Berapa lama?
브라빠 라마?

얼마동안 몽골에 있을 건가요?
Berapa lama berada di Mongolia?
브라빠 라마 브라다 디 몽올리아

얼마를 투자하실 건가요?
Berapa banyak akan menginves?
브라빠 반약 아깐 믕인베ㅅ?

얼음	Es
	에ㅅ

엄격하군요	keras,ketat
	끄라ㅅ, 끄탓

엄금하다	larangan keras
	라랑안 끄라ㅅ

엄마	ibu
	이부

엄중한	kaku, keras, ketat
	까꾸, 끄라ㅅ, 끄땃

엄청나게	sangat
	상앗

업무	bisnis
	비ㅅ니ㅅ

없어	Tidak ada
	띠닥 아다

엉망진창으로	Kekacauan
	끄까자우안

엎지르다	menumpahkan
	므눔빠ㅎ깐

얼마예요

Berapa harganya?

브라빠 하ㄹ가냐?

얼마전 남자친구와 헤어졌어.

Beberapa waktu yang lalu putus dengan pacar

브브라빠 왁뚜 양 라루 뿌뚜ㅅ 등안 빠짜ㄹ

얼마전에 출장 갔다 왔다면서요?　Saya dengar Anda baru pulang dari perjalanan bisnis ya?

사야 등아ㄹ 안다 바루 풀랑 다리 프ㄹ잘라난 비ㅅ니ㅅ 야?

얼마정도 알고 있다　Seberapa banyak Anda tahu

스브라빠 반약 안다 따후

얼마 후에　Beberapa waktu sesudah itu

브브라빠 왁뜌 스수다ㅎ 이뚜

엄마를 닮았네요　Sangat mirip dengan ibu

상앗 미립 등안 이부

에스컬레이터	Eskalator 에스컬레이터	엘리베이터	elevator, lift 엘레베이타, 맆트
에어컨	AC 아쩨	여권	Paspor 파ㅅ포ㄹ

없어지다
Menjadi tidak ada, hilang
믄자디 띠닥 아다, 힐랑

에어컨 켜주세요
Tolong nyalakan AC-nya
똘롱 냐리깐 아쩨냐

에티켓을 지키다
Menjaga etiket
믄자가 에띠겟

엑스레이를 찍다
Mengambil gambar x-ray(rontgen)
믕암빌 감바ㄹ 엑스 레이(론젠)

여권 준비했어요?　**Sudah menyiapkan paspor?**
수다ㅎ 믄이압깐 파ㅅ포ㄹ?

여기가 어느 도로 인가요?
Di sini jalan apa namanya?
디시니 잘란 아빠 나마냐?

여기 근처에 버스 정류장이 있어요?　**Di dekat sini ada pemberhentian bis / halte bis?**
디 드깟 시니 아다 픔브ㄹ흔띠안 비ㅅ / 할뜨 비ㅅ?

여기 금연 지역이야
Di sini dilarang untuk merokok
디시니 디리랑 우뚝 므로꼭

여기에	di sini	여덟(숫자)	Delapan(angka)
	디 시니		들라빤(앙까)
여기 돈이요	Ini uangnya	여동생	adik perempuan
	이니 우앙냐		아딕 쁘름뿌안
여기다	Oh sudah sampai	여드름	Jerawat
	오 수다ㅎ 삼빠이		제라왓

여기는 남편분 회사예요?
Apakah ini kantor suami Anda?
아빠까ㅎ 이니 깐토ㄹ 수아미 안다?

여기서 멀어요?
Apakah jauh dari sini?
아빠까ㅎ 자우ㅎ 다리 시니?

여기서 세워 주세요.
Silahkan parkir di sini /
Tolong turunkan disini
시라ㅎ깐 빠ㄹ끼ㄹ 디 시니 / 똘롱 뚜룬깐 디시니

여기에 버스 정류장이 있어요?
Apakah di sini ada halte bis?
아빠까ㅎ 디시니 아다 할뜨 비ㅅ?

여기에 빈방 있어요?
Apakah ada kamar kosong di sini?
아빠까ㅎ 아다 까마ㄹ 꼬송 디시니?

여기에 재미있게 놀만한 곳이 있나요?
Adakah tempat yang menarik di sini?
아다까ㅎ 뜸빳 양 므나릭 디시니?

여기 혼자 왔어요?
Datang sendirian ke sini?
다땅 슨디리 끄 시니?

| 여러가지 | Berbagai macam | 여론 | Opini publik |
| 브ㄹ바가이 마짬 | | | 오삐니 뿌브익 |

| 여러해 | Bertahun-tahun | 여름 | Musim panas |
| 브ㄹ따훈 따훈 | | | 무심 빠나ㅅ |

여덟번째
Nomor delapan, kedelapan
노모르 들라빤, 끄들라빤

여동생은 나보다 2살 어려
Adik perempuan saya lebih muda 2 tahun
아딕 프름뿌안 사야 르비ㅎ 무다 두아 따훈

여러분 모두 즐거운 휴일 보내세요.
Semoga liburan kalian semua menyenangkan
스모가 리부란 깔리안 스무아 믄예낭깐

여름방학
liburan musim panas
리부란 무심 빠나ㅅ

여름에
pada musim panas
빠다 무심 빠나ㅅ

여름휴가
liburan musim panas
리부란 무심 빠나ㅅ

여보세요(전화)
halo(telepon)
할로(뜰레뽄)

여섯번째
nomor enam, keenam
노모ㄹ 으람, 끄으남

여전히 잘 지내
Masih baik-baik saja
마시ㅎ 바익 바익 사자

여선생님	ibu guru 이부 구루	여자들	para wanrta 빠라 와니따
여섯	enam 으남	여전히	masih 마시ㅎ
여성	perempuan, wanita 쁘름뿌안, 와니따	여행	wisata 외사따
여왕	permaisuri, ratu rat 쁘ㄹ마이수리, 라뚜	여행가방	tas travel 따ㅅ 뜨라왜
여우	rubah 루바ㅎ	여행비자	visa turis 비사 두리ㅅ
여자	Perempuan, wanita 쁘름뿌안, 와니따	여행자	Wisatawan 위사따완

여전히 잘 지내세요?

Apakah masih baik-baik saja?

아빠까 ㅎ 마아ㄴ 바익바익 사자?

여행가이드

Pemandu wisata

쁘만두 위사따

여행사

Kantor travel, agen perjalanan wisata

깐또ㄹ 트라벨, 아겐 프ㄹ잘라난 외사따

여행사가 일체의 수속을 해줄 것입니다.

Agen perjalanan akan memberikan setiap prosedurnya

아겐 쁘ㄹ잘라난 아깐 음브리깐 스티앞 쁘로스투ㄹ냐

여행하다	Berwisata 브ㄹ외사따	역무원	Pembantu 쁨반뚜
역량	Kompetensi 꽁쁘뗀시	연결	koneksi, hubungan 꼬넥시, 후붕안
역사	Sejarah 스자라ㅎ	연결하다	menghubungkan 등후붕깐
역할	Peranan 쁘라난	연관	hubungan 후붕안

여행자를 위한 Bagi wisatawan / untuk para turis
바기 외사따완 / 운뚝 빠라 뚜리ㅅ

여행자 수표 Cek untuk wisatawan
짹 우뚝 위사따완

여행팀과 함께 가는 것이 가장 좋아요.
Pergi dengan tim wisata paling menyenangkan
쁘ㄹ기 등안 팀 외사따 빨링 믄예냥안

역사를 이해할수록 당신의 여행이 더 즐거워질 것입니다.
Dengan memahami sejarah, perjalanan wisata Anda akan lebih menyenangkan
등안 므마하미 스자라ㅎ, 쁘ㄹ잘라난 외사따 안다 아깐 르비ㅎ 믄예난깐

연계 menggabungkan, asosiasi
등가붕깐, 아소시아시

연기하다 mengulur, menunda
등우꾸르 므눈다

연구하다	meneliti	연말	akhir tahun
	므늘리띠		아끼ㄹ 따훈
연극	Teater, drama	연못	kolam
	떼아떠, 드라마		꼴람
연기되다	menunda	연설	pidato
	므눈다		삐다또
연락가능한	bisa dihubungi	연소자	anak-anak
	비사 디후붕이		아낙 아낙
연료	bahan bakar	연습하다	berlatih
	바한 바깔		브ㄹ라띠ㅎ
연립의	persekutuan	연약하다	lemah
	쁘ㄹ스꾸뚜안		르마ㅎ

연봉이 정말 세다   gajinya benar-benar besar
가지냐 브나ㄹ 브나ㄹ 브사ㄹ

연속하다   terus-menerus, berkelanjutan, serial
뜨루ㅅ-므네루ㅅ, 브ㄹ끌란주딴, 스리알

연애하다   berkencan, pacaran
브ㄹ끈찬, 빠짜란

연습 많이 한 것 맞죠?   banyak berlatih kan?
반냑 브ㄹ라띠ㅎ 깐?

연초   awal tahun, tembakau
아왈 따훈, 뜸바까우

연회를 베풀다   memberikan jamuan
믐브리깐 자무안

연어	ikan salmon 이깐 살몬	열거하다	merinci 므린찌
연장하다	memanjangkan 므만장깐	열다	Membuka 믐부까
열(숫자)	sepuluh(angka) 스뿔루ㅎ(앙까)	열다섯	lima belas 리마 블라ㅅ

열개(가 한묶음)

Sepuluh buah(sekumpulan)
스뿔루ㅎ 부아ㅎ(스꿈풀란)

열둘(숫자)

dua belas(angka)
두아 블라ㅅ(앙까)

열번째

nomor sepuluh, kesepuluh
노모르 스풀루ㅎ, 끄스뿔루ㅎ

열쇠 잃어버린 것 같아

Sepertinya saya kehilangan kunci
스쁘ㄹ띠냐 사야 끄힐랑안 꾼치

열심히

sungguh-sungguh, giat
숭구ㅎ-숭구ㅎ,기앗

열심히 설명하다

Menjelaskan dengan sungguh-sungguh
믄즐라ㅅ깐 등안 숭구ㅎ 숭구ㅎ

열심히 하다

Melakukan dengan sungguh-sungguh
믈라꾸깐 등안 숭구ㅎ 숭구ㅎ

열쇠	kunci	열정	gairah, semangat
	꾼찌		가이라ㅎ, 스망앗
열악한	miskin	열중하다	terpikat
	미ㅅ낀		뜨ㄹ삐깟
열이 있는	Masih dingin	열차	kereta api
	마시ㅎ 딩인		끄레따 아삐

열심히 할게요
Akan melakukan dengan sungguh-sungguh
아깐 믈라꾸깐 등안 숭구ㅎ 숭구ㅎ

열악한 환경　　　lingkungan yang miskin / jelek
링꿍안 양 미ㅅ낀 / 젤렉

열이 납니까?　　　sakit demam?
사낏 드맘?

열이 내리다　　　demamnya turun
드맘냐 뚜룬

열이 있어서 일하러 가지 못했다
tidak bisa berangkat kerja karena sakit demam
띠닥 비사 브랑깟 끄ㄹ자 까르나 사낏 드맘

열이 조금 나다　　　sedikit demam
스디깟 드맘

열하나(숫자)　　　sebelas(angka)
스블라ㅅ(앙까)

염증　　　inflamasi, peradangan
인플라마시, 프라당안

염소	kambing 깜빙	영문학	sastra Inggris 사ㅅ뜨라 잉그리ㅅ
염전	tambak garam 땀박 가람	영상	gambar 감바ㄹ
엽서	kartu pos 까ㄹ뚜 포ㅅ	영수증	kuitansi 꾸이딴시
영광	kejayaan 끄자야안	영어	Bahasa Inggris 바하사 잉그리ㅅ
영리한	pintar, pandai 삔따ㄹ, 빤다이	영웅	pahlawan 파ㅎ라완

영수증 좀 주세요.
tolong kuitansinya / tolong bonnya
똘롱 꾸이딴시냐 / 똘롱 본냐

영어로?
Dalam bahasa Inggris?
달람 바하사 잉그리ㅅ?

영어로 이야기하다
Bercerita dalam bahasa Inggris
브ㄹ쯔리따 달람 바하사 잉그리ㅅ

영어학원비
Biaya les bahasa Inggris
비아야 레ㅅ 바하사 잉그리ㅅ

영어할 줄 아세요?
Bisa berbahasa Inggris?
비사 브ㄹ바하사 잉그리ㅅ?

| 영원히 | selamanya
슬라마냐 | 영화 | Film
필름 |
| 영향 | Pengaruh, dampak
쁭아루ㅎ, 담빡 | 영화제 | festival film
페ㅅ띠발 필름 |

영업액에 따라 세금을 납부해야 한다
Pajak yang harus dibayar
tergantung pada jumlah penjualan
빠작 양 하루ㅅ 디바야르 뜨ㄹ간뚱 빠다 줌라ㅎ 픈주알란

영업하다
Bisnis, penjualan
비ㅅ니ㅅ, 쁜주알란

영양을 주다
Memberikan nutrisi
음브리깐 누뜨리시

영원히 떠나다
Meninggalkan untuk selamanya
므닝갈깐 운뚝 슬라마냐

영토내(국토)
Dalam wilayah(tanah air)
달람 윌라야ㅎ(따나ㅎ 아이ㄹ)

영하 / 영하 11도
Minus / minus sebelas derajat
미누ㅅ / 미누ㅅ 스블라ㅅ 드라잣

영화가 싱겁다
Filmnya biasa saja
필름냐 비아사 사자

영화를 보다
Menonton film
므논똔 플름

영화를 촬영하다
Pembuatan film
쁨부아딴 필름

옆의	rusuk 루숙	예방하다	mencegah 믄쯔가ㅎ
예(보기)	contoh 쫀토ㅎ	예배	ibadah 이바다ㅎ
예금통장	Buku tabungan 부꾸 따붕안	예쁘다	cantik 짠띡
예방접종서	Vaksinasi 박시나시	예산	anggaran belanja 앙가란 블란자

예매권 — Tiket awal, tiket di muka
띠껫 아왈, 띠껫 디 무까

예를 드세요. — Memberikan contoh
믐브리깐 쫀토ㅎ

예를 들자면 — Sebagai contoh
스바가이 쫀토ㅎ

예물 — hadiah kawin, mas kawin, seserahan
하디아ㅎ 까윈, 마ㅅ 까윈, 스스라한

예방주사를 맞다 — mendapatkan suntikan vaksinasi
믄다빳깐 순띠깐 박시나시

예보하다 — Memprediksi, meramal
믐쁘레딕시, 므라말

예뻐 보이네요. — Terlihat cantik
뜨ㄹ리핫 짠띡

예술	seni 스니	옐로우카드	Kartu kuning 까ㄹ뚜 꾸닝
예술가	seniman 스니만	옛날	dahulu, dulu kala 다훌루, 둘루 깔라
예약하다	memesan 므므산	오(감탄)	oh(kekaguman) 오ㅎ(끄까굼만)
예의있게	bersikap sopan 브ㄹ시깦 소판	오(숫자)	lima(angka) 리마(앙까)
예전에	sebelumnya 스블룸냐	오는(시기)	berikutnya 브리꿋냐

예쁜 사람이라고 들었어요

Saya mendengar dia orangnya cantik
사야 믄등아ㄹ 디아 오랑냐 짠떽

예술가이실 것 같아요

Sepertinya dia seorang seniman
스쁘ㄹ띠냐 디아 스오랑 스니만

예의가 없는

bersikap tidak sopan
브ㄹ시깦 띠닥 소빤

예의를 지키다

menjaga perilaku yang baik
믄자가 프릴라꾸 양 바익

예의상 그런거죠

Sopan kan?
소빤 깐?

예측하다

Menduga, meramal
믄두가, 므라말

| 오늘 | hari ini
하리 이니 | 오늘 밤에 | Pada malam ini
빠다 말람 이니 |
| 오늘날 | hari ini
하리 이니 | 오다 | datang
다땅 |

오는 길이 편했어요?
Apakah perjalanan ke sini lancar?
아빠까ㅎ 프ㄹ짤라난 끄 시니 란짜ㄹ?

오는 길에
Dalam perjalanan
달람 프ㄹ잘라난

오는 길에 계란사 와
Dalam perjalanan ke sini tolong beli telur
달람 프ㄹ잘라난 끄 시니 똘롱 블리 뜰루ㄹ

오늘 가시나요?
Apakah hari ini perginya?
아빠까ㅎ 하리 이니 쁘ㄹ기냐?

오늘 고마웠어요.
Terima kasih untuk hari ini
뜨리마 까시ㅎ 운뚝 하리 이니

오늘 공기가 맑아요
Hari ini cuacanya cerah
하리 이니 쭈아짜냐 쯔라ㅎ

오늘 날씨가 나빠요
Hari ini cuacanya tidak bagus
하리 이니 쭈아짜냐 띠닥 바구ㅅ

오늘 날씨가 좋아요
Hari ini cuacanya bagus
하리 이니 쭈아짜냐 바구ㅅ

오늘 예뻐 보이네요
Hari ini Anda terlihat cantik
하리 이니 안다 뜨ㄹ리핫 짠띡

| 오락(물) | **hiburan(air)**
히부란(아이ㄹ) | 오래 | **lama**
라마 |

오늘 오후는 쉬어 집에 있을거야
Siang hari ini akan beristirahat di rumah
시앙 하리 이니 아깐 브ㄹ이ㅅ띠라핫 디 루마ㅎ

오늘은 내가 한턱 낼게요   **Hari ini saya akan traktir**
하리 이니 사야 아깐 뜨락띠르

오늘은 당신 뜻대로 하세요   **Hari ini silahkan melakukan apa yang Anda suka**
하리 이니 실라ㅎ깐 믈라꾸깐 아빠 양 안다 수까

오늘이 3번째야   **Hari ini yang ketiga kalinya**
하리 이니 양 끄띠가 깔리냐

오늘 일을 끝냈어요?
Hari ini pekerjaannya selesai?
하리 이니 쁘끄ㄹ자안냐 슬르사이?

오늘 재미 없었어   **Hari ini tidak menyenangkan**
하리 이니 띠닥 믄예낭깐

오늘 정말 재밌다 **Hari ini sungguh menyenangkan**
하리 이니 숭구ㅎ 믄예낭깐

오늘 즐거웠어요   **Hari ini menyenangkan**
하리 이니 믄예낭깐

오래간만이예요
Lama tidak berjumpa / lama tidak bertemu
리미 띠닥 브ㄹ줌빠 / 라마 띠닥 브ㄹ뜨무

| 오래 가지 않다 | Tidak lama |
| 띠닥 라마 | |

| 오랫동안 | Lama |
| 라마 | |

| 오렌지 | Jeruk |
| 제룩 | |

| 오렌지주스 | jus jeruk |
| 주ㅅ 제룩 | |

| 오르다 | naik |
| 나익 | |

| 오르다(가격) | naik(harga) |
| 나익(하ㄹ가) | |

| 오른쪽 | kanan |
| 까난 | |

| 오리 | bebek |
| 베벡 | |

| 오만한 | sombong |
| 솜봉 | |

| 오빠, 형 | kakak laki-laki |
| 까깍 라끼 라끼 | |

| 오세요 | silahkan datang |
| 시라ㅎ깐 다땅 | |

| 오염 | polusi, kontaminasi |
| 폴루시, 꼰따미나시 | |

오래 기다리게 해서 미안합니다

Maaf telah lama menunggu
마앞 뜰라ㅎ 라마 므눙구

오래된 친구

Teman lama, kawan lama
뜨만 라마, 까완 라마

오래됐지

Sudah lama terjadi
수다ㅎ 라마 뜨ㄹ자디

오르다(나무등)

naik, panjat(pohon)
나익, 빤잣(뽀혼)

오른쪽으로 가야 하는 거죠?

Ke arah kanan kan?
끄 아라ㅎ 까난 깐?

오월	Mei 메이	오케스트라	orkestra 오ㄹ케ㅅ트라
오이	ketimun 끄띠문	오타	salah tulis 살라ㅎ 뚤리ㅅ
오전	pagi 빠기	오토바이	Sepeda motor 스뻬다 모또ㄹ

오이로 팩을 하다   Memakai masker ketimun
므마까이 마ㅅ께ㄹ 끄띠문

오지 않는다면
Jika tidak datang / apabila tidak datang
지까 띠닥 다땅 / 아빠빌라 띠닥 다땅

오토바이가 무서워.
Naik sepeda motor menyeramkan /
takut naik sepeda motor
나익 스뻬다 모또ㄹ 믄예람깐 / 따꿋 나익 스뻬다 모또ㄹ

오토바이로 여기에서 집까지 얼마나 걸려요?
Berapa lama dari sini ke rumah
dengan mengendarai motor?
브라빠 라마 다리 시니 끄 루마ㅎ 등안 믕은다라이 모또ㄹ?

오토바이와 차가 충돌하다
Tabrakan antara motor dan mobil
따브락깐 안따라 모또ㄹ 단 모빌

오토바이 좀 봐 주세요   Tolong jaga sepeda motor
똘롱 자가 스뻬다 모또ㄹ

오프너	alat pembuka 알랏 쁨부까	온수기	pemanas air 쁘마나ㅅ 아이ㄹ
오해하다	salah paham 살라ㅎ 빠함	올가미	perangkap 쁘란깝
오해하셨어요	salah paham 살라ㅎ 빠함	올 거죠?	datang kan? 다땅 깐?
오후	siang, sore 시앙, 소레	올림픽	olimpiade 올림삐아데
옥수수	jagung 자궁	올해	tahun ini 따훈 이니
온도	suhu 수후	옮기다	memindahkan 므민다ㅎ깐
온도계	termometer 뜨ㄹ모메떼르	옳다	benar, tepat 브나ㄹ, 뜨빳
온라인	dunia maya 두니아 마야	옷	baju, pakaian 바주, 빠까이안

온도를 재다 menyesuaikan suhu, mengukur suhu
믄예수아깐 수후, 믕우꾸ㄹ 수후

온화한 Hangat dan lembut
항앗 단 름붓

올해 몇 살이세요? usianya berapa tahun ini?
우시아냐 브라빠 따훈 이니?

옷가게 toko baju, toko pakaian
또꼬 바주, 또코 빠까이난

옷걸이	gantungan baju	와이셔츠	kemeja
	간뚱안 바주		끄메자
옷을 빨다	mencuci baju	와인	(minuman) anggur
	믄쭈찌 바주		(미눔만) 앙구ㄹ
옷을 입다	memakai baju	완고한	keras kepala
	므마까이 바주		끄라ㅅ 끄빨라

옷감   bahan pakaian, kain
바한 빠까이안, 까인

옷을 갈아입다   mengganti baju
믕간띠 바주

옷 따뜻하게 입어.   pakai baju yang hangat
빠까이 바주 양 항앗

옷을 다리다   menyeterika baju
믄예뜨리까 바주

옷을 맞추다   mencocokan baju
믄쪼쪽깐 바주

옷을 벗다   menanggalkan baju, membuka baju
므낭갈깐 바주, 믐부까 바주

옷을 빨고 있어요.   sedang mencuci baju
스당 믄쭈찌 바주

옷을 짜다   memeras baju(basah)
므므라ㅅ 바주(바사ㅎ)

옷이 끼다   mengenakan pakaian
믕으나깐 빠까이안

완전한	beres ,selesai 베레ㅅ, 슬르사이	왕복표	tiket pulang pergi 띠껫 뿔랑 쁘ㄹ기
완벽한	sempurna, tepat 슴뿌ㄹ나, 뜨빳	왕의 무덤	makam raja 마깜 라자
왕래하다	Berbalas-balasan 브ㄹ발라ㅅ- 발라ㅅ산	왕자	Pangeran 빵에란
왕복의	dua arah 두아 아라ㅎ	왜?	mengapa, kenapa 믕아빠, 끄나빠?

완벽한 타이밍이다

waktu yang tepat
왁뚜 양 뜨빳

완성되다

beres, usai, selesai, sempurna
베레ㅅ, 우사이, 슬르사이, 슴뿌ㄹ나

왕에게 바치다

mempersembahkan /
membaktikan kepada raja
믐쁘ㄹ슴바ㅎ깐 / 믐박띠깐 끄빠다 라자

왕위를 빼앗다

merebut tahta, menaiki tahta
므르붓 따ㅎ따, 므나이끼 따ㅎ따

왜 그렇게 늦게 돌아왔어요?

Kenapa / mengapa pulang terlambat?
끄나빠 / 믕아빠 뿔랑 뜨ㄹ람밧?

왜 그렇게 서둘러요?

Mengapa begitu terburu-buru?
mengapa begitu tergesa-gesa?
믕아빠 브기뚜 뜨ㄹ부루 부루?
믕아빠 브기뚜 뜨ㄹ게사 게사?

왜 그렇게 자꾸 재촉해.
Mengapa sering terburu-buru / tergesa-gesa
믕아빠 스링 뜨ㄹ부루-부루 / 뜨ㄹ게사 게사

왜 그렇지? Mengapa / kenapa begitu?
믕아빠 / 끄나빠 브기뚜

왜냐면 걸으려고 하지 않으니까
Karena tidak mau jalan
까느라 띠닥 마우 잘란

왜 무슨 일인데? Ada apa? Apa yang terjadi?
아다 아빠? 아빠 양 뜨ㄹ자디?

왜 미리말을 안했어?
Mengapa tidak bilang dari awal?
믕아빠 띠닥 빌랑 다리 아왈?

왜 안돼?
mengapa tidak bisa? mengapa tidak boleh
믕아빠 띠닥 비사? 믕아빠 띠닥 볼레ㅎ?

왜 어제 일을 쉬었어요?
mengapa kemarin tidak masuk kerja?
믕아빠 끄마린 띠닥 마숙 끄ㄹ자?

왜 이렇게 오래 길이 막히는거야?
Mengapa jalanan macet sekali?
믕아빠 잘라난 마쩻 스깔리?

왜 이렇게 느린거야?(컴퓨터)
mengapa komputernya lambat sekali?
믕아빠 콤뷰뜨ㄹ냐 람밧 스깔리?

외교	diplomasi	외국의	luar negeri, asing
	디쁠로마시		루아ㄹ 느그리― 아싱
외국	luar negeri, asing	외교관	diplomat
	루아ㄹ 느그리, 아싱		디플로맛
외국어	bahasa asing	외모	penampilan
	바하사 아싱		쁘남삘란

왜 이렇게 사람이 많은 거야?

Mengapa ada banyak sekali orang?
Kenapa ramai sekali?
믕아빠 아다 반약 스깔리 오랑?
끄나빠 라마이 스깔리?

왠지 알아요?
Kenapa begitu, Anda tahu?
끄나빠 브기뚜, 안다 따후?

외국인
orang luar negeri, orang asing
오ㄹ랑 루아ㄹ느그리, 오랑 아싱

외국회사
perusahaan asing
쁘루사하안 아싱

외무부
kementerian luar negeri
끄믄뜨리안 루아ㄹ 느그리

외로이
sendirian / kesendirian
슨디리 / 끄슨디리안

외상되요?
kredit, trauma, menteri luar negeri
끄레딧, 뜨라우마, 믄뜨리 루아ㄹ 느그리

외화	luar negeri, asing 루아ㄹ 느그리, 아싱	왼쪽으로	ke kiri 끄 끼리
왼손	tangan kiri 땅안 끼리	왼편	Sisi / sebelah kiri 씨씨 / 스블라ㅎ 끼리
왼쪽	kiri 끼리	요구르트	yogurt 요그ㄹ트

외식하다   makan di luar / makan luar
마깐 디 루아ㄹ / 아깐 루아ㄹ

외출중이다   sedang keluar
스당 끌루아ㄹ

외할머니   nenek(dari sisi keluarga ibu)
네넥

외할아버지   kakek(dari sisi keluarga ibu)
까껙

왼편에 있는 것이   di sebelah kiri
띠 스블라ㅎ 끼리

요구를 만족시켜 드릴 수 있습니다
dapat memuaskan permintaaan
다빳 므무아ㅅ깐 쁘ㄹ민따안

요구를 만족시키다   Memuaskan permintaan
므무아ㅅ깐 쁘ㄹ민따안

요구하다   meminta, menagih, mengharapkan
므민따, 므나기ㅎ, 믕하랖깐

요금	biaya, ongkos	요리하다	memasak
	비아야, 옹꼬ㅅ		므마삭
요리	masakan, hidangan	요소	elemen, unsur
	마사깐, 히당안		엘르멘, 운수ㄹ
요리법	tata cara memasak	요소들	elemen-elemen
	따따 짜라 므마삭		엘르멘 엘르멘

요금을 내다   membayar biaya / ongkos
믐바야르 비아야 / 옹꼬ㅅ

요리 잘하세요?   pandai masak?
빤다이 마삭?

요리하고 있어   sedang memasak
스당 므마삭

요약   rangkuman, ringkasan
랑꾸만, 링까산

요즘   akhir-akhir ini, baru-baru ini
아끼ㄹ 아끼ㄹ 이니, 바루 ㅂ바루 이니

요즘 다시 자전거를 타기 시작했다.   Akhir-akhir ini
mulai mengendarai sepeda lagi
아끼ㄹ 아끼ㄹ 이니 물라이 믕은다라이 스뻬다 라기

요즘 살찌신 것 같아요

Tampaknya akhir-akhir ini
(berat badannya naik / tambah gemuk)
땀빡냐 아끼ㄹ 아끼ㄹ 이니(브랏 바단냐 나익 / 땀바ㅎ 그묵)

욕실	kamar mandi	용띠	tahun naga
	까마ㄹ 만디		따훈 나가
용감하다	berani	용법	cara penggunaan
	브라니		짜라 뻥구나안
용돈	uang saku	용서하다	memaafkan
	우앙 사꾸		므마앞깐

요즘 어떻게 지내?
Bagaimana kabarnya akhir-akhir ini?
바가이마나 까바ㄹ냐 아키ㄹ 아키ㄹ 이니?

요즘은 정말 덥다 **Akhir-akhir ini sungguh panas**
아키ㄹ 아키ㄹ 이니 숭구ㅎ 빠나ㅅ

요즘 자연재해가 자주 일어난다.
Akhir-akhir ini bencana alam sering terjadi
아키ㄹ 아키ㄹ 이니 븐짜나 알람 스링 뜨ㄹ자디

욕심 **kerakusan, ambisi keserakahan**
끄라꾸산, 암비시 끄스라ㅎ까한

욕심도 많네
sungguh rakus, ambisinya besar sekali
숭구ㅎ 라꾸ㅅ, 암비시냐 브사ㄹ 스깔리

욕심이 많은 **sangat(rakus / serakah / berambisi)**
상앳(라꾸ㅅ / 스라까ㅎ / 브ㄹ암비시)

용(동물) **naga(binatang / hewan)**
나가(비나땅 / 헤완)

우기	musim hujan	우리	kami, kita
	무심 후잔		까미, 끼따

우대가격 harga khusus / spesial
하ㄹ가 꾸수ㅅ / 스페시알

우대하다 memberikan perlakuan khusus
음브리깐 프리라꾸안 꾸수ㅅ

우리가 친구가 된다면 좋을거야
Saya ingin berteman dengan anda
사야 잉인 브ㄹ뜨만 등안 안다

우리 같이 놀러 가자
mari kita bersenang-senang bersama
마리 끼따 브ㄹ스낭 스낭 브ㄹ사마

우리 끼리만? hanya / cuma kita saja?
한냐 / 쭈마 끼따 사자?

우리는 같이 일할 것이다 Kita akan kerja bersama
끼따 아깐 끄ㄹ자 브ㄹ사마

우리는 부부예요 Kita adalah pasangan
끼다 아달라ㅎ 파상안

우리는 안지 오래됐어요 kami sudah lama kenal
까미 수따ㅎ 라마 끄날

우리 모두 그렇지 kita semuanya begitu
끼따 스무아냐 브기뚜

| 우물 | sumur air
수무ㄹ 아이ㄹ | 우비 | jas hujan
자ㅅ 후잔 |
| 우박 | hujan es batu
후잔 에ㅅ 바뚜 | 우산 | payung
빠융 |

우리 뭐 먼저 하지?
apa yang harus kita lakukan terlebih dulu?
아빠 양 하루ㅅ 끼따 라꾸깐 뜨ㄹ르비ㅎ 둘루?

우리 어떻게 하지? apa yang harus kita lakukan?
아빠 양 하루ㅅ 끼따 라꾸깐?

우리집에 놀러와
Silahkan main ke rumah kami / saya
시ㄹ라ㅎ깐 마인 끄 루마ㅎ 까미 / 사야

우리집에 올거죠?
Mau datang ke rumah kami / saya?
마우 다땅 끄 루마ㅎ 까미 / 사야?

우리 테니스 칠래요? mau main tenis bersama?
마우 마인 떼니ㅅ 브ㄹ사마?

우리 함께 배드민턴 치러가요
kita main bulutangkis / badminton bersama
끼따 마인 불루땅끼ㅅ / 받민톤 브ㄹ사마

우린 가지 않기로 결정했다
kami sudah memutuskan untuk tidak pergi
까미 수다ㅎ 므무뚜ㅅ깐 운뚝 띠닥 쁘ㄹ기

우린 공통점이 많아 kami punya banyak kesamaan
까미 뿐야 반약 끄사마안

우선	terlebih dulu 뜨ㄹ르비ㅎ 둘루	우연	kebetulan 끄브뚤란
우선순위	prioritas 쁘리오리따ㅅ	우연히	secara kebetulan 스짜라 끄브뚤란
우스운	lucu 루쭈	우울해	Stres, depresi 스뜨레ㅅ, 데쁘레시
우승자	pemenang 쁘므낭	우유	susu 쑤쑤
우승팀	tim pemenang 팀 쁘므낭	우체국	kantor pos 깐또ㄹ 포ㅅ

우산 가지고 가세요   jangan lupa bawa payung
장안 루빠 바와 빠융

우승을 거머 쥐다   memegang kemenangan
므므강 끄므낭안

우아하다   elok, lemah gemulai, mulia, rapi
엘록, 르마ㅎ 그물라이, 물리아, 라삐

우아한   elok, lemah gemulai, mulia, rapi
엘록, 르마ㅎ 그물라이, 물리아, 라삐

우울한   depresi, tekanan jiwa
드쁘레시, 뜨까난 지와

우정   pertemanan, persahabatan
프ㄹ뜨마난, 프ㄹ사하바딴

우주선   pesawat luar angkasa / antariksa
쁘사왓 루아ㄹ 앙까사 / 안따릭사

우체부	tukang pos 뚜깡 포ㅅ	운동하다	berolahraga 브ㄹ올라ㅎ라가
우체통	kotak surat 꼬딱 수랏	운동화	sepatu olahraga 스빠뚜 올라ㅎ라가
우표	perangko 쁘랑코	운송비	biaya pengiriman 비아야 픙이리만
우회전 하다	belok kanan 벨록 까난	운송하다	mengangkut 믕앙꿋
운동종목	acara olahraga 아짜라 올라ㅎ라가	운이 없는	tidak beruntung 띠닥 브룬뚱

우주인　angkasawan / astronot, alien
앙까사완 / 아ㅅ뜨로놋, 알리엔

우표를 붙이다　menempelkan perangko
므넴뻴깐 프랑코

우회전금지　Dilarang belok kanan
디라랑 벨록 까난

운동경기　pertandingan olahraga
쁘ㄹ탄딩안 올라ㅎ라가

운반하다　membawa, mengangkut
믐바와, 믐앙꿋

운수좋은 날이네　hari baik, hari keberuntungan
하리 바익, 하리 끄브룬뚱안

운이 없는 날이네　hari tidak baik, hari kemalangan
하리 띠닥 바익, 하리 끄말랑안

운이 좋다	beruntung 브룬뚱	울다	menangis 므낭이ㅅ
운전사	supir 수피ㄹ	울지마	jangan menangis 장안 므낭이ㅅ
운하	kanal 까날	웃기지?	lucu kan? 루쭈 깐?

운이 좋은데
sedang beruntung, nasib anda sedang baik
스당 브룬뚱, 나십 안다 스당 바익

운전면허증
surat izin mengemudi
수랏 이진 믕으무디

운전을 위험하게 했어요
Tadi saya berhati-hati dalam (menyetir / mengemudi)
따디 사야 브ㄹ하띠 하띠 달람(믄예띠르 / 믕으무디)

운전하다
menyetir, mengemudi
믄예띠르, 믕으무디

움직이다
menyentuh, bergerak
믄옌뚜ㅎ, 브ㄹ그락

웃기는
lucu, jenaka, menarik
루쭈, 즈나까, 므나릭

웃기는 농담
humor yang lucu / jenaka
후모르 양 루쭈 / 즈나까

웃다	tertawa 뜨르따와	원인	sebab, alasan 스밥, 알라산
원금	pokok 뽀꼭	원장	asal, titik awal 아살, 띠떡 아왈
원숭이	monyet, kera 몬옛, 끄라	원점	asal, titik awal 아살, 띠떡 아왈
원앙새	bebek mandarin 베벡 만다린	원주(둘레)	keliling 끌리링

웅장하다　　luar biasa, hebat
　　　　　　루아ㄹ 비아사, 헤밧

원　　lingkaran, won(mata uang Korea)
　　　링까란, 원(마따 우앙 코레아)

원래 계획은 이틀 밤이다
　　Mulanya rencananya untuk dua malam
　　물라냐 른짜나냐 운뚝 두아 말람

원료　　bahan mentah, bahan dasar
　　　　바한 믄따ㅎ, 바한 다사ㄹ

원샷　　sekali minum(minuman keras)
　　　　스깔리 미눔(미누만 끄라ㅅ)

원시의　　primitif, rabun jauh
　　　　　프리미띠ㅍ, 라분 자우ㅎ

원조하다　　menolong, membantu
　　　　　　므놀롱, 음반뚜

원천	sumber 숨브ㄹ	월급	gaji 가지
원피스	baju terusan 바주 뜨루산	월급날	hari gajian 하리 가지안
원형의	edaran 에다란	월말	akhir bulan 아끼ㄹ 불란
원하는대로	terserah Anda 뜨ㄹ세라ㅎ 안다	월요일	hari Senin 하리 스닌

원하는대로 잘되길 바랍니다
Semoga yang Anda inginkan tercapai
스모가 양 안다 잉인깐 뜨ㄹ짜빠이

월권하다
melebihi kekuasaan seseorang
므레비하 끄꾸아사안 스스오랑

월급날이오다
hari gajian tiba
하리 가지안 띠바

월세를 내다
membayar sewa
믐바야르 세와

웨이터
pelayan restoran(laki-laki)
플라얀 레ㅅ또란(라끼-라끼)

웨이트리스
pelayan restoran(perempuan)
플라얀 레ㅅ토란(쁘름뿌안)

웹디자이너
desainer situs internet
데사이네ㄹ 시뚜ㅅ 인터넷

위(방향)	atas 아따ㅅ	위원회	komite 코미떼
위	atas 아따ㅅ	위조하다	memalsukan 므말수깐
위가 아프다	sakit perut 사낏 쁘룻	위층	lantai atas 란따이 아땃
위대한	besar, agung 브사ㄹ, 아궁	위치	lokasi, letak 로까시, 르딱
위로하다	menghibur 믕히부ㄹ	위치해있다	berlokasi 브ㄹ로까시
위반하다	melanggar 믈랑가ㄹ	위한	untuk 운뚝
위신	kewibawaan, gengsi 끄위바와안, 겡시	위험한	berbahaya 브ㄹ바하야
위안하다	menghibur 믕히부ㄹ	위협하다	mengancam 믕안짬
위원장	ketua, pemimpin 끄뚜아, 쁘밈삔	유격병	penjaga hutan 쁜자가 후딴

웹디자인하다	mendesain situs internet 믄디사인 시뚜ㅅ 인터넷
위층살아	tinggal di lantai atas 띵갈 디 란따이 아따ㅅ
위치하다	menentukan lokasi 므믄뚜깐 로까시

유교	konfusianisme	유명배우	aktor terkenal
	콘푸시아니ㅅ므		악또ㄹ 뜨ㄹ끄날
유능한	ahli, mahir	유명한	terkenal
	아ㅎ리, 마히ㄹ		뜨ㄹ끄날
유니폼	seragam	유사한	mirip
	스라감		미맆
유럽	Eropa	유산(재산)	warisan(harta)
	에로파		와리산(하ㄹ따)
유리	kaca	유언	surat wasiat
	까짜		수랏 와시앗
유리한	bermanfaat	유용한	berguna
	브ㄹ민파앗		브ㄹ구나

유감스럽다   menyesalkan, menyayangkan
므예살깐, 믄야양깐

유교의 영향을 받다   menerima / mendapatkan pengaruh Konfusianisme
므느리마 / 믄다빳깐 뿡아루ㅎ 꼰푸시아니ㅅ메

유가증권   obligasi, surat berharga
오블리가시, 수랏 브ㄹ하ㄹ가

유명인사   orang terkenal, selebriti
오랑 뜨ㄹ끄날, 세르브리띠

유명해지기 시작했다   mulai dipopulerkan
물라이 디포푸레ㄹ깐

유월	bulan 6, Juni	유통	distribusi, sirkulasi
	불란 으남, 주니		디ㅅ뜨리부시, 시ㄹ꿀라시
유일한	hanya, tunggal	유한의	keterbatasan
	한야, 뚱갈		끄뜨ㄹ바따산
유적	reruntuhan	유행성감기	influensa
	르룬뚜한		인프루엔사
유전의	turunan, genetik	유행하는	populer
	뚜루난, 게네띡		포푸레ㄹ
유창한	lancar	유형	jenis, macam
	란짜ㄹ		제니ㅅ, 마짬
유치한	kekanak-kanakan	유혹하다	menggoda
	끄까낙-까나깐		등고다
유쾌한	menyenangkan	육(숫자)	enam
	믄예낭깐		으남

유언으로 남겨주다 — **permintaan terakhir**
쁘ㄹ민따안 뜨ㄹ아키ㄹ

유익하다 — **berguna, berharga**
브ㄹ구나 브ㄹ하ㄹ가

유지하다 — **mempertahankan**
음쁘ㄹ따한깐

유학가다 — **belajar ke luar negeri**
블라자ㄹ 끄 루아ㄹ 느그리

유행을 타지않다 — **tidak sesuai**
띠닥 스수아이

육로	rute darat	은메달	medali perak
	루뜨 다랏		메달리 뻬락
육상	atletik	은퇴하다	pengunduran diri
	앗뜨레띡		뿡운두란 디리
육수	kaldu	은행	bank
	깔두		방
육상선수	atlet	음력	kalender lunar
	앗뜨릿		깔렌더 루나ㄹ
육체노동	kerja fisik	음력날짜	kalender lunar
	끄ㄹ자 피식		깔렌드ㄹ 루나ㄹ
은(금속)	perak(metal)	음료수	minuman
	뻬락(메딸)		미눔만
은근히 아프다	sangat sakit	음식	makanan
	상앗 사낏		마까난

육교 jembatan penyebrangan
즘바딴 쁜예브랑안

은행의 대출을 받는 것은 매우 어렵다.
  sangat sulit mendapatkan pinjaman dari bank
  상앗 술릿 믄다빳깐 삔자만 다리 방

음력은 모든나라가 똑 같은 줄알았어 saya kira
  kalender lunar sama untuk setiap negara
  사야 끼라 칼렌더 루나ㄹ 사마 운뚝 스띠앞 느가라

음식 괜찮죠? makanannya enak kan?
  마까난냐 에낙 깐?

음악	lagu 라구	응원하다	mendukung 믄두꿍
음악가	pemusik 쁘무식	의견	pendapat 쁜다빳
음절	suku kata 수꾸 까따	의도	maksud 막숫
음표	catatan 짜따딴	의례	upacara 우빠짜라
음향	suara 수아라	의문	pertanyaan 쁘ㄹ딴야안

음식을 골라보세요 — silakan pilih makanannya
시라ㅎ깐 삘리ㅎ 마까난냐

음식을 주문해라 — silahkan pesan makanannya
시라ㅎ깐 쁘산 마까난냐

음식점 — rumah makan, restoran
루마ㅎ 마깐 레ㅅ또란

음식점에는 — di rumah makan, di restoran
디 루마ㅎ 마깐 디 레ㅅ똘란

음악을 듣다 — mendengarkan musik
믄등아ㄹ깐 무식

응(대답) — ya / ehmm(jawaban)
야 / 에ㅎ음음(자와반)

응급치료 — bantuan pertama(medis)
반뚜안 쁘ㄹ따마(메디스)

의미	arti, makna 아ㄹ띠, 막나	의학	Ilmu kedokteran 일무 끄독떼ㄹ란
의미가 있다	Ada artinya 아다 아ㄹ띠냐	이(숫자)	dua(angka) 두아(앙까)
의사	dokter 독뜨ㄹ	이(치아)	Gigi 기기
의심하다	keraguan 끄라구안	이가 썩다	gigi membusuk 기기 믐부숙
의자	kursi, bangku 꾸ㄹ시, 방꾸	이것	ini 이니

의욕상실   lesu, kehilangan semangat
르수, 끄힐랑안 스망앗

의지하다   mengandalkan, bergantung pada...
믕안달깐브ㄹ간뚱 빠다…

이거 내거야   ini milik / punya saya
이니 밀릭 / 뿐야 사야

이거 어때요?   bagaimana dengan ini?
바가이마나 등안 이니?

이건 괜찮죠?   Ini tidak apa kan?
이니 띠닥 아빠 깐?

이건 내짐작이니까 정확하진 않아
ini hanya dugaan saya saja jadi tidak tepat
이니 한야 두가안 사야 사자 자디 띠닥 뜨빳

이것은 무엇이예요? apa ini?
아빠 이니?

이기적인 egois
에고이ㅅ

이건 뭐로 만든 거예요? ini terbuat dari apa?
이니 뜨ㄹ부앗 다리 아빠?

이건 좀 크네 ini besar juga ya
이니 브사ㄹ 주가 야

이걸 뭐라고 불러요? ini dinamakan apa?
이니 디나마깐 아빠?

이걸로 살게요 Saya akan membeli yang ini
사야 아깐 믐벨리 양 이니

이걸 인도네시아어로 뭐라고 불러요?
Dalam bahasa Indonesia ini disebut apa?
달람 바하사 인도네시아 이니 디세붓 아빠?

이것이 당신의 노트북이예요?
apakah ini notebook Anda?
아빠까ㅎ 이니 노트북 안다?

이것 저것 다 넣어주세요 semuanya tolong ditaruh
스무아냐 똘롱 디따루ㅎ

이게 아니라 bukan yang ini
부깐 양 이니

이 곳에서 송금이 가능하나요?
apakah bisa mentransfer di sini
아빠까ㅎ 비사 믄뜨란ㅅ페ㄹ 디 시니

| 이길 따라 | ikuti jalan ini | 이 닦다 | menyikat gigi |
| 이꾸띠 잘란 이니 | | 은이깟 기기 | |

이 근처에 어느 은행이 있습니까?

Di sekitar sini ada bank apa?
디 스끼따ㄹ 시니 아다 방 아빠?

이 길 따라 쭉 가세요　　lurus saja ikuti jalan ini
루루ㅅ 사자 이꾸띠 짤란 이니

이끌다　　memimpin, membimbing
메밈삔, 음빔빙

이러면 안되잖아　　kalau begini tidak bisa
깔라우 브기니 띠닥 비사

이런건 처음 보는건데, 어디에 쓰는 거야?

Saya baru pertama kali melihat ini,
dimana memakainya?
사야 바루 쁘ㄹ따마 깔리 믈리핫 이니, 디마나 므마까이냐?

이런 방은 하루에 얼마예요?

kamar ini seharinya berapa?
까마ㄹ 이니 스하리냐 브라빠?

이런 조리 스타일을 뭐라고 부릅니까?

Apa resep masakan ini?
아빠 르셒 마사깐 이니?

이렇게 갑자기 얘기하면 어떻게 해?　　apa yang harus
dilakukan kalau tiba-tiba topik ini muncul?
아빠 양 하루ㅅ 딜라꾸깐 깔라우 띠바 띠바 또삑 이니 문쭐?

이런것	hal ini	이름	nama
	할 이니		나마

이렇게 — seperti ini, begini
스쁘ㄹ띠 이니, 브기니

이륙하다 — lepas landas
르빠ㅅ 란다ㅅ

이를 뽑다 — mencabut
믄짜붓

이름을 적다 — menulis nama
므눌리ㅅ 나마

이름전체 — nama lengkap
나마 릉깝

이마 — dahi, jidat
다히, 지닷

이렇게 작성하는 것이 맞습니까?
apakah benar menulisnya seperti ini?
아빠까ㅎ 브나ㄹ 므눌리ㅅ냐 스쁘ㄹ띠 이니?

이렇게 하면
kalau begini, jika begini, kalau seperti ini
깔라우 브기니, 지까 브기니, 깔라우 스쁘ㄹ띠 이니

이를 닦고 자다 — sikat gigi kemudian tidur
사낏 가가 끄무디안

이름은 모르겠어 — tidak tahu apa namanya
띠다 따후 아빠 나마냐

이름을 짓다 — memberi nama
믐부앗 나

이리와 봐 할말이 있어
Kesini, ada yang ingin saya katakan
끄시니, 아다 양 잉인 사야 까따깐

이면	jika, kalau	이모	tante, bibi
	지까, 깔라우		딴떼, 비비

이면지	kertas daur ulang	이민	imigran
	끄ㄹ따ㅅ 다우ㄹ 울랑		이미그란

이메일 쓰는 것을 부탁하다
tolong tulis email
똘롱 뚤리ㅅ 이메일

이메일을 보내다
mengirim email
믕이림 이메일

이면지 쓰세요
Gunakan kertas daur ulang ini
구나깐 끄ㄹ따ㅅ 다우ㄹ 울랑 이니

이미 4달을 인도네시아에서 살았다
sudah 4 bulan tinggal di Indonesia
수다ㅎ 음빳 불란 띵갈 디 인도네시아

이번 여행이 성공하시길 빕니다
Semoga perjalanan kali ini sukses
스모가 프ㄹ잘라난 깔리 이니 숙세ㅅ

이번이 두번째
Kali ini kedua kali
깔리 이니 끄두아 깔리

이번이 마지막
kali ini yang terakhir kali
깔리 이니 양 뜨ㄹ아키ㄹ 깔리

이번 주말에 한국에 돌아가려고 해요
Akhir pekan saya ini akan pergi ke Korea
아끼ㄹ 쁘깐 사야 이니 아깐 쁘ㄹ기 끄 코레아

이상(소망)	ideal(harapan) 이데알(하라빤)	이번	kali ini 깔리 이니
이발하다	potong rambut 뽀똥 람붓	이사하다	pindah 삔다ㅎ
이불	selimut 슬리뭇	이상한	aneh 아네ㅎ

이번에 와보니 인도네시아가 많이 현대화 됐어요
Dalam kedatangan kali ini, kelihatannya
Indonesia sudah lebih modern
달람 끄다땅안 깔리 이니, 끌리하딴냐
인도네시아 수다ㅎ 르비ㅎ 모데ㄹ은

이 병에 담긴 것은 무슨 양념이에요?
botol ini isinya apa saja?
보똘 이니 이시내 아빠 사자?

이불을 깔다
membereskan selimut
음베레ㅅ깐 셀리뭇

이사들어 가다
pindah(masuk rumah baru)
삔다ㅎ(미숙 루마ㅎ 바루)

이상 / 이십명이상
lebih / lebih dari dua puluh orang
레비ㅎ 다리 두아 뿔루ㅎ 오랑

이상하게 운전하다
Menyetir dengan aneh
믄예띠ㄹ 등안 아네ㅎ

이상한 사람이네
orang yang aneh
오랑 양 아네ㅎ

| 이쑤시개 | tusuk gigi
뚜숙 기기 | 이슈 | isu
이수 |
| 이성 | alasan
알라산 | 이슬람 | Islam
이ㅅ람 |

이야기
cerita, pembicaraan
쯔리따, 쁨비짜라안

이야기하다
bercerita / berbicara
브ㄹ쯔리따 / 브ㄹ비짜라

이야기 할 수 있도록 하다 / 도디씨와 통화 할 수 있을까요?
bisa bercerita / bisa berbicara dengan Dodi?
비사 브ㄹ쯔리따 / 비사 브ㄹ비짜라 등안 도디?

이 열차는 언제 수라바야에 도착합니까?
kapan kereta ini akan tiba di Surabaya?
까빤 끄레따 이니 아깐 띠바 디 수라바야?

이 옷을 입으세요
silahkan pakai baju ini
시라ㅎ깐 빠까이 바주 이니

이와 동시에
bersamaan dengan ini, pada saat yang sama
브ㄹ사마안 등안 이니, 빠다 사앗 양 사마

이윤을 5% 나눠줄 수도 있어요.
keuntungannya bisa dibagi sebesar lima persen
끄운뚱안냐 비사 디바기 스베사ㄹ 리마 쁘ㄹ센

이윤이 높지 않다
keuntungannya tidak besar
끄운뚱안냐 띠닥 베사ㄹ

이웃	tetangga 뜨땅가	이윤	keuntungan 끄운뚱안
이월	Februari 페브루아리	이율(저금)	suku bunga 수꾸 붕아
이유	alasan 알라산	이자	bunga(bank / kredit) 붕아(방 / 끄레딧)

이윤 중 10%를 공제할 수 있습니다.
dapat(mengurangi / memotong)
keuntungan sebesar sepuluh persen
다빳(믕우랑이 / 메모똥) 끄운뚱안 세베사ㄹ 세뿔루ㅎ 페ㄹ센

이 음식은 바타와 같이 먹어　　　　　makanan ini
dimakan bersama dengan mentega
마까난이니 디마깐 브ㄹ사마 등안 믄떼가

이자가 얼마나 되나요?　　berapa besar bunganya?
브라빠 브사ㄹ 붕아냐?

이전처럼 피곤하진 않아요
Jangan(lelah / capai) seperti sebelumnya?
장안(르라ㅎ / 짜빠이) 스쁘ㄹ띠 스블룸냐?

이제 그만 가야해　　　　sekarang harus pergi /
sekarang sudah waktunya pergi
스까랑 하루ㅅ 프ㄹ기 / 스까랑 수다ㅎ 왁뚜냐 쁘ㄹ기

이제 그만 끊자(전화)
saya akan tutup teleponnya sekarang
샤야 아깐 뚜뚭 뜰레폰냐 스까랑

| 이전에 | sebelumnya
스벨룸냐 | 이 지역 | daerah ini
다에라ㅎ 이니 |
| 이주하다 | bermigrasi
브ㄹ미그라시 | 이 지역에 | di daerah ini
디 다에라ㅎ 이니 |

이제 어떻게 하지　　　　sekarang harus bagaimana
　　　　　　　　　　　스까랑 하루ㅅ 바가이마나

이제 충분하다　　　　　sekarang cukup
　　　　　　　　　　　스까랑 쭈꿉

이젠 익숙하다　　　　　sekarang sudah terbiasa
　　　　　　　　　　　스까랑 수다ㅎ 뜨ㄹ비아사

이쪽으로 이사온지 얼마나 되셨어요?
　　　　　sudah berapa lama pindah di sini?
　　　　　수다ㅎ 브라빠 라마 삔다ㅎ 디 시니?

이체송금　　　　　　　transfer remitansi
　　　　　　　　　　　뜨란스퍼 레미딴시

이치에 맞지 않는　　　tidak dapat dibenarkan
　　　　　　　　　　　띠닥 다빳 디베나ㄹ깐

이코노미 클래스　　　　kelas ekonomi
　　　　　　　　　　　끌라ㅅ 에코노미

이하 / 30이하　　　di bawah / di bawah tiga puluh
　　　　　　　　　　디 바와ㅎ / 디 바와ㅎ 띠가 뿔루ㅎ

이해가 안되다
　　tidak dapat dimengerti / tidak dapat dipercaya
　　띠닥 다빳 디멩으ㄹ띠 / 띠닥 다빳 디쁘ㄹ짜야

이해하다	mengerti	익명의	anonim
	응으르띠		아노님
이혼	cerai	익숙한	terbiasa
	쩨라이		뜨ㄹ비아사

이해하기 쉬운   mudah dimengerti
무다ㅎ 디믕으르띠

이해하기 힘든   susah dimengerti
수사ㅎ 디믕으르띠

이해하셨어요?   Apakah sudah mengerti?
아빠까ㅎ 수다ㅎ 믕으르띠?

이해해 주세요   tolong dimengerti
똘롱 디믕으르띠

이해했어?   sudah mengerti?
수다ㅎ 믕으ㄹ띠?

이 회사일은 내가 다하는 거야?   Pekerjaan di perusahaan ini harus saya kerjakan semua?
쁘끄ㄹ자안 디 쁘루사하안 이니 하루ㅅ 사야 끄ㄹ자깐 스무아?

익살스러운   lucu, humoristis
루쭈, 후모리따ㅅ

익숙하지 않은   tidak terbiasa
띠닥 뜨ㄹ비아사

익숙해지다   menjadi biasa
믄자디 비아사

| 익힌 | matang
마땅 | 인구수 | jumlah penduduk
줌라ㅎ 쁜두둑 |
| 인구 | penduduk
쁜두둑 | 인내심 | kesabaran
끄사바란 |

인계하다　　　　　　　　membalik, penyerahan
음발릭, 쁜예라ㅎ한

인도(교통)　　　　　　　trotoar(lalu lintas)
뜨로또아ㄹ(랄루 린따ㅅ)

인도네시아가 살기 좋습니까?
Enakkah / betahkah tinggal di Indonesia?
에낚까ㅎ / 브따ㅎ까ㅎ 띵갈 디 인도네시아?

인도네시아 가수는 잘 몰라.
Saya tidak tahu penyanyi Indonesia
사야 띠닥 따후 쁜야이 인도네시아

인도네시아 가수 중에 누굴 제일 좋아해요?　　　Siapa
penyanyi Indonesia yang paling anda suka?
시아빠 쁜냐니 인도네시아 양 빨링 안다 수까?

인도네시아 국민 모두　　　Semua bangsa Indonesia
스무아 방사 인도네시아

인도네시아 군대의 가장 높은 계급은 뭐야?
Apa nama pangkat paling tinggi di tentara?
아빠 나마 빵깟 빨링 띵기 디 뜬따라?

인도네시아도 살기 좋아요.
Tinggal di Indonesia menyenangkan
띵갈 디 인도네시아 믄으난ㅇ깐

인도네시아 사람   orang Indonesia
오랑 인도네시아

인도네시아 사람은 신 음식을 싫어해.

Orang Indonesia tidak
suka makanan yang asam
오랑 인도네시아 띠닥 수까 마까난 양 아삼

인도네시아 사람은 친절하다 Orang Indonesia ramah
오랑 인도네시아 라마ㅎ

인도네시아어   bahasa Indonesia
바하사 인도네시아

인도네시아어 공부 그만 할래.

Saya mau berhenti belajar bahasa Indonesia
사야 마우 브ㄹ흔띠 블라자ㄹ 바하사 인도네시아

인도네시아어 공부하느라 바빠.

Saya sibuk belajar bahasa Indonesia
사야 시북 블라자ㄹ 바하사 인도네시아

인도네시아어 공부할 시간을 내고 있어.

Saya ingin meluangkan waktu untuk
belajar bahasa Indonesia
사야 잉인 믈루앙깐 왁뚜 운뚝 블라자ㅎ 바하사 인도네시아

인도네시아어 더 공부하지 않을 거야.

Saya tidak akan belajar
bahasa Indonesia lagi.
사야 띠닥 아깐 블라자ㄹ 바하사 인도네시아 라기

인도네시아어로 번역하는 능력이 아직 부족합니다.
Kemampuan menerjemahkan ke dalam bahasa Indonesia masih kurang
끄맘푸안 믄으ㄹ즈마ㅎ깐 끄 달람 바하사 인도네시아 마시ㅎ 꾸랑

인도네시아어 발음이 어려워요.
Lafal bahasa Indonesia susah
라팔 바하사 인도네시아 수사ㅎ

인도네시아어로 설명 못하겠어요.
Tidak bisa menjelaskan ke dalam bahasa Indonesia
띠닥 비사 믄즐라ㅅ깐 끄 달람 바하사 인도네시아

인도네시아어로 열쇠가 뭐예요?
Kunci bahasa Indonesianya apa?
꾼지 바하사 인도네시아냐 아빠?

인도네시아어로 이야기하다
Berceritalah / berbicaralah dengan bahasa Indonesia
브ㄹ쯔리딸라ㅎ / 브ㄹ비짜라랗 등안 바하사 인도네시아

인도네시아어를 공부하러 왔어.
Saya datang kesini untuk belajar bahasa Indonesia
사야 다땅 끄시니 운뚝 블라자ㄹ 바하사 인도네시아

인도네시아어를 능숙하게 한다.
Berbicara bahasa Indonesia
브ㄹ비짜라알

인도네시아어를 모른다.
Tidak tahu bahasa Indonesia
띠닥 따후 하하사 인도네이아

인도네시아아어를 잘 하시네요.
Waahhh pandai berbahasa Indonesia
와ㅎ 판다이 브ㄹ바하사 인도넷, 아

인도네시아어 자막 있는 시디
CD yang ada teks bahasa Indonesianya
시디 양 아다 텍ㅅ 바하사 인도네시아냐

인도네시아어 잘 못합니다.
Tidak bisa berbahasa Indonesia
띠닥 비사 브ㄹ바하사 인도네시아

인도네시아어 좀 가르쳐 주세요.
Tolong ajari bahasa Indonesia
똘롱 아자리 바하사 인도네시아

인도네시아 여름은 6개월 있다
Musim panas di Indonesia selama 6 bulan
무심 빠나ㅅ 디 인도네시아 슬라마 으남 불란

인도네시아에 더 머물고 싶어.
Ingin bertempat tinggal di Korea
잉인 브ㄹ뜸빳 띵갈 다 코레아

인도네시아에서는
Di Indonesia
디 인도네시아

인도네시아에서 어디가 제일 아름다워요?
Tempat mana yang paling
indah di Indonesia?
뜸빳 마나 양 빨링 우싸마

인도네시아에선 이것을 뭐라고 부르는지 몰라요.

Saya tidak tahu benda ini
dipanggil apa bahasa Indonesianya?

사야 띠닥 따후 븐다 이니 디빵길 아빠 바하사인도네시아냠?

인도네시아에 온지 얼마 안돼요.

Sudah berapa lama di Indonea

수다ㅎ 브라빠 라마 디 인도네시아

인도네시아에 온지 얼마나 되었어요?

Sudah berapa lama tinggal di Indonesia

수알 브라빠 라마 딜강 디 가

인도네시아에 왔을 때　Ketika berada di Indonesia

끄띠까 브라다 디 인도네시아

인도네시아 요리가 아주 맛있다고 들었어.

Saya dengar masakan Indonesia sangat
(enak / lezat)

사야 등아ㄹ 마사깐 인도네시아 상앗(에낙 / 르잣)

인도네시아(디저트/후식)은 매우 달라요.　Makanan
pencuci mulut Indonesia sangat manis

마까난 쁜쭈찌 물룻 인도네시아 상앗 마니ㅅ

인도네시아 음식 많이 먹었어.　　Saya sudah
banyak mencoba masakan Indonesia

사야 수다ㅎ 반약 믄쪼바 마사깐 인도네시아

인도네시아 이름은 이나 입니다.

Nama Indonesia saya, Ina

나마 인도네시아 사야, 이나

인도	India 인디아	인상	kesan 끄산
인류	kemanusiaan 끄마누시아안	인생	hidup, kehidupan 히둡, 끄히둡안
인물	orang, karakter 오랑 까락떠	인식하다	merasa , sadar 므라사, 사달
인부	pekerja 쁘끄ㄹ자	인정하다	mengakui 믕아꾸이

인도네시아 전쟁이 언제 끝났는지 아세요?
Kapan perang Indonesia berakhir?
까빤 쁘랑 인도네시아 브ㄹ아끼ㄹ?

인도네시아 친구가 없어.
Tidak punya teman Indonesia
띠닥 뿐야 뜨만 인도네시아

인도네시아 친구한테 부탁해야겠어
Harus minta tolong teman Indonesia
하루ㅅ 민따 똘롱 뜨만 인도네시아

인도네시아 화폐
Mata uang Indonesia
마따 우앙 인도네시아

인분 / 삼인분
Dua orang / tiga orang
두아 오랑 / 띠가 오랑

인사(만남)
salam(pertemuan)
살람(쁘ㄹ뜨무안)

인출하다	penarikan	일	pekerjaan
	쁘나릭깐		쁘끄ㄹ자안
인용	kutipan	일(숫자)	satu(angka)
	꾸띺안		사뚜(안까)
인형	boneka	일간신문	sehari-hari
	뽀네까		스하리-하리
인화지	kertas foto	일곱(숫자)	tujuh(angka)
	끄ㄹ따ㅅ 뽀또		뚜주ㅎ(앙까)

인쇄하다　　　　　　　　　　mencetak, mengeprint
　　　　　　　　　　　　　　　　　믄쩨딱, 믕으쁘린

인터넷이 죽었어(속어)
　　　　　　　internetnya mati(bahasa informal)
　　　　　　　인뜨ㄹ넷냐 마띠(바하사 인포ㄹ말)

인파를 이루다　　　　　　　membuat kerumunan
　　　　　　　　　　　　　　　　　믐부앗 끄루무난

인한사전　　　Kamus bahasa Indonesia-Korea
　　　　　　　　　까무ㅅ 바하사 인도네시아-코레아

인형극　　　　　　　　　　pedalangan(wayang)
　　　　　　　　　　　　　　　　쁘달랑안(와양)

일광욕하다　　　　　　berjemur sinar matahari
　　　　　　　　　　　　　브ㄹ쯔무ㄹ 시나ㄹ 마따하리

일 깨우다　　　　　menyadarkan, menggugah
　　　　　　　　　　　　믄야다ㄹ깐, 믕구가ㅎ

일곱번째	ketujuh kali 끄뚜주ㅎ 깔리	일생동안	selama hidup 슬라마 히둡
일등급	kelas satu 끌라ㅅ 사뚜	일시적인	sementara 세멘따라
일반적으로	secara umum 스짜라 우뭄	일어나	bangun, terjadi 방운, 뜨ㄹ자디
일본	Jepang 즈빵	일어나다	bangun 방운
일본어	bahasa Jepang 바하사 즈빵	일어서다	berdiri 브ㄹ디리

일단 밥드세요.
silahkan makan dulu
실라ㅎ깐 마깐 둘루

일렬로 만들다
menyusun barisan
믄유순 바리산

일 때문에 오신건가요?
apakah datang ke sini karena pekerjaan?
아빠까ㅎ 다땅 끄 시니 까르나 쁘끄ㄹ자안?

일상용품
kebutuhan sehari-hari
끄부뚜ㅎ한 스하리-하리

일어난지 얼마나 되셨어요? sudah lama bangunnya?
sudah berapa lama hal itu terjadi?
수다ㅎ 리미 방군냐? 수다ㅎ 브라빠 라마 할 이뚜 뜨ㄹ자디?

일 열심히 해
kerja dengan giat ya
끄ㄹ자 등안 기앗 야

| 일요일 | **Minggu**
밍구 | 일월 | **Bulan Januari**
불란 자누아리 |

일요일에 시간 있어?
apakah Anda punya waktu di hari Minggu?
아빠까ㅎ 안다 뿐야 왁뚜 이하리 밍우?

일은 넘치는데 일할 사람이 없어.
pekerjaannya banyak tapi tidak ada orang yang mengerjakan
쁘끄ㄹ자안냐 반약 따삐 띠닥 아다 오랑 양 믕으ㄹ자깐

일을 그만두다
berhenti kerja
브ㄹ흔띠 끄ㄹ짜

일을 끝까지 하다
bekerja sampai selesai
브끄ㄹ자 삼빠이 슬르사이

일을 끝내다
pekerjaann selesai
쁘끄ㄹ찌인 슬르사이

일이 끝나고
pekerjaan selesai
쁘끄ㄹ자안 슬르사이

일이 너무 많아
banyak pekerjaan
반약 쁘끄ㄹ자안

일이 다 해결되어 끝났지
pekerjaan sudah diselesaikan semua
쁘끄ㄹ자안 수다ㅎ 디슬르사이깐 스무아

일이 많이 남다
pekerjaan masih banyak
쁘끄ㄹ자안 마시ㅎ 반약

| 일찍 | awal
아왈 | 일하다 | bekerja
브끄ㄹ자 |

일치하다　perhitungan
쁘ㄹ히뚱안

잃다　hilang
힐랑

일이 바쁘세요?　Pekerjaannya banyak?
쁘끄ㄹ자안냐 반약?

일이 있어서 가봐야겠어
ada yang harus dilakukan jadi harus pergi
아다 양 하루ㅅ 디라꾸깐 자디 하루ㅅ 쁘ㄹ기

일일이 세다　menghitung kembali
믐히뚱 끔발리

일자리를 구하다　mencari pekerjaan
믄짜리 프끄ㄹ자안

일 잘됐죠?　pekerjaannya baik kan? /
kerjaannya bagus kan?
쁘끄ㄹ자안냐 바익 깐? / 끄ㄹ자안냐 바구ㅅ 깐?

일제히 발사하다　peluncuran bersama
뺄룬쭈란 브ㄹ사마

일주일에 한번　seminggu sekali
스밍구 스깔리

일찍 일어나다　bangun lebih awal?
방운 르비ㅎ 아왈

일하러 가다　berangkat kerja
브랑깟 끄ㄹ자

잃어버렸어?	kehilangan? 끄힐랑안	임신	hamil 하밀
잃어버리다	hilang 힐랑	임신하다	hamil 하밀
임금	upah 우빠ㅎ	임업	kehutanan 끄후따난
임대료	sewa, penyewaan 세와, 쁜예와안	입	mulut 물룻
임대하다	sewa 세와	입구	masuk, jalan masuk 마수ㄱ, 잘란 마숙
임시의	sementara 스믄따라	입냄새 나다	bau mulut 바우 물룻

일회용밴드	plaster sekali pakai 프라ㅅ떼ㄹ 스깔리 빠까이
읽다 / 이 책을 읽으세요	membaca / membaca buku 음바짜 / 음바짜 부꾸
임명하다	menunjuk, mencalonkan 므눈죽, 믄짤론깐
임무	tugas, misi, pekerjaan 뚜가ㅅ, 미시, 쁘끄ㄹ자안
입국카드	Kartu untuk masuk 까ㄹ뚜 운뚝 마숙
입국하다	masuk, memasuki 마숙, 메마숙끼

입니까?	apakah? 아빠까ㅎ	입장료	biaya masuk 비아야 미숙
입다	memakai 므마까이	있어야 한다	harus ada 하루ㅅ 아다
입장권	tiket 띠껫	잉크	tinta 띤따

입맛에 맞다
rasa makanannya cocok di lidah
라사 마까난냐 쪼쪽 디 리다ㅎ

입맛에 맞으실지 모르겠어요
tidak tahu apakah rasanya cocok di lidah
띠닥 따후 아빠까ㅎ 라사냐 쪼쪽 디리다ㅎ

입어보다
Mencoba memakai
믄쪼바 므마까이

입으면 편하다
Nyaman dipakai
냐만 디빠까이

입을 벌리다
membuka mulut
음부까 물룻

입이 가벼운
bermulut besar
브ㄹ물룻 브사ㄹ

입이 무겁다
pandai menjaga rahasia
빤다이 믄자가 라하시아

입찰하다
Memberikan, tawar menawar
음부리깐, 따와ㄹ 므나와ㄹ

잊다	lupa, melupakan	잎	daun
	루빠, 믈루빠깐		다운
잊어버려	lupa		
	루빠		

잇따른   konsekutif, berhubungan
콘 스

잊고자 버리다   melupakannya
믈루빠깐냐

잎으로 싸다   membungkus dengan daun
믐붕꾸ㅅ 등안 다운

| 자동차 | Mobil |
| 모비ㄹ |

자라다 **Tumbuh**
뚬부ㅎ

자 Penggaris
뿡가리ㅅ

Kembang(berkembang)
끔방

자기소개서 **Data diri**
다따 디리

자랑스럽다 **Bangga**
방가

자다 **Tidur**
띠두ㄹ

자료 Materi / Data
마뜨리 / 다따

자동 **Otomatis**
오또마띠ㅅ

자막 **Teks**
떽ㅅ

자기 소개를 하다 Memperkenalkan diri
음쁘ㄹ끄날깐 디리

자동차로 가다 Pergi naik mobil
쁘ㄹ기 나익 모비ㄹ

자루/펜 3자루
Satuan jumlah(buah) / 3 buah pulpen
사뚜안 줌랗(부아ㅎ) / 띠가 부아ㅎ 뿔뻰

자리로 돌아가 Kembali ke tempat duduk
끔발리 끄 뜸빳 두둑

자르다 Potong(memotong)
뽀똥(모모똥)

자매	Saudara perempuan 사우다라 쁘름뿌안	자손	Keturunan 끄뚜루난
자본	Modal 모달	자식	Anak / Keturunan 아낙 / 끄뚜루난
자산	Aset / Properti 아셋 / 쁘로쁘ㄹ띠	자신의	Milik / Punya 밀릭 / 뿌냐
자세한	Detil 드띨	자연	Alam 알람

자물쇠로 잠그다   Mengunci(잠그다) gembok(자물쇠)
등운찌 금복

자발적인
Dengan sukarela / Atas kemauan sendiri
등안 수까렐라 / 아따ㅅ 끄마우안 슨디리

자백하다   Mengaku / Menyerahkan diri
등아꾸 / 믄예라ㅎ깐 디리

Mengakui kesalahan yang dilakukan
등아꾸이 끄살라한 양 디부앗

자세히 이야기하다
Menerangkan secara detil /Menjelaskan
므느랑깐 스짜라 드띨 / 믄젤라ㅅ깐

자신감을 가져   Dengan percaya diri
등안 쁘ㄹ차야 디리

자신을 보호하다   Melindungi diri sendiri
믈린둥리 디리 슨디리

ㅈ

자연스럽게	Secara alami 스짜라 알라미	자주	Sering 스링
자연재해	Bencana alam 븐차나 알람	자주 가다	Sering pergi 스링 쁘ㄹ기
자원봉사자	Sukarelawan 수까렐라완	자주색	Merah bata 메라ㅎ 바따
자유	Bebas 베바ㅅ	작가	Penulis / Pengarang 쁘눌리ㅅ / 뻥아랑
자전거	Sepeda 스뻬다	작년	Tahun lalu 따훈 랄루
자존	Harga diri 하ㄹ가 디리	작문	Tulisan / Karangan 뚤리산 / 까랑안

자유저축예금	Tabungan deposito bebas 따붕안 데뽀시또 베바ㅅ
자유형수영	Renang gaya bebas 르낭 가야 베바ㅅ
자전거 타다가 넘어졌어	Jatuh saat naik sepeda 자뚜ㅎ 사앗 나익 스뻬다
자전거 타지 않아	Tidak naik sepeda 띠닥 나익 스뻬다
자주 발생하다	Sering terjadi 스링 뜨ㄹ자디
작동하다	Mengaktifkan / Mengoperasikan 믕 악띺깐 / 믕오쁘라시깐

작별하다	**Berpisah** 브ㄹ삐사ㅎ	작은 눈	**Mata sipit** 마따 시삣
작업	**Kerja(pekerjaan)** 끄ㄹ자(쁘끄ㄹ자안)	작품	**Hasil karya** 하실 까ㄹ야
작용	**Aksi** 악시	잔고	**Saldo** 살도
작은	**Kecil** 끄칠	잔디	**Rumput** 룸뱃
작은 길	**Jalan sempit** 잘란 슴뻿	잔소리하다	**Mengomel** 믕오멜

작문하다

Menyusun tulisan / Mengarang / Menulis
므뉴순 뚤리산 / 믕아랑 / 므눌리ㅅ

작별 인사하다　**Mengucapkan salam perpisahan**
믕우촤깐 살람 쁘ㄹ삐사한

작은 돈으로 바꾸다　**Tukar dengan uang kecil**
뚜까ㄹ 등안 우앙 끄칠

작은 택시 하나 필요해요　**Butuh satu taksi**
부뚜ㅎ 사뚜 딱씨

잔/우유 한잔　**Gelas / susu satu gelas**
글라ㅅ / 수수 사뚜 글라ㅅ

잔돈으로 바꿔 주세요　**Tolong tukar ke pecahan uang yang lebih kecil**
똘롱 뚜까ㄹ 끄 쁘짜한 양 르비ㅎ 끄칠

| 잔업 | Lembur
름부ㄹ | 잘 맞다 | Cocok / Pas
쪼쪽 / 빠ㅅ |
| 잔치 | Pesta / Jamuan
뻬ㅅ따 / 자무안 | 잘하는 | Baik / Pandai
바익 / 빤다이 |

잔잔한 음악(발라드)이 더 좋아요
Saya lebih suka musik(balada) yang tenang
사야 르비ㅎ 쑤까 무식(발라다) 양 뜨낭

잘게 자르다
Mencincang halus
믄찐짱 할루ㅅ

잘 골라 와야해
Pilih yang baik
삘리ㅎ 양 바익

잘 곳이 필요하다
Butuh tempat untuk tidur
부뚜ㅎ 뜸빳 운뚝 띠두ㄹ

Butuh tempat yang baik
부뚜ㅎ 뜸빳 양 바익

잘라내다
Potong(Memotong)
뽀똥(므모똥)

잘 맞네요
Cocok sekali / Pas sekali
쪼쪽 쓰깔리 / 빠ㅅ 스깔리

잘 먹다
Makan dengan lahap
마깐 등안 라핳

잘 먹어라
Makan dengan lahap
마깐 등안 라핳

잘못 걸다 Salah alamat / Salah nomor(telepon)
살라ㅎ 알라맛 / 살라ㅎ 노모ㄹ

잘못 들었어 Salah dengar
살라ㅎ 등알

잘못 생각하다 Salah paham
살라ㅎ 빠함

잘못 이해하다 Salah mengerti / Salah paham
살라ㅎ 믕으ㄹ띠 / 살라ㅎ 빠함

잘못하다 Melakukan kesalahan
믈라꾸깐 끄살라한

잘 사귀어 놔야지
Kamu harus berpacaran dengan baik
까무 하루ㅅ 브ㄹ빠짜란 등안 바익

잘 생겼다 Berpenampilan baik / Tampan
브ㄹ쁘남삘란 바익 / 땀빤

잘 아는 Mengerti dengan baik
믕으ㄹ띠 등안 바익

잘 자 Selamat tidur / Tidur dengan nyenyak
슬라맛 띠두ㄹ / 띠두ㄹ 등안 녜냑

잘 자라다 Tumbuh dengan baik
뚬부ㅎ 등안 바익

Berkembang dengan baik
브ㄹ끔방 등안 바익

Meningkat dengan pesat
므닝깟 등안 빼삿

잠깐만요	Sebentar 스븐따ㄹ	잠시 동안	Sebentar 스븐따ㄹ
잠그다	Mengunci 믕운찌	잠자리	Tempat tidur 뜸빳 띠두ㄹ

잘 잤어?
Tidur pulas? / Tidur nyenyak?
띠두ㄹ 뿔라ㅅ? / 띠두ㄹ 녜냑?

잘 진행하고 있습니다
Berlangsung dengan baik
브ㄹ랑숭 둥안 바익

잘하네
Pandai sekali / Baik sekali / Kerjaannya bagus
빤다이 스깔리 / 바익 스깔리 / 끄ㄹ자안냐 바구ㅅ

잠깐만 기다려 줘.
Tunggu sebentar
뚱구 스븐따ㄹ

잠깨다
Bangun(terbangun)
방운

잠시 나갔다 올게요.
Sebentar saya keluar nanti kembali lagi
스븐따ㄹ 사야 끌루아ㄹ 난띠 끔발리라기

잠에서 깨다
Terbangun dari tidur
뜨ㄹ방운 다리 띠두ㄹ

잠을 잘 못자다
Tidak tidur nyenyak / Tidak tidur pulas
띠닥 띠두ㄹ 녜약 / 띠닥 띠두ㄹ 뿔라ㅅ

잠재력	Potensi	장(신체)	Usus
	뽀뗀시		우수ㅅ
잡아 빼다	Mencabut	장관	Menteri
	믄짜붓		믄뜨리
잡음	Kebisingan	장기(체스)	Catur
	끄비싱안		짜뚜ㄹ
잡지	Majalah	장난감	Mainan
	마잘라ㅎ		마이난

잠이 안 오다
Tidak mengantuk / Tidak dapat tidur
띠닥 믕안뚝 / 띠닥 다빳 띠두ㄹ

잠자리에 들다
Pergi tidur
쁘ㄹ기 띠두ㄹ

잡다
Memegang / Menangkap
므므강 / 므낭깜

잡다한
Berbagai macam / Warnasari
브ㄹ바가이 마참 / 와ㄹ나싸리

장갑을 끼다
Memakai sarung tangan
므마까이 사룽 땅안

장기를 두다
Bermain janggi(catur)
브ㄹ마인 장기(짜뚜ㄹ)

장기의(기간)
Jangka panjang
장까 빤장

ㅈ

장래	Masa depan 마사 드빤	장보러 가다	Pergi ke pasar 쁘ㄹ기 끄 빠사ㄹ
장래에는	Di masa depan 디 마사 드빤	장소	Tempat / Letak 뜸빳 / 르딱
장려하다	Mendukung 믄두꿍	장식품	Ornamen / Hiasan 오ㄹ나멘 / 히아산
장롱	Lemari pakaian 르마리 빠까이안	장식하다	Hias(Menghias) 히아ㅅ (믕히아ㅅ)
장미	Bunga mawar 붕아 마와ㄹ	장작	Kayu bakar 까유 바까ㄹ

장/벽돌 한 장
Buah / batu bata dua buah
부아ㅎ / 바뚜 바따냐 두아 부아ㅎ

장/종이 한 장
Lembar / kertas satu lembar
름바ㄹ / 끄ㄹ따ㅅ 사뚜 렘바ㄹ

장/표 두 장
Lembar / dua tiket
름바ㄹ / 두아 띠껫

장갑이 끼다
Memakai sarung tangan
므마까이 사룽 땅안

장사하기가 쉽지 않다
Tidak mudah untuk(berdagang / berbisnis)
띠닥 무다ㅎ 운뚝(브ㄹ다강 / 브ㄹ비ㅅ니ㅅ)

장점
Kelebihan /Hal positif
끌르비한 / 하ㄹ 뽀시띺

장치	Peralatan 쁘랄라딴	재난	Bencana 븐짜나
장티푸스(의학)	Tipus(obat) 띠뿌ㅅ(오밧)	재떨이	Asbak 아ㅅ박
장학금	Beasiswa 베아시ㅅ와	재미없는	Tidak menarik 띠닥 므나릭

장학금이 취소되다   Beasiswanya dibatalkan
베아시ㅅ와냐 디바딸깐

재검토하다   Mempertimbangkan kembali
믐쁘ㄹ띰방깐 끔발리

Menguji kembali
믕우지 끔발리

재능   Talenta / Kemampuan
딸렌따 / 끄맘뿌안

재다   Mengukur / Menyombongkan diri
믕우꾸ㄹ / 므뇸봉깐 디리

재미있는   Menarik / Menyenangkan
므나릭 / 믄예낭깐

재미있어 보이지?   Kelihatan menarik kan?
끌리하딴 므나릭 깐?

재미있어?   Apakah menarik?
아빠까ㅎ 므나릭?

재미있을 것이다   Sepertinya akan menarik
스쁘ㄹ띠냐 아깐 므나릭

ㅈ

285

재발하다	Berulang 브ㄹ울랑	잼	Selai 슬라이
재산	Harta / Kekayaan 하ㄹ따 / 끄까야안	쟁반	Nampan 남빤
재정	Keuangan 끄우앙안	저것	Itu 이뚜
재채기하다	Bersin 브ㄹ신	저것 봐.	Lihat itu 리핫 이뚜
재혼	Pernikahan kembali 쁘ㄹ니까한 끔발리	저녁	Malam 말람

재밌겠지?　　Menarik kan?
므나릭 깐?

재밌다　　Menarik / Menyenangkan
므나릭 / 믄예낭깐

재촉하다　　Buru-buru / Tergesa-gesa
부루 부루 / 뜨ㄹ그사그사

저걸로 주세요　　Tolong dengan yang itu
똘롱 등안 양 이뚜

저금하다　　Tabung(menabung)
따붕(므나붕)

저녁 먹는 거 말고 다른 것도 하나요?
Bagaimana kalau malam ini pengganti makan malam kita melakukan hal lain?
바가이마나 깔라우 말람 이니 뻥간띠 마깐 말람 끼따 멜라꾸깐 할 라인?

| 저녁마다 | Setiap malam
스띠앞 말람 | 저렇게 | Seperti itu
스쁘ㄹ띠 이뚜 |
| 저녁식사 | Makan malam
마깐 말람 | 저자 | Penulis /Pengarang
쁘눌리ㅅ / 뻥아랑 |

저녁 산다고 했잖아요
Tadi bilangnya mau beli makan malam
따디 빌랑냐 마우 블리 마깐 말람

저녁을 먹고 텔레비전을 본다
Makan malam sambil menonton televise
마깐 말람 삼빌 므논똔 뜰르비시

저녁을 준비하다　　　Menyiapkan makan malam
므니앞깐 마깐 말람

저는 그렇게 보지 않는데요
Saya tidak melihatnya seperti itu
사야 띠닥 믈리핫냐 스쁘ㄹ띠 이뚜

저는 막 왔습니다　　　Akhirnya saya datang
악히ㄹ냐 사야 다땅

저는 아주 좋습니다 당신은요?　　Saya sangat
menyukainya, bagaimana dengan Anda?
사야 상앗 므뉴까이냐, 바가이마나 등안 안다?

저라면 웃음이 안 나오시겠어요?
Kalau saya tidak akan tertawa
깔라우 사야 띠닥 아깐 뜨ㄹ따와

저작권	Hak cipta 학 찦따	적다(기록)	Mencatat 믄짜땃
적극	Dengan aktif 등안 악띺	적도	Khatulistiwa 까뚤리ㅅ띠와

저를 따라 오세요.
Tolong ikuti saya
똘롱 이꾸띠 사야

저분은 누구예요?
Siapakah orang itu?
시아빠까ㅎ 오랑 이뚜?

저에게 얘기하는 거예요?
Mau berbicara dengan saya?
마우 브ㄹ비차라 등안 사야?

저에게 주세요
Tolong berikan ke saya
똘롱 브리깐 끄 사야

저장소
Tempat penyimpanan
뜸빳 쁘님빠난

저장하다
Simpan(Menyimpan)
씸빤(믄임빤)

저쪽에 사람들 정말 많다
Di sebelah sana ada banyak orang
디 스블라ㅎ 사나 아다 바냑 오랑

저항하다
Lawan(Melawan)
라완(몰라완)

적다 / 내가 적을 게 Tulis / Biar saya yang menulis
뚤리ㅅ / 비아ㄹ 사야 양 므눌리ㅅ

적용	**Menerapkan** 므느랖깐	전기주전자	**Teko listrik** 떼꼬 리ㅅ뜨릭
적합하지 않은	**Tidak sesuai** 띠닥 스수아이	전기콘센트	**Colokan listrik** 쫄로깐 리ㅅ뜨릭
적합한	**Sesuai** 스수아이	전날	**Kemarin** 끄마린
전국	**Nasional** 나시오날	전단지	**Brosur** 브로수ㄹ
전극	**Elemen** 엘레멘	전당포	**Pegadaian** 쁘가다이안
전기	**Listrik /Elektrik** 리ㅅ뜨릭 / 엘렉뜨릭	전등	**Lampu** 람뿌
전기장판	**Kasur listrik** 까수ㄹ 리ㅅ뜨릭	전람회	**Pameran** 빠메란

적용하다 **Mengaplikasikan / Menerapkan**
믕아쁠리까씨깐 / 므느랖깐

적응된 **Terbiasa / Betah**(적응했다)
뜨ㄹ비아사 / 브따ㅎ

전/3시 10분전
Sebelum / 10 menit sebelum jam 3
스블룸 / 스뿔루ㅎ 므닛 스블룸 잠 띠가

전기를 끊다 **Memutus sambungan listrik**
므무뚜ㅅ 삼붕안 리ㅅ뜨릭

전면적인	Keseluruhan 끄슬루루한	전부	Semua /Seluruh 스무아 / 슬루루ㅎ
전문	Keahlian 끄아ㅎ리안	전설	Legenda 레겐다
전문가	Ahli 아ㅎ리	전 세계	Di seluruh dunia 디 슬루루ㅎ 두니아
전문분야	Bidang ahli 비당 아ㅎ리	전시하다	Memamerkan 므마메ㄹ깐
전반적으로	Secara umum 스차라 우뭄	전자레인지	Microwave 마이끄로웨이브

전력을 다하다   Melakukan yang terbaik
믈라꾸깐 양 뜨ㄹ바익

전반적으로 수라바야 음식들은 짜요
Pada umumnya makanan
Surabaya rasanya asin
빠다 우뭄냐 마까난 수라바야 라싸냐 아씬

전선을 뽑다   Mencabut kabel
믄차붓 까블

전설이 일어나다   Legenda bangun
레겐다 방운

전신을 찍다   Mengambil foto seluruh badan
믕암빌 포또 쓸루루ㅎ 바단

전에 / 3년 전에 Sebelumnya / 3 tahun sebelumnya
스블룸냐 / 띠가 따훈 스블룸냐

전자제품	Alat elektronik 알랏 엘렉뜨로닉	전통	Tradisional 뜨라디시오날
전쟁	Perang 쁘랑	전투	Pertempuran 쁘ㄹ뜸뚜란
전체	Seluruh 슬루루ㅎ	전하다	Menyampaikan 므냠빠이깐
전체적인	Seluruh / Semua 슬루루ㅎ / 스무아	전혀 다른	Sangat berbeda 상앗 브ㄹ베다
전치사	Kata depan 까따 드빤	전화	Telepon 뜰레뽄

전재(전기)　　　Elektron(Listrik)
　　　　　　　엘렉뜨론(리ㅅ뜨릭)

전통음식　　　Makanan tradisional
　　　　　　　마까난 뜨라디시오날

전투하다　　　Berperang /Bertempur
　　　　　　　브ㄹ쁘랑 / 브ㄹ뜸뿔

전혀 폐가 되지 않아요
　　　　Tidak merepotkan sama sekali
　　　　띠닥 므레뽓깐 사마 스깔리

전화 끊자.　　　Memutus telepon
　　　　　　　므무뚜ㅅ 뜰레뽄

전화기를 잃어버리다　Kehilangan telepon
　　　　　　　끄힐랑안 뜰레뽄

| 전화기 | Telepon
뜰레뽄 | 전화벨소리 | Bunyi telepon
부니 뜰레뽄 |
| 전화를 걸다 | Menelepon
므늘레뽄 | 절(사찰) | Kuil
꾸일 |

전화로 주문하다　　Memesan melalui telepon
므므산 믈랄루이 뜰레뽄

전화를 끊다　　Memutus telepon
므무뚜ㅅ 뜰레뽄

전화를 바꾸다　　Mengganti telepon
믕간띠 뜰레뽄

전화를 받다　　Menerima telepon
므느리마 뜰레뽄

전화를 사용해도 될까요?
Boleh menggunakan teleponnya?
볼레ㅎ 믕구나깐 뜰레뽄냐?

전화번호/아디 전화번호 아세요?
Nomor telepon / Tahu nomor telepon Adi?
노모ㄹ 뜰레뽄 / 따후 노모ㄹ 뜰레뽄 아디?

전화번호를 좀 불러 주세요
Tolong beritahu nomor teleponnya
똘롱 브리따후 노모ㄹ 뜰레뽄냐

전화 왔어요　　Ada telepon masuk
아다 뜰레뽄 마숙

절대적인	Absolut 압쏠룻	젊은	Muda 무다
절반	Setengah 쓰뜽아ㅎ	젊은이	Anak muda 아낙 무다
절약	Hemat 헤맛	점(얼룩)	Noda 노다
절정	Puncak 뿐짝	점(점수)	Nilai 닐라이
절차	Tahap 따핲	점원	Pelayan toko 쁠라얀 또꼬

전화 했었어요?   Sudah menelepon?
쑤다ㅎ 므늘레뽄?

절교하다   Memutuskan hubungan
므무뚜ㅅ깐 후붕안

Memutuskan pertemanan
므무뚜ㅅ깐 쁘ㄹ뜨만안

점수를 유지하다   Mempertahankan nilai
음쁘ㄹ따한깐 닐라이

점심(시기)   Jam makan siang
잠 마깐 시앙

점심 고마워   Terima kasih atas makan siangnya
뜨리마 까씨ㅎ 아따ㅅ 마깐 시앙냐

점심시간   Jam makan siang
잠 마깐 사앙

점점	Sedikit demi sedikit 스디낏 드미 스디낏	정도	Derajat 드라잣
접속사	Kata sambung 까따 쌈붕	정돈된	Rapi 라삐
접시	Piring 삐링	정류장	Perhentian 쁘ㄹ흔띠안
젓가락	Sumpit 숨삣	정리하다	Atur(mengatur) 아뚜ㄹ
정가	Harga pas 하ㄹ가 빠ㅅ	정말 잘됐다.	Sungguh baik 숭구ㅎ 바익
정규	Biasa 비아사	정말 좋다	Sungguh bagus 숭구ㅎ 바구ㅅ

점점 짧아지다	Makin lama makin pendek 마낀 라마 마낀 뻰덱
접대하다(손님)	Menyambut(tamu) 므냠붓 따무
접수	Menerima / Menyambut 므리마 / 믄얌붓
접촉하다	Menyentuh / Menghubungi 므녠뚜ㅎ / 믕후붕이
정각 / 정각 12시	Tepat / Pukul 12 tepat 뜨빳 / 뿌꿀 두아 블라ㅅ 뜨빳
정돈하다	Merapikan / Menyusun 므라삐깐 / 므뉴순

정말로	Sungguh	정보	Informasi / Data
	숭구ㅎ		인포ㄹ마시 / 다따

정말 기뻐　　　　　　　　　Sungguh bahagia
숭구ㅎ 바하기아

정말로 보지 못했다고요
Sungguh tidak dapat melihat?
숭구ㅎ 띠닥 다빳 믈리핫?

정말 무서웠어.　　　　　　Sungguh seram
숭구ㅎ 스람

정말 미안합니다 좀 늦었습니다
Mohon maaf karena terlambat
모혼 마앞 까르나 뜨ㄹ람밧

정말 어려워.　　　　　　　Sungguh susah
숭구ㅎ 수사ㅎ

정말 완벽하군　　　　　　Sungguh sempurna
숭구ㅎ 슴뿌ㄹ나

정말 잘하시네요　Sungguh cakap / Sungguh baik
숭구ㅎ 짜깦 / 숭구ㅎ 바익

정말 큰 도움을 주셨습니다
Sungguh bantuan besar yang sudah diberikan
숭구ㅎ 반뚜안 브사ㄹ 양 수다ㅎ 디브리깐

정면에 있는　　　　　　Yang ada di hadapan
양 아다 디 하다빤

정복하다	Menaklukkan 므낙룩깐	정어리	Ikan sarden 이깐 싸ㄹ덴
정부	Pemerintah 쁘므린따ㅎ	정원	Taman / Halaman 따만 / 할라만
정상(꼭대기)	Puncak 뿐짝	정장	Jas 자ㅅ
정숙한	Saleh / Bijak 쌀레ㅎ / 비작	정전	Mati lampu 마띠 람뿌
정신	Pikiran / Jiwa 삐끼란 / 지와	정지등	Lampu rem 람뿌 렘
정신이 돈	Gila 길라	정직한	Jujur 주주ㄹ

정부관계자
Pihak yang bersangkutan dengan pemerintah
삐학 양 브ㄹ상꾸딴 등안 쁘므린따ㅎ

정상화시키다
Menormalisasi
므노ㄹ말리사시

정신병원
Rumah Sakit Jiwa
루마ㅎ 사낏 지와

정의하다
Mendefinisikan / Mengartikan
믄데피니씨깐 / 믕아ㄹ띠깐

정지하다
Menghentikan / Mengerem
믕흔띠깐 / 믕으렘

정찰가격	Harga pas 하ㄹ가 빠ㅅ	정확한	Akurat / Pasti 아꾸랏 / 빠ㅅ띠
정책	Kebijakan 끄비자깐	젖다	Basah 바사ㅎ
정치	Politik 뽈리띡	제고하다	Meningkatkan 므닝깟깐
정치인	Politikus 뽈리띠꾸ㅅ	제공하다	Menawarkan 므나와ㄹ깐

정절 있는   Terdapat kesucian
뜨ㄹ다빳 끄수찌안

정치적 힘   Kekuatan politik
끄꾸아딴 뽈리띡

제가 늘 말씀드렸잖아요 Saya selalu mengatakan itu
사야 슬랄루 뭉아따깐 이뚜

제가 말한 것 알아 들으셨어요?
Apakah Anda mengerti apa
yang saya katakan?
아빠까ㅎ 안다 믕으ㄹ띠 아빠 양 사야 까따깐?

제가 방금한 얘기 들었어요?
Apakah Anda mendengar apa
yang baru saja saya katakan?
아빠까ㅎ 안다 믄등아ㄹ 아빠 양 바루 사자 사야 까따깐?

제가 정말 죄송해요   Saya sungguh minta maaf
사야 숭구ㅎ 민따 마앞

제단	Altar 알따ㄹ	제방	Tanggul 땅굴
제도	Sistem 시ㅅ뜸	제비를 뽑다	Mengundi 등운디
제목	Judul 주두ㄹ	제삿날	Hari kematian 하리 끄마띠안
제발	Tolong 똘롱	제안하다	Menyarankan 은야란깐

제가 함께 가겠습니다

Akan pergi dengan saya
아깐 쁘ㄹ기 등안 사야

제 대신 안부를 전해 주세요

Tolong sampaikan salam saya padanya
똘롱 쌈빠이깐 쌀람 싸야 빠다냐

제 말뜻 아시잖아요

Anda tahu apa yang saya maksud
안다 따후 아빠 양 사야 막숫

제 명함입니다.

Ini kartu saya
이니 까ㄹ뚜 사야

제 발음은 별로 좋지 않아요

Pengucapan saya kurang bagus
뽕우찹안 사야 꾸랑 바구ㅅ

제사를 지내다

Melakukan upacara
peringatan kematian leluhur
믈라꾸깐 우빠차라 끄마띠안 를루후ㄹ

| 제자 | Murid / Siswa
무릿 / 시ㅅ와 | 제한하다 | Membatasi
음바따시 |
| 제출하다 | Memberikan
음브리깐 | 조개 | Kerang / Remis
끄랑 / 르미ㅅ |

제시하다
Menawarkan / Menganjurkan / Mengusulkan
므나와ㄹ깐 / 믕안주ㄹ깐 / 믕우술깐

제 우산 가지세요　　　Silahkan bawa payung saya
실라ㅎ깐 바와 빠융 사야

제일 높은　　　Yang paling tinggi
양 빨링 띵기

제 전화번호 알고 있었어요?
Anda tahu nomor telepon saya?
안다 따후 노모ㄹ 뜰레뽄 사야

제정하다　　　Membuat / Mendirikan
음부앗 / 믄디리깐

제조하다　　　Membuat / Memproduksi
음부앗 / 음프로둑씨

제일 궁금한　　　Paling penasaran
빨링 쁘나사란

제일 슬픈 순간　　　Saat paling menyedihkan
사앗 빨링 므녜디ㅎ깐

제일 친한 친구　　　Teman paling akrab
뜨만 빨링 악랍

ㅈ

조건	Syarat / Kondisi 쌰랏 / 꼰디씨	조금 추운	Agak dingin 아각 딩인
조국	Tanah air 따나ㅎ 아이ㄹ	조류독감	Flu burung 플루 부룽
조금	Sedikit / Agak 쓰디낏 / 아각	조미료	Penyedap 쁜예답
조금 있다가	Sebentar lagi 스븐따ㄹ 라기	조사하다	Meneliti 므늘리띠
조금의	Sedikit 스디낏	조상	Leluhur 를루후ㄹ

제일 편리한 Paling nyaman
빨링 냐만

조각/한 조각 Potong / satu potong
뽀똥 / 사뚜 뽀똥

조금 다치다 Sedikit terluka
스디낏 뜨ㄹ루까

조금만 쉬다 Istirahat sebentar
이ㅅ띠라핫 스븐따ㄹ

조금씩 Sedikit demi sedikit
스디낏 드미 스디낏

조금 있다가 다시 올게 Sebentar lagi akan datang kembali
스븐따ㄹ 라기 아깐 다땅 끔발리

조성하다	Membangun 믐방운	조직	Organisasi 오ㄹ가니사시
조심하다	Berhati-hati 브ㄹ하띠 하띠	조치	Tindakan 띤다깐
조용하다	Sepi / Sunyi 스뻬 / 수니	조카	Keponakan 끄뽀나깐
조용한	Sepi / Sunyi 스뻬 / 순이	조항	Pasal 빠살
조용히 해	Tolong diam 똘롱 디암	조화(종이꽃)	Bunga buatan 뿡아 부아딴
조정하다	Menyesuaikan 므녜수아이깐	족(식용)	Kaki 까끼

조금 있으면 도착 할거야	Sebentar lagi akan tiba 스븐따ㄹ 라기 아깐 띠바
조심해서 가	Hati-hati di jalan 하띠 하띠 디 잘란
조용하군	Oh sunyi / Oh sepi 오 순이 / 오 스뻬
조절하다	Mengatur / Mengontrol 믕아뚜ㄹ / 믕온트롤
조합	Kombinasi / Gabungan 꼼비나시 / 가붕안
조화를 이루다	Harmonis / Selaras 하ㄹ모니ㅅ / 슬라라ㅅ

ㅈ

존경하다	Mengagumi 믕아구미	졸리다	Mengantuk 믕안뚝
존재하다	Ada 아다	졸업하다	Lulus 룰루ㅅ
존중하다	Menghargai 믕하ㄹ가이	좀 비슷한	Yang mirip 양 미맆?

좀 참아
Tolong tahan dulu
똘롱 따한 둘루

졸업하고 바로 여기로 오다
Setelah lulus datang ke sini
스뜰라ㅎ 룰루ㅅ 다땅 끄 시니

좀 괜찮아졌어? Sudah tidak apa-apa? / Baikkan?
수다ㅎ 띠닥 아빠 아빠? / 바익깐?

좀 더 기다려 보자 Mari tunggu sebentar lagi
마라 뚱구 스븐따ㄹ 라기

좀 더 싼 것이 있어요? Ada yang lebih murah?
아다 양 르비ㅎ 무라ㅎ?

좀 먹어 볼래요? Makan dulu?
마깐 둘루?

좀 빨리 할 순 없나? Tidak bisa lebih cepat?
띠닥 비싸 르비ㅎ 쯔빳?

좀 있다가 봐 Sampai ketemu sebentar lagi
삼빠이 끄뜨무 스븐따ㄹ 라기

좀 심하네	Agak parah 아각 빠라ㅎ	종류	Jenis 즈니ㅅ
좁다	Sempit 슴삣	종이	Kertas 끄ㄹ따ㅅ
종(벨)	Bel 벨	종합	Keseluruhan 끄쓸루루한
종교	Agama 아가마	좋다	Suka / Bagus 쑤까 / 바구ㅅ
종기	Tumor 뚜모ㄹ	좋아하다	Bagus / Suka 바구ㅅ / 수까

좀 있다가, 집에 바래다 주실래요?
Sebentar lagi,saya antar ke rumah ya?
스븐따ㄹ 라기 싸야 안따ㄹ 끄 루마ㅎ 야?

좀 작은 사이즈는 없나요?
Tidak ada ukuran yang lebih kecil?
띠닥 아다 우꾸란 양 르비ㅎ 끄찔?

좁은(마음)
Berpikiran sempit
브ㄹ삐끼란 슴삣

종업원(식당)
Pelayan restoran
쁠라얀 레ㅅ또란

좋기만 하네.(반박)
Cukup bagus
쭈꿉 바구ㅅ

좋아하는 물건
Barang yang disuka
바랑 양 디수까

좋아하지 않다	Tidak suka 띠닥 쑤까	좌회전하다	Belok kiri 벨록 끼리
좋은	Bagus / Baik 바구ㅅ / 바익	죄	Kejahatan / Dosa 끄자하딴 / 도사
좋은 소식	Berita baik 브리따 바익	죄 없는	Tidak bersalah 띠닥 브ㄹ살라ㅎ

좋아하는지 아닌지　Apakah suka atau tidak
아빠까ㅎ 수가 아따우 띠닥

좋아하셨으면 좋겠네요(선물주면서)
Kalau dia menyukainya itu baik sekali
깔라우 디아 므뉴까이냐 이뚜 바익 스깔리

좋은 결과를 얻다　Menerima hasil yang baik
므느리마 하실 양 바익

좋은 날씨　Cuaca yang baik
쭈아짜 양 바익

좋은 성적을 거두다　Mencapai nilai yang baik
믄짜빠이 닐라이 양 바익

좌석번호는 몇 번 이예요?　Nomor kursinya berapa?
노모ㄹ 꾸ㄹ씨냐 브라빠?

좌회전금지　Dilarang belok kiri
딜라랑 벨록 끼리

죄송합니다만, 이름을 알 수 있을 까요?
Maaf, boleh tahu namanya?
마앞, 볼레ㅎ 따후 나마냐?

주(날짜)	Minggu 밍구	주말에	Di akhir pekan 디 악히ㄹ 쁘깐
주관(자아)	Sudut pandang 수둣 빤당	주머니	Kantung 깐뚱
주근깨	Bintik(di muka) 빈띡(디 무까)	주문하다	Memesan 므므싼
주기(시기)	Periode 쁘리오드	주민	Penduduk 쁜두둑
주기적인	Berkala 브ㄹ깔라	주방장	Koki 꼬끼
주다	Memberi 믐브리	주변	Sekitar 스끼따ㄹ
주름(얼굴)	Keriput 끄리뿟	주변에	Di sekitar 디 스끼따ㄹ
주말	Akhir pekan 이키ㄹ딿 쁘깐	주부	Ibu rumah tangga 이부 루마ㅎ 땅가

주고받다　　Memberi dan menerima
믐브리 단 므느리마

주된　　Menjadi yang utama
믄자디 양 우따마

주목하세요　　Tolong perhatikan
똘롱 쁘ㄹ하띠깐

주민등록증　　Kartu Tanda Penduduk(KTP)
까ㄹ뚜 딴다 쁜두둑(까떼삐)

주사	Suntik 순띡	주의하다	Berhati-hati 브ㄹ하띠 하띠
주소	Alamat 알라맛	주인	Pemilik 쁘밀릭
주시하다	Mengawasi 믕아와시	주장(축구)	Kapten 깦뗀
주식	Saham 사함	주전자	Teko 떼꼬
주어	Subyek 숩엑	주제	Topik 또삑
주유비	Biaya bensin 비아야 벤씬	주차장	Tempat parkir 뜸빳 빠ㄹ끼ㄹ

주사는 필요 없어요.
Tidak perlu suntik
띠닥 쁘ㄹ루 순띡

주석(대통령)
Perdana menteri(Presiden)
쁘ㄹ다나 믄뜨리(쁘레시덴)

주석을 달다　Menganotasi / Memberikan catatan
믕아노따씨 / 믐브리깐 짜따딴

주의 깊게
Sangat berhati-hati
상앗 브ㄹ하띠 하띠

주인이 없으니까 서비스가 엉망이네
Servisnya tidak bagus karena
pemiliknya tidak ada
스ㄹ비ㅅ냐 띠닥 바구ㅅ 까르나 쁘밀릭냐 띠닥 아다

주차하다	Memarkir 므마ㄹ끼ㄹ	줄서다	Mengantri 믕안뜨리
주체	Agen utama 아겐 우따마	줄이다	Berkurang 브ㄹ꾸랑
주택	Rumah 루마ㅎ	중국	Cina 찌나
죽다	Meninggal 므닝갈	중국어	Bahasa Cina 바하싸 찌나
죽순	Rebung 르붕	중독되다	Keracunan 끄라쭈난
죽음	Kematian 끄마띠안	중량	Berat 브랏
준결승	Semi final 스미 피날	중량초과	Melebihi berat 믈르비히 브랏
준비하다	Menyiapkan 믄이앞깐	중병의	Sakit parah 사낏 빠라ㅎ
줄	Barisan / Senar 바리싼 / 스나ㄹ	중심 센터	Pusat / Tengah 뿌삿 / 뜽아ㅎ

줄(늘어선)	Barisan / Antrian 바리싼 / 안뜨리안
줄서세요	Silakan mengantri 씰라깐 믕안뜨리
중년을 지난	Melewati usia tengah baya 믈레와띠 우시아 뜽아ㅎ 바야

중앙	Pusat / Tengah 뿌삿 / 뜽아ㅎ	쥐다	Memegang 므므강
중요한	Penting 쁜띵	쥐띠	Tahun tikus 따훈 띠꾸ㅅ
중죄	Kejahatan serius 끄자하딴 세리우ㅅ	쥐어박다	Memukul 므무꿀
중추절	Hari panen 하리 빠녠	즉시	Segera 스그라
쥐	Tikus 띠꾸ㅅ	즐거운	Menyenangkan 믄예낭깐

중소기업

Perusahaan kecil dan menengah
쁘루사하안 끄칠 단 므능아ㅎ

중요하게 여기다

Menganggap penting
믕앙갑 쁜띵

중요하지 않다

Tidak penting
띠닥 쁜띵

중학교

Sekolah Menengah Pertama
스꼴라ㅎ 므능아ㅎ 쁘ㄹ따마

쥐(근육의 경련)

Kejang / Kram
끄장 / 끄람

즐거운 여행 되세요

Semoga perjalanannya menyenangkan
스모가 쁘ㄹ잘라난냐 믄예낭깐

즐겁다	Senang 스낭	증정품	Hadiah 하디아ㅎ
즐기다	Menikmati 므닉마띠	증조부	Kakek buyut 까꺅 부윳
증권	Saham 사함	지갑	Dompet 돔뼷
증명하다	Membuktikan 믐북띠깐	지겹네	Membosankan 믐보산깐
증발시키다	Menguap 믕우압	지구	Bumi 부미
증서	Sertifikat 세ㄹ띠피깟	지금	Sekarang 스까랑
증인	Saksi 삭시	지금 말고	Tidak sekarang 띠닥 스까랑

즐거웠어? — Apakah menyenangkan?
아빠까ㅎ 믄예낭깐?

즐겁기를 바랍니다 — Semoga menyenangkan
스모가 믄예낭깐

증가하다 — Naik / Meningkat
나익 / 므닝깟

증정하다 — Memberikan hadiah / Menghadiahi
믐브리깐 하디아ㅎ / 믕하디아히

지구 온난화 현상 — Fenomena pemanasan global
페노메나 쁘마나싼 글로발

지금 가는 길이예요

Sekarang sedang dalam perjalanan
스까랑 스당 달람 쁘ㄹ잘라난

지금까지 말한 적이 없다

Sampai sekarang tidak pernah mengungkapkan hal itu
삼빠이 스까랑 띠닥 쁘ㄹ나ㅎ 등웅깊깐 할 이뚜

지금 몇 시예요?

Jam berapa sekarang?
잠 브라빠 스까랑?

지금 비와?

Apakah sekarang turun hujan?
아빠까ㅎ 쓰까랑 뚜룬 후잔?

지금 어디에 있어요?

Sekarang ada dimana?
스까랑 아다 디마나?

지금은 알아 들으시겠어요?

Sekarang apakah sudah paham?
스까랑 아빠까ㅎ 수다ㅎ 빠함?

지금은 익숙해졌어요

Sekarang sudah(biasa / terbiasa)
스까랑 수다ㅎ(비아사 / 뜨ㄹ비아사)

지금은 통화 중이예요

Sekarang sedang berbicara di telepon
스까랑 스당 브ㄹ비짜라 디 뜰레뽄

지금은 편하지 않아 내가 나중에 다시 전화할게.

Apabila sekarang waktunya tidak tepat nanti saya telepon kembali
아빠빌라 스까랑 왁뚜냐 띠닥 뜨빳 난띠 사야 뜰레뽄 끔발리

| 지금 바로 | Sekarang juga
쓰까랑 주가 | 지나간 | Terlewat
뜨ㄹ레왓 |
| 지나가다 | Melewati
믈레와띠 | 지난달 | Bulan lalu
불란 랄루 |

지금 제가 일이 좀 있어서요
Sekarang saya sedang ada pekerjaan
스까랑 사야 스당 아다 쁘끄ㄹ자안

지금 필요해
Saya perlu sekarang
사야 쁘ㄹ루 쓰까랑

지금 회사를 운영하고 있다
Sekarang mengelola perusahaan
스까랑 믕을롤라 쁘루사하안

지나서 / 이십분이 지나서
Lewat / Sudah lewat 50 menit
레왓 / 수다ㅎ 레왓 리마 뿔루ㅎ 므닛

지나치다
Melewati(tempat) / Keterlaluan(kata-kata)
믈레와띠(뜸빳) / 끄뜨ㄹ랄루안(까따 까따)

지난번 일에 대해 안타깝게 생각해.
Saya pikir pekerjaan lalu
(tersayangkan / kurang baik)
사야 삐끼ㄹ 쁘끄ㄹ자안 랄루(뜨ㄹ사양깐 / 꾸랑 바익)

지난 한 해 동안 수고 많으셨습니다
Selama ini sudah bekerja keras
슬라마 이니 수다ㅎ 브끄ㄹ자 끄라ㅅ

ㅈ

지난주	Minggu lalu 밍구 랄루	지명하다	Mencalonkan 믄짤론깐
지능	Kecerdasan 끄쯔ㄹ다산	지방	Area 아레아
지다	Kalah 깔라ㅎ		Provinsi 프로핀시
지도(지리)	Peta(geografi) 쁘따(게오그라피)		Lemak 르막
지루한	Membosankan 믐보산깐	지불하다	Membayar 믐바야ㄹ
지루해요	Bosan 보산	지붕	Atap 아땊
지름길	Jalan pintas 잘란 삔따ㅅ	지수	Indeks 인덱ㅅ
지리	Geografi 게오그라피	지시	Perintah 쁘린따ㅎ

지다(해) Terbenam(matahari)
뜨ㄹ브남(마따하리)

지름길을 알아 Tahu jalan pintas
따후 잘란 삔따ㅅ

지방자치단체 Pemerintah daerah
쁘므린따ㅎ 다에라ㅎ

지사제 Obat sakit perut(mencret)
오밧 사낏 쁘룻(멘쯔렛)

지식	Pengetahuan 뻥으따후안	지점	Cabang 짜방
지역	Area 아레아		Titik 띠띡
	Wilayah 윌라야ㅎ	지정하다	Menunjuk 므눈죽
지우개	Penghapus 뻥하뿌ㅅ	지지하다	Mendukung 믄두꿍
지원	Dukungan 두꿍안	지진	Gempa bumi 금빠 부미

지저분한
Kotor / Berantakan / Kacau / Tidak bersih
꼬또ㄹ / 브란딱깐안 / 까짜우 / 띠닥 브르씨ㅎ

지적인
Intelektual / Cerdas
인뗄렉뚜알 / 쯔ㄹ다ㅅ

지키다
Menjaga / Melindungi
믄자가 / 믈린둥이

지하땅굴
Terowongan bawah tanah
뜨로웡안 바와ㅎ 따나ㅎ

지휘하다
Mengarahkan / Memimpin
믕아라ㅎ깐 / 므밈삔

직장(일터)
Kantor(Tempat kerja)
깐또ㄹ(뜸빳 끄ㄹ자)

지탱하다	Menopang 므노빵	직속	Majikan / atasan 마지깐 / 아따산
지형	Topografi 또뽀그라피	직업	Pekerjaan 쁘끄ㄹ자안
직무	Tugas 뚜가ㅅ	직원	Pegawai 쁘가와이
	Pekerjaan 쁘끄ㄹ자안	직접	Secara langsung 스짜라 랑숭

직장은 오페라하우스 근처에요
Tempat kerjanya berada di dekat Opera House
뜸빳 끄ㄹ자냐 브ㄹ아다 디 드깟 오쁘라 하우ㅅ

직접 건네주다　　　Memberikan secara langsung
음브리깐 스짜라 랑쑹

직접 눈으로　　　Melihat secara langsung
믈리핫 스짜라 랑숭

직접 그렇게 말하진 않았지만
Tidak berbicara secara langsung, akan tetapi
띠닥 브ㄹ비차라 쓰차라 랑쑹, 아깐 뜨따삐

직접 묻지 않다　　　Tidak bertanya langsung
띠닥 브ㄹ따냐 랑숭

진공청소기　　　Penyedot debu(Vacuum cleaner)
쁜예돗 드부

진료접수하다　　　Menerima perawatan medis
므느리마 쁘라와딴 메디ㅅ

직진하다	Lurus 루루ㅅ	진료기록	Catatan medis 짜따딴 메디ㅅ
진공펌프	Pompa vakum 뽐빠 바꿈	진정하라고	Menenangkan 므느낭깐
진드기	Kutu 꾸뚜	진찰실	Kamar periksa 까마ㄹ 쁘릭사

진보하다　Memajukan / Meningkatkan
므마주깐 / 므닝깟깐

진실을 말하다　Mengatakan yang sebenarnya
믕아따깐 양 스브나ㄹ냐

진실을 말 할거야
Saya akan mengatakan yang sebenarnya
사야 아깐 믕아따깐 양 스브나ㄹ냐

진입금지　Dilarang masuk
딜라랑 마숙

진짜 바보 같네　Seperti orang bodoh saja
스쁘ㄹ띠 오랑 보도ㅎ 사자

진찰하다　Memeriksa(Penyakit)
므므릭사(쁜야낏)

진통제　Obat penghilang rasa sakit
오밧 뼁힐랑 라사 사낏

진화하다　Evolusi(Berevolusi)
에볼루씨(브ㄹ에볼루씨)

ㅈ

진한(맛, 색)	Kuat 꾸앗	질문	Pertanyaan 쁘ㄹ딴냐안
	Gelap 글랍	질문하다	Bertanya 브ㄹ딴야
진행하다	Berlangsung 브ㄹ랑숭	질리지 않아	Tidak bosan 띠닥 보산
진흙	Lumpur 룸뿌ㄹ	질투하다	Cemburu 쯤부루

짐은 어떻게 보내요?

Barangnya mau dikirim bagaimana?
바랑냐 마우 디끼림 바가이마나?

짐작

Kira-kira(Mengira-ngira)
끼라 끼라(믕이라-이라)

Tebak(Menebak) / Sangka(Menyangka)
뜨박(므느박) / 상까(믄양까)

짐작하기에

Karena sudah saya perkirakan
까르나 수다ㅎ 사야 쁘ㄹ끼라깐

집근처 수퍼마켓

Supermarket di dekat rumah
수쁘ㄹ마ㄹ껫 디 드깟 루마ㅎ

집근처에

(Di dekat / di sekitar) rumah
(디 드깟 / 디 스끼따ㄹ) 루마ㅎ

집까지 걷다

Jalan kaki sampai rumah
잘란 까끼 삼빠이 루마ㅎ

짐	Beban / Bagasi 브반 / 바가시	집부터	Dari rumah 다리 루마ㅎ
집	Rumah 루마ㅎ	집주인	Tuan rumah 뚜안 루마ㅎ
집(단층)	Rumah 루마ㅎ	집중하다	Berkonsentrasi 브ㄹ꼰센뜨라시

집밖을 나가지 않다
Tidak keluar rumah
띠닥 끌루아ㄹ 루마ㅎ

집 생각이 나시죠?
Terpikir soal rumah ya?
뜨ㄹ삐끼ㄹ 소알 루마ㅎ 야?

집에 놀러와
Silakan main ke rumah
실라깐 마인 끄 루마ㅎ

집에 두었다
Diletakkan di rumah
딜르딱깐 디 루마ㅎ

집에서 가까운
Dekat dengan rumah
드깟 등안 루마ㅎ

집으로 곧장 가다
Pergi langsung ke rumah
쁘ㄹ기 랑숭 끄 루마ㅎ

집은 어디예요?
Dimana rumahnya?
디마나 루마ㅎ냐?

집 주소 알려 줄 수 있어요?
Boleh tahu alamat rumahnya?
볼레ㅎ 따후 알라맛 루마ㅎ냐?

ㅈ

집회	Rapat umum 라빳 우뭄	짜다(직물)	Menenun 므느눈
집행하다	Melaksanakan 믈락싸나깐	짜증나다	Kesal 끄살
	Mengeksekusi 믕엑세꾸시	짠(맛)	Asin 아신
징후(병)	Gejala penyakit 그잘라 쁘냐낏	짧은	Pendek 뻰덱

집주인에게 연락해서 약속 좀 잡아줘.

Tolong hubungi tuan rumah untuk membuat janji
똘롱 후붕이 뚜안 루마ㅎ 운뚝 믐부앗 잔지

집주인에게 항의하러 전화했다

Menelepon tuan rumah untuk mengeluh
므늘레뽄 뚜안 루마ㅎ 운뚝 믕을루ㅎ

집중하세요

Tolong(konsentrasi / fokus)
똘롱(꼰센뜨라씨 / 포꾸ㅅ)

집중할 수 없어요

Tidak bisa berkonsentrasi
띠닥 비싸 브ㄹ꼰쎈뜨라씨

집집마다 집 스타일이 똑같아서 놀랐어

Terkejut melihat setiap rumah mempunyai model yang sama
뜨ㄹ끄줏 믈리핫 쓰띠압 루마ㅎ 믐뿐야이 모델 양 싸마

짧은 머리 Rambut pendek
람붓 뻰덱

쫓다 Kejar(Mengejar)
끄자ㄹ(믕으자ㄹ)

찌르다 Merobek
므로벡

찢어지다 Robek
로벡

짧게 자르다 쭉 가세요 꺾지 마시고요
Kalau mau lewat jalan pintas,
silakan jalan lurus saja jangan belok
깔라우 마우 레왓 잘란 뻰따ㅅ
실라깐 잘란 루루ㅅ 사자 장안 벨록

쭉 보다 Terus melihat(memperhatikan)
뜨루ㅅ 믈리핫(믐쁘ㄹ하띠깐)

ㅊ

차(교통)	Mobil 모빌
차(음료)	Teh 뗑
차고	Garasi 가라시

차다	Penuh 쁘눙
차례(행사)	Giliran 길리란
차별하다	Membedakan 음베다깐
차이	Perbedaan 쁘ㄹ베다안
착륙하다	Mendarat 믄다랏

차례대로

Sesuai giliran / urutan
스수아이 길리란 / 우루딴

차를 꼭 갈아타야 하나요?

Apakah harus transit kereta?
아파깡 하루ㅅ 트란싯 끄레타?

차를 끓이다

Menyeduh teh
메녜둫뗑

차를 운전하다

Mengendarai mobil
믕은다라이 모빌

차마 볼 수 없다

Tidak tahan / Tidak bisa menahan
띠닥 따한 / 띠닥 비사 므나한

차에서 내리다

Turun dari mobil
뚜룬 다리 모빌

착한	Baik 바익	참가하다	Berpartisipasi 브ㄹ빠르띠시빠시
찬란한	Gemilang 그밀랑		Ikut serta 이꿋 스르따
	Cemerlang 츠므를랑	참다	Tahan(menahan) 따한(므나한)

차용하다	Pinjam(Meminjamkan) 삔잠(므민잠깐)
채(음료) 준비 됐나요?	Apakah tehnya sudah siap? 아빠까ㅎ 뗑냐 수당 시압?
차지하다	Dapat(mendapatkan) 다빳(믄다빳깐)
	Duduk(menduduki peringkat pertama) 두둑(믄두둑이 쁘링깟 쁘르타마)
찬성하다	Setuju(Menyetujui) 스뚜주(믄예쭈주이)
찬성할 것이다	Akan menyetujui 아깐 므녜뚜주이
찰떡궁합 커플	Pasangan serasi 빠상안 스라시
참고하다	Referensi / Mengacu 레페렌시 / 믕아쭈
참기 어려운	Susah untuk bertahan 수상 운뚝 쁘ㄹ딴한

ㅊ

참여하다	Ikut serta 이꿋 스르따	창조하다	Menciptakan 믄찝따깐
참여하다	Berpartisipasi 브ㄹ빠르티시빠시		Membuat 믐부앗
찹쌀	Ketan 끄딴	창피한	Memalukan 믐말루깐
창문	Jendela 즌델라	찾아내다	Menemukan 므느무깐
창백하다	Pucat 뿌짯	찾을 수 있다	Bisa mencari 비사 믄짜리

창구 / 2번창구   Konter, Kasir / Konter 2
콘트ㄹ, 까시ㄹ / 콘트ㄹ 2

창문 닫아 주세요.   Tolong tutup jendela
똘롱 뚜뚭 즌델라

창문을 열다   Membuka jendela
믐부까 즌델라

찾다 / 잘 찾아 보세요.
Cari(mencari) / Coba cari dengan teliti
짜리(믄차리) / 쪼바 짜리 등안 뜰리띠

찾아보려고(시험삼아)   Mencoba menemukan
믄쪼바 므느무깐

찾아볼 게.   Saya akan coba carikan
사야 아깐 쪼바 짜리깐

채가다	Merebut 므르붓	책	Buku 부꾸
	Merampas 므람빠ㅅ	책꽂이	Rak buku 락 부꾸
채권	Obligasi 옵블리가시	책상	Meja 메자
채소	Sayuran 사유란	책임자	Penanggung jawab 쁘낭궁 자왑

찾지 못하다   Tidak bisa menemukan
띠닥 비사 므느무깐

채식하다   (Menjadi) vegetarian
(믄자디) 페게따리안

책과 신문   Buku dan koran
부꾸 단 코란

책 사다 주실 수 있으세요?
Bisa tolong belikan buku untuk saya?
비사 똘롱 블리깐 부꾸 운뚝 사야?

책임감   Rasa tanggung jawab
라사 땅궁 자왑

책임지다   Bertanggung jawab
브르땅궁 자왑

책좀 빌려 줘.
Tolong pinjamkan buku(kepada saya)
똘롱 삔잠깐 부꾸(끄파다 사야)

ㅊ

책잡다	Menyalahkan 므냘랗깐	처음으로	Pertama kali 쁘르타마 깔리
챔피언	Pemenang 쁘믄낭	천(숫자)	Ribu(Seribu) 리부(스리부)
처럼 생긴	Tampak seperti 땀빡 스쁘르띠	천둥	Petir, Guntur, kilat 쁘티르, 군뚜ㄹ, 낄랏
처리하다	Mengurus 믕우루ㅅ	천만에요.	Sama-sama 사마-사마
	Mengolah 믕올랗	천연재료	Bahan alami 바한 알라미
처방전	Resep(Obat) 르셒(오밧)	천장	Cicak 찌짝
처음부터	Dari awal 다리 아왈	천정팬	Langit-langit 랑잇-랑잇

처신하다　Tingkah laku / perilaku(Berperilaku)
띵까ㅎ 라꾸 / 쁘릴라꾸(브르프릴라꾸)

처음 몽골에 왔을 때는
Saat pertama kali datang ke Mongolia
사앗 쁘르따마 깔리 다땅 크 몽올리아

처음부터 끝까지　Dari awal sampai akhir
다리 아왈 삼빠이 아키ㄹ

천천히 말씀해 주세요.　Tolong bicara pelan-pelan
똘롱 비짜라 쁠란-쁠란

천천히	Pelan-pelan 쁠란-쁠란	청년시절	Masa muda 마사 무다
철(금속)	Besi 브시	청량음료	Minuman ringan 미누만 링안
철도	Jalan kereta api 잘란 크레따 아뻬	청바지	Celana jeans 쯸라나 진ㅅ
첩	Selir 슬리ㄹ	청하다	Pinta(Meminta) 삔따(므민따)
첫번째	Pertama 쁘르따마	체계	Sistem 시스뜸
첫사랑	Cinta pertama 찐따 쁘르따마	체력	Stamina 스따미나
청년단	Pramuka 쁘라무까		Daya tahan tubuh 다야 따한 뚜붕

철도역

Stasiun kereta api
스따시운 끄레따 아뻬

첫사랑은 이루어지지 않는다.

Cinta pertama tidak akan tercapai
찐따 쁘ㄹ따마 띠닥 아깐 뜨르짜빠이

청소하다

Bersih-bersih(membersihkan)
브르싱-브르싱(므ㅇ브시ㅎ깐)

청소할 사람을 찾아 났어요.

Mencari orang untuk bersih-bersih
믄짜리 오랑 운뚝 브르싱-브르싱

체스	Catur 짜뚜ㄹ	초과하다	Melebihi 믈르비히
체육	Pendidikan jasmani 쁜디디깐 자스마니		Melampaui 믈람빠우이
체제	Sistem 시스뜸	초대장	Undangan 운당안
체중계	Timbangan 띰방안	초등학교	Sekolah dasar 스꼴랑 다사ㄹ
체크무늬의	Belang-belang 블랑-블랑	초록색	Warna hijau 와르나 히자우
체하다	Berlagak 브를라각	초목	Tanaman dan pohon 따나만 단 뽀혼
초(시간)	detik 드띡	초안	Draf, rancangan 드랖, 란짱안

체온을 재봅시다.
Coba ukur suhunya
쪼바 우꾸르 수후냐

초대
Undang(mengundang)
운당(믕운당)

초대장이 있어요.
Saya punya undangan
사야 뿐야 운당안

초상(얼굴)
Gambar orang(wajah)
감바ㄹ 오랑(와쟣)

최선을 다해
Berusaha yang terbaik
브루사하 양 뜨ㄹ바익

초인종	Bel 벨	최대	Maksimum 막시뭄
촉진하다	Mempercepat 음쁘ㄹ쯔빳	최선	Terbaik 뜨르바익
총	Pistol 삐스똘	최소	Batal 바딸
총자본	Modal total 모달 또딸	최신의	Terbaru 뜨르바루
총탄	Peluru 쁠루루	최저기온	Suhu terendah 수후 뜨른닿
총합계	Jumlah total 주믈랗 또딸	최종점수	Nilai akhir 닐라이 아키ㄹ
최고기온	Suhu maksimum 수후 막시뭄	최초	Pertama 쁘ㄹ따마
최근	Belakangan 블라깡안	최후	Terakhir 뜨ㄹ아키ㄹ

최선을 다해 도와 드릴게요.
Saya akan membantu sekuat tenaga
사야 아깐 음반뚜 스꾸앗 뜨나가

추가하다   Tambah(menambah)
땀밯(므남밯)

추석까지 있으실 건가요?   Kamu mau di sini
sampai thanks giving day(hari panen)?
까무 마우 디시니 삼빠이 땡스기빙데이(하리 빠넨)?

ㅊ

추상적인	Abstrak 압스뜨락	추운	Dingin 딩인
추석	Chuseok 추석	추워지다	Mendingin 믄딩인
추억	Kenangan 끄낭안	추첨	Lotre 롯뜨레

추측할 수 없어요. **Aku tidak bisa memperkirakan**
아꾸 띠닥 비사 믐쁘ㄹ끼라깐

축구경기 **Pertandingan sepak bola**
쁘ㄹ딴딩안 세빡 볼라

축구경기를 하다
Bermain pertandingan sepak bola
브ㄹ마인 쁘ㄹ딴딩안 세팍 볼라

축구보고 있나 봐.
Sepertinya(dia) sedang menonton sepak bola
스쁘ㄹ띠냐(디아) 스당 므논똔 세빡 볼라

축구라면 아주 미치지!
Kalau masalah sepak bola, benar-benar gila
깔라우 마살랗 세빡 볼라, 븐나ㄹ-븐나ㄹ 길라

축구장 **Lapangan sepak bola**
라빵안 세빡 볼라

축제일 **Libur(umum) nasional**
리부ㄹ 우뭄 나시오날

추측하다	Terka(menerka) 뜨르까(므느르까)	축하해	Selamat 슬라맛
축구	Sepak bola 세빡 볼라	축하해요	Selamat 슬라맛
축구선수	Atlit sepak bola 앗뜰릿 세빡 볼라	출구	Pintu keluar 삔뚜 끌루아ㄹ
축구팀	Tim sepak bola 띰 세빡 볼라	출발	Berangkat 브랑깟
축제	Festival 페ㅅ티팔	출발점	Titik tolak 띠띡 똘락
축축한	Basah 바삿	출발하다	Berangkat 브랑깟
	Lembap 름밮	출입국	Imigrasi 이미그라시
축하하다	Selamat 슬라맛	출현하다	Tampil 땀삘

출근시간   Jam berangkat kerja
잠 브랑깟 끄르자

출근할 시간이 되었다
Tiba saatnya untuk berangkat kerja
띠바 사앗냐 운뚝 브랑깟 끄르자

출생증명서   Sertifikat kelahiran
스ㄹ띠피깟 끌라히란

출판사	Penerbit 쁘느ㄹ빗	충분한	Cukup 쭈꿉
춤을 잘추다	Mahir menari 미히ㄹ 므나리	충성	Kesetiaan 끄스띠아안
춤추다	Menari 므나리		Loyalitas 로얄리따ㅅ
충고	Nasihat 나시핫	취미	Hobi / Kegemaran 호비 / 끄그마란
충고하다	Memberi nasihat 믐브리 나시핫	취하다	Mabuk 마북
충분하다	Cukup 쭈꿉	취했어	Mabuk 마북

출입국을 하기 위해서는 어떤 수속을 해야 하나요?

Untuk pergi ke luar negeri prosedur apa yang harus dilalui ?

운뚝 쁘ㄹ기 끄 루아ㄹ 느그리 쁘로스두ㄹ 아빠 양 하루ㅅ 딜랄루이?

출장가다	Pergi anjangkarya 쁘ㄹ기 안장까랴
충분하지 못한	Tidak mencukupi 띠닥 믄쭈꾸삐
충전하다	Isi ulang(mengisi ulang) 이시 울랑(믕이시 울랑)

층	Lantai 란따이	친동생	Saudara akrab 사우다라 아크랍
	Tingkat 띵깟	친밀한	Intim 인띰
	Lapis 라삐ㅅ		Dekat 드깟
치료하다	Mengobati 믕오바띠		Akrab 아크랍
치마	Rok 록	친선	Pertemanan 쁘ㄹ뜸만안
치약	Pasta gigi 빠ㅅ따 기기		Persahabatan 쁘ㄹ사하바딴
친구	Teman 뜨만	친애하는	Cinta(cintai) 찐따(친따이)
	Sahabat 사하밧	친절한	Ramah 라맣
친근한	Akrab 아크랍	친척	Kerabat 끄라밧

치료학요법(의학)   Terapi pengobatan
뜨라삐 쁭오바딴

친구가 되다   Menjadi teman / Menjadi sahabat
믄자디 뜸만 / 믄자디 사하밧

친구집에 가려고요.   Mau pergi ke rumah teman
미우 쁘ㄹ기 끄 루맣 뜸만

친하다	Intim 인띰	칠(미술)	Cat(lukis) 짯(루끼ㅅ)
	Akrab 아크랍	칠(숫자)	Tujuh(Angka) 뚜중(앙까)
친한 친구	Teman dekat 뜸만 드깟	칠십	Tujuh puluh 뚜중 뿔룽
	Teman akrab 뜸만 아크랍	칠월	Bulan Juli 불란 줄리
	Sahabat karib 사하밧 까립	칠판	Papan tulis 빠빤 뚤리ㅅ
친할아버지	Kakek 까껙	칠하다	Warna(mewarnai) 와르나(므와르나이)
친해지다	Menjadi akrab 믄자디 아크랍	침대	Ranjang 란장

친절한 환대에 감사합니다.
Terima kasih atas sambutan yang hangat
뜨리마 까싫 아따ㅅ 삼부딴 양 항앗

친척을 방문하다
Mengunjungi kerabat
믕운중이 끄라밧

친한 사람 Orang yang akrab / Orang yang dekat
오랑 양 아크랍 / 오랑 양 드깟

칠판 지우개
Penghapus papan tulis
쁭하뿌ㅅ 빠빤 뚤리ㅅ

침대시트	Seprai 스쁘라이	침울한	Murung 무룽
침략하다	Invasi 인바시		Muram 무람
	Serbu(menyerbu) 스ㄹ부(므녜ㄹ부)	침착한	Tenang dan sabar 뜨낭 단 사바ㄹ
침술	Akupunktur 아꾸뿐뚜ㄹ	칫솔	Kelontong 끌론똥
침실	Ruang tidur 루앙 띠두ㄹ	칭찬하다	Puji(memuji) 뿌지(므무지)

카드(게임)	Kartu 까ㄹ뚜	카탈로그	Katalog 까딸록
카메라	Kamera 까메라	칵테일	Cocktail 컥떼일
카세트	Kaset 까셋	칼	Pisau 삐사우
		칼라사진	Foto berwarna 포또 블와ㄹ나
		캐나다	Kanada 까나다

카드를 섞다
Mengocok kartu
믕오촉 카ㄹ뚜

카드(신용카드)를 정지시키다
Mensuspensikan kartu kredit
믄수ㅅ쁜시깐 까ㄹ뚜 끄레딧

카드를 치다
Menyimpai kartu
므님빠이 까ㄹ뚜

카드 충전해 주세요(핸드폰)
Tolong isikan pulsa
똘롱 이시깐 뿔사

카탈로그를 보여 주세요.
Tolong perlihatkan katalognya
똘롱 쁘ㄹ리핫깐 까딸록냐

캐묻다
Interogasi(menginterogasi)
인뜨로가시(믕인뜨로가시)

캔맥주	bir kaleng 빌 깔렝	커플	Pasangan 빠상안
캠퍼스(학용품)	Kampus 깜뿌ㅅ	커피	Kopi 꺼피
커서(전산)	Kursor 꾸ㄹ소ㄹ	컴퓨터	Komputer 컴뷰뜨ㄹ
커튼	Gorden 거ㄹ덴	컵	Gelas 글라스

캔 / 맥주 3캔

Kaleng / Bir 3 kaleng

깔렝 / 비ㄹ 3깔렝

커피가 진해요.

Kopinya kental

꺼삐냐 끈딸

커피를 컴퓨터에 쏟았어.

Kopi tumpah ke atas komputer

꺼삐냐 뚬빠ㅎ 끄 아따ㅅ 컴푸뜨ㄹ

커피 준거 고마워.

Terima kasih atas kopinya

뜨리마까싶 아따ㅅ 꺼피냐

커피 탔어요?

Menyeduh kopi?

므녜둪 꺼피?

컴퓨터가 너무 느리다

Komputernya sangat lambat

컴푸뜨ㄹ냐 상앗 람밧

컴퓨터가 이상해.

Komputernya aneh /
Komputernya bermasalah

컴뿌뜨ㄹ냐 아넿 / 컴뿌뜨ㄹ냐 브ㄹ마사라ㅎ

컵라면	Mie gelas 미 글라ㅅ	켤레/운동화 1켤레	Pasang 빠상
케이크	Kue 꾸에	코를 골다	Mengorok 믕오록
켜다(기계)	Menyalakan 므냘라깐	코트	Mantel 만뗄
코	Hidung 히둥	콘돔	Kondom 끈동
코끼리	Gajah 가좡	콜라	coca-cola 커카컬라

컴퓨터공학(전산)	Teknik Komputer 떼크닉 컴뿌뜨ㄹ
컴퓨터로 놀다(게임등)	Bermain dengan komputer 브ㄹ마인 컴뿌뜨ㄹ
컬러프린터기	Printer berwarna 쁘린트ㄹ 블와르나
코가 막히다	Hidung mampat 히둥 맘빳
코가 헐다	hidung bengkak 히둥 븡깍
코고는 소리	Suara mengorok 수아라 믕오록
코를 풀다	membuang ingus 믐부앙 잉우ㅅ

콧물이 나다	Ingusan 잉우산	클럽	Klub 클랍
콧수염	Kumis 꾸미ㅅ	클립	Klip 클맆
크기	Ukuran 우꾸란	키보드	Keyboard 키보ㄷ
크다	Besar 브사ㄹ		Papan ketik 빠빤 끄띡
크리스천	Kristen 크리ㅅ뜬	키스하다	Mencium 믄찌움

크게 말하다   **Berbicara dengan keras**
브ㄹ비차라 등안 끄라ㅅ

크게 말씀하세요. **Silahkan berbicara dengan keras**
실랗깐 브ㄹ비짜라 등안 끄라ㅅ

큰길에서   **Di jalan yang besar**
디 잘란 양 브사ㄹ

큰 목소리로   **Dengan suara yang keras**
등안 수아라 양 끄라ㅅ

큰소리로 환호하다   **Bersorak kencang**
브ㄹ소락 끈짱

키가 보통이다   **Tinggi badannya biasa saja**
띵기 바단냐 비아사 사자

킬로미터	Kilometer	키친타월	Lap dapur
	낄로메뜨ㄹ		랖 다뿌ㄹ

키가 어떻게 되세요

Berapakah tinggi badan(anda)?
브라빠 띵기 바단 안다?

키가 작다

Tinggi badan(nya) pendek
띵기 바단냐 뻰덱

키가 크다

Tinggi badan(nya) tinggi
띵기 바단냐 띵기

ㅌ

타다(불에)	Terbakar 뜨ㄹ바까ㄹ
타다	Menaiki 므나이끼
	Menunggangi 므눙강이
타당하다	Patut 빠뜻
타이어	Ban 반
타이틀	Gelar 글라ㄹ
타이핑하다	Mengetik 등으떡
타진하다	Memeriksa(penyakit) 므므릭사(쁜야낏)
	Mengeluarkan(pendapat) 등을루아ㄹ깐(쁜다빳)
탑승시간	Waktu menumpang 왁뚜 메눔빵

탄내가 나다	Bau angus 바우 앙우ㅅ
탄밥, 누룽지	Kerak nasi 끄락 나시
타조	Burung onta 부룽 운따
탁구	Tenis meja 떼니ㅅ 메자
탁월한	Unggul 웅굴
탈출하다	Kabur 까부ㄹ
	Melarikan diri 믈라리깐 디리
탑(건축)	Tower 또우으ㄹ
	Menara 므나라

태국	Thailand 따일란	태풍	Angin topan 앙인 또빤
태권도	Taekwondo 떽권도	택시	Taksi 딱시
태극기	Bendera Korea 븐데라 꼬레아	턱	Dagu 다구
태도	Sikap 시깝	턱수염	Janggut 장굿
	Perilaku 쁘릴라꾸	테니스	Tenis 떼니ㅅ
태양	Matahari 마따하리	테마	Tema 떼마
태어나다	Terlahir 뜨를라히ㄹ	테스트하다	Bermain tenis 브ㄹ마인 떼니ㅅ
태연하게	Dengan tenang 둥안 뜨낭	테이블	Meja 메자

텔레비전 볼륨좀 줄여 주세요.
Tolong kecilkan volume televisi
똘롱 끄ㅃ찔깐 볼루므 뗄레비시

텔레비전을 보고 있어요. Sedang menonton televisi
스당 므논똔 뗄레피시

텔레비전을 보면서 Sambil menonton televisi
삼빌 므논똔 뗄리피시

토끼	Kelinci 꿀리찌	토마토	Tomat 또맛
토라지다	Marah 마랗	토요일	Sabtu 삽뚜
	Ngambek ㅡㅇ암븍	톤(무게)	Ton 떤
토론하다	Debat 드밧	통	Tong 떵
	Diskusi 디ㅅ꾸시		Penampung 쁘남뿡

텔레비전 좀 보게 가만히 있어요.
Coba menonton televisi sambil diam
쪼바 므논똔 뗄레피시냐 삼빌 디암

테이프
Tape(pemutar kaset)
띱(쁘무따 까셋)

토의하다
Bahas(membahas) / Diskusi(mendiskusikan)
바하ㅅ(믐바하ㅅ) / 디ㅅ꾸시(믄디ㅅ꾸시깐)

통계(상)의
(Menurut) statistik
(므누룻) 스따띠ㅅ떡

통과하다
Melewati(jalan)
믈레와띠(잘란)

Lulus(Ujian / interview)
룰루ㅅ(우지안 / 인뜨ㄹ피우)

통상(보통)	Biasanya 비아사냐	통통하다	Sintal 신딸
통속의	Populer 뽀쭐레ㄹ	퇴근시간	Jam pulang kerja 잠 풀랑 끄ㄹ자
통신원	Koresponden 꼬레ㅅ폰덴	투명한	Transparan 뜨란ㅅ파란
통역(사람)	Penerjemah 쁘느ㄹ즈맣		Bening 브닝
통역하다	Menerjemahkan 므느ㄹ즈맣깐	투어하다	Melakukan tour 믈라꾸깐 뚜ㄹ
통일하다	Bersatu 브ㄹ사뚜	투자자	Investor 인페ㅅ떠ㄹ

통관   Hukum ekspor dan impor
후꿈 엑ㅅ포ㄹ 단 임뽀ㄹ

통관하다   Masuk(ekspor impor)
마숙(엑ㅅ포ㄹ 단 임뽀ㄹ)

통화중이다   Sedang berbicara di telepon
스당 브ㄹ비짜라 디 뜰르폰

투명한 파랑색 우비
Mantel hujan yang biru dan tansparan
만뗄 후잔 양 비루 단 뜨란ㅅ빠란

투자법(법률)   Hukum Investasi
후꿈 인페ㅅ따시

투자하다	Berinvestasi 블인페ㅅ따시	트윈룸	Kamar kembar 까마ㄹ 끔브ㄹ
투쟁하다	Berjuang 브ㄹ주앙	특별한	Istimewa 이ㅅ띠메와
	Memperjuangkan 음프ㄹ주앙깐	특산품	Produk spesial 쁘로둑 스페시알
투창	Lempar lembing 렘파ㄹ 름빙	특징	keistimewaan 끄이ㅅ띠메와안
튀기다	Menggoreng 믕고렝	틀니	Gigi palsu 기기 빨수

투자액   Jumlah dana investasi
주믈랗 다나 인베ㅅ따시

투표하다   Memilih(Pemilu)
므밀맇

특별히 그녀를 좋아하는 것도 아니야.
     (pun) tidak menyukai dia secara khusus
(뿐) 띠닥 므뉴까이 디아 스짜라 쿠수ㅅ

특별히 준비해 두다   Menyiapkan secara khusus
므니앞깐 스짜라 쿠수ㅅ

특수성   Karakteristik(sifat) yang berbeda
까락뜨ㄹ(시팟) 양 브ㄹ베다

틀니를 맞추다   Memasang gigi palsu
므마상 기기 빨수

틀렸어	Salah 살앗	티켓	Tiket 띠껫
틀린	Salah 살랗	팀/두팀	Tim / dua tim 띰 / 두아 띰
티슈	Tisu 띠수	팁	Tip 띺
팀/우승팀			Tim / Tim pemenang 띰 / 띰 쁘므낭

ㅍ

파(야채) | **Bawang**
방왕

파괴되다 | **Runtuh**
룬뚱

Hancur
한쭈ㄹ

파다 | **Menggali**
믕갈리

파도 | **Ombak**
옴박

파란색 | **Warna biru**
와ㄹ나 비루

파마 | **Keriting**
끄리띵

Ikal
이깔

파마하다 | **Keriting**
끄리띵

파면하다 | **Memecat**
므므짯

파산 | **Bangkrut**
방끄룻

파산하다 | **Bangkrut**
방끄룻

Pailit
빠일릿

파인애플 | **Nanas**
나나스

파란색으로 신어봐도 되나요?
Boleh coba(sepatu) yang warna biru?
볼렣 초바(스빠뚜) 양 와ㄹ나 비루?

파트타임으로 일하다
Bekerja paruh waktu
브끄ㄹ자 빠룽 왁뚜

파업하다
(Melakukan) mogok kerja
(믈라꾸깐) 모곡 끄ㄹ자

파일(사무용품)	Dokumen 도꾸멘	팔(숫자)	Delapan 들라빤
파일(전산)	File 파일	팔십	Delapan puluh 들라빤 뿔룽
파충류	Reptil 렙띨	팔월	Agustus 아구ㅅ뚜ㅅ
파티하다	Berpesta 브ㄹ뻬ㅅ따	팔찌	Gelang 글랑
판결안	Vonis 보니ㅅ	패션	Fashion 페션
판단하다	Menilai 므닐라이	팩스	Faks 펙ㅅ
판매하다	Berjualan 브ㄹ주알란	팩을 하다(피부)	Maskeran 마ㅅ끄란
판사	Hakim 하낌	팬(애호가)	Fan 펜
팔	Lengan 릉안		Penggemar 뻥그마ㄹ

판결을 내리다	Menjatuhkan vonis 믄자뚷깐 보니ㅅ
팔다 / 잘 팔리다	Menjual / terjual dengan baik 믄주알 / 뜨ㄹ주알 등안 바익
팔짱을 끼다	Bergandeng tangan 브간뎅안 땅안

팬티	Sabuk 시북	펜	Pena 페나
	Celana dalam 쫄라나 달람	펭귄	Penguin 뼁윈
퍼센트(%)	Persen 쁘ㄹ센	펴다	Membuka 믐부까
퍼트리다	Menyebarkan 믄예바ㄹ깐		Merebahkan 므르밯깐
펌프	Pompa 뽐빠	편리한	Nyaman 냐만
페인트	Cat 짯	편지	Surat 수랏
편안하다(마음)	Tenang 뜨낭	편지를 쓰다	Menulis surat 므눌리ㅅ 수랏
	Nyaman 냐만	편해지다	Menjadi nyaman 믄자디 냐만

퍼지다	Menyebar(contoh: rumor) 므녜바ㄹ(촌똥 : 루머ㄹ)
페이지 / 3 페이지	Halaman / 3 halaman 할라만 / 3할라만
편지를 기다리다	Menunggu surat 므눙구 수랏
편지를 보내다	Mengirim surat 믕이림 수랏

평가하다	Menilai 므닐라이	평방미터	Meter persegi 메뜨ㄹ 쁘ㄹ스기
평균기온	Suhu rata-rata 수후 라따-라따	평상시	Hari biasa 하리 비아사
평균의	Rata-rata 라따-라따	평일	Hari kerja 하리 끄ㄹ자
평등하다	Sama rata 사마 라따	평화	Kedamaian 끄다마이안
	Setara 스따라	폐(의학)	Paru-paru 빠루-빠루

편지를 우체통에 넣다.   Menaruh surat di kotak pos
므나룽 수랏 디 꼬딱 포ㅅ

편집국   Bureau(Departmen Editorial)
부라우(드빠ㄹ뜨멘 에디떠리알)

편집자   Penyunting, editor, redaktur
쁜윤띵, 에디떠ㄹ, 레닥뚜ㄹ

평(아파트)   Pyeong 3.3058m2 apartemen
평(아빠드뜨멘)

평상시에도 좀 늦는 편이다.
  Biasanya pun termasuk telat
비이사냐 뿐 뜨ㄹ미숙 뜰랏

평영(수영)   Renang gaya dada
르낭 가야 다다

폐를 끼치다	Merepotkan 므레뽓깐	포함하다	Termasuk 뜨ㄹ마숙
폐병	Tuberkulosis 뚜브ㄹ꿀로시ㅅ	폭(옷감)	Lebar 레바ㄹ
	Penyakit paru-paru 쁘냐낏 빠루-빠루	폭탄	Bom 봄
포기하다	Menyerah 므녜랗	폭포	Air terjun 아이ㄹ 뜨ㄹ준
포도	Anggur 앙구ㄹ	폴더(전산)	Folder 펄드ㄹ
포장하다	Membungkus 믐붕꾸ㅅ	폴란드	Polandia 뽈란디아
포크	Garpu 가ㄹ뿌	표	Tanda / Tiket 딴다 / 띠껫

폐가 되지 않는다면 — Jika tidak keberatan
지까 띠덕 끄브라딴

폐를 끼쳤네요. — Mengganggu(orang lain)
믕강구(오랑 라인)

Membuat(orang lain) tidak nyaman
믐부앗(오랑 라인) 띠딕 냐만

포기하지마 — Jangan menyerah
장안 므녜랗

포장해 주세요. — Tolong bungkuskan
똘롱 붕꾸ㅅ깐

표(설문)	Tabel 따벨	풀다	Mengurai 믕우라이
표시하다	Menandai 므난다이	품목	Daftar barang 닦따ㄹ 바랑
표준	Standar 스딴다ㄹ	품질	Kualitas 꽐리따ㅅ
표준어	Bahasa baku 바하사 바꾸	풍경	Pemandangan 쁘만당안
표현	Ekspresi 엑ㅅ쁘레시	풍부한	Kaya 까야
	Ungkapan 웅까빤		Berlimpah 브를림빠ㅎ
푸다	Keduk(Mengeduk) 끄둑(믕으둑)	풍습	Adat istiadat 아닷 이ㅅ띠아닷
	Sendok(Menyendok) 센덕(므녠덕)	프라이팬	Penggorengan 뻥고렝안
푹 자다	Tidur nyenyak 띠두ㄹ 녜냑	프랑스	Perancis 쁘란찌ㅅ
풀(사무용품)	Lem 렘	프랑스어	Bahasa Perancis 바하사 쁘란찌ㅅ

표 예약해 주실 수 있으세요?

Bisa tolong pesankan tiket?
비사 똘롱 쁘산깐 띠껫?

프런트데스크	Resepsion 레셒션	프린트지	Kertas print 끄르따ㅅ 쁘린
프로그래머	Programer 프로그래므ㄹ	피	Darah 다랑
프로듀서	Produser 프로두스ㄹ	피가 나다	Berdarah 브ㄹ다랑
프로세스(전산)	Proses 쁘로세ㅅ	피임약	Pil KB 필 까베
프로젝트	Proyek 쁘로역	피곤하다	Lelah 를랑
프로페셔널	Professional 프로페션알		Capek 짜뻭
프린터기	Alat printer 알랏 쁘린뜨ㄹ	피곤해도	Walaupun lelah 왈라우뿐 를랑

프로그래밍하다　　　　Melakukan pemrograman
물라꾸깐 프므로그라만

프로그램 계획시간표(TV)
Jadwal(rencana) program televisi
자돨(른차나) 프로그람 뗄레피시

플라스틱으로 만들다　　　Membuat dengan plastik
음부앗 쁠라ㅅ띡

플루트(피리)를 불다　　　Meniup seruling
므니웊 스룰링

피동	Pasif 빠싶	필수적이다	Penting 쁜띵
피망	Paprika 빠쁘리까		Dibutuhkan 디부뚷깐
피부	Kulit 꿀릿	핏기가 없다	Pucat 쁘짯
피우다	Menghisap 릉히샾	필요없다	Tidak perlu 띠닥 쁘ㄹ루
	Kolokan 꼴로깐	필요하다	Perlu 쁘ㄹ루
피하다	Menghindari 릉힌다리	필통	Kotak pensil 꼬딱 쁜실
핀란드	Finlandia 핀란디아	핑크색	Warna pink 와르나 삥

피곤할텐데	(mungkin) akan lelah (뭉낀) 아깐 를랗
피부가 하얗다	Kulitnya putih 꿀릿냐 뿌띻
핀을 꼽다	Memasang jepit rambut 므마상 쯔삣 람붓
필름을 현상하다	Mengembangkan film x 릉음방깐 필음 엑ㅅ

하늘	Langit 랑잇
하늘색	Warna(biru) langit 와ㄹ나(비루) 랑잇
하늘이 맑다	Langit cerah 랑잇 쯔랗
하얀색	Warna putih 와ㄹ나 뿌띻

하는 동안에 **Sementara itu** 스믄따라 이뚜

하는 척하다 **Berpura-pura** 브ㄹ뿌라-뿌라

하루종일 **Sepanjang hari** 스빤장 하리

하인 **bawahan, pembantu** 바와한, 쁨반뚜

하지만 **Tapi** 따삐

하루중에 **Di tengah hari** 디 뜽앟 하리

하고 싶다 **Ingin(melakukan)** 잉인 믈라꾸깐

하나도 이해 못하다.
Tidak bisa mengerti sama sekali
띠닥 비사 믕으ㄹ띠 사마 스깔리

하드(전산HDD) **Memori hard** 메모리 핱

하려고만 하면 뭘 못해 **Jika ada(keinginan / hasrat), tidak ada yang tidak bisa**
지까 아다(끄잉이난 / 하ㅅ랏), 띠닥 아다 양 띠닥 비사

하루만 묵어야겠어 **Sepertinya harus tinggal sehari**
스쁘ㄹ띠냐 하루ㅅ 띵갈 스하리

| 학과 | Jurusan
주루산 | 하마터면 | Nyaris
냐리ㅅ |
| 학교 | Sekolah
스꼴랗 | 학교가다 | Pergi ke sekolah
쁘ㄹ기 끄 스꼴랗 |

하루종일 내내 **Sepanjang hari** 스빤장 하리

하마터면 교통사고가 날뻔했다.
Nyaris terjadi kecelakaan 냐리ㅅ 뜨ㄹ자디 끄쯜라까안

하얀색 인가요? **Apakah berwarna putih?** 아빠까ㅎ 브ㄹ와ㄹ나 뿌띠ㅎ

하지만 지금 상황에선 이게 최선이야.
Tapi untuk situasi saat ini, inilah yang terbaik 따피 운뚝 시뚜아시 사앗 이니 이닐랗 양 뜨ㄹ바익

학과의 책임자 **Penanggung jawab jurusan** 쁘닝궁 자왑 주루산

Kepala jurusan 끄빨라 주루산

학교가지 않으면 **Jika tidak pergi ke sekolah** 지까 띠닥 쁘ㄹ기 끄 스꼴랗

학교마다 다르다 **Setiap sekolah berbeda** 스띠앞 스꼴랗 브ㄹ베다

학교에 지각하다 **Telat ke sekolah** 뜰랏 끄 스꼴랗

| 학기 | Semester 스메ㅅ뜨ㄹ | 학장 | dekan 데깐 |

학기   Semester / 스메ㅅ뜨ㄹ

학생   Siswa / 시솨

학습하다   Latihan / 라띠한

Belajar / 블라자ㄹ

학우   Teman sekolah / 뜨만 스꼴랑

학위   Jenjang pendidikan / 즌장 쁜디디깐

학장   dekan / 데깐

한가한   Luang / Lengang / 루앙 / 릉앙

Santai / 산따이

한걸음   Satu langkah / 사뚜 랑깡

한국   Korea / 꼬레아

한국 사람   Orang Korea / 오랑 꺼레아

한 개 남아 있어.   Satu lagi bersisa / 사뚜 라기 브ㄹ시사

한개 더 주세요.   Tolong berikan satu lagi / 똘롱 브리깐 사뚜 라기

한 개만 주세요   Tolong berikan satu saja / 똘롱 브리깐 사뚜 사자

한 개 얼마예요?(싼 것에 물을 때)   Harga satunya berapa? / 하르가 사뚜냐 브라빠?

한국과 비교해 보면   Jika dibandingkan dengan Korea / 지까 디반딩깐 등안 꼬레아

한국과 인도네시아는 좀 비슷해.
Korea dan Mongolia agak sedikit mirip
꺼레아 단 인도네시아 아각 스디깃 미맆

한국과 인도네시아의 관계가 갈수록 발전한다.
Hubungan Korea dan Indonesia
semakin berkembang
후붕안 꺼레아 단 인도네시아 스마낀 브ㄹ끔방

한국 국민 모두　　Seluruh warga Negara Korea
슬루룽와ㄹ가 느가라 꼬레아

한국 사람과 몽골 사람은 비슷해요.
Orang Korea mirip dengan orang Mongolia
오랑 꺼레아 미맆 등안 오랑 몽골리아

한국 사람이예요.　　Saya orang Korea
사야 오랑 꼬레아

한국사람은 성질이 급한 것으로 유명한데
Orang Korea terkenal dengan
sifatnya yang terburu-buru
오랑 꺼레아 뜨ㄹ끄날 등안 사팟냐 양 뜨ㄹ부루-부루

한국 선수들이 경기를 정말 잘해.
Atlet Korea bertanding dengan sangat baik
앗렛 꺼레아 브ㄹ딴딩 등안 상앗 바익

한국 스타중에 누가 제일 좋아요?
Diantara bintang Korea,
siapakah yang paling Anda sukai?
다인따라 빈땅 꺼레아, 시아빠깡 양 빨링 안다 수까이?

한국어를 잘 하시네요.
Anda ternyantai pandai berbahasa Korea
안다 끄르냐따 빤다이 브ㄹ바하사 꼬레아

한국어를 할 수 있어요?
Bisakah Anda berbicara bahasa Korea?
비사깧 안다 브ㄹ비차라 바하사 꼬레아?

한국에 가본적 있어요?
Apakah Anda pernah pergi ke Korea?
아빠깧 안다 쁘ㄹ낳 쁘ㄹ기 끄 꼬레아?

한국에는 겨울에 눈이 많이 온다
Di Korea salju turun sangat lebat di musim dingin
디 꼬레아 살주 뚜룬 상앗 르밧 디 무심 딩인

한국에 대해 어떻게 생각하세요?
Bagaimana pendapat Anda mengenai Korea?
바가이마나 쁜다팟 안다 믕으나이 꼬레아?

한국에서 굉장히 유명한 분이야.
Beliau sangat terkenal di Korea
블리아우 상앗 뜨ㄹ끄날 디 꼬레아

한국에서 왔어.
Saya datang dari Korea
사야 다땅 다리 꼬레아

한국영화만 좋아한다. Saya hanya suka film Korea
사야 하냐 므뉴까 필름 꼬레아

한국 음악 좀 들려줄까?
Ingin saya putarkan lagu Korea?
잉인 사야 뿌딸깐 리구 꺼레아?

한국제품	Produk Korea	한번더	Sekali lagi
	쁘로둑 꼬레아		스깔리 라기

한국적 방식

Dengan cara khas Korea
등안 차라 카ㅅ 꼬레아

한권만 사요.

Hanya membeli satu buku
하냐 음블리 사뚜 부꾸

한도를 늘리다

Memperbanyak / memperbesar limit
음쁘ㄹ바냑 / 음쁘ㄹ브사ㄹ 리밋

한번더 말씀 해 주세요.

Tolong bicara sekali lagi
똘롱 비짜라 스깔리 라기

한번도 미국에 가본적 없어.

Saya belum pernah pergi ke Amerika sekalipun
사야 블룸 쁘ㄹ낳 쁘ㄹ기 끄 아메리까 스깔리뿐

한번만 봐 주세요.

Tolong lihat / mengerti sekali ini saja
똘롱 리핫 / 믕으ㄹ띠 스깔리 이니 사자

한번 본 것 같아.

Sepertinya saya(melihat / bertemu) sekali
스쁘ㄹ띠냐 사야(믈리핫 / 브ㄹ뜨무) 스깔리

한번 해 보세요.

Silahkan coba
실랗깐 쪼바

한부 복사해 주실 수 있으세요?

Bisa tolong kopikan satu kopi saja ?
비사 똘롱 꺼피깐 사뚜 꺼피 사자?

| 한번 보세요. | Silahkan lihat
실랑깐 리핫 | 할아버지 | Kakek
까껙 |

한숨쉬다　Menarik nafas
　　　　　므나릭 나파ㅅ

할머니　Nenek
　　　　네넥

할인　Diskon
　　　디ㅅ꼰

Potongan harga
뽀똥안 하ㄹ가

한쪽편에 서다　Berdiri di satu sisi
　　　　　　　브ㄹ지리 디 사뚜 시시

한턱을 내다　Berbagi kebahagian
　　　　　　브ㄹ바기 끄바하기아안

할 가치가 있는　Yang patut dilakukan
　　　　　　　양 빠뜻 딜라꾸깐

할것이다　ada(pekerjaan / kegiatan)
　　　　　아다(쁘끄ㄹ자안 / 께기아딴)

할말이 없어 Tidak ada kata yang ingin dikatakan
　　　　　띠닥 아다 까따 양 잉인 디까따깐

Tidak bisa berkata apa-apa
띠닥 비사 브ㄹ까따 아빠 아빠

할아버지와 할머니　Kakek dan nenek
　　　　　　　　까껙 단 네넥

할 얘기가 뭔데요?
　　Cerita apa yang ingin kamu ceritakan?
　　쯔리따 아빠 양 잉인 까무 쯔리따깐

함께	Bersama 브ㄹ사마	합의하다	mufakat 무파깟
함께가다	Pergi bersama 쁘ㄹ기 브ㄹ사마	합치다	Menyatukan 믄냐뚜깐
합격했어요	Lulus 룰루ㅅ	항공	Bandar udara 반다라 우다라
합리적인	masuk akal 마숙 아깔	항공권	Tiket pesawat 띠껫 쁘사왓

할일이 없어

Tidak ada hal untuk dilakukan / Menganggur
띠닥 아다 할 운뚝 딜라꾸깐 / 멩앙구ㄹ

함께 일하는 친구

Teman kerja bersama
뜸만 끄ㄹ자 브ㄹ사마

함성을 지르다

bersorak-sorai
브ㄹ소락-소락

합성하다(사진)

Mengkomposisi
믕꼼뽀시시

합작경영

manajemen, administrasi
만나즈멘, 아드미니ㅅ뜨라시

합작을 하실 건가요?

Apakah akan membuka usaha?
아파깡 아깐 믐부까 우사하?

항공운송입니까?

Pos udarakah?
포ㅅ 우다라깡?

항공우편	Post udara 포ㅅ 우다라	해가 되다	Buruk 부룩
항구	pelabuhan 플라부한	해고되다	Dipecat 디프짯
항로	jalur pelayaran 잘루ㄹ 플라야란	해방	Bebas 베바ㅅ
항상	Selalu 슬랄루		Merdeka 므ㄹ데까
항생제	Antibitotik 안띠비오떡	해법	Solusi 솔루시
항의하다	protes 쁘로떼ㅅ	해변	Pantai 빤따이

항공회사   Maskapai penerbangan
마스까파이 쁘느ㄹ방안

항상 곁에 두세요.
Silahkan selalu simpan disamping
실랗깐 슬랄루 심빤 디삼삥

해결하다   Mengatasi / Menyelesaikan(masalah)
믕아따시 / 므넬르사이깐(마살랗)

해고하다   Mengundurkan diri
믕운두ㄹ깐 디리

해로   terusan yang berhubungan dengan laut
뜨루산 양 브ㄹ후붕안 등안 라웃

해산물	Hasil laut 하실 라웃	핸드폰	Telepon genggam 뜰르폰 긍감
해안	tepi laut 뜨삐 라웃	햇빛	Cahaya matahari 짜하야 마따하리
핵	inti , nuklir 인띠, 누클리ㄹ	행동	Tingkah laku 띵깔 라꾸
핵폭탄	bom nuklir 범 누클리ㄹ	행복	Kebahagiaan 끄바하기아안

해산하다 membubarkan, melikuidasi
음부바ㄹ깐, 블리뀌다시

해운 운송입니까? Pengiriman lautkah?
뿡이리만 라웃깔?

핸드폰 번호가 뭐예요? Berapakah nomor telepon Anda?
브라빠깔 노모ㄹ 뜰르폰 안다?

햇볕이 내리 쬐다 matahari bersinar sangat cerah
마따하리 브ㄹ시나ㄹ 상앗 쯔랗

햇볕이 따뜻하네 Sinar mataharinya hangat
시나ㄹ 마따하리냐 항앗

햇빛이 이글거리는 sinar matahari yang sangat terang
사나ㄹ 마따하리 양 상앗 뜨랑

행복하게 살아 Hidup dengan bahagia
히둡 등안 바하기아

행상하다	menjajakan	향기로운	Sedap baunya
	믄자자깐		스답 바우냐
행성	pedagang asongan	향상되다	kemajuan
	쁘다간 아성안		끄마주안
행운	Keberuntungan	향상시키다	Memajukan
	끄브룬뚱안		므마주깐
행정	administrasi	향수	Minyak wangi
	아드미니ㅅ뜨라시		미냑 왕이
향기	Aroma	허가서	lisensi
	아로마		리센시

행복하시고 장수하시기 바랍니다.
semoga bahagia dan panjang umur
스모가 바하기아 단 판장 우무ㄹ

행복해지다
Menjadi bahagia
믄자디 바하기아

행사가 열리다
Diselenggarakan festival
디슬릉가라깐 페ㅅ띠팔

향기가 좋은
Aromanya wangi
아로마냐 왕이

향수병에 걸리다
Terkena penyakit homesick
뜨ㄹ끄나 쁜냐낏 홈식

향이 참 좋네요.
Baunya sangat sedap
바우냐 상앗 스답

ㅎ

허락하다	Mengizinkan 믕이진깐	헬멧	Helm 헬름
허풍떨다	Membual 음부알	혀	Lidah 리닿
헐거운(옷)	Longgar 롱가ㄹ	혁명	revolusi 레폴루시
헤어지다	Berpisah 쁘ㄹ빠사ㅎ	혁신하다	berinovasi 블이노파시
	Bercerai 브ㄹ쯔라이	현상태	Kondisi terkini 꼰디시 뜨ㄹ끼니
헥타르	Hektar 헥따ㄹ	현금	Tunai 뚜나이

허락을 구하다	Mencari perizinan 믄차리 브리지난
허락하지 않다	Tidak diizinkan 띠닥 디이진깐
허리띠를 매다	Hidup dengan hemat 히둡 등안 헤맛
헌법	Undang-undang Dasar 운당-운당 다사ㄹ
헤어져야 하다	Harus berpisah / bercerai 하루ㅅ 바ㄹ피샇 / 브ㄹ쯔라이
헬멧을 쓰다	Memakai helm 므마까이 헬름

현대적인	modern 모데른	혈색	warna 와르나
현대화	modernisasi 무데르니사시	혈압	tekanan darah 뜨까난 다랗
현상	gejala 그잘라	현기증이 나는	saya pusing 사야 푸싱
현금자동지급기	ATM 아떼엠	현장에서	di tempat 디 뜸빳
현수막	spanduk 스빤둑	협력하다	Kerja sama 끄ㄹ자 사마

현금으로 지불하실 겁니까?

Apakah Anda akan membayar
dengan uang tunai?

아빠까ㅎ 안다 아깐 믐바야ㄹ 등안 우앙 뚜나이?

현금으로 하실 건가요? 카드로 하실 건가요?

Apakah anda akan membayar dengan
uang tunai? Ataukah dengan kartu?

아빠까ㅎ 안다 아깐 믐바야ㄹ 등안 우앙 뚜나이 아따우 등안 카ㄹ뚜?

현상하다

gejala, menawarkan hadiah
그잘라, 므나와ㄹ깐 하디앟

현장에서 걸리다

Terjebak di tempat
뜨ㄹ즈박 디 뜸빳

혈통

silsilah, asal keturunan
실실랗, 아살 뜨뚜루난

형, 오빠	Kakak	형제	Saudara
	까깍		사우다라
형벌	hukuman	형태	bentuk
	후꾸만		븐뚝
형부	ipar	호기심 있는	ingin tahu
	이빠ㄹ		잉인 따후
형수	Istri kakak laki-laki	호되다	keras, kasar
	이ㅅ뜨리 까깍 라끼-라끼		끄라ㅅ, 까사ㄹ
형성하다	Membentuk	호랑이	Harimau
	음븐뚝		하리마우
형식	Formal	호랑이띠	Shio Harimau
	포ㄹ말		시오 하리마우
형용사	kata sifat	호르몬	Hormon
	까따 시팟		호르몬

혈색이 좋다 Warna(rona) nya bagus
와ㄹ나(로나)냐 바구ㅅ

협정문 Persetujuan tertulis
쁘ㄹ스뚜주안 뜨ㄹ뚜리

협회 asosiasi, perkumpulan
아소시아시, 쁘ㄹ꿈뿔란

형과 누나
Kakak laki-laki dan Kakak perempuan
까깍 라끼-라끼 단 까깍 쁘름뿌안

호박	Labu 라부	호흡	pernapasan 쁘ㄹ나빠산
호박잎	Daun labu 다운 라부	호흡하다	bernafas 브ㄹ나빠ㅅ
호소하다	mengimbau 믕인바우	혹시	Senyampang 스냠빵
호수	Danau 다나우	혹은	Atau 아따우
호주	Australia 아우ㅅ뜨랄리아	혼동하다	membingungkan 믐빙웅깐
호텔	Hotel 호뗄	혼자	sendirian 슨디리안

호루라기를 불다

Meniup sempritan
므니웊 슴쁘리딴

혹시 내 열쇠 가지고 있어요?

Apakah anda membawa kunci saya?
아빠깧 안다 믐바와 꾼찌 사야?

혹시 바타 집인가요?

Apakah ini rumah dari batu bata ?
아빠깧 이니 루맣 다리 바뚜 바따?

혼자 시간 보내는 걸 좋아해.
Saya suka menghabiskan waktu saya sendiri
사야 수까 믕하비ㅅ깐 왁뚜 슨디리

혼합의	Berbaur 브ㄹ바우ㄹ	화면(전산)	layar 라야ㄹ
홍수	banjir 반지ㄹ	화보	majalah bergambar 마잘랗 브ㄹ감바ㄹ
홍수나다	Terjadi banjir 뜨ㄹ자디 반지ㄹ	화산	gunung berapi 구눙 브라삐
홍콩	Hongkong 홍꽁	화살	panah 빠낳
화가	Pelukis 쁠루끼ㅅ	화상	membakar 믐바까ㄹ
화나네	Marah 마랗	화요일	Selasa 슬라사
화나는	Yang marah 양 마랗	화원	pelukis 플루끼ㅅ

혼자 어떻게 하시려고요?
Bagaimana anda akan melakukannya sendiri?
바가이마나 안다 아깐 믈라꾸깐냐 슨디리?

홍보를 하다	Mempropaganda 믐쁘로빠간다
화랑	balai pameran lukisan 발라이 빠메란 루끼산
화장하다	menyusun, merias 믄유순, 므리아ㅅ

화장대	Meja rias 메자 리아ㅅ	확인하다	Mengkonfirmasi 응꼰피ㄹ마시
화장실	Toilet 또일렛	확정하다	Ketetapan 끄뜨따빤
화학	Kimia 끼미아	환경	Lingkungan 링꿍안
확대하다	memperbesar 믐쁘ㄹ브사ㄹ	환영하다	Menyambut 믄얌붓
확실히	Dengan pasti 등안 빠스띠	환율	Nilai tukar 닐라이 뚜까ㄹ
	Dengan yakin 등안 야낀		Kurs 꾸ㄹㅅ

화장실에 가다
Pergi ke toilet
쁘ㄹ기 끄 또일렛

화장실이 어디예요?
Dimanakah toiletnya?
디마나깔 또일렛냐?

화장품을 쓰다
Memakai kosmetik
므마까이 꼬ㅅ메띡

확대하실 필요는 없어요.
Tidak perlu membesar-besarkan
띠닥 쁘를루 믐브사ㄹ-브사ㄹ깐

환불하다
Menukarkan(mengembalikan)
barang dengan uang
므누까ㄹ깐(믕음발리깐) 바랑 등안 우앙

환자	Pasien 빠시엔	회담	pembicaraan, rapat 쁨비차라안, 라빳
환전하다	Menukar uang 므누까ㄹ 우앙	회비	iuran 이우란
황금	Keemasan 끄으마산	회계	Akuntansi 아꾼딴시
회 / 2회	Episode 에쁘소드	회사	Perusahaan 쁘루사하안

환율이 오늘 어떻게 되나요?

Bagaimana nilai tukar mata uang hari ini?
바가이마나 닐라이 뚜까ㄹ 마따 우앙 하리 이니?

환전 어디에서 해요?　　Dimana menukar uangnya?
디마나 므누까ㄹ 우앙냐?

활발하게 발전하다　　　Berkembang dengan baik
브ㄹ끔방 등안 바익

회사로 와　　　　　　　Datanglah ke kantor
다땅 랗 끄 깐또ㄹ

회사에 둔거 아니야? 회사에 가보자.

Tidakkah anda menaruhnya di Kantor,
bukan? Mari coba cek ke kantor
띠닥깧 안다 므나룿냐 디 깐또ㄹ, 부깐? 마리 쪼바 쪽 끄 깐또ㄹ?

회사에 바래다 주세요.

Tolong antarkan saya ke Kantor
똘롱 안따ㄹ깐 사야 끄 깐또ㄹ

회상하다	Memperingati 믐쁘링아띠	후회하다	Menyesali 믄예살리
회원	Anggota 앙고따	훈련하다	disiplin 디시플린
회의	Pertemuan 쁘ㄹ뜨무안	훈장	dekorasi 데꼬라시
회의에서	Di pertemuan 디 쁘ㄹ뜨무안	훌륭한	Gemilang 그밀랑
회화(대화)	Percakapan 쁘ㄹ짜까빤		Hebat 헤밧
횡단보도	Zebra Cross 제브라 끄로ㅅ	훔치다	Mencuri 믄쭈리
효도	Bakti 박띠	휘젓다	aduk, mengocok 아둑, 믕오쪽
후추	Lada / Merica 라다 / 므리짜	휘파람을 불다	Bersiul 브ㄹ시울

회사에 있어요   Berada di Kantor
브라다 디 깐또ㄹ

회의하러 가다 Pergi untuk menghadiri pertemuan
쁘ㄹ기 운뚝 믕하디리 쁘ㄹ뜨무안

효과   Efek / Kemujaraban
에펙 / 끄무자라반

흘리지마   Jangan sampai tumpah
장안 삼빠이 뚬빠ㅎ

휴가를 가다	Pergi berlibur 쁘ㄹ기 브를리부ㄹ	흑맥주	Bir hitam 비ㄹ 히땀
휴식	Istirahat 이ㅅ띠라핫	흑백사진	Foto hitam putih 포또 히땀 뿌띠
휴일	Hari libur 하리 리부ㄹ	흑인	Orang negro 오랑 네그로
휴지(두루마리)	tisyu 띠수	흔적	bukti 북띠
휴학하다	Cuti kuliah 쭈띠 꿀리앟	흔하지않다	Tidak umum 띠닥 우뭄
흉내내다	Meniru 므니루	흔한 음식	makanan umum 마까난 우뭄
흉년	Tahun yang buruk 따훈 양 부룩	흘리다	Mengalirkan 믕아리ㄹ깐
흐르다(유동)	Mengalir 믕알리ㄹ		Teralir 뜰알리ㄹ
흐르다(시간)	Berlalu 브를랄루	흠없는	Tidak ada cacat 띠닥 아다 차찻
	Berjalan 브ㄹ잘란	흡입하다	menghirup 믕히룹
흐리다(날씨)	Mendung 믄둥	흥분하다	Beremosi 블에모시
흐린	Mendung 믄둥		Sangat bersemangat 쌍앗 브ㄹ스망앗

흥정하다	tawar-menawar 따와ㄹ 므나와ㄹ	힘(능력)	Kekuatan 끄꾸아딴
희귀한	langka, jarang 랑까, 자랑	힘(물리)	daya 다야
희극	komedi 꼬메디	힘(체력)	tenaga 뜨나가
희망	Harapan 하라빤	힘내	Semangat 스망앗
희생하다	mengorbankan 믕오ㄹ반깐	힘드네.	Berat ternyata 브랏 뜨르냐따
희생자	korban 꼬ㄹ반	힘든	Berat 브랏
흰우유	Susu putih 수수 뿌띠		Sulit 술릿
흰피부	Kulit putih 꿀릿 뿌띠	tv드라마	Drama Televisi 드라마 뗄레피시

희망이 없다　　　Tidak ada harapan
띠닥 아다 하라빤

힘들어 죽겠네.　　Benar-benar berat / sulit
브나ㄹ-브나ㄹ 브랏 / 술릿

CD를굽다　　　Memburning CD
믐브ㄹ닝 시디

pc방　　　Warnet(Warung Internet)
와ㄹ넷(와룽 인뜨ㄹ넷)

USB를 꼽다
Mencolokkan USB
믄촐로깐 유에ㅅ비

Mem-plug in USB
믐쁠라그 인 유에ㅅ비

mp3 플레이어
Pemutar MP3
쁘무따ㄹ 엠피뜨리

부 록

숫 자

숫자	angka 앙까	9	sembilan 슴빌란
0	nol 놀	10	sepuluh 스뿔루ㅎ
1	satu 싸뚜	20	duapuluh 두아 풀루ㅎ
2	dua 두아	30	tiga puluh 띠가 뿔루ㅎ
3	tiga 띠가	40	empat puluh 음빳 뿔루ㅎ
4	empat 음빳	50	lima puluh 리마 뿔루ㅎ
5	lima 리마	60	enam puluh 으남 뿔루ㅎ
6	enam 으남	70	tujuh puluh 뚜주ㅎ 뿔루ㅎ
7	tujuh 뚜주ㅎ	80	delapan puluh 들라빤 뿔루ㅎ
8	delapan 들라빤	90	sembilan puluh 슴빌란 뿔루ㅎ

100	**seratus** 스라뚜ㅅ
천(1000)	**seribu** 스리부
만(10000)	**sepuluh ribu** 스뿔루ㅎ 리부
십만(100,000)	**seratus ribu** 스라뚜ㅅ 리부
백만(1,000,000)	**satu juta** 사뚜 주따
십억(1,000,000,000)	**satu milyar** 사뚜 밀야르

시 간

시간	jam / waktu 잠 / 왁뚜	초	detik 드띡
시	jam 잠	반	setengah 스뜽아ㅎ
분	menit 므닛		

오전 7시		jam tujuh pagi / pukul tujuh pagi 잠 뚜주ㅎ 빠기 / 뿌꿀 뚜주ㅎ 빠기
오후 3시		jam tiga siang / pukul tiga siang 잠 띠가 시앙 / 뿌꿀띠가 시앙
3시 10분		jam tiga lebih sepuluh 잠 띠가 르비ㅎ 스뿔루ㅎ
3시 10분전		jam tiga kurang sepuluh 잠 띠가 꾸랑 스뿔루ㅎ
3시반		jam setengah empat 잠 스뜽아ㅎ 음빳
정각3시		Jam tiga tepat 잠 띠가 뜨빳

요 일

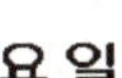

요일	hari 하리	목요일	hari Kamis 하리 까미스
월요일	hari Senin 하리 스닌	금요일	hari Jumat 하리 줌앗
화요일	hari Selasa 하리 슬라사	토요일	hari Sabtu 하리 삽뚜
수요일	hari Rabu 하리 라부	일요일	hari Minggu 하리 밍구

부록

월

월	**bulan** 불란	칠월	**Juli** 줄리
일월	**Januari** 자누아리	팔월	**Agustus** 아구ㅅ뚜ㅅ
이월	**Februari** 페브루아리	구월	**September** 셒뗌버
삼월	**Maret** 마릇	시월	**Oktober** 옥또브ㄹ
사월	**April** 앞쁘릴	십일월	**November** 노벰브ㄹ
오월	**Mei** 메이	십이월	**Desember** 데셈브ㄹ
유월	**Juni** 주니		

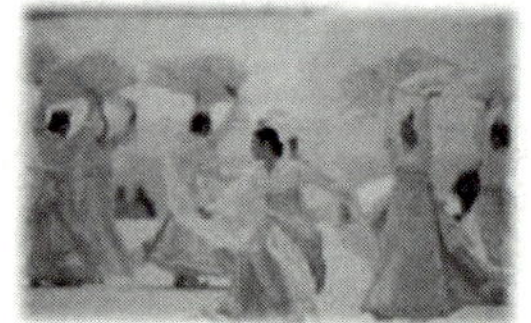

호칭

할아버지	kakek 까껙	당신	anda 안다
할머니	nenek 네넥	너	kamu 까무
아저씨	Bapak / Om 바빡 / 옴	나	aku 아꾸
누나,언니	mbak / kakak 음박 / 까깍	동생	adik 아딕
아가씨 / 3인칭	gadis 가디ㅅ		

형,오빠	mas / abang / kakak 마ㅅ / 아방 / 까깍
손자, 나이 많이 어린 사람	cucu 쭈쭈

가족관계

할아버지	kakek 까껰	부인	istri 이스트리
할머니	nenek 네넥	남편	suami 수아미
엄마	ibu 이부	아들	anak laki-laki 아낙 라끼-라끼
아빠	bapak / ayah 바빡 / 아야흐	손녀	cucu perempuan 쭈쭈 쁘름뿌안

가족관계 pertalian keluarga / hubungan keluarga
프ㄹ딸리안 끌루아ㄹ가 / 후붕안 끌루아ㄹ가

언니, 누나	kakak perempuan 까깍 쁘름뿌안
오빠, 형	kakak laki-laki 까깍 라끼-라끼
여동생	kakak perempuan 까깍 쁘름뿌안
남동생	adik laki-laki 아딕 라끼 라끼
딸	anak perempuan 아낙 쁘름뿌안

손자	cucu laki-laki 쭈쭈 라끼 라끼	고모	bibi 비비
사위	menantu 므난뚜	이모	bibi 비비
며느리		menantu perempuan 므난뚜 쁘름뿌안	

간단한 감탄사

네	ya 야	아니요	Tidak 띠닥
응	Hm 흠	안돼요	Tidak boleh 띠닥 볼레ㅎ
어!(놀람)	Wah 와ㅎ	아이구!	Ya ampun 야 암뿐
오, 와(감탄)	Waaah 와아ㅎ	맞아요	betul / benar 브뚤 / 브나ㄹ
쟤(말을 시작할 때)	Yah! 야-ㅎ	됩니다	bisa 비사

간단한 감탄사 — Ekspresi Sederhana
엑스프레시 스드르하나

이럴수가, 맙소사 — Ya ampun, astaga
야 암뿐, 아스타가

그래? 그래 — Oh begitu?benarkah?Oh begitu
오 브기뚜? 브나ㄹ까ㅎ? 오 브기뚜

됐어 — Sudah! / Tidak apa-apa
수다ㅎ! / 띠닥 아빠 아빠

어때? — Bagaimana?bagaimanakah menurutmu?
바가이마나? 바가이마나까ㅎ 므누룻무?

좋지?   Bagus ya / Bagus kan?
바구ㅅ 야 / 바구ㅅ 깐

좋아   suka / ide bagus itu / bolehlah
수까 / 이데 바구ㅅ 이뚜 / 볼레
흐라흐

농담이야   hanya bercanda / guyon / gurauan
한야 브ㄹ짠다 / 구온 / 구라우안

믿을 수 없어   tidak bisa dipercayai
띠닥 비싸 디쁘ㄹ짜야이

감정표현

감정표현	**Ekspresi** 엑스쁘레시
피곤해	**letih / capai** 르띠ㅎ / 짜빠이
우울해	**depresi / stres** 데프레시 / 스트레스
짜증나	**sebal / jengkel** 스발 / 젱껠
졸려	**mengantuk** 믕안뚝
춥네	**dingin** 당인
활짝 웃어	**tersenyum lebar** 뜨ㄹ슨윰 레바ㄹ
부끄러워	**malu-malu** 말루-말루
화나	**marah** 마라ㅎ
울지마	**jangan menangis** 장안 므낭이ㅅ
무서워	**takut** 따꿋
힘내	**semangat ya** 스망앗 야
즐거워	**bergembira / bersenang-senang** 브르금비라 / 브르스낭 스낭
웃기네	**lucu / tidak masuk akal** 루쭈 / 띠닥 마숙 아깔
걱정하지마	**jangan kuatir / jangan khawatir** 장안 꾸아띠ㄹ / 장안 카와띠ㄹ
신경쓰지마	**jangan pedulikan** 장안 쁘둘리깐

실망이야　　kecewa saya
　　　　　끄쩨와 사야

포기하지마　　　　　　　　jangan menyerah
　　　　　　　　　　장안 믄예라ㅎ

최선을 다해
　lakukan sebisanya / lakukan yang terbaik
　　라꾸깐 스비사냐 / 라꾸깐 양 뜨ㄹ바익

택시에서	di taksi 디 탁시		왼쪽	kiri 끼리
운전사	pengemudi / supir 뺑으무디 / 수뻬ㄹ		정면	depan 드빤
기본요금	ongkos dasar 옹꼬ㅅ 다사ㄹ		길 건너편	seberang jalan 스브랑 잘란
좌회전하다	belok kiri 벨록 까라		직진하다	lurus 루루ㅅ
우회전하다	belok kanan 벨록 까난		되돌아가다	putar balik 뿌따ㄹ 발릭
오른쪽	kanan 까난			

한국 대사관으로 가주세요

Tolong ke kedutaan Korea
똘롱 끄 끄두따안 코레요

계속 똑바로 직진하다

Terus lurus saja
뜨루ㅅ 루루ㅅ 사자

300m 정도 직진하다

Terus lurus kira-kira 300 m
뜨루ㅅ 루루ㅅ 끼라-끼라 300m

다리를 건너다　　　　　　　menyeberangi jalan
　　　　　　　　　　　　　　므네브랑이 잘란

에어컨 켜주세요　　　　　　Tolong nyalakan AC
　　　　　　　　　　　　　　똘롱 냘라깐 아쩨

창문 닫아 주세요　　　　　　Tolong tutup jendela
　　　　　　　　　　　　　　똘롱 뚜뚭 젠델라

왼쪽으로 돌지마세요.　　　　Jangan belok kiri
　　　　　　　　　　　　　　장안 벨록 끼리

이쪽이 걸럼트 타워 가는 길 맞나요?
　　　Apa betul ini jalan menuju Golomt Tower?
　　　　　　아빠 브뚤 이니 잘란 므누주 걸럼트 타워?

맞는 길로 가고 있나요?　　Apakah arah kita benar?
　　　　　　　　　　　　　　아빠까ㅎ 아라ㅎ 끼따 브나ㄹ?

길끝 사거리까지 가세요.
　　　　　　Terus jalan sampai ke perempatan
　　　　　　　　뜨루ㅅ 잘란 삼파이 끄 쁘름빠딴

여기서 세워주세요　　　　　Tolong berhenti disini
　　　　　　　　　　　　　　똘롱 브ㄹ흔띠 디시니

거스름돈 주세요.　　　　　　Tolong uang kembaliannya
　　　　　　　　　　　　　　똘롱 우앙 끔발리안냐

거스름돈이 틀려요　　　　　Uang kembaliannya salah
　　　　　　　　　　　　　　우앙 끔발리안냐 사라ㅎ

부록

쇼핑하기

쇼핑하기	berbelanja 브ㄹ블란자	거스름돈	uang kembalian 우앙 끔발리안
지불하다	membayar 믐바야르	봉지	tas 따ㅅ
현금	uang kas 우앙 까ㅅ	보증기간	masa garansi 마사 가란시

어디서 살 수 있어요?　　Dimana bisa beli?
디마나 비사 블리?

그냥 구경하는 거예요.　　Hanya melihat-lihat
한냐 믈리핫-리핫

어느 나라 제품 이예요?　　Produk negara mana ini?
쁘로둑 느가라 마나 이니?

더 작은 것은 없나요?　　Ada ukuran lebih kecil?
아다 우꾸란 르비ㅎ 끄칠?

다른 색도 있어요?　　Ada warna lain?
아다 와르나 아린?

더 큰것은 없나요?　　Ada ukuran lebih besar?
아다 우꾸란 르비ㅎ 브사ㄹ?

좀 더 싼 것이 있어요?　　Ada yang lebih murah?
아다 양 르비ㅎ 무라ㅎ?

어때? 예뻐?

Gimana?Cantik?
기마나?짠떡?

안 어울려. 사지마.

Jangan beli, tidak cocok
장안 블리, 띠닥 쪼쪽

한개만 주세요.

Tolong satu saja.
똘롱 사뚜 사자.

한개 더 주세요.

Tolong satu lagi
똘롱 사뚜 라기

모두 얼마예요

Semua jadinya berapa?
스무아 자디냐 브라빠?

얼마예요?

Berapa harganya?
브라빠 하ㄹ가냐

비싸요, 좀 깎아주세요.

Mahal tolong kurangin sedikit harganya
마할 또롱 꾸랑인 스디낏 하ㅎ가냐

거스름돈 주세요.

Tolong uang kembaliannya
똘롱 우앙 끔발리안냐

색

색	**warna** 와르나	갈색	**coklat** 초크랏
빨간색	**merah** 메라ㅎ	분홍색	**merah muda** 매라ㅎ 무다
파란색	**biru** 비루	초록색	**hijau** 히자우
노란색	**kuning** 꾸낭	보라색	**ungu** 웅우
검은색	**hitam** 히땀	하늘색	**biru muda** 비루 무다
하얀색	**putih** 뿌띠ㅎ		

음식점

음식점	restoran 레스또란	다 먹다	sudah makan 수다ㅎ 마깐
전문	pesanan 쁘사난	마시다	minum 미눔
가격	harga 하ㄹ가	계산하다	membayar 음바야르
서빙하다	melayani 믈라야니	배고프다	lapar 라빠ㄹ
메뉴판	daftar menu 다프타 메뉴	배부르다	kenyang 그양
인분	satu porsi 싸뚜 뽀ㄹ시	오프너	pembuka botol 쁨부까 보똘
종업원	pelayan 쁠라얀	젓가락	sumpit 숨삣
먹다	makan 마깐	숟가락	sendok 센독
영수증	bon 본	포크	garpu 가ㄹ뿌

음식을 주문하다   memesan makanan
므므산 마까난

부록

나이프	pisau 삐사우	짜다	asin 아신
티슈	tisu 티슈	싱겁다	tidak ada rasa 띠닥 아다 라사
재떨이	asbak 아스박	쓰다	pahit 빠힛
냅킨	serbet 스ㄹ벳	맵다	pedas 쁘다ㅅ
얼음	es batu 에스 바뚜	뜨겁다	panas 빠나ㅅ
맛	rasa 라사	맛있다	enak 에낙
느끼하다	berminyak 브ㄹ민약	맛없다	tidak enak 띠닥 에낙
시다	asam 아삼	달다	manis 마니ㅅ
이쑤시개	tusuk gigi 뚜숙 기기	신선하다	segar 스가ㄹ
간이 적당하다	rasanya pas 라사냐 빠ㅅ	입맛에 맞다	rasanya cocok 라사냐 쪼쪽

탄내가 나다 ada bau sesuatu yang terbakar
아다 바우 스수아뚜 양 뜨ㄹ바까ㄹ

달면서 맛있다 manis dan enak
마니ㅅ 단 에낙

간장	kecap 께짭	된장	miso 미소
소금	garam 가람	설탕	gula 굴라
향기가 좋다	harum 하룸	식초	cuka 쪼까
비린내가 나다	bau amis 바우 아미ㅅ		

야채, 과일

야채 과일	sayur, buah 사유ㄹ, 부아ㅎ	파인애플	nenas, nanas 느나ㅅ, 나나ㅅ
감자	kentang 끈땅	고추	cabe 짜베
양배추	kubis 꾸비ㅅ	부추	bawang prei 바왕 프레이
당근	wortel 워르뜰	상추	selada 셀라다
양파	bawang bombay 바왕 봄바이	피망	paprika 파페리까
배추	kubis cina 꾸비ㅅ 찌나	고구마	ketela, ubi 끄뗄라, 우비
마늘	bawang putih 바왕 뿌띠ㅎ	사과	apel 아쁠
생강	jahe 자헤	배	pir 삐ㄹ
버섯	jamur 자무ㄹ	토마토	tomat 또맛
복숭아	persik 뻬ㄹ식	귤	jeruk 즈룩

| 바나나 | pisang | 수박 | semangka |
| 포도 | anggur | 딸기 | stroberi |

바나나   pisang   삐상   수박   semangka   스망까

포도   anggur   앙구ㄹ   딸기   stroberi   스트로베리

음식 고르기

음식 고르기

memilih makanan
므밀리ㅎ 마까난

인도네시아 요리가 아주 맛있다고 들었어.
Saya dengar masakan Indonesia sangat lezat
사야 등아ㄹ 마사깐 인도네시아 상앗 르잣

뭘 제일 좋아하세요?
Kamu paling suka apa?
까무 빨링 수까 아빠?

사떼를 제일 좋아해요
Saya paling suka sate
사야 빨링 수까 싸떼

음식을 골라보세요.
Silahkan pilih masakannya.
시라ㅎ깐 빨리ㅎ 마사깐냐

골라주세요.
Tolong pilihkan
똘롱 빨리ㅎ깐

내건 내가 고를 거야.
Saya yang akan pilih
사야 양 아깐 빨리ㅎ

뭐 드시겠어요?
Mau pesan apa?
마우 쁘산 아빠?

언니가 저녁 산다고 했잖아요
Kakak(perempuan) bilang kalau akan mentraktir makan malam
까깍(쁘름뿌안) 빌랑 깔라우 아깐 믄트락띠ㄹ 마깐 말람

오늘은 내가 한 턱 낼게요   Saya yang traktir hari ini
사야 양 트락띠ㄹ 하리 이니

인도네시아 식당 메뉴 보기
Melihat menu restoran Indonesia
믈리핫 메뉴 레ㅅ또란 인도네시아

볶음 밥   Nasi Goreng
나시 고랭

밥에 여러 가지 반찬이 진열되는   Nasi Campur
나시 짬뿌르

나시고랭과 재료만 밥에서 면으로 만들다   Mie Goreng
미 고랭

미 고랭 처럼 하지만 면이 조금 다르다   Bihun Goreng
비훈 고랭

밥에 국물과 닭고기 섞은 음식   Soto Ayam
소또 아얌

소고기 장조림에 밥   Nasi Rawon
나시 라온

찐달걀 튀김 오리 고추 등을 넣은 간장소스와 같이 먹는다
Pempek
음뻬음뻬

인도네시아식의 샐러드
(야채에 달달한 고소한 땅콩소스를 뿌리다)   Gado gado
가도 가도

디저	makanan penutup	단 차	teh manis
	마까난 쁘누뚭		테ㅎ 마니ㅅ
아이스크림	es krim	설탕 없는 차	teh tawar
	에스 그림		테ㅎ 따와ㄹ
케이크	kue tart	따뜻한 차	teh hangat
	꾸에 따ㄹ트		테ㅎ 항앗
커피	kopi	녹차	teh hijau
	커피		테ㅎ 히자우

고기완자 만두피 감자 퇴긴 두부 등 섞여서 땅콩소스가 뿌려져 있다

Siomay
쇼마이

밥에 숙주나물 데친 양배추나 배추 당근 등 맬콤한 땅콩소스을 뿌리다

Nasi Pecel
나시 쁘쫄

과일에 달콤한 소스가 뿌리다

Rujak Cingur
루작 찐꼬르

고기를 또치에 뀌어 숯불에 구워먹는 음식. 닭 돼지 염소 등 다양한 고기가 재료로 사용된다

Sate
사테

인도네시아식 새우 춘권

Udang Lumpia
우당 룸피아

인도네시아 전통 닭튀김

Ayam Goreng
아얌 고랭

인도네시아 전통 아메리카노　　　　**Kopi hitam**
커삐 히땀

인도네시아 빳핑수　　　　**es campur**
에ㅅ 참뿌ㄹ

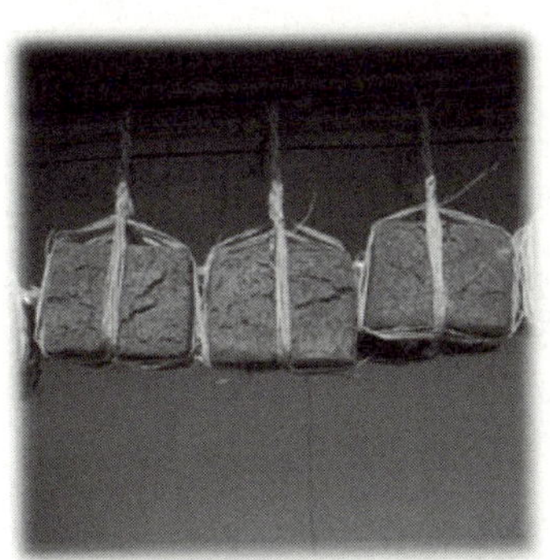

식사하기

| 식사하기 | **Mau sarapan**
마우 사라판 | 드시죠 | **Mari makan**
마리 마깐 |

입맛에 맞으실지 모르겠어요.

Saya tidak tahu apakah rasanya cocok untuk anda

사야 띠닥 따후 아빠까ㅎ 라사냐 쪼쪽 운둑 안다

맛있겠다.

Wah kelihatannya enak

와 껠리하딴냐 으낙

맛있게 먹어.

Makan yang banyak ya

마깐 양 반약 야

뜨거운 물 조금만 더 주세요.

Tuangkan air panasnya sedikit lagi

뚜앙깐 아이ㄹ 빤나ㅅ냐 스디낏 라기

물 더 주세요

Tolong tambah air

똘롱 땀바ㅎ 아이ㄹ

서비스가 엉망이다

Pelayanannya buruk

쁠라야난냐 부룩

주인이 없으니까 서비스가 엉망이네.

Karena pemilik restorannya tidak ada, pelayanannya menjadi buruk

까르나 쁘밀릭 레스또란냐 띠닥 아다 쁠라야난야 믄자디 부룩

맛보세요　Coba makan　　맛있어?　Apa enak?
쪼바 마깐　　　　　　　아빠 에낙?

너무 배불러　　sangat kenyang
상앗 끈냥

다 먹었어요.　sudah saya habiskan semua
수다ㅎ 사야 하비스깐 스무아

다 먹어.　Sudah aku makan semua
수다ㅎ 아꾸 마깐 스무아

계산해 주세요　Saya mau bayar.
사야 마우 바야ㄹ

이걸 뭐라고 불러요?　Apa nama masakan ini?
아빠 나마 마사깐 이니?

이거 전통 음식이예요
Ini makanan khas / Ini makanan tradisional
이니 마까난 카ㅅ / 이니 마까난 뜨라디시오날

음식 괜찮죠?　Bagaimana makanannya?
바가이마나 마까난냐?

다이어트 하세요?　Apa kamu sedang diet?
아빠 까무 스당 디엣

어떻게 먹는 거예요?　Bagaimana makan ini?
바가이마나 마깐 이니?

뭐 더 마실래요?　Mau tambah minuman apa?
마우 땀바ㅎ 미눔만 아빠?

저 취했어요.   Saya mabuk
사야 마북

술 도수가 높아요.   Kadar alkoholnya tinggi
까다ㄹ 일코홀냐 띵기

술 잘하시네요.   Wah anda pintar minum ya
와 안다 삔따ㄹ 미눔 야

계산하기

계산하기	**Membayar** 믐바얄	싸 주세요.	**Tolong belikan** 똘롱 블리깐
돈 여기 있어요	**Ini uangnya** 이니 우앙냐		

내가 저녁 산다고 했잖아.

Saya kan sudah bilang kalau saya akan mentraktir makan malam Anda

사야 깐 수다ㅎ 빌랑 깔라우 사야 아깐 믐뜨락티ㄹ 마깐 말람 안다

더치페이해도 될까요?

Bagaimana kalau dutch pay?

바가이마나 깔라우 더치 뻬이?

계산이 잘못됐어요.

Ini bonnya salah

이니 본냐 살라ㅎ

영수증 좀 주세요.

Tolong bonnya

똘롱 본냐

감사합니다. 아줌마.

Terimakasih, Ibu

뜨리마까시ㅎ 이부

사무실

사무실	kantor 깐또ㄹ	수첩	buku tulis 부꾸 뚤리ㅅ
파일	file 파일	클립	klip 클맆
지우개	penghapus 쁭하푸ㅅ	자	penggaris 쁭가리ㅅ
테이프	isolasi 이솔라시	칼	silet / carter 실렛 / 카ㄹ터ㄹ
계산기	kalkulator 깔꿀라토ㄹ	가위	gunting 군띵
볼펜	bolpen 볼펜	전화기	Telepon 뜰레폰
봉투	amplop 암쁠롶	팩스	faks 펙ㅅ
스탬플러	stapler 스뗖프ㄹ	모니터	monitor, layar 모니토, 라야ㄹ

칼라프린터기	printer berwarna 프린트ㄹ 브ㄹ와ㄹ나
디지털 카메라	digital kamera 디지털 카메라

컴퓨터	komputer 컴뿌트ㄹ	프린터 잉크	tinta printer 틴따 프린터
프린터기	printer 프린트ㄹ	마우스	mouse 마우ㅅ
스피커	speaker 스피크ㄹ	공시하다	mereklamekan 므레클라므깐
노트북	notebook 놋북	외장	membungkus 음붕꾸ㅅ
USB	flashdish 프레ㅅ 디ㅅ	바이러스	virus 비루ㅅ
데스크톱	dekstop 데스크톱	보험	Asuransi 아수란시

컴퓨터활용   komputer bekas
컴푸트ㄹ 브까ㅅ

USB를 꼽다.   Memasang USB
므마상 유에ㅅ비

CD를 굽다   menginstal CD
믕인스탈 찌디

바이러스에 감염되다.   Terkena virus
뜨ㄹ끄나 비루ㅅ

종이가 기계에 걸리다.
Kertasnya tersangkut di mesin
끄ㄹ따ㅅ냐 뜨ㄹ상꿋 디 므신

출장	Dinas kerja 디나ㅅ 끄ㄹ자	계약서	Surat kontrak 수라ㅅ 꼰뜨락
인턴십	Kerja magang 끄ㄹ자 마강	현금	Uang tunai 우앙 뚜나이
계약서	Kontrak 꼰뜨락	사장	direktur / bos 디렉뚜르 / 보ㅅ

마우스 오른쪽 클릭하다.   Klik kanan mouse
클릭 깐난 마우ㅅ

프로그램을 설치하다.   Memasang program
므마상 쁘ㄹ그람

아르바이트   Kerja sambilan
끄ㄹ자 삼빌란

인터넷이 죽었어.   Tidak ada akses internet
띠닥 아다 악세ㅅ 인뜨ㄹ넷

바이러스 걸린것 같아   Sepertinya terkena virus
스프ㄹ띠냐 뜨ㄹ끄나 비루ㅅ

왜 이렇게 느린거야.!!!   Kenapa begini lambat!!!
끄나빠 브기니 람밧!!!

기계 고장 난 것 같아요. 한번 봐 주실래요?   Sepertinya mesinnya rusak, bisa tolong diperiksa?
스쁘ㄹ띠냐 므신냐 루삭, 비라 똘롱 디프릭사?

복사할 줄 알아요   Saya tahu cara memfotokopi
사야 따후 짜라 음포또코피

대표	perwakilan 쁘ㄹ와낄란	월급날	hari gajian 하리 가지안
직원	pegawai 쁘가와이	월급	gaji 가지
공장 노동자	buruh pabrik 부루ㅎ 빠브릭	회의	rapat 라빳
보고서	laporan 라뽀란	열쇠	kunci 꾼찌

한 부 복사해 주실 수 있으세요?
Bisa fotokopikan sekali saja
비사 포또코피깐 스깔리 사자

통역하다 **menterjermahkan(secara lisan)**
믄뜨쯔마ㅎ깐(스짜라 리산)

점심시간 **jam makan siang**
잠 마깐 시앙

출근시간 **jam masuk kerja**
잠 마숙 끄ㄹ자

퇴근시간 **jam pulang kerja**
잠 뿔랑 끄ㄹ자

공휴일 **tanggal merah / hari raya / hari libur**
땅갈 메라ㅎ / 하리 라야 / 하리 리부ㄹ

휴일 **hari libur / tanggal merah**
하리 리부ㄹ / 땅갈 메라ㅎ

자물쇠	gembok	한국적 방식	cara Korea
	금복		짜라 코레아
명함	kartu nama	고용하다	memperkerjakan
	까ㄹ뚜 나마		음쁘ㄹ끄ㄹ자깐
뽑다.	memperkerjakan		
	음쁘ㄹ끄ㄹ자깐		

월급날이 오다.
Hari gajian telah tiba
하리 가지안 뜰라ㅎ 띠바

비서를 뽑다.
Memperkerjakan sekretaris
음쁘ㄹ끄ㄹ자깐 스끄따리ㅅ

이리와 봐. 할 말이 있어.
Kemarilah ada yang mau saya bicarakan
끄마리라ㅎ 아다 양 마우 사야 비짜라깐

영어 할 수 있어요?
Bisa berbahasa Inggris?
비사 브ㄹ바하사 잉그리ㅅ?

한국어를 할 수 있어요?
Bisa berbahasa Korea?
비사 브ㄹ바하사 코레아?

좀 빨리 할 순 없나?
Bisa lebih cepat(dengan suara tinggi)
비사 르비ㅎ 쯔빳

한국어를 인도네시아어로 번역하다.
Menterjermahkan dari bahasa
Korea ke bahasa Indonesia
믄뜨ㄹ제ㄹ마ㅎ깐 다리 바하사 코레아 끄 바하사 인도네시아

해고되다. **Memberhentikan / memecat**
음브ㄹ흔띠깐 / 므므짯

월세를 내다. **Memberikan kunci**
음브라낀 꾼찌

차(음료) 준비됐어요? **Sudah mempersiapkan teh?**
수다ㅎ 음쁘ㄹ시앞깐 뗑

볼펜 좀 주시겠습니까 **Tolong ambilkan bulpen**
똘롱 암빌깐 불뻰

학 교

학교	sekolah 스콜라ㅎ	학교장	Kepala sekolah 끄빨라 스꼴라ㅎ
대학교	universitas 우니베ㄹ씨따ㅅ	석사	S2 에ㅅ 두아
일학년	kelas 1 끌라ㅅ 사뚜	박사	S3 에ㅅ 띠가
이학년	kelas 2 끌라ㅅ 두아	교사	pengajar 뼁아자ㄹ
삼학년	kelas 3 끌가ㅅ 띠가	강사	pengajar 뼁아자ㄹ
사학년	kelas 4 끌라ㅅ 음빳	교수	dosen 도센

유치원	taman kanak-kanak 따만 까낙 까낙
초등학교	sekolah dasar(SD) 스콜라ㅎ 다사ㅎ(에ㅅ데)
중학	Sekolah Menengah Pertama / SMP 스콜라ㅎ 므능아ㅎ 프ㄹ따마 / 에ㅅ음페
고등학교	Sekolah Menengah Atas / SMA 스콜라ㅎ 므능아ㅎ 아따ㅅ / 에ㅅ음아

전문대학 perguruan tinggi
쁘ㄹ구루안 띵기

대학원　　　　　　　　　Fakultas Pascasarjana
파꿀따ㅅ 빠ㅅ카사ㄹ자나

대학원에서 공부중인
sedang belajar di fakultas pascasarjana
스당 블라자ㄹ 디 파꿀따ㅅ 빠ㅅ카사ㄹ자나

인도네시아는 어때요?

인도네시아 어때요?

Bagaimana menurutmu Indonesia?

바가이마나 므누룻무 인도네시아?

초원이 드넓고 아름다워요

Pemandangannya luas dan indah

쁘만당안야 루아ㅅ 단 인다ㅎ

푸른 하늘과 흰 구름이 멋져요

Langit biru dan awan putih itu sangat indah

랑잇 비루 단 아완 뿌띃 이뚜 상앗 인다ㅎ

겨울이 무척 추워요.

Sangat dingin pada musim dingin

상앗 딩인 빠다 무심 딩인

날씨가 건조해서 힘들어요

Capek karena udaranya sangat kering

짜펙 까르나 우다라냐 상앗 끄링

인도네시아어 발음이 어려워요.

Pengucapan bahasa Indonesia sangat susah

쁭우짞안 바하사 인도네시아 상앗 수사ㅎ

한국 사람과 인도네시아 사람은 생김새가 비슷해요

Cara pikir orang Korea dengan Indonesia mirip

짜라 삐끼ㄹ 오랑 코레아 등안 인도네시아 미맆

한국 사람과 인도네시아 사람은 행동이 다라요

Perilaku orang Korea dengan
orang Indonesia berbeda

쁘릴라꾸 오랑 코레아 등안 오랑 인도네시아 브ㄹ베다

한국 사람과 인도네시아 사람은 일하는 방식이 다라요

Cara kerja orang Korea dengan
Indonesia sangat berbeda.

짜라 끄ㄹ자 오랑 코레아 등안 인도네시아 상앗 브ㄹ베다

자카르타에는 교통체증이 흔하다

Di Jakarta sering macet.
디 자카ㄹ타 스링 마쳇

인도네시아는 도시마다 다른 특색이 있다

Orang Indonesia antar kota yang satu
dengan yang lainnya berbeda.

오랑 인도네시아 안따ㄹ 코따 양 사뚜 등안 양 라인냐 브ㄹ베다

한국과 비교할 때, 인도네시아의 집값이 싸요.

Jika dibandingkan dengan Korea,
harga rumah di Indonesia lebih murah
지까 디반딩깐 등안 코레아
하ㄹ가 루마ㅎ 디 인도네시아 르비ㅎ 무라ㅎ

인도네시아인들은 한국인들 흉내내는 것을 좋아한다.

Orang Indonesia suka meniru
gaya orang Korea
오랑 인도네시아 수까 므니루 가야 오랑 코레아

자카르타의 큰 길가에는 방황하는 청소년들이 많다.
Banyak anak jalanan di jalan-jalan besar di Jakarta
반약 아낙 잘라난 디 잘란 잘란 브사ㄹ 디 자카ㄹ타

학교에 가지 못 하는 시골 아이들이 많다.
Banyak anak-anak yang tidak bisa bersekolah di dusun-dusun
반약 아낙 아낙 띠닥 비사 브ㄹ스콜라ㅎ 디 두순 두순

자카르타 사람들은 매우 예의 바르고 사려 깊다.
Orang Jogjakarta sangat sopan dan berperasaan
오랑 적자 상앗 소빤 단 브ㄹ쁘라사안

자카르타 사람들은 아주 멋진데요
Orang Jakarta sangat keren
오랑 자카ㄹ타 상앗 끄렌

발리에서의 삶은 매우 자유롭고 평화롭다.
Orang Bali hidupnya sangat bebas dan santai
오랑 발리 히둡냐 상앗 베바ㅅ 단 산따이

인도네시아에서는 지역 특산품을 특별히 중시하지 않는다.
Beberapa orang Indonesia kurang menghargai produksi lokal
브브라빠 오랑 인도네시아 꾸랑 음하ㄹ가이 쁘로둑시 로깔

인도네시아인들은 음식을 버리는 것을 좋아하지 않는다.
Orang Indonesia tidak suka membuang makanan
오랑 인도네시아 띠닥 수까 음부앙 마깐난

인도네시아인들은 사치 부리는 것을 좋아하지 않는다.
Orang Indonesia tidak suka menghamburkan uarg
오랑 인도네시아 띠닥 수까 믕함부ㄹ깐 우앙

인도네시아인들에게 가족은 중요한 의미를 가진다.
Bagi orang Indonesia, keluarga sangat penting
바기 오랑 인도네시아 끌루아ㄹ가 상앗 쁜띵

인도네시아인들은 초과 업무하는 것을 좋아하지 않는다.
Orang Indonesia tidak suka kerja lembur
오랑 인도네시아 띠닥 수까 끄ㄹ자 름부ㄹ

인도네시아인들은 조금만 먹는다
Orang Indonesia makannya sedikit
오랑 인도네시아 마깐냐 스디낏

세마랑 사람들은 단것을 좋아한다
Orang Semarang suka makanan manis-manis
오랑 스마랑 수까 마까난 마니ㅅ-마니ㅅ

반둥의 소녀들은 예쁘다
Cewek kota Bandung cantik-cantik
쩨웩 꼬따 반둥 짠띡 짠띡

형용사

얇다	**tipis** 띠삐ㅅ	쉽다	**mudah** 무다ㅎ
좋다	**bagus** 바구ㅅ	단단한다	**kuat** 꾸앗
높다	**tinggi** 띵기	지저분하다	**berantakan** 브란따깐
넓다	**luas** 루아ㅅ	가볍다	**ringan** 링안
멀다	**jauh** 자우ㅎ	빠르다	**cepat** 쯔빳
뚱뚱하다	**gemuk** 그묵	싸다	**murah** 무라ㅎ
짧다	**sempit** 슴삣	길다	**panjang** 빤장
따뜻하다	**hangat** 항앗	춥다	**dingin** 딩인
헌, 오래되다	**lama** 라마	어렵다	**sulit** 술릿

좋다 / 아름답다 — **bagus / indah** 바구ㅅ / 인다ㅎ

부드럽다	lembut 름붓	느리다	lambat 람밧
깨끗하다	bersih 브ㄹ시ㅎ	비싸다	mahal 마할
무겁다	berat 브랏	새, 새롭다	baru 바루
더러운	kotor 꼬또ㄹ	무딘	tumpul 뚬뿔
얕은	dangkal 당깔	예리한	tajam 타잠
깊은	dalam 달람	텅빈	kosong 꼬송
닫힌	tertutup 뜨ㄹ뚜뚭	꽉찬	penuh 쁘누ㅎ
두껍다	tebal 뜨발	연한(부드러운)	Empuk 음뿍
나쁘다	buruk 부룩	열린	Terbuka 뜨ㄹ부까
낮다	berharga 브ㄹ하ㄹ가	휜	Bengkok 벵콕
가깝다	dekat 뜨깟	정돈된	Teratur 뜨ㄹ아뚜ㄹ
날씬하다	langsing 랑싱	난잡한	Berantakan 브란따깐

부록

딱딱한	Keras 끄라ㅅ	첫째	Pertama 쁘ㄹ따마
거친	Kasar 까사ㄹ	마지막	Terakhir 뜨ㄹ아키ㄹ
부드러운	Halus 할루ㅅ	무거운	Berat 브랏
헐거운	longgar 롱가ㄹ	시끄러운	Keras 끄라ㅅ
단단한	Ketat 끄땃	부드러운	Lembut 름붓
고요한	Tenang 뜨낭	꽉찬	Mampat, penuh 맘빳, 쁘누ㅎ
물결치는	Berombak 브ㄹ옴박	텅빈	Kosong 코송
밝은	Terang 뜨랑	두꺼운	Tebal 뜨발
어두운	Gelap 글랖	얇은	Tipis 띠삐ㅅ

인도네시아어 한국어
한인 입문소사전

초 판 인 쇄　　2013년 12월 01일
초 판 발 행　　2013년 12월 15일
저　　　자　　아울리아 주내디
발 행 인　　서 덕 일
펴 낸 곳　　도서출판 문예림
등　　　록　　1962. 7. 12 제2-110호
주　　　소　　서울특별시 광진구 군자동 1-13
　　　　　　　문예하우스 101호
전 화　　　(02)499-1281~2
팩 스　　　(02)499-1283
http://www.bookmoon.co.kr
Email:book1281@hanmail.net

ISBN 978-89-7482-774-2 (13790)
정가 17,000원

★잘못된 책은 구입하신 서점에서 교환해 드립니다.